고려 충선왕의 생애와 불교

문현인문학총서 **4**

고려 충선왕의 생애와 불교

계미향 지음

문현
MUN HYUN

이 저서는 2017년 대한민국 교육부와 한국연구재단의 지원을 받아 수행된 연구임 (NRF-2017S1A5B5A01026036)

일러두기

1. 충선왕의 생애를 가능한 한 시간 순에 따라 서술하였다. 그러나 충선왕이 여원 양국을 왕래하였기에, 활동 지역과 내용이 시간 순에 맞지 않는 부분도 있다.

2. 충선왕의 불교 행적이 주 내용이므로 다른 정치적 사건이나 인물에 대한 서술은 지양하였다. 따라서 충선왕 통치기의 모든 사실을 다루지는 않았다.

3. 『고려사』·『고려사절요』·『원사』 등의 정사 외에, 중국의 지방지나 사지寺志, 산지山志, 문집, 비문 등의 사료를 최대한 인용하였다.

4. 본문에 인용한 『고려사』·『익재집』 등의 번역은 인터넷 검색을 통해 찾아서 일부 수정하였다. 따라서 번역자의 이름을 따로 표기하지 않았다.

5. 한글과 한자를 병행하였다.(예: 저고여著古與) 다른 외국어나 내용 설명의 경우는 괄호 속에 표기하였다.(예: 다루가치(達魯花赤), 세자(충렬왕) 등)

6. 인용 자료 중 결자缺字는 □로 표기하였다.

7. 한자 용어 외에도 티베트어, 몽골어, 위구르어 등이 있어 현지 발음을 정확히 표기하기가 어려웠다. 그런 경우 현대 중국에서 사용하는 한자표기와 음으로 표기하였다.(예: 살가사薩迦寺, 살만교薩滿教 등)

저자 서문

　쉰을 바라보는 나이에 석사과정을 밟으며, 주된 관심사는 천축구법승의 행적에 있었다. 지금도 쉽지 않은 '왕천축행往天竺行'을 목숨 걸고 감행한 구법승들의 열정과 절박함에 감정이입 되었다. 자연히 석사논문에서는 해양 실크로드로 천축을 거쳐 우전국까지 간 고구려 화엄승 원표를 탐구하였고, 박사논문에서는 15명의 천축구법승의 행적과 사상을 살펴보았다.

　그런데 천축구법승들이 인도 혹은 서역으로 갈 때 중국을 거치는 것은 필연이었기에, 그들의 흔적을 중국 측의 기록에서도 찾을 수 있었다. 생각지도 못한 곳에서 우연히 한국고대 구법승들의 모습을 마주치게 되었을 때의 감동은 이루 다 말할 수 없었다.

　천축구법기가 지나고 9세기부터는 중국으로 구법행을 떠나는 승려들의 행렬이 이어졌다. 그런 인연으로 박사 후 과정의 주제를 '한국고대의 중국구법승 연구'로 정하게 되었다. 내용은 중국의 지방지와 사지, 산지 등에서 우리나라 구법승들에 관한 기록을 폭넓게 찾아내는 것이었다.

　고려 말까지의 수많은 구법승 중, 유일하게 원 불교계에서 삼장법사 칭호를 받은 천태승 의선에 대한 자료를 찾던 중, 충선왕의 다양한 불교 행적이 눈에 들어왔다. 충선왕은 물론 승려는 아니었지만 늘 출가를 꿈꾸었고, 천태, 화엄, 선종, 티베트 불교는 물론 심지어 백련종까지 공부하고 보급시켰다. 그는 원과 고려에 사찰을 창건하고 대장경을 조인하여 공급하기도 하였다. 충선왕의 불교행적은 자신이 즉위를 도왔던 무종 대부터 나타나기 시작하는데, 그는 오대산, 보타산 같은 유명한 불교 명산을 직접 방문하여 행향行香하고, 명본선사를 비롯한 유명한 승려들을 만나 가르침을 받고 적극적인 후원을 하였다.

　원대의 사료에 기록된 고려인 가운데 충선왕에 관한 내용이 가장 많은데, 그 중에서도 불교 관련 내용이 많이 보인다. 심지어 그가 정치적 이유로 토번으로 유배를 갈 때에도 공식적으로는 유배가 아닌 '학불學佛'을 위해서였다. 그가 불교에 매우 심취하였음은 공공연히 알려진 사실이었다. 그런 이유로 충선왕을 북경의 석불사에서 삭발시켜 승려의 모습으로 토번의 살가사로 보냈던 것이다. 그런 의미에서 그를 구법승의 범주에 넣을 수 있다고 생각한다.

　중국의 방대한 사료에서 충선왕 관련 기사를 찾아내기 위해 많은 시간과 노력을 할애하였다. 그리고 지방지와 사지에서 충선왕의 여러 활동상을 발견하며 그의 생애를 재정리해야 할 필요를 느꼈다. 해인거사海印居士 충선왕은 보통의 승려와 달리 여러 종파를 두루 공부하고 수행하였으며, 각 종파의 유명 승려들과도 교류하였다.

　본서는 전북대학교에서 2년간 박사후 과정을 수행하며 그간의 연구결과 중 일부를 정리한 것이다. 석사과정을 시작한 이후 지금까지, 물심양면으로 관심과 지원을 아끼지 않는 형부 변성섭 님과 언니 계미순 님에게 깊은 감사를 드리며, 크고 작은 모든 인연에 이 책을 헌사한다.

2021년 9월
善妙明 계미향

9장

맺음말

1

▌머리말

    고려 제26대 왕인 충선왕 왕장王璋(1275년 9월 30일~1325년 5월 13일)은 충렬왕과 원 세조 쿠빌라이의 딸 제국대장공주와의 사이에서 출생하여, 고려의 국왕과 원의 심(瀋)왕을 겸임하였다. 또한 그는 이른바 칭기즈 칸의 직계 가족으로 구성되는 '황금가족혈맥'(altan urugh)의 일원으로, 원의 무종과 인종 두 황제의 황위 옹립에도 직접 간여하고, 고려왕과 심왕의 승계권도 좌우할 만큼 여원 양국에서 정치적 영향력이 큰 인물이었다. 말년에 머나먼 티베트 시가체의 살가사薩迦寺(샤카사)까지 유배를 간 것도 원 황제와 고려왕, 심왕위를 둘러싼 정치적 알력 때문이었다.

    그럼에도 불구하고 충선왕에 대한 기존의 평가는 다소 부정적이었다. 고려 말 혼란기라는 시대 상황과, 원 황실의 일원이라는 출생상의 특이

점에서 기인한 결과였다. 더구나 그는 10대 후반부터는 거의 원 대도大都 (연경, 현 북경)에서 살았으며, 왕위에 있었던 기간도 1차, 2차 즉위를 합하여 채 6년이 되지 않았다. 그나마 실제 고려에 체류하며 직접 통치한 기간은 1년도 되지 않았기에 국내학자들에게서 더욱 부정적 평가를 받았던 것으로 보인다. 또한 충선왕의 간접 통치 방식인 전지정치傳旨政治는 비용과 효과 면에서 가성비가 낮았으며, 측근들의 부패로 그의 개혁정책도 뚜렷한 성과를 내지 못하였다.

그런데 최근 들어 일부에서나마 그의 생애와 활동에 관한 역사적 재평가가 시도되고 있다. 충선왕이 고려의 왕과 심(양)왕을 겸하던 시기의 통치영역은 한국사 전체를 통틀어 가장 넓어, 심지어 고구려 광개토대왕과 장수왕대를 능가한다. 그뿐 아니라 그의 평생 동안의 활동 무대도 한국사의 역대 왕 중 가장 광대하여, 고려와 심양, 대도와 강남 지방, 심지어 티베트에 까지 이르렀다.

그 과정에서 충선왕은 원과 고려 양국의 정치, 문화, 종교 등, 여러 분야에 괄목할 만한 영향을 남겼다. 그는 『원사』를 비롯하여, 당시 지방지, 사지寺志 등의 각종 사서에 고려인으로는 가장 많이 기록되었다. 충선왕은 두 명의 원 황제와 고려 왕, 심(양)왕의 즉위에도 직접적인 영향력을 행사하였다. 원 3대 황제 무종과 4대 황제 인종은 충선왕의 처사촌 동생이자 5촌 조카로, 특별히 가까운 사이였다.

충선왕은 황위 쟁탈에서 세운 공으로 심양왕에 피봉되었다. 특히 인종의 통치기는 백여 년의 원의 역사에서 가장 전성기였다. 충선왕은 인종의 잠저시기에, 황태제의 태사 신분으로, 자신의 지식과 경험에 기반 하여 인종에게 황제로서 갖추어야 할 덕목을 가르쳤다.

인종은 동모형인 무종이나 혹은 원의 다른 황제들과 달리, 학문을 좋아하여 많은 유교 서적을 읽었다. 따라서 그의 통치기에 과거제가 부활된 것은 우연이 아니며, 그 과정에서 충선왕의 역할도 일정 부분 작용하였다. 충선왕은 또한 만권당에서의 여원 유학자들과의 교류를 통해 인종에게 필요한 인재를 추천하였고, 고려의 지식인층이 원의 과거제를 거쳐 정치권으로 진입하는 계기로 삼았다.

　　한편 충선왕은 원 황실 구성원의 일인이면서도, 고려가 원의 속국으로 되는 것은 원치 않았다. 그는 고려왕과 심왕의 재위시는 물론 퇴위 후에도, 원과 일부 고려인이 주축이 되어 끊임없이 주장한 고려에 대한 입성책을 무마시키는 등, 여원 양국의 관계에서도 고려의 자주성을 지키기 위해 많은 노력을 하였다.

　　따라서 그가 성년이 된 후 주로 대도에 머물렀다고 해서, 또 그가 황실 구성원의 일인이라고 해서, 그를 친원적 인물이라거나 혹은 고려 통치에 소극적 태도를 취했다는 식의 부정적 평가를 내리는 것은 부적절하다.

　　충선왕은 어려서부터 유교 경전과 여러 사서를 통해 풍부한 유교적 소양을 길렀고, 통치자로서 각종 개혁에 대한 방향성을 갖추었다. 그는 매우 총명하고 성격이 반듯했으며, 충선왕의 우수한 학문적 자질은 여원 양국에서 공통적으로 인정받았다. 그는 학문을 좋아하였고 책을 통해 여러 역사적 인물들에게서 개혁과 통치 철학을 배웠다.

　　충선왕은 특히 범중엄范仲淹·구양수·한기韓琦·소식蘇軾 등, 송 인종대의 인물들을 진심으로 존경하였으며, 그들이 주축이 된 이른바 '신정新政'으로 불리는 송 인종대의 개혁을 높이 샀다. 충선왕은 '신정'을 모델로 하여 원 인종의 과거제 부활 같은 여러 개혁 정책에 도움을 주었으며, 또한 고려에서도 각염법, 토지 문제, 빈민 구제책 등의 각종 개혁을 시도한 것으로 보인다.

한편 충선왕은 뛰어난 학문적 소양을 매개로 양국의 유학자들과 적극 교류하였다. 원의 조맹부趙孟頫·장양호張養浩·원명선元明善·우집虞集 등과, 고려의 이제현李齊賢 등은 왕장의 사저에 마련된 만권당을 통해 시문을 짓고 서화를 나누었다. 만권당에서 교류한 유학자들은 원 인종 대의 조정으로 들어가 중요한 직책을 맡았다. 그들과의 교류를 계기로 고려에는 조맹부의 송설체松雪體가 유행하게 되었고, 그 흐름은 조선에까지 이어졌다.

조선의 통치이념이 된 성리학도 그 무렵에 도입되었다. 충선왕은 1차 즉위 후 7개월 만에 원으로 돌아갔는데, 당시 안향도 동행하여 대도에서 성리학을 공부하였다. 안향은 원 유학에서 돌아와 고려에 성리학[1]을 도입하였고, 그것은 백이정白頤正·권부權溥·백문보白文寶 등에게 전해졌다. 이후 충선왕을 모시고 원으로 간 백이정은 대도에서 10년간 주자학을 연구하였고 62세에 귀국하여 후학들에게 성리학을 전파하였다. 결국 성리학은 조선의 통치 이념으로까지 자리하게 되었던 것이다.

그의 개혁정치나 주변 인물들의 학문적 성향 등으로 보아, 충선왕의 유학이념은 고려와 원, 조선에 이르기까지 큰 영향을 끼쳤음을 알 수 있

---

1 정옥자, 「여말 주자성리학의 도입에 대한 시고」, 『진단학보』 51(1981) 참고.

다. 또한 왕은 원 황실의 고위층의 일원이자 충렬왕의 적장자로 태어나 어려서부터 여러 차례 여원 양국을 왕래하였다.

그런데 본고에서 가장 관심을 두고 살펴볼 부분은 왕장의 불교 활동과 불교인식에 관한 것이다. 그는 어려서부터 유학을 좋아하고 열심히 공부 하였지만, 1차 즉위 시점인 1298년 무렵부터의 기록에서는 그가 불교와 관련된 활동을 많이 하였음을 알 수 있다.

『고려사』・『원사』 등에 의하면 충선왕은 이 무렵부터 원과 고려에서 각종 불교 행사를 열었고, 여러 차례에 걸쳐 대규모의 반승飯僧을 하였다. 또한 충선왕은 수시로 어향御香을 받들고 명산대찰로 가서 행향行香 하였 다. 그리고 원과 고려에 몇몇 사찰도 건립하였으며, 수차례에 걸쳐 대장 경을 인쇄하여 원과 고려의 여러 사찰에 배포하였다.

한편 충선왕은 불교 사상에 대한 이해의 폭도 넓어, 화엄종・천태종・ 티베트불교・백련종(정토종)・선종 등, 여러 종파의 승려들을 만나 관련 있는 경전을 공부하고 수행을 하였다. 원 세조의 외손자이자 무종・인종 두 황제의 5촌 당숙이었던 충선왕은 황실 구성원 가운데서도 불교에 해 박한 대표적 인물이었기에 불교와 관련한 행사에 황제를 대신하여 행향 하고 보시하였다.

심지어 그가 정치적 문제에 휘말려 토번으로 유배를 갈 때에도, 공식 적 이유는 출가하여 불교학을 공부하고 오라는 명에 따른 것이었다. 그 는 대도의 대표적 황실 사찰인 석불사에서 삭발하고 '불교를 공부'(學佛) 하기 위해 토번의 살가사薩迦寺로 보내어졌다.

그의 유배지인 살가사는 당시 토번 최고의 사찰로, 원의 가장 유명한 승려인 쿠빌라이의 제사帝師 파스파가 출가한 곳이자 입적한 곳이었다.

충선왕은 유배 전에 대도의 사저에도 수행처인 제미기덕당을 세우고 늘 수행을 하였으며, 또 전부터 출가를 원하기도 하였기에 어찌 보면 수많은 경전이 있는 살가사는 그에게 어울리는 곳이었다고도 볼 수 있다.

물론 현실적으로는 그는 살가사로 가기를 원치 않았다. 『고려사』에 의하면 살가사는 대도에서의 거리가 너무 멀고, 기후, 풍토 등 주변 환경이 열악하여 왕은 큰 어려움을 겪었던 것으로 보인다.

충선왕은 영종의 사후 태정제가 즉위하며, 원과 고려의 여러 측근들의 노력으로 죄가 감해졌다. 그래서 그는 새 유배지인 타스마로 이배되었는데, 충선왕의 황실에서의 높은 서열을 고려하면 구체적인 장소는 향근사香根寺이었을 것으로 추정된다. 이곳도 파스파가 창건한 대형 사찰이었다.

충선왕은 실제 왕위에 있었던 기간도 짧고, 그나마 주로 대도에 머물며 전지정치를 하였다. 따라서 그의 생애를 정치활동을 중심으로 살펴본 기존의 연구서와 달리, 본고에서는 불교 활동을 중심으로 살펴보려고 한다.

충선왕은 학문에 매진했던 청소년기를 제외하고는 일생동안 불교와 깊은 관련을 맺었다. 충선왕의 가정생활과 관련하여, 여원간의 유명한 이른바 '조비무고사건'이 있었다. 그 비련의 주인공인 조비는 특히 충선왕의 총애를 받았는데, 그녀의 형제 중 하나가 한국불교사상 유일하게 삼장법사三藏法師 칭호를 받은 천태종 승려 의선義旋이다.

충선왕의 불교에 대한 이해가 매우 깊었기에, 원 황실에서는 몇 차례에 걸쳐 그를 중국 각지의 불교명산에 보내어 행향하게 하였다. 그는 당

시의 유명한 고승들과 교류하며 불교학을 배우고, 중국에 '심왕봉瀋王峰'·
'진제정真際亭'·'활매암活埋庵' 등의 지명도 남겼다.

　충선왕이 불교에 심취하게 된 이유에 대해, 여원에서의 자신의 처지에
대한 비관적 감정 때문이라거나, 불교에 '경도'되었다고 비평하기도 하는
데, 이는 당시 시대 상황에서의 불교의 중요성과, 불교에 대한 상식이 부
족한 데서 생긴 오해이다. 불교는 결코 고통스러운 현실에서 도피하기
위해 은둔하거나 혹은 절대자에게 매달리는 종교가 아니다.
　연기법緣起法과 업業에 대한 이해를 바탕으로, 각자의 노력으로 갖은 고
통에서 벗어나 행복한 삶을 살 수 있다고 주장하는 자력自力 종교이다. 따
라서 불교에 대한 잘못된 이해를 바탕으로 충선왕의 일생을 정치 공학적
관점으로 끼워 맞추어 해석하고 단정 짓는 것은 사실을 호도하는 것이며
따라서 설득력이 떨어진다.

　이상과 같이 충선왕 왕장의 생애를 '불교'를 중심으로 하여 살펴보고,
그에 대한 재평가를 할 수 있는 자료로 삼고자 한다. 그것이 충선왕이 살
았던 당시의 시대적 상황이나 국제 정세는 물론, 왕 개인에 대한 이해를
넓힐 수 있는 합리적 방법이라고 보기 때문이다.

2

▎충선왕의 출세出世

1. 시대 상황

충선왕은 고려 왕 중 최초의 여원 혼혈인으로, 그는 출생과 동시에 적장자로서의 왕위계승권이 확보되었다. 이에 그가 여원 양국의 국제결혼인 연인聯姻으로 인해 왕위를 이을 수 있었던 시대적 상황을 간단히 살펴본다.

13세기 초에 전 세계를 뒤흔든 칭기즈 칸의 위력은 고려에도 밀어닥쳤다. 1218년의 제1차 침입 이후 고려의 여러 성이 함락되었고, 양국은 얼마 후 강화를 맺었다. 이후 몽골은 사신을 파견하여 고려 조정을 감독하고 세공歲貢을 요구하였다.

고려로서는 자주권을 상실한데서 겪는 각종 어려움 외에도, 원 사신들에 의한 재물 약탈과 인명 손실로 큰 고통을 겪었다. 그 와중에 몽골 사신 저고여著古與가 피살되었고, 1231년에 양국은 단교하였다. 몽골군은 72명의 감독관인 다루가치(達魯花赤)를 두어 통치를 대행하게 하고 철병하였다.

그러자 고종은 1232년에 강화도로 천도하며 장기간의 항몽전을 시작하였다. 시간이 지날수록 백성들의 피해는 극에 달하였고, 원에 투항하는 성이 늘어났다. 결국 1269년에 발생한 임연林衍의 정변을 계기로 고려는 몽골의 속국이 되었고, 양국은 조공[1]관계로 바뀌었다. 왕실도 강화도에서 개경으로 돌아갔다.

1) 임연의 난

원의 침략뿐 아니라 오랜 시간 동안 무신정권으로 인한 내환으로도 시달리던 고려 왕실은 실추된 왕실의 권위와 안녕을 회복하기 위해 원 세조 쿠빌라이를 정치적 동반자로 택하였다. 충선왕의 조부인 고려 24대왕 원종(1260~1274 재위)의 혜안으로 쿠빌라이와 손을 잡았던 것이다. 다

---

1 몽골은 칭기즈 칸 재위 시에 이미 속국에 대한 관리 방식인 6事('凡內屬之國 (需)納質‧助軍‧輸糧‧設驛‧編戶籍‧置長官')를 갖추고 그 관례에 의거하여 고려에 공물 납품을 강요하였다. 고려에서 제공한 초기의 주요 공물은 수달피(獺皮)‧細紬‧細苧‧綿子(絲綿)‧인삼 등이었다. 한편 몽골은 세계 각지의 속국에서 들어오는 수많은 공물을 효과적으로 수송하기 위해 驛站制를 도입하였다. 이에 따라 고려에도 여러 역참이 세워졌으며, 몽골에서 파견한 屯田軍‧鎭戍軍‧鎭邊軍 등도 고려에 머물고 있었다. 고려는 그들에게 식량‧사료‧의복‧선박‧말 등을 제공해야 했고, 전쟁 시에는 더 많은 군수물자를 부담해야 했다.

음 기사는 원종이 세자신분으로, 쿠빌라이를 만나기 위해 중국으로 갔을 때의 상황을 서술한 것이다.

> 세자가 원 나라에 입조할 적에 참지정사 이세재, 추밀원사 김보정, 차장군 김승준, 행수 김대재, 소경 이응, 알자 오헌·이걸, 사인 정균, 녹사 이승연·이군백 등 40인이 따랐다. 원의 서울에 이르니 헌종황제가 남쪽으로 정벌을 하기 위하여 조어산에 주필하였다 하기에 … (중략) … 세자가 육반산에 이르렀는데 헌종이 붕어하였다. 아리발가가 병정으로 삭야를 막았으므로 제후들이 걱정하고 의심하여 따를 바를 알지 못하였다. 그때에 세조황제가 강남에서 군사를 사열하였으므로 세자가 드디어 남쪽으로 행차하여 어렵게 梁·楚의 교외에 이르렀는데, 세조가 마침 襄陽에서 군사를 돌려 북쪽으로 올라왔다. 세자가 폐백을 받들고 길에서 배알했는데 검은 비단으로 만든 뿔이 있는 연한 幞頭와 소매가 넓은 자라포, 犀鞓, 象笏의 차림으로 眉目이 그림과 같으며 周旋함이 법 받음직하고, 여러 관료들이 각각 벼슬 품계에 따라 차려 입은 제복으로 세자의 뒤에 줄을 지어 배열하니, 세조가 놀라며 기뻐하여 이르기를, "고려는 만 리나 되는 먼 나라이며 당 태종이 친히 정벌을 하였으나 굴복하지 않았는데, 이제 그 세자가 스스로 우리에게 돌아오니, 이는 하늘의 뜻이로다." 하며 크게 포상을 더하고 세자와 함께 개평부에 이르렀다.(후략)[2]

---

2 이제현, 『익재집』, 『익재난고』 9.

원종은 이어 자신의 아들(충렬왕)과 쿠빌라이의 딸인 제국대장공주[3]를 혼인시켰다. 그 결과 고려는 대내적으로는 무신정권으로부터 왕권을 회복하였고, 대외적으로는 단순한 동맹국을 벗어나 원의 부마국駙馬國이 되어 고려의 국가 체제를 유지할 수 있었다.

한편 쿠빌라이는 원종을 도운 대가로 고려에 대한 정치적 통제를 가하였다. 원종의 친원적 태도는 곧 국내세력의 불만을 초래하였고, 원종의 왕으로서의 자격은 부정되었다. 그 결과 무신 임연이 1269년에 정변을 일으켜 원종을 축출하였다.

임연은 원래 노비였는데 몽골병을 물리친 공으로 대정隊正에 임명되었다. 이어 그는 1258년에 유경柳璥·김준金俊 등과 공모해 권신 최의崔竩를 죽이고 왕권을 복귀시켰다. 이 일로 임연은 위사공신衛社功臣이 되고 추밀원부사가 되었다. 1268년에는 김준·김경·최은 등도 제거하여 자신의 입지를 더욱 강화시켰다.

그런데 고려 왕실이 원과 혼인관계를 맺으며 화의가 진전되자 임연은 자신의 위치에 불안을 느끼고, 삼별초와 육번도방六番都房을 거느리고 원종의 폐립을 논하였다. 나아가 임연은 스스로 교정별감이 되어 원종의 동생 안경공安慶公 왕창王淐을 옹립하였다.

귀국 중이던 세자(충렬왕)는 압록강에서 그 소식을 듣고 다시 대도로 돌아갔고, 임연은 이장용李藏用을 절일사節日使로 보내어 세자를 귀국하게 하였다. 그러자 바로 몽골군이 무력으로 개입하여 원종은 복위되었고, 이후

---

3 『고려사』 권89, 「열전」 제2, 「후비」 2.

여몽관계는 급격히 긴밀해졌다.

　　임연은 제 마음대로 임금을 폐립하여 원종을 서궁에 처하게 하고,
또 세자가 우리나라로 돌아온다는 말을 듣고 군사를 보내어 압록강
에 대기하고 있다가 위협하려 하였다. 이때 의주 사람 정오보가 밤에
압록강을 건너가 변을 고하니, 세자가 원 나라 조정에 돌아가 사실을
보고하였다. 이에 천자가 사신을 보내어 힐책하기를, "들으니 너희
나라 뭇 신하들이 조정에 주청하지 않고 폐립을 제 마음대로 한다
하니, 자고로 어찌 이런 일이 있느냐." 하고 곧 조서를 내려 왕을 복
위시키고 입조하게 하니, 임연은 이것이 걱정이 되어 등창이 나서 죽
었다.[4]

　한편 이 사건 후로 고려의 세자는 왕을 대신하여 반드시 '케식'(인질) 신
분으로 대도大都에서 성장하며 즉위시기를 기다리게 되었다.

2) 연인聯姻과 부마국駙馬國

(1) 원종의 연인 제안

고려는 1260년대까지 오랜 무신정권의 득세로 왕권이 매우 약해져 있

---

4 이제현, 「櫟翁稗說前集」, 『익재집』.

었다. 한편 원은 남송과 격렬한 전쟁 중이었기에 고려와 손을 잡는 것은 곧 정략적으로 남송을 압박하는 실익도 있었다. 이렇게 여원의 '연인聯姻'은 양국의 필요에 모두 부합하는 것이었다. 이제 원종이 당시의 복잡한 국제 상황에서 어떻게 쿠빌라이를 정치적 동반자로 선택하였는지 간략히 살펴본다.

몽골군은 1259년에 남송과의 격전으로 황제 몽케(Möngke Khan)가 사망하였고, 그의 다섯 아들 간에 황위를 둘러싼 치열한 투쟁이 이어졌다. 당시 전장에 있었던 쿠빌라이는 수도 카라코룸에 있던 막내 동생 에릭부케(阿裏不哥)와 이미 4년간 경쟁 중이었다. 그런 상황에서 오랜 내우외환으로 시달리던 고려는 태자 왕식王植(즉 원종)을 원으로 보내어 강화를 하고자 하였고, 왕식은 에릭부케가 아닌 쿠빌라이를 선택하였다.

이미 쿠빌라이 측에서도 고려와의 화친을 고려하고 있었다. 한인 관원 마형馬亨(1207~1277년)이 고려와 남송의 연맹을 막기 위해 고려와의 관계를 개선할 것을 건의하였고, 마희기馬希驥도 고려의 인력과 물자를 이용하여 일본을 정벌할 것을 주장하였기 때문이다. 두 사람이 제기한 여몽화친의 이유는 첫째, 고려와의 전쟁은 대가가 너무 커 몽골의 전략목표가 빗나가 위험하다는 것, 둘째, 여원 통일전선 건립으로 고려가 요동지역의 위협을 막아줄 수 있다는 것, 셋째, 황위 투쟁에서 고려의 지지를 받아 반대편의 잠재적인 인력과 물자를 확보할 수 있다는 것 등이었다.

이상의 실익을 고려하여 쿠빌라이는 왕식과 손을 잡았고, 마침내 그는 몽골의 5대 황제로 즉위하였다. 고려 역시 독립국의 지위를 인정받아 의관 등에 있어 고려의 전통을 유지할 수 있었다. 이후 원종은 국내외적으로 왕권을 안정시키기 위해 1270년, 원 황실과의 전략적 통혼인 연인을 제안하였다.

그 결과 맺어진 부부가 바로 원종의 아들 왕심王諶(충렬왕)과 쿠빌라이의 딸 제국대장공주齊國大長公主였다. 이 혼인으로 고려 왕실은 국내통치에 있어서 원의 역량을 이용했고, 원의 황제도 고려왕의 도움을 받을 수 있었다. 양국의 연인 대상은 몽골의 여러 가문 가운데서도 특히 명문가인 홍길랄弘吉剌 등 몇몇 부部(姓)[5] 출신으로 한정되었다. 이후 양국 간의 연인은 약 백년간 이어지며, 고려 통치자 집단은 황실의 주요 구성원으로 원제국의 정치 체제 속에 편입되었다.

위에서 살펴본 바와 같이 1270년에 제국대장공주의 하가下嫁가 정해지고, 원에서는 병부시랑 흑적黑的 등을 파견하여 원종을 복위시켰다. 원종의 청으로 세자(충렬왕) 왕심은 1274년에 원 세조(忽必烈)의 딸 홀도로게리미실(忽都魯揭裏迷失, 1259~1297년)과 대도에서 결혼하였다. 당시 세자는 38세, 공주는 16세였다. 왕심에게는 이미 세자비가 있었으나 원의 공주가 정실지위를 가졌다.

고려 왕실은 1274년에 잠시 국내 통치권을 회복하여 몽골의 일본공격을 돕게 되었다. 그 해 6월에 원종이 사망하자 왕심은 8월에 대도에서 즉위하였고, 11월에 고려로 돌아왔다. 공주도 원군의 파병이 결정되며 고려로 왔다. 이 결혼으로 제국대장공주는 1275년에 원성공주元成公主로 책봉되었으며, 1294년(충렬왕 20) 6월에는 원 성종에 의해 안평공주安平公主로 책봉되었다.

---

5 고려 왕실과 결혼한 원의 주요 가문으로는 弘吉剌 외에 亦乞列思 · 伯吾 · 斡亦剌 등이 있다.

이상과 같이 여원간의 연인으로 인해 고려 왕실은 원조의 지지를 받았다. 그러나 다른 한편으로 국내에서는 권문세족들의 반발도 겪어야 했다. 이들 귀족세가들은 중앙정부의 중요 직위를 차지하고, 작위와 봉호를 가지고 있었다. 한편 그들이 직접 몽골 통치자들과 혼인 등의 방식으로 각종 관계를 맺으며, 왕과 귀족 사이의 갈등은 더 커졌다.

(2) 부마국과 부마왕

여원간의 연인으로 부마왕駙馬王(küregen)이 된 고려왕들은 국내외에서 그 지위가 높아졌다. '부마왕'은 '사위'를 뜻하는데 돌궐어로 'köräkän'이며 몽골어로는 'küregen'이다. 고려와의 연인 이후 원 황실은 토번·위구르(畏兀兒, 回鶻)·옹구트(Onggud, 汪古惕)·케레이트부(克烈部)·킵차크한국(欽察汗國) 등, 기타 여러 부족과도 연인관계를 맺었다.

한편 황실에서 부마왕의 신분은 원 황실의 왕자와 같았다. 물론 그들은 신분에 맞는 특권과 함께, 의무와 책임도 이행해야 했다.[6] 몽골제국의 황제가 분봉한 다른 지역의 왕자나 종신들처럼, 고려왕도 그와 유사한 봉토를 얻었다. 동시에 고려왕실도 원 황제의 이익을 보장해야 했다.

충렬왕부터 공민왕까지의 일곱 명의 왕 중, 어린 나이에 사망한 두 명

---

6 몽골제국 멸망 후에도 주변국들의 부마왕으로서의 주요 신분은 오래도록 이어졌다. 예를 들어 1370년에 건국된 티무르제국(Timurid dynasty, 1370~1507년)의 창건자인 티무르(帖木兒, 1336~1405년)도 부마왕의 신분을 이용하였기에 몽골황족의 정통성을 주장할 수 있었다.

을 제외한 5명이 원의 공주와 혼인하였고 고려는 계속 부마국의 지위를 갖게 되었다. 고려로 하가한 공주들은 모두 고려에서 지고의 권력을 가졌으며, 그들의 소생은 세자에 책봉되었다.

한편 고려는 여원의 통혼 후에 부마국이라는 지위를 이용해, 원으로부터 어느 정도 독립을 유지할 수 있었다. 공주는 친정인 원조元朝 각급 관원의 압박과 경제적 착취를 어느 정도 제압할 수 있었고, 또한 공주가 직접 나서서 고려를 위한 부탁을 하면 비교적 쉽게 원 황제의 동의를 받을 수 있었다. 예를 들어 충렬왕은 1278년에 공주와 입조하여 고려의 각종 가정苛政을 면제해 줄 것을 주청하였는데, 이에 대해 황제가 일일이 윤허하였다.

3) 여원의 문명 교류

(1) 몽골풍

몽골제국과 원(1219~1368년)은 고려에 약 270회 이상 사신을 파견하였다. 고려의 왕도 수시로 많은 수의 수행원을 거느리고 대도로 가서, 적게는 몇 개월부터 많게는 몇 년까지 머물렀다. 최초의 부마였던 충렬왕은 자신의 통치기간 동안 개경과 대도를 약 12번 왕복했는데, 한 번 왕복할 때 적어도 3주일이 걸렸다고 한다.

이렇게 몽골귀족과 접촉빈도가 잦았던 고려 통치자는 점차 몽골풍(蒙古風)에 익숙해졌고, 양국의 머리모양과 복식, 음식, 언어 등에도 변화가 생겼다. 그런 변화 중 문명 교류의 측면에서 몇 가지만 선택하여 살펴본다.

가. 변발

유교문화권에 속했던 고려인은 한족과 마찬가지로 머리카락 전체를 묶어 상투를 틀었다. 그런데 『고려사』에 의하면 대도에서 케식으로 있던 충렬왕이 1272년에 변발에 호복 차림을 하고 귀국하자, 그 모습을 본 고려인들은 경악했고 심지어 통곡 하는 사람도 있었다고 한다. 변발은 몽골 특유의 방식인데 머리를 사방에서 깎아 가운데만 남기고 그것을 땋아서 늘어뜨린다.

충렬왕 즉위 후, 원에서 오는 제국대장공주를 영접하러 궁을 나갔을 때, 수행한 신료 중 변발하지 않은 자가 있어 훈계를 듣기도 했다. 1277년에는 개체령開剃令을 내려 재상부터 하급신료에 이르기까지 모두 변발하였다. 당시 한림원·춘추관 등 몇몇 관의 학사들은 이 명을 따르지 않다가 나중에야 변발하였다.

나. 몽골식 이름

충선왕을 시작으로 하여, 이후의 고려왕들은 몽골식 이름도 갖게 되었다. 충선왕의 이름은 '익지예보화益智禮普化'이고, 충숙왕은 '아자눌특실리阿剌訥忒失裡', 충혜왕은 '보탑실리普塔失裡(佛吉)', 공민왕은 '백안첩목아伯顏帖木兒'이다.

왕뿐 아니라 귀족이나 신하들도 몽골식 이름을 사용하였다. 유명한 환관 고용보高龍普는 투멘데르(禿滿迭兒), 태정제의 황후가 된 김심金深의 딸은 달마실리達麻實里, 원 인종의 황후가 된 충선왕대 순비順妃의 딸은 백안홀독伯顏忽篤이라고 하는 등 많은 예를 찾아볼 수 있다.

다. 복식

공녀와 환관 등 고려인들이 원나라에 끼친 영향만큼이나, 고려 왕궁에서 몽골 여성의 영향도 적지 않았다. 농경지역에 비해 유목 사회 여성은 발언권도 강하고, 가정에서도 어느 정도 권리를 가질 수 있었다. 칭기즈칸의 모친과 정처正妻, 쿠빌라이의 모친과 정처 모두 몽골제국에서 강력한 권위를 가졌다. 따라서 고려로 시집온 몽골공주의 영향도 매우 컸으며, 그 주변인들이 비관방非官方 정치세력집단을 구성하며 고려 사회에 적지 않은 영향을 미쳤다.

여원 양국의 여인들은 음식·복식·음악·종교 등의 방면에서 큰 영향을 주고받았다. 그 중 몽골 기혼 여성의 두관인 고고관姑姑冠(孛黑塔, boqta, poqtaq)은 공민왕비가 특히 좋아했다고 한다. 고고관은 신분에 따라 관의 높이가 다른데, 귀족 부녀가 쓰는 것은 한 척尺 가량으로, 보석 혹은 공작의 깃털로 장식하였다.

고려에서도 이 관을 갖는 것을 매우 영광으로 여겼다. 원의 황태후 달기(答己)는 1311년에 충선왕(1298, 1308~1313년 재위)의 비빈을 위해 두 개의 고고관[7]을 하사하였다. 이는 원 황실의 충선왕에 대한 큰 총애를 증명

---

7 姑姑冠은 元代 몽골족의 冠制로, 罟罟·顧姑·罟姑·固姑·固顧·罟最·括罟·故姑·圉姑·三庫勒·古庫勒·孛哈·孛黑塔·孛黑塔黑이라고도 한다. 몽골어로 '부녀의 머리 장식'이라는 뜻인데 魯不魯乞은『東遊記』에서 이 고고관을 '孛哈'이라고 하였다. 원말의 葉子奇는『草木子』에서, 원의 후비 및 대신의 정실은 모두 고고관을 쓴다 하였다. 한편 1246년부터 1247년 사이에 몽골에 사신으로 파견되었던 John of Piano Carpini(1182-1252년)는 부녀들이 외출하거나, 혹은 외부인과 같은 공간에 있을 때 반드시 고고관을 써서 머리를 장식했다고 한다. 그것은 남녀를 구별하는 주요 표지였고, 또한 기혼여성의 표지였다. 따라서 고고관은 여성이 미혼에서 기혼으로 넘어가는 혼례에 반드시 썼다. 우리나라의 족두리簇頭里도 그런 의미로, 족두리는 簇兜 또는 簇冠이라고도 한다.『오주연문장전산고』에서 그 기원에

한다. 고려에서는 그것을 받고는 조정신료를 청하여 특별히 성대한 연회를 개최하고 경축하였다고 한다.[8]

라. 기타

고려에는 소주, 설렁탕, 신선로, 순대 같은 몽골식 음식도 도입되었으며, 그 영향은 지금도 우리 음식 문화에 깊이 남아 있다. 또한 고려의 음식으로 고려병, 고려만두, 유밀과 등이 원나라에 전해졌다. 충렬왕이 1296년에 세자(충선왕)의 혼례식에 참석하기 위하여 원나라에 가서, 유밀과를 잔치음식에 올렸는데 큰 인기를 얻었다고 한다.

한편 궁중 의례는 고려식 의례와 원조례元朝禮 두 가지로 행해졌다. 신하들이 본국의 일반사무를 처리하기 위해 왕을 알현할 때에는 고려식으로, 행성行省의 사무를 처리하기 위해 국왕 겸 행성승상行省丞相을 알현할 때에는 원조례로 하였다.

대해, 『고려사』를 살펴보면 원나라에서 왕비에게 고고리라는 것을 보냈다고 하는데 그것은 곧 冠의 이름으로서 세상에 전해진 것이다. 지금의 족두리라는 것이 고고리와 그 음이 비슷해 혹시 고고리가 와전되어 족두리가 된 것은 아닐까'라고 한데서 찾기도 한다. 『古事通』에서도, '지금도 여자의 예장에 쓰는 족두리는 몽골의 사부녀가 외출할 때 쓰는 모자이고, 신라 복식으로 산호주 꾸러미의 도투락댕기도 몽골 기혼녀의 두식으로 쓰는 도톨이라 하는 것이며……'라고 한다. ; 『林下筆記』에서는, 족두리는 광해군 때부터 겉은 검정 비단, 안은 자주 비단으로 싸고 속을 비게 하여 머리 위에 썼으며 나라의 풍속으로 변했다고 하여 민간화 되었음을 암시했다. 영조·정조 때 가체금지령이 내린 이후 성행했으며 근대 이후로는 혼례용 수식으로 쓰이고 있다. 족두리의 종류에는 장식이 없는 민족두리, 호화로운 장식의 꾸밈족두리, 상례에만 쓰였던 흰족두리 등이 있다. ; 頤齋 黃胤錫의 『頤齋遺藁』卷之五, 詩 「漫題滿州畫簇」 四絶, '滿州兒女黟姑姑 眉月眸波口是朱 花亞釵頭惝不整 爲誰褰帳現全軀.' 참고

8 충남 논산 관촉사 은진미륵의 두상은 고고관을 쓴 모습으로 보인다. 은진 미륵은 아들을 낳기를 염원한 기황후가 조성한 것으로 알려져 있는데, 전국의 수많은 불상 중에서 유독 은진미륵의 두관이 특이하다.

(2) 고려양

가. 공녀의 파견

고려는 원의 속국이 된 후 1275년부터 50여 회에 걸쳐 종실, 귀족, 혹은 빈민의 딸 등 젊은 남녀를 공품貢品으로 원 제국에 보내야 했다. 공녀貢女를 보내는 것은 속국으로서의 의무였는데, 이런 제도는 원의 고려 통제를 위한 방법의 하나이기도 하였다.

공녀들 가운데 일부는 원의 황제 및 황실 구성원에게 보내어졌고, 나머지는 대신들의 저택으로 나뉘어 갔다. 그들은 궁중의 여관女官이 되었고, 드물게 황제의 총애를 받아 후비가 된 경우도 있었다. 몇몇 공녀는 양국의 정치관계에서 매우 중요한 역할을 하였다.

공녀로 선발되는 경우로는 다음의 네 가지가 있었다.

첫째, 원의 군졸들과 결혼하는 경우로, 대상은 주로 빈곤층의 부녀였다. 원 정부는 고려의 과부와 처녀를 데려가 원의 군졸들과 결혼하게 하였다. 고려는 이를 위해 과부처녀추고별감寡婦處女推考別監・결혼도감結婚圖鑑을 설치해 공녀를 모집하였다. 이 제도는 고려 사회에 큰 변동을 초래하였고, 전국에서 곡성이 끊이지 않았다.

둘째, 황실이나 귀족가문의 시녀로 일할 공녀였다. 원에서 고려 여인들의 음식솜씨나 미모, 품성 등은 호평을 받았기에, 원 황실이나 귀족 집안에서는 고려 공녀를 매우 환영했다. 즉 원의 황실과 상층부에서는 황실이나 귀족 가문에서 일할 '양가녀', '처녀', '동녀'를 찾았던 것이다.

셋째, 고려 귀족 가문의 상당한 신분에 해당하는 동녀들도 있었다. 그들은 연혼聯婚을 위해 원으로 보내었기에, 서류에 조부의 관직을 적어야 했다.

이상 3종의 공녀를 선발하고 차출하는 것에는 엄격한 규정이 정해져 있었다. 따라서 그것을 위반하면 징벌이 따랐는데 고려왕실의 경우에도 예외가 없었다.

넷째, 이상의 경우와 달리, 정치적 목적을 위해 자발적으로 공녀를 헌납한 경우도 있었다. 고려 사회에서 공녀 차출은 매우 큰 문제였지만, 그들이 원에서 어느 정도 영향력을 행사하며, 고려가 독립국 지위를 유지하는데 긍정적 역할을 하기도 하였다. 또한 그들을 매개로 원의 황실이나 귀족 세력 가운데 친 고려적 세력이 형성되기도 하였다.

시첩이나 측실로 들어간 공녀 가운데 원의 정치, 사회 등의 제 분야에서 중요한 역할을 하는 경우도 있었다. 충숙왕 후 4년(1335), 이곡이 올린 「청파구동녀소請罷求童女疏」[9]는 동녀를 모집하는 것을 금해달라는 내용인데, 그 중 '원 공경대부에게 고려쪽 외조카가 많았다(公卿大臣多出于高麗外甥者)'는 서술로 보아, 원과 고려에서 그들의 영향력이 적지 않았음을 알수 있다.

몇몇 예를 들면 김심의 딸 달마실리는 태정제의 황후가 되었고[10], 순비의 딸 백안홀독은 인종의 황후가 되었으며, 호부산랑 기자철의 딸인 기

---

9 『고려사』 권109, 「列傳」 22, '今高麗婦女在后妃之列 配王后之貴 以公卿大臣多出于高麗 外甥者 ~ 非但取童女而已' ; 「稼亭 李穀 先生의 <代言官請罷取童女書> 簡介」 金時晃, 李穀, 동아인문학회, 모산학보 제13집, 2001.10, pp.25~44.
10 『고려사절요』 제23권, 충선왕 기유 원년(1309), 원 지대 2년, '대사헌 趙瑞가 원 나라에서 돌아왔다. 황제가 參理 金深을 高麗都元帥로 삼고, 조서를 부원수로 삼았다. 그때 深의 딸이 황제를 모시어 총애를 받았으며, 瑞의 딸도 또한 뽑혀서 원 나라의 총애 받는 신하에게 시집 갔기 때문에 이렇게 제수한 것이다.'

씨는 순제의 제2황후가 되었다. 그 중 특히 기황후는 원의 조정을 직접 좌우한 인물이기도 하다.

기씨는 1333년에 고려 출신의 대환관 고용보의 추천으로 궁으로 들어 갔다. 처음에는 황제의 차를 담당하였는데, 총명하고 미모가 뛰어나 곧 순제의 환심을 얻었다. 1340년에 기씨는 황태자 아유시리다라(愛猷識裡達臘)를 낳고 제2황후에 책봉되었다. 그 후 황태자가 병권을 장악한 후 정비로 책봉되었다.

나. 환관

경복궁 인근의 '효자동'이라는 동명의 유래에 대해, 환관인 화자火者(내 시)가 많이 산다고 하여 '火者洞'이라 불리다가 후에 '효자동'으로 바뀌었다 는 설이 있다. 그런데 '火者'라는 용어는 거세 후 불로 지진다는 데서 나온 말이라는 것과, 페르시아 사만왕조(薩曼, Samanid Empire)의 관직명인 'Khwaja'에서 유래되었다는 주장이 있다.

'Khwaja'는 음역으로 '和卓'·'和加'·'霍箚'·'霍札'이라고도 표기한다. '고귀한 자(顯貴)'·'부자'라는 뜻으로, 이슬람교에서 '교주의 후손(聖裔)'이 나 학자에 대한 존칭이다. 또 이 말은 신장이나 중앙아시아 지역에서도 이슬람교 상층부 귀족을 나타낸다.[11]

---

11 (淸)王士禛, 『池北偶談』·「談故」二·「土魯番表」, '今幸太平 亟遣 亦思喇木 火者 前往 進貢' ; Wikipedia, 'Khawaja' 일부, Khawaja (Persian: خواجه khwāja, khvajeh) is an honorific title used across the Middle East, South Asia, Southeast Asia and Central Asia, particularly towards Sufi teachers. The word comes from the Iranian word khwāja (Khaje) (Classical Persian: خواجه khwāja; Dari khājah; Tajik khoja). In Persian, the title roughly translates to 'Lord' or 'Master'.(Potter, Lawrence G., ed. (2014). The Persian Gulf in Modern Times. New York: Palgrave Macmillan US. doi:10.1057/9781137485779. ISBN 978-1-349-50380-3.

환관은 황제의 주변인으로, 원대에 동서 교류가 활발해지며 페르시아어 '火者'가 원의 궁정으로 들어갔다고 한다. 원과 고려의 밀접한 관계를 배경으로 고려에서는 임바얀투그스(任伯顏禿古思)·방신우方臣祐·이대순李大順·우산절禹山節·이삼진李三眞·고용보·박불화 등의 수많은 환관이 배출되었다. 그들은 뛰어난 언어 능력과 국제 정세에 대한 감각 등을 바탕으로 원과 고려의 정치권에서 주요 구성원이 되었다. 그 중 임바얀투그스는 충선왕의 토번 유배와 직접적 영향을 가진 것으로 기록된 인물이다.

2. 출생과 유년시절

1) 왕원의 출생

13세기 중엽 이후에 고려는 원의 속국이 되었고, 아울러 원 황실과의 연인으로 부마국이 되었다. 원종의 노력의 결실로 마침내 1275년 9월 30일에 충렬왕 부부의 장남 왕원王諶[12]이 개경의 사판궁沙阪宮에서 태어났다. 왕원은 '부마국' 체재하의 첫 출생으로, 이른바 칭기즈 칸의 직계인 '황금가족혈맥黃金家族血脈'(altan urugh)의 일원이었다. 따라서 그의 출생은 여원 양국에서 큰 사건이었다.

충선왕의 첫 이름은 왕원이고, 몽골식 이름은 '어린 수소(小公牛)'라는

---

12 『고려사』 1298년 4월조에 충선왕의 즉위 후 피휘한 내용이 있다. 『고려사』 권33 세가33 충선왕1, '僉議司請避王嫌名, 元·原·源·騵·嫄·源…顤·薳等字, 從之, 仍命幷諱遠字.'

뜻의 이지르부카(益知禮普花, Ijirbuqa)이다. 소나 말, 양 등의 가축을 무엇보다 중시하는 몽골 유목민에게 '어린 수소'는 매우 상서롭고 의미 있는 이름으로 보인다.

왕원은 1308년의 2차 즉위 무렵에 왕장王璋으로 개명[13]하였다. 왕원은 몽골 출신의 모친과의 관계도 좋았으며 원 황실에서의 서열도 높았기에, 성장 후 종질인 원 무종과 인종의 즉위에 까지 간여 하며, 국제 정세의 중심 무대에 설 수 있었다.

왕원이 태어나기 전, 충렬왕에게는 이미 정신부주貞信府主 소생의 왕자 王滋와, 궁인인 반주盤珠가 낳은 왕서王湑 두 왕자가 있었다. 그러나 당시 고려는 부마국[14] 체제하에 있었기에, 원의 공주가 낳은 아들만이 '황금가족혈맥'으로서 왕위계승권을 가질 수 있었다.

〈 표 1 〉 충선왕의 가족 관계

관계	封號	성명	비고
조부	元宗	王諶	원 세조와 정치적 결탁
조모	順敬太后		
외조부	원 세조	쿠빌라이	제국대장공주의 부친
외조모	昭睿順聖皇后	차브이(察必)황후	世祖昭睿順聖皇后

13 『고려사』, '1308년 12월 계미일. 왕의 이름과 음이 같은 글자를 사용하는 것을 금지시켜 漳州를 漣州로, 彰善을 興善으로, 章德을 興德으로, 章山을 慶山으로, 甕島를 寧源으로, 甕頂寺를 弘濟寺로 각각 고쳤으며'
14 김석환, 「몽골제국의 對高麗政策의 一面 - 高麗國王의 駙馬化 및 行省官 兼職을 중심으로」, 『서울대 동양사학과논집』, 제35집(2011.12), pp.37~75 참고

부	忠烈王	王昛	王諶·王賰
모	元成公主	孛兒只斤 忽都魯揭里迷失	元 世祖의 딸, 齊國大長公主로 추증 莊穆王后(諡號)
왕후	韓國長公主 (?~1315)	孛兒只斤 寶塔實憐	元 晉王(顯宗) 甘麻剌의 딸 薊國大長公主로 추증
비빈	懿妃 (?~1316)	也速眞	몽골인, 출신 등 미상 1316년 원에서 사망, 懿妃로 추증
	靜妃 (?~1345)	王氏. 1289년 2월 에 혼인	宗室 西原侯 王瑛의 딸 사후에 靜妃로 추증
	賢妃 順和院妃 (?~1306)	洪氏	洪奎의 딸, 『고려사』에는 順和院妃라 함 또한 賢妃로 봉호(모친 金氏墓誌銘) 明德太后의 언니
	令妃	趙氏, 1292년 世 子妃가 됨	趙仁規의 딸, 『고려사』에는 封號가 없으나 『元史』 에서는 '令妃'라 봉함.
	淑妃	金氏	金良鑑의 딸, 충렬왕의 淑昌院妃였으며 충선왕의 淑妃에 봉해짐
	順妃 (1271~1335)	許氏	許珙의 딸로, 원래 平陽公 王昡의 처. 충선왕 복위시 順妃라 봉함
子女	子	廣陵君 (?~1310)	王鑑(宜忠)	懿妃 也速眞 소생의 왕세자. 충선왕에게 피살됨.
		忠肅王(1294 ~1339)	王燾(宜孝)	懿妃 也速眞 소생, 江陵大君
		德興君	王譓 (塔思帖木兒)	生母不詳, 충선왕의 궁인과 대신 白文擧의 아들이 라고도 함
	女	壽春翁主 (?~1345)	王氏	生母不詳, 順妃 許氏의 조카 定安府院君 許悰과 결혼, 1345년 사망15
	양자	雞林府院 大君	王煦	原名은 權載. 충선왕의 양자로 宗室에 입적
	양녀	원 인종의 황후	伯顔忽篤	충선왕의 제6비인 順妃 허씨의 딸

15 정안대군은 檢校政丞 評의 아들 許琮으로, 충렬왕에 의하여 궁중에서 자라 충선왕의 딸 壽 春翁主와 혼인하였다. 충선왕 때 守司徒로 定安君에 봉해지고 후에 다시 定安府院君에 봉 해졌다. 1345년 수춘옹주가 죽자 슬픔으로 병들어 죽었다.

(1) 세자 책봉

왕원은 충렬왕 원년(1275) 9월 30일에 태어나 1277년 1월 12일에 세자로 책봉되었다. 그 일에 대해 이승휴는 『제왕운기』에서 '천자의 누이는 왕비가 되고, 황제의 외손은 세자가 되었다.'고 기록[16]하였다.

4세이던 1278년 여름에 세자는 충렬왕과 원성공주를 따라 상도上都 개평부開平府(내몽골 正藍旗)로 가서 원 세조의 황후이자 제국대장공주의 모친인 차브이(察必) 황후(昭睿順聖皇后)를 만났다. 차브이 황후는 세자를 아주 반겨하며 술잔(酒厄)과 칼(刀子)을 하사하였다.

모친 원성공주는 또 왕원을 데리고 황태자비인 발리안예케치(伯藍也怯赤, 徽仁裕聖황후)[17]를 알현하였다. 태자비가 왕원을 매우 귀여워하며 몽골식으로 익지예보화益智禮普化('작은 소')라는 이름을 지어주었다.[18]

---

16 李承休, 『帝王韻紀』下卷, '天妹理宮闈, 帝孫作儲貳.'

17 황태자비의 성은 弘吉剌, 이름은 伯藍也怯赤(?~1300년 3월 1일), 또는 闊闊眞이다. 그녀는 쿠빌라이의 태자인 眞金의 妃로, 아들 晉王 甘麻剌, 答剌麻八剌(順宗), 鐵穆爾(成宗)를 낳았다. 1285년에 진킴이 사망하자 1293년에 鐵穆爾가 태자위를 계승하였다. 1294년 세조가 사망하자 鐵穆爾가 황제로 즉위하였는데 그가 바로 성종이다. 伯藍也怯赤는 황태후가 되었다. 그녀가 1300년에 사망하자 裕聖皇后라 諡號하였다. 1310년에 다시 徽仁裕聖皇后로 追諡되었다.

18 『고려사』卷89, 「列傳」第2, 「后妃傳・齊國大長公主」, '四年……夏, 王及公主如元……後見世子愛之, 賜酒厄・刀子. 公主又抱世子見於太子妃, 妃名之曰益智禮普化……' ; 李齊賢, 『益齋亂稿』卷9, 「有元贈敦信明義保節貞亮濟美翊順功臣太師開府儀同三司尙書右丞相上柱國忠憲王世家」, '方在襁褓 公主入朝 抱以見徽仁裕聖皇後 後拍手呼之 便匍匐投諸膝下 後名之曰益智禮普化' ; 益知禮(ijir)는 '작은'이라는 뜻이고 '不花'(buqa)는 '소'를 뜻한다.

(2) 왕원의 성품

『고려사』의 기록을 통해 충선왕의 어린 시절에 대해 살펴보면 왕원은
타고난 심성이 매우 선량하고 반듯하며 도덕적이었던 것을 알 수 있다.
그는 어릴 때부터 충렬왕의 잦은 사냥이나 응방鷹坊의 폐해 등을 지적하
며 부왕의 측근들을 경계했다.

> 충렬왕 9년 2월. 충렬왕이 충청도로 사냥가려 했다. 당시 왕의 나
> 이 아홉 살이었는데 갑자기 눈물을 흘리기에 유모가 그 까닭을 물었
> 더니, "지금 백성이 곤궁하고 또 농사철인데, 부왕께서는 어찌하여 멀
> 리 사냥을 나가시려 하는지 알 수 없다."고 대답했다.
> 조의순이 그 말을 알리자 충렬왕은, "어린 아이가 괴이하도다. 그
> 러나 사냥 날짜가 이미 정해졌으니 그렇게 할 수 없다."고 하였다. 얼
> 마 안 되어 공주가 병이 나 결국 충렬왕은 뜻대로 하지 못했다.[19]

> 또 어떤 사람이 떨어진 베 적삼차림에 땔 나무를 지고 궁궐 문으
> 로 들어오는 것을 보자 사람을 시켜 누구인지 묻게 했다. 그가 장작
> 서의 기인이라고 대답하자, 충선왕은, "나는 좋은 옷을 입었는데 백성
> 이 저러하니 마음이 편치 않구나."하고 슬퍼했다.[20]

---

19 『고려사』卷33, 「世家」第33, 「忠宣王世家一」, '九年 二月 忠烈將獵於忠淸道, 時, 王年九
 歲. 忽泣下, 乳母請其故, 答曰, "今玆百姓困窮, 又當東作之時, 父王何爲遠獵?" 曹義珣以
 告, 忠烈曰, "小兒怪哉! 獵期已定, 不能聽." 未幾, 公主得疾, 忠烈不果行.'
20 『고려사』卷33, 「世家」第33, 「忠宣王世家一」, '又見人衣破布衫負柴入于宮門, 使問之,
 對曰, "將作署其人也." 王曰, "我美衣服, 而百姓若此, 於心安乎?"'

한편 왕원은 선량함과 함께, 사리가 분명하여 불의를 보면 참지 않고 시시비비를 가리는 강직함도 갖추고 있었다.

또 궁궐의 노비 한 사람이 동네 아이들의 종이 연을 빼앗아 바치자, 왕은 어떻게 얻었는가라고 물었다. 노비가 사실대로 대답하자 왕은, "남의 것을 빼앗아 나에게 바쳐서 되겠는가?"라고 꾸짖고는 즉시 돌려주도록 했다.[21]

왕은 늘 행이별감 위선에게 "기괴하고 요망한 일은 전혀 들을 필요가 없다. 다만 옛 군자의 옳은 일만을 나에게 말해 달라."고 이르곤 했다.

염승익이 일찍이 관상 보는 사람인 천일을 데리고 와서 왕의 관상을 보게 했는데 천일은, "인자한 눈을 가지고 계시니 매와 사냥개를 좋아하지 않을 것입니다."라고 말했다.

그러자 왕은 곁에 있던 박의를 돌아보면서, "우리 부왕께 늘 매와 개를 놓아 사냥판을 벌이도록 권유해 아부하는 놈이 바로 이 늙은 개다."라고 말하니 박의가 부끄러워 얼굴이 벌게지며 물러갔다.[22]

이상의 서술로 보아, 충선왕은 나이에 비해 매우 생각이 깊고 인정이

---

21 『고려사』 卷33,「世家」第33,「忠宣王世家一」, '又有宮奴, 取里中兒紙鳶以獻, 問, "汝安得此?" 以實對, 王曰, "取諸人, 獻於我, 何哉?" 卽命還之.'

22 『고려사』 卷33,「世家」第33,「忠宣王世家一」, '常謂行李別監魏璇曰, "奇怪妖妄, 皆所不取. 但可以前修之事, 告我耳." 廉承益嘗進相師天一, 天一相王曰, "慈眼不喜鷹犬." 朴義在側, 王顧曰, "每以鷹犬, 從臾吾君者, 此老狗也." 義慚覸而退.'

많았으며, 판단력이 뛰어났음을 짐작하게 한다. 다음 기사도 충선왕의 소년시절의 곧고 강직한 성격을 알려준다.

충렬왕 13년 10월. 전라도 왕지별감 권의가 은 40근과 호피 20장을 왕에게 바치면서 여행비용에 보태 쓰라고 하자 왕은, "이 물건들은 죄다 백성을 수탈해 원한이 쌓인 것이니 내가 바라는 바가 아니다." 라고 거절한 후 사람을 시켜 모조리 원래 주인에게 돌려주게 했다.[23]

충렬왕 14년 8월. 황제의 생일을 맞아 대전에서 벌인 잔치자리에서 송나라 사람이 광대놀이를 하자 충렬왕이 왕을 구경하라고 불렀으나 왕은 사양하고 참석하지 않았는데 당시 왕의 나이 14세였다. 언젠가 내료 원혁의 무릎에 기대어 한가롭게 서로 이야기를 나누다가 원혁이 왕더러, "임금은 모든 것을 너무 면밀하게 살펴서는 안 되는 법입니다. 전하께서는 총명함이 지나치시니 사람들을 조금 너그럽게 받아들여야 합니다."라고 충고했다.

그러자 왕이 안색을 바꾸면서, "너희 놈들이 나를 어리석고 우둔하게 만든 다음 손바닥 위에 올려놓고 떡 주무르듯 하려느냐?"라고 꾸짖으니 원혁이 송구해 마지않았다.[24]

충렬왕 15년 5월 임오일. 왕이 전 박사 강후가 죽었다는 소식을 들

---

23 『고려사』卷33,「世家」第33,「忠宣王世家一」, '十月 全羅道王旨別監權宜, 以銀四十斤, 虎皮二十領, 獻王, 以助行李之費, 王曰, "此物皆剝民斂怨, 非吾所欲." 遣人, 悉還其主.' ;『고려사』권123, 열전36, 폐행,「權宜傳」참조 ;『東國通鑑』卷39 忠烈王 14年 8月.

24 『고려사』卷33,「世家」第33,「忠宣王世家一」, '時王年十四. 嘗踞內僚元奕膝上, 從容相語, 奕謂王曰, "人主不宜聰察. 殿下聰明大過, 宜小寬容." 王作色曰, "汝輩使我癡暗, 持弄掌上, 如軟餠乎?" 奕懼.'

자 좌우에게, "이 사람이 연두연비하여 부왕의 병을 낫게 한 자가 아니더냐?"라고 물었다.

　그렇다고 대답하자, 왕은 이렇게 말했다. "무릇 신하된 자가 임금을 섬기는 도리는 충성스럽고 부지런하며 절의를 다하는 데 있다. 연두와 연비는 불승들이 하는 일이지 군자가 할 바가 아닌데도 강후는 윗사람에게 아첨하여 감히 예에 어긋난 짓을 했으니 비록 죽은들 무엇이 아까운가?" 이 말을 들은 사람들이 모두 탄복했다.[25]

충선왕은 성인이 되고부터는 일생동안 불교를 매우 숭상하였으나, 이 기사에서 알 수 있듯, 학업에 충실하던 청소년기에는 유학을 열심히 공부하였다. 그는 정가신, 민지 등으로부터 『논어』·『맹자』·『효경』·『통감』 등을 배웠다. 충선왕은 1284년에 다시 부모를 따라 원에 입조하였고, 15세이던 1289년에는 관례를 행하였다. 그 무렵 종실 서원후 왕영王瑛의 딸과 혼인하였다.

25 『고려사』 卷33, 「世家」 第33, 「忠宣王世家一」, '十五年 五月 壬午 王聞前博士康昫死, 問左右曰, "莫是燃頭燃臂, 以救王疾者歟?" 對曰 "然." 王曰, "凡人臣事上之道, 在忠勤盡節. 燃頭燃臂, 乃浮屠之事, 非君子之所爲也, 而昫乃媚上, 敢行非禮, 雖死何惜?" 聞者歎服.'

2) 카단의 난

(1) 진압 요청

왕원이 16세이던 1290년에 '나이얀의 난(乃顔之亂)'의 잔당인 카단이 고려를 침입하는 '카단의 난(哈丹之亂)'[26]이 일어났다. 2월 1일, 충렬왕은 정수기(鄭守琪), 박지량, 한희유, 나유(羅裕) 등을 각지에 주둔시켜 카단의 공격을 방어하게 하였다.[27] 5월 16일, 카단이 반군을 이끌고 고려를 침입하자 충렬왕은 강화도로 천도하여 피난하였다.

그러자 왕원은 11월에 원에 입조하여 세조에게 카단을 진압해 줄 것을 청하였다.[28] 그리고 원에서는 12월 5일, 설도간(薛闍幹) 등에게 13,000명의 보병과 기병을 보내어 고려를 지원하게 하였다. 1291년 정월 24일, 카단이 철령을 뚫고 교주도를 공략하자 왕원은 다시 그를 토벌해 줄 것을 청하였다. 그러자 황제는 나이만다이(那蠻歹) 대왕을 파견하였고 양국의 군사가 힘을 합쳐 큰 승리를 거두었다.

---

26 카단은 원 쿠빌라이의 동생인 카치운(合赤溫)의 후손으로, 지금의 만주 지역인 호룬패이(呼倫貝爾)를 다스리다가 나이얀과 함께 반란을 일으켰다. 그런데 나이만다이(乃蠻帶)에게 패하자 1290년에 고려의 동북변을 침입하였던 것이다.

27 『고려사』 권30, 「世家」 第30, 「忠烈王世家三」, 忠烈王 16年 2月 乙亥條.

28 『고려사』 권30, 「世家」 第30, 「忠烈王世家三」, '癸亥 世子謁帝, 請討哈丹. 帝命那蠻歹大王, 將兵一萬討之.'

〈 표 2 〉 충선왕 왕장의 생애

나이	연도	사건	
1세	1275년 9월 30일	開京 沙阪宮에서 탄생	
3세	1277년 1월 12일	왕세자로 책봉됨	'帝授王特進上柱國高麗國王世子賜金印.'
4세	1278년 여름	차브이 황후와 황태자비 발리안 예케치 만남	충렬왕·元成공주와 上都 開平府로 감
10세	1284년	원에 입조	충렬왕, 元成공주 동행
15세	1289년	관례 후 단기간 宿衛	케식(怯薛)
16세	1290년 11월	원에 입조(1년 6개월 머뭄)	세조에게 출병, 카단 진압을 청함
17세	1291년 1월 24일	〃	'特進上柱國高麗國王世子'로 책봉
18세	1292년	윤6월 황제 생일 축하 위해 입조 12월에 다시 원으로 감	귀국후 趙仁規의 딸을 세자비로 맞음.
20세	1294년	쿠빌라이의 장례식에 참석	2월 18일 사망
21세	1295년	判都僉議密直監察司事로 임명됨	3개월간 국정 참여함
22세	1296년 11월	계국대장공주와 혼인	
23세	1297년 6월	귀국, 장례 후 10월에 돌아감	5월에 모친 元成公主 사망
	1297년 11월	고려왕으로 책봉	원 성종
24세	1298년 정월	9일 귀국, 정월 19일에 즉위	정식 선양 (1월 19일~8월 18일까지 재위)
24세	1298년 5월	조비무고사건趙妃誣告事件	
33세	1307년 6월	원 무종 즉위 도움	아유르바르와다 태자의 太師로 임명됨('推忠揆義協謀佐運功臣' 호 받음)
34세	1308년 5월	'定策功'으로 심양왕에 임명됨	
34세	1308년 7월	충렬왕의 사망. 왕위 계승	즉위 한 달 후 돌아감. '璋'으로 개명

35세	1309년 3월	달기 태후와 오대산 참배	아유르바르와다 동행
36세	1310년	瀋陽王[29]에서 심왕으로 격상	
39세	1313년	3월에 차남 王燾에게 양위 결정 4월에 公主, 충숙왕과 귀국 6월에 양위하고 돌아감	조카 왕호를 심왕의 세자로 삼음
40세	1314년 정월	원으로 감(마지막)	元朝來頒科擧詔
41세	1315년	공주도 원으로 돌아가 사망	薊國大長公主로 追贈
42세	1316년 3월	심왕위 넘김 티베트 승려에게 수계 보타산 참배	'太尉王'
45세	1319년 9월	天目山 행향	
46세	1320년	귀양(토번 薩迦寺)	
49세	1323년	脫思麻로 이배됨	영종의 사망 후 이배·사면됨
50세	1324년	대도로 돌아옴	
51세	1325년 5월 13일	대도에서 사망	諡號는 忠宣, 德陵에 안장

(2) 케식과 세자 책봉

왕원은 1289년부터 1298년까지 대도[30]에서 케식(怯薛, Kheshig)에 소속
되어 있었다. '케식'은 몽골어로 '축복받은', '은혜로운' 또는 '신성한'이라

---

29 '瀋王'은 고려 왕족에게 주는 원의 세습 王爵으로, 封地는 요동 지역(심주·요양)인 沈陽路
　이다. 심왕위는 王璋(王謜)·王暠·王昕·王眡·脫脫不花가 뒤를 이었다.(『元史』참조) 심
　양왕은 諸王의 반열에 들어 金印獸紐를 받았으며, 제왕 가운데 서열 39위이다. 반면 고려
　국왕은 41위였다.
30 원 세조 쿠빌라이는 1264년에「建國都詔」를 발포하여 燕京(지금의 북경)을 中都로 고쳐 陪
　都로 정하였다. 1267년에 다시 중도로 천도하고 大都라 하였다.

는 의미를 갖는데, 한자로는 숙위宿衛('有輪流值宿守衛'의 줄임말)이다. 케식은 귀족, 대장 등의 공훈 자제들로 구성되는데, 그 구성원을 겁설대怯薛歹(ke ig-tei)라 하고, 복수형은 겁설단怯薛丹(ke igten)이라 한다. '怯薛軍'·'怯薛制'라고도 하며, 돌궐어나 몽골어로 '번직숙위番直宿衛'를 의미한다.

케식은 칭기즈 칸이 1203년에 다른 부족으로부터의 암살을 방지하기 위해 직접 조직한 원 황실의 금위군禁衛軍으로, 전성기에는 그 수가 만여 명에 이르렀다고 한다. 주 임무는 칸을 호위하는 것이며, 평상시에는 궁정 사람들에 대한 감독이나 말, 무기 및 보급품 관리 등의 행정 업무도 담당하였다.

당시 몽골 사회에서는 케식의 일원이 되는 것을 대단한 영광으로 인식하였다. 어떤 분야이던 특장점이 있는 자를 뽑아 황제의 친위부대인 겁설단을 구성했다. 그들은 엄격한 규율 하에 통제되고 있었지만, 동시에 매우 큰 특권을 가지고 있었다. 왕원은 일찍이 쿠빌라이로부터 학문분야에서의 재능을 인정받았다. 따라서 그는 학문분야에서 황실을 보좌하였을 것이다.

왕원은 케식으로 있던 1291년(17세)에 황제로부터 특진상주국고려국왕세자特進上柱國高麗國王世子로 책봉[31]되고 금인을 받았다.[32] 충렬왕은 김방경金方慶·유경柳璥·김구金坵 등의 명신에게 세자의 교육을 맡겼다.

---

31 『고려사』卷30, 「世家」第30, 「忠烈王世家三」, "是月, 帝授世子 特進上柱國高麗國王世子, 賜金印, 制曰, '嗣有爾嫡, 親是我甥載, 嘉入告之勤, 式立於藩之副, 克供爾職, 思報國恩.' 仍賜水精杯·犀角·蓮葉盞·玉杯·珍味 以寵之."

32 충선왕이 이 칭호를 받은 것에 대해, 『원사』는 지원 28년(충렬왕 17, 1291) 5월에 (금인이 아니라) 銀印을 하사받은 것으로 기록하고 있다. 『원사』권16, 세조본기, 지원 28년 5월 기미.

충렬왕 21년 8월 무오일. 왕이 원나라에서 귀국하자 황제가 그를 의동삼사상주국고려국왕세자영도첨의사사로 책봉하고, 兩臺의 銀印을 하사하면서 다음과 같이 유시했다.

"그대는 어려서 부모로부터 올바른 교육을 받아 일찍부터 뛰어난 재질[令器]을 나타내었으며, 우리 황실의 외손으로 태어나서 번방의 사람들로부터 한결같은 촉망을 받았다. 선대 황제를 섬기게 되자 그 공손하고 부지런함이 모두 드러났으며 정책 결정에 참여하여 그 명성이 더욱 높아졌다. 그 결과로 큰 은총을 받아 마침내 높은 관작에까지 올랐으니 이제 그 공로를 헤아려 선대를 계승하도록 함으로써 황실의 외척답게 특별히 우대해야 마땅할 것이다. 그대는 아들로서 오직 효도하고 신하로서 오직 충성할 것이며, 정해진 규범을 각별히 지키고 자기의 본분[素履]에 어긋나지 않음으로써 그대가 받은 영광에 보답하도록 힘쓰라."

9월 갑신일. 왕이 도첨의사에서 업무를 보았다.[33]

한편 세자는 몽골인 모친의 영향으로 몽골의 풍습에 익숙하였겠지만, 그들의 일반적 습속인 수렵과 음주를 좋아하지 않았던 것으로 보인다.[34]

---

33 『고려사』卷33, 「世家」第33, 「忠宣王世家一」, ‘二十一年 八月 戊午 至自元, 帝冊爲儀同三司上柱國高麗國王世子領都僉議使司, 賜兩臺銀印. 詰曰, "幼稟義方, 夙標令器, 緊我家之自出, 爲藩輔之具瞻. 逮事先皇, 恭勤備著, 預聞庶議, 聲譽加隆. 爰寵賁於儀章, 仍峻升於命秩, 敍其勞, 詔其舊, 宜懿戚特優. 子惟孝, 臣惟忠, 尙成規恪守, 毋愆素履, 茂對榮光. 九月 甲申 署事于都僉議司.’

34 李齊賢, 『益齋亂稿』卷9, 「有元贈敦信明義保節貞亮濟美翊順功臣太師開府儀同三司尙書右丞相上柱國忠憲王世家」, "飮酒至多 平居不進一杯 廐中唯飼一馬 聲色之娛 鷹狗之玩 不萌於心" ; 『고려사』卷34, 「世家」第34, 「忠宣王世家二」, "甲辰 上王自記其德十餘條, 密下式目, 令上箋陳賀, 箋曰 : ……放鷹犬而絶遊畋, 禁先王之不可禁, 菲飮食而輟音

그는 계속 유가 경전을 읽었고 역사를 공부하였다.[35] 그리고 국학國學에 들어가 6경六經을 익히고[36] 매우 깊은 유교 문화적 소양을 갖추었다. 이 무렵 왕원의 총명하고 신중한 성격을 나타내는 기사가 있다.

충렬왕 18년 7월 병술일. 왕이 원나라에 갔다.

9월. 황제가 자단전에서 왕을 접견하고 본국의 일을 묻자 왕이 자세히 대답했다.

10월. 황제가 왕을 침전에 불러들여 무슨 책을 읽었느냐고 묻자 『通鑑』을 읽었노라고 대답했다. 다시 "역대 제왕 가운데 누가 현명하더냐?"고 물으니, "한나라의 고조와 당나라의 태종입니다."라고 대답했다. 황제가 또, "한 고조와 당 태종을 짐과 비교하면 어떠한가?"라고 묻자, "나이 어린 제가 어찌 알 수 있겠습니까?"라고 응대했다. 그러자 황제가 "그렇겠구나. 재상에게 물어보고 오라."고 일렀다.[37]

왕원은 1292년 12월에 다시 원으로 갔다. 그는 고려에서 태어나서 20세가 되기 전까지 다섯 차례[38]에 걸쳐 원나라를 다녀왔다. 처음 방문할

樂, 行古聖之所難行……."

35 『고려사』 卷105, 「列傳」 第18, 「諸臣傳 · 鄭可臣」, '十六年, 世子如元, 可臣及閔漬等從行. 一日, 帝引世子於便殿, 隱幾而臥問, 爾讀何書? 對曰, 有師儒鄭可臣 · 閔漬在此, 宿衛之暇, 時從質問孝經 · 論 · 孟. 帝大悅……'

36 『고려사』 卷30, 「世家」 第30, 「忠烈王世家三」, '壬辰 世子入國學, 講六經.'

37 『고려사』 卷33, 「世家」 第33, 「忠宣王世家一」, '十八年 七月 丙戌 如元. 九月 帝御紫檀殿, 引見, 問本國事, 王奏對詳明. 十月 帝召王入寢殿, 問曰, "讀何書?" 秦云讀通鑑. 帝曰, "歷代帝王, 誰爲賢明?" 對曰, "漢之高祖, 唐之太宗." 帝又問曰, "漢祖 · 唐宗, 孰與寡人?" 對曰, "臣年少, 何足以知之?" 帝曰, "然, 問於宰相以來."'

38 왕원은 1275년에 태어나서 17세까지, 몇 차례에 걸쳐 원에 다녀왔다. 두 살 때의 첫 방문에서 그는 원 황실의 관심 속에 '이지르부카'라는 몽골명을 얻었다. 이어 4세에 2회, 10세에 1

때는 어린아이였기에 몇 개월씩만 머물렀지만, 15세가 넘으면서부터는 방문 기간이 몇 년으로 늘어났다. 그러다가 성인이 된 이후로는 거의 원나라에서 살았다.

왕원은 1294년 2월 18일, 쿠빌라이의 장례식에 참석하였다. 1295년에는 원에서 그를 의동삼사상주국고려국왕세자영도첨의사사儀同三司上柱國高麗國王世子領都僉議使司로 책봉하고 은인을 하사하였다. 세자가 1295년에 귀국하자 충렬왕은 그를 판도첨의밀직감찰사사判都僉議密直監察司事로 임명하였고, 약 3개월간 국정에 참여하게 했다.[39]

그 당시 세자는 고려사회 전반의 폐해를 혁신하고자 하였고 왕권의 강화를 도모하였다. 그는 권세가들이 탈취한 전민田民을 돌려주기도 하였는데 이 기간의 기사로 보아 그는 백성들의 신망을 받았던 것으로 보인다.[40]

그런데 이런 세자의 국정참여는 충렬왕의 자주적 행보에 대한 원의 제동이었던 것으로 보인다. 당시 일본정벌을 위한 파병군 상당수가 고려군이었기에, 충렬왕은 다루가치를 내몰고 고려의 자주성을 지키기 위해 적극 노력하였다. 충렬왕은 관제 변경에 있어서도 도병마사, 식목도감, 정

회, 15세에 1회 등, 5회에 걸쳐 원에 다녀왔다. 그런데 그는 청소년기 이전의 대부분을 거의 고려에서 살았기에, 고려인으로서의 정체성은 이미 확보되었을 것으로 보인다. 그는 1277년 1월에 2세의 나이로 세자에 책봉되었다. 간간이 원에 다녀온 후, 그는 케식(인질)의 신분으로 원의 수도인 대도大都로 가서 국제 정세를 온몸으로 느끼게 되었다.

39 『고려사』 卷31, 「世家」 第31, 「忠烈王世家四」, '庚申 以世子判都僉議密直監察司事……甲申 世子署事於都僉議司, 遂詣壽寧宮, 王與公主, 登樓觀之.'

40 『고려사』 卷31, 世家第31, 「忠烈王世家四」, '十一月 丁醜 世子朝於王, 士庶人遮道擁馬, 上書訟寃, 馬不得前. 世子皆受之, 蓋豪勢之家, 奪人田民, 有司不能聽斷故也.'

당문학, 국사國師 등, 고려 고유의 것을 지키려 하였다.

나아가 공주의 책봉, 고려 포로 귀환 등 4가지 조건을 요구하였고, 성종은 그 중 세 가지를 승인하였다. 그런데 그로부터 7개월 후, 원에서는 일방적으로 세 가지 조건을 파기하고, 충렬왕은 원 성종의 요청으로 퇴위하게 된 것이다. 원에서 왕원에게 세자 작위를 내린 것은 1295년인 충렬왕 21년 8월이며, 세자가 직접 국정에 참여한 것은 9월이었다.

3

| 연인과 고려왕 즉위

1. 1차 즉위

1) 충선왕의 비빈

왕원의 비빈으로는 계국대장공주와 의비懿妃·정비靜妃(西原侯 瑛의 딸)·순화원비順和院妃(洪奎의 딸)·조비趙妃·순비順妃(許珙의 딸)·숙비淑妃(金良鑑의 딸) 등이 있다. 특히 계국대장공주와의 혼인 전에 몽골인인 의비와의 사이에는 아들 둘이 있었다.

왕원은 1292년에 원에서 귀국하여 조인규趙仁規의 딸을 세자비로 맞이하였다.[1] 조인규는 역관 출신으로, 독학으로 몽골어를 익혔으며 한어에도 능통하였다. 특히 그는 유창한 몽골어 실력으로 쿠빌라이의 총애를 받았으며, 이후 조인규의 가문은 고려의 대표적 귀족 집안이 되었다. 한편 한국불교사에서 유일하게 삼장법사三藏法師 칭호를 받은 천태종 승려 의선義旋은 조인규의 아들 중 하나이다.

그런데 당시 고려의 왕위계승권 취득에는 원 공주와의 혼인이 전제되었다. 이에 왕원은 1296년 11월에 원나라에서 계국대장공주와 혼인했다. 즉 충선왕은 원 성종의 형인 진왕晉王의 딸과 혼인하여 원과 긴밀한 관계를 유지할 수 있었다.

충선왕이 원과 고려에서 다양한 활동을 하고 정치권에 큰 영향을 끼칠 수 있었던 것은 그의 모친과 왕비가 원 황실의 딸이었기 때문이다.[2] 충렬왕이 제국대장공주와, 충혜왕이 덕령德寧공주와 혼인한 것도 그런 이유 때문이었다. 공민왕도 1349년에 노국대장공주魯國大長公主와 혼인하였다.

2) 계국대장공주

고려 왕실에서는 원 성종에게, 진왕晉王 카마라(甘麻刺)[3]의 딸이자 성종

---

1 『고려사』 卷30, 「世家」 第30, 「忠烈王世家三」, '戊辰 以趙仁規女爲世子妃.'
2 충선왕은 51년의 일생 중 3분의 1에 해당하는 17세까지는 고려에서 살았다. 모친이 몽골인이기는 하지만, 여러 가지 개혁을 위해 노력한 점이나, 말년에 입성책에 반대하며 고려를 지키기 위해 애썼던 점을 보면, 고려인으로서의 정체성은 확실했을 것으로 보인다.
3 카마라[甘麻刺](1263~1302년)는 원 세조의 차남 진킴[眞金 : 裕宗]의 맏아들이다. 카마라는 진킴의 사후 제위를 둘러싸고 동생 티무르(성종)와의 경쟁에서 패배하였다. 성종은 진킴의 작위인 진왕과 대부분의 영지를 카마라에게 주었고, 카마라는 자신의 영지인 북방 지역을 진무하였다. 카마라의 장남은 泰定帝 에센테무르[也孫鐵木兒]이고, 차남은 梁王 松山, 즉

의 질녀인 계국대장공주 보탑실련寶塔實憐의 하가下嫁를 청하였다. 왕원은 22세이던 1296년에 공주와 혼례를 올렸는데[4] 이 혼인은 당시 황태후인 코코진의 의도가 반영된 것이었다. 공주는 원 무종과 인종의 사촌이며, 진종의 누이이다. 또한 그녀는 왕원의 오촌 조카이기도 하다.

다음은 혼인과정을 기록한 『고려사절요』의 일부이다.

> 충렬왕 22년(1296년)
>
> ○ 8월에 김연수가 원 나라에서 돌아와 세자의 혼기와 황제가 왕의 入覲을 재촉한 것을 보고하였다.
>
> ○ 9월 정해일에 왕이 공주와 함께 원 나라에 갔다.
>
> ○ 겨울 11월 임오일에 왕이 연경에 도착하여 홍군상의 집에 사관을 정하였다.
>
> ○ 왕이 공주와 함께 황제를 뵙고 드디어 장조전에서 베푸는 연회에 참석하니 여러 왕이 자리에 가득 앉았는데, 왕은 일곱 번째 자리에 앉았다.
>
> ○ 세자가 백마 81필을 황제에게 폐백으로 드리고, 진왕 감마랄의 딸 보탑실련공주(薊國大長公主)를 아내로 맞았다. 잔치에는 본국의 유밀과를 썼으며, 여러 왕과 공주, 여러 대신들이 모두 다

藩王 王壽의 장인이다. 3남은 湘寧王 데리카르부카[迭里哥兒不花]이다. 딸로는 충선왕의 비인 계국대장공주 부다시린[寶塔實憐]과 壽寧大長公主 및 아라데이나바라공주[阿剌的納八剌公主 : 뒤의 趙國公主]가 있다. 라시드 앗 딘 지음, 김호동 옮김, 『칸의 후예들』, 사계절, 2005.

4 『고려사』 卷31, 「世家」 第31, 「忠烈王世家四」, '世子以白馬納幣於帝, 尙晉王之女. 是日宴, 皆用本國油蜜果. 諸王・公主及諸大臣, 皆侍宴. 至晩酒酣, 令本國樂官, 奏感皇恩之調. 旣罷, 王與公主詣隆福宮, 太後設氍帳置酒, 入夜乃罷.'

연회에 모였는데, 날이 저물어 술이 얼근하게 취하자 본국의 악
관으로 하여금 '感皇恩'의 곡조를 연주하게 하였다. 다음날 세
자가 또 백마 81필을 태후에게 바치니, 태후가 양 7백 마리와
술 5백 독을 내어 세자에게 잔치를 베풀었다. 세자가 또 백마
81필을 진왕에게 바치고, 이어 술 3백 독과 양 4백 마리로 잔치
를 베풀었다.[5]

3) 즉위와 퇴위

1297년 5월 21일에 왕장의 모친인 장목왕후莊穆王后가 39세로 갑자기
사망하자, 왕원은 6월에 장례를 위해 귀국하였다. 당시 왕원은 학문을 좋
아했던 때문인지 모친상으로 귀국하면서도 다량의 서적을 가지고 왔다
고 한다.

왕원은 제국대장공주의 갑작스런 죽음을 계기로, 충렬왕의 총애를 받
아 세력을 떨치던 궁인 무비無比와 그 무리인 최세연崔世延·도성기陶成器
등에 대한 대숙청을 단행했다. 『고려사』, 「열전·최세연」에 의하면 충렬
왕이 궁녀 무비를 총애하여 도라산으로 사냥을 갈 때는 늘 그녀를 데려
갔는데, 무비의 측근들이 제멋대로 굴어 세자가 몹시 미워하였다고 한다.

모친의 급서 후 세자가 무비의 처단을 요구하자 왕은 공주의 장례 후
에 논하자고 하였다.[6] 그러나 왕원은 무비·환관 도성기·최세연 등을

---

5 『고려사절요』 제21권, 충렬왕 3, 병신 22년(1296), 원 원정 2년.
6 『고려사절요』 충렬왕 23년.

공주를 저주했다는 죄명으로 죽이고 관련자 40여 명을 유배 보내었다.[7]
동시에 인후印侯·김혼金琿·홍규洪奎·정가신鄭可臣 등의 친신親信을 선발
하여 권위를 세웠다.[8] 이로 인해 정치에 뜻을 잃은 충렬왕은 1297년 10
월에 세자가 원으로 가자, 조인규 등을 사신으로 함께 보내어 세자에게
양위하겠다는 표表를 올렸다.[9]

　그러자 성종은 11월에 왕원을 고려왕으로 책봉하고 충렬왕을 일수왕逸
壽王으로 봉하였다. 1298년 정월 9일에 왕원이 귀국하자 충렬왕은 16일에
선위 교서를 내렸다. 왕원은 고사하였으나 마침내 1298년 1월 19일에 강
안전康安殿에서 24세로 즉위하였다. 새 왕은 부친을 태상왕太上王으로 존칭
하였다.

　충선왕은 즉위 직후 30여 항목의 교서를 발표해 권세가의 탈세와 전민
탈점, 압량위천壓良爲賤을 금하는 등, 정치·경제·사회 전반에 걸쳐 당시
고려사회의 폐해를 과감하게 개혁하는 혁신정치를 실시했다. 이와 아울

---

7 『고려사』 卷112, 「列傳」 第35, 「宦者傳·崔世延」, '世延從王在元, 日令衛士, 拾馬矢以備
　行廚爨柴, 人皆笑之. 宮人無比, 泰山郡人柴氏女, 選入宮. 王之往來羅山, 必從之, 爲留
　連之樂, 人號爲都羅山. 寵幸方隆, 其附托者, 縱暴中外, 世子甚疾之. 自元來奔公主喪, 白
　王曰, "殿下知公主所以致疾乎? 必內寵妬媚者所爲, 請鞫之." 王曰, "且待服闋." 世子使左
　右, 捕無比及其黨世延·成器, 將軍尹吉孫·李茂, 少尹柳琚, 指諭承時用·宋臣旦, 內僚
　金仁鏡·文玩·張祐, 中郎將金瑾, 閹人全淑·方宗氏, 宮人伯也眞, 囚之, 鞫無比巫蠱事.
　巫女術僧皆服, 稍得呪詛狀. 斬成器·世延·淑·宗氏·瑾·無比·伯也眞, 流其黨四十餘
　人, 國人震懼.'
8 『고려사』 卷31, 「世家」 第31, 「忠烈王世家四」, '辛醜 以印侯爲都僉議侍郎贊成事判軍簿
　監察司事, 金琿爲侍郎贊成事判版圖司事, 車信爲贊成事世子貳師, 金㫋副知密直司事, 薛
　景成爲三司右使, 張碩爲軍簿判書, 柳栒爲典法判書.……冬十月 辛卯 以鄭可臣爲僉議中
　贊判典理司事世子師, 洪奎判三司事, 李之氐爲三司左使, 樸義知密直司事世子元賓, 柳庇
　同知密直司事監察大夫, 崔沖紹·許評拉副知密直司事, 崔昌爲右常侍, 閔宗儒知申事.'
9 『고려사』 卷31, 「世家」 第31, 충렬왕 23년.

러 정방을 폐지하고 사림원詞林院을 설치하여, 재상의 권한을 축소시켜 정치권력이 국왕에게 집중되게 함으로써 왕권의 강화를 도모했다.

그러나 조비를 둘러싼 왕과 보탑실련공주와의 갈등인 이른바 조비무고사건趙妃誣告事件[10]으로, 왕원은 약 7개월 후인 1298년 8월에 폐위되고 부친에게 다시 왕권을 돌려주어야 했다. 1차 즉위시의 재위기간은 1월 19일~8월 18일까지의 약 7개월이었다.[11] 이로 인해 충선왕의 개혁 정책은 중단되고 말았다. 그의 개혁 정책 중 몇 가지만 살펴본다.

(1) 내정 개혁

24세의 충선왕은 그동안 갈고닦은 자신의 학문적 지식과 원 황실 주변에서 보고들은 사실을 바탕으로 하여 고려에서 자신의 정치를 시작하였다. 그는 먼저 국가재정을 확충하고 민생안정 방안을 모색하기 위한 27개 조항의 개혁안을 발표하였다.[12]

---

10 趙妃는 후에 令妃로 책봉되었다. 『元史』卷208・列傳95・外夷1・高麗・大德3年1月.
11 『고려사』卷31, 「世家」 第31, 「忠烈王世家四」, '癸卯 教曰, "孤以涼德, 叨承丕構, 二十有五年. 今且老矣, 加以去歲, 因喪配耦, 不覺過慟, 疾恙隨之, 倦於聽政. 惟爾世子, 英明智勇, 衆所共知, 當嗣藩職, 祗奉宗社. 孤亦退居後宮, 穩送餘齡. 惟忠惟孝, 在此一擧." 世子上牋辭, 不允.……丙午 幸康安殿, 傳位於世子, 退居張舜龍第, 號爲德慈宮. 世子卽位於康安殿, 是爲忠宣.'
12 교서의 각 항목에 대해 먼저 古制를 들어 원칙을 밝히고, 이어 문제점과 개혁의 방법을 제시하였다. 이기남, 「충선왕의 개혁과 사림원의 설치」, 『역사학보』 53, 1971. ; 이익주, 「충선왕 즉위년(1298) 관제개편의 성격」, 『14세기 고려의 정치와 사회』, 민음사, 1994 ; 김광철, 「권문세족과 신진사대부」, 『한국사』 19, 1996.(요약 재인용)

"옛날 우리 태조께서 삼한을 통일하여 큰 이름을 무궁히 빛낸 후 역대 선왕께서 조상의 유업을 계승하여[堂構] 지금까지 381년이 경과했다. 우리 光文宣德太上王(충렬왕)께서는 세자로 있을 적[潛邸]에 백성을 편안하게 만들겠다는 마음으로 스스로 단안을 내려 황제의 조정에 입시하여 황녀를 배필로 맞이함으로써 선조의 위업을 그대로 잘 이어받아 스물다섯 해 동안 나라를 다스리니[嗣大曆服] 승평한 왕업이 이에 융성하게 되었다. 아아! 그러나 하늘이 불쌍히 여기지 않아 나의 모후이신 貞敏莊宣仁明太后께서 갑자기 세상을 떠나시니 선왕께서는 마음이 울적한 나머지 정무에 권태를 느끼시고 나라의 온갖 중요한 일들을[繁機] 어린 나에게 맡기시니 재삼 굳이 사양했어도 허락을 얻지 못하여 결국 새로 왕위에 오르게 되었다.

보잘 것 없는 나는 다행히 先帝(원 세조)의 외손으로, 황제와 황태후의 돌보심을 받아 공주와 혼인하고 마침내 본국으로 돌아오게 되었다. 역대 선왕들께서 쌓으신 공덕에 힘입어 나라의 크나큰 基業을 길이 보전하려면 마땅히 특별한 은혜를 멀고 가까운 곳에 두루 미치게 해야 마땅할 것이다. 이에 금년 정월 21일 새벽 이전의 범죄자 가운데 참형과 교수형 이하의 죄수는 모두 용서한다.

또한 4학사라 하여 사림원 소속의 최참崔晶·박전지朴全之·오한경吳漢卿·이진李瑱 등의 시강학사侍講學士가 왕의 즉위교서를 작성하고 자문 역할을 하며 개혁의 주축이 되었다. 왕원은 그들을 중심으로 당시 권문세족에 의한 사회모순을 극복하고자 하였다.

2월 신미일. 연등회 참석차 왕이 봉은사에 가서, 문한학사 최참·

박전지·오한경·이진에게 상승국의 안마를 하사했다. 다음날 대회

때 신하들이 왕의 만수무강을 기원하는 술잔을 올렸다. 네 학사 차례

가 되자 왕이 그들을 앞으로 오게 한 다음 술을 주면서, "그대 학사들

은 조금도 숨김없이 직언하라."고 당부했다.(중략)

왕이 재신 崔冲紹[13] 및 한림의 네 학사와 함께 삼교업三敎業[儒·

佛·道]에 대해 토론했다.[14]

당시 고려는 무신정권과 원의 간섭 이후 전시과 제도가 붕괴되어 토지

겸병이 성행하며 사회, 경제가 어려워졌다. 충선왕은 즉위 후 '호립신법好

立新法'[15]을 힘껏 도모하는 한편, 전 방위적으로 개혁을 개시하여 왕권을

강화하고 민생을 안정 시켰다. 그러나 이런 움직임은 권문세족의 기득권

과 이익을 건드렸고, 동시에 종주국인 원의 입장에서는 원의 권위를 침

범당하는 것이었다.[16]

충선왕은 제1차 재위시인 1298년 1월~8월에 궁이나 사찰, 세도가('諸

---

13 최충소(?~?)는 조인규의 사위로 충선왕 즉위 후 同知資政院事·行中京留守·開元府尹·
　果毅軍都指揮使로 임명되었다. 조비 무고사건으로 최충소는 감숙성 공창鞏昌, 조인규는 섬
　서성으로 유배되었다.
14 『고려사』卷33 세가33 충선왕1.
15 『고려사』卷104, 「列傳」第17, 「諸臣傳·羅益禧」.
16 『元史』卷208, 「列傳」第95, 「外夷傳一·高麗傳」, '丞相完澤等言："世祖時, 或言高麗借
　設省·院·台, 有旨罷之, 其國遂改立僉議府·密直司·監察司. 今源加其臣趙仁規司
　徒·司空·侍中之職. 又旺給仁規敕九死奬諭文書. 又擅寫皇朝帝系, 及自造曆, 加其女爲
　令妃. 又立資政院, 以崔冲紹爲興祿大夫. 又嘗奉太后旨, 公主與源兩位下怯辭合並爲一.
　源不奉旨. 源又擅殺千戶金呂而以其金符給宦者術合兒. 又仁規進女侍源, 有巫蠱事. 今乞
　將仁規·冲紹發付京兆·鞏昌兩路安置, 不得他適. 旺行事不法, 源年少妄殺無辜, 乞降詔
　戒飭."'

宮院・寺社와 勢要之家')의 사영 염업을 금지하였다. 그러나 이때는 매우 짧은 기간 동안 시행되었다. 1308년의 복위 후에는 국가가 소금 생산과 유통에 관한 권리를 가지고 수익을 취하는 구조의 각염법을 반포(1309)하였다. 따라서 각염법에 대해서는 충선왕의 2차 즉위에서 다시 살펴본다.

(2) 조비무고사건

충선왕은 즉위 후 원 간섭으로 야기된 여러 폐단을 철폐하고, 사림원詞林院을 설치[17]하였다. 또한 각종 관제를 개혁하였으며 권문세족의 토지를 몰수하여 백성들에게 나누어주기도 하였다. 그러나 권문세족들의 반발에 부딪치고, 또 이른바 '조비무고사건'으로 계국대장공주와의 불화를 원 황실에서 알게 되며 어려움을 겪게 되었다.

왕원이 즉위한 지 7개월만인 8월에 원 성종은 왕원을 대도로 소환[18]하고 충렬왕을 복위시켰다. 그리고 9월 12일, 원은 평장 코코추(闊闊出)・좌승左丞 카산(哈散) 등을 고려로 보내어 함께 통치하게 하였다.[19]

충선왕 왕원의 퇴위는 그가 추진한 신정新政[20]과 관련하여 반대가 일어

---

17 신진사대부의 성장이 충선왕과 관련이 있다는 주장에 대해 이기남, 「충선왕의 개혁과 사림원의 설치」, 『역사학보』 52호, 1971 참조

18 『고려사』卷31, 「忠烈王世家四」, 忠烈王 24년 8월 癸酉條, '今聞, 蒞政以來, 頗涉專擅, 處決失宜, 衆心疑懼. 盖以年未及壯, 少所經練, 故未能副朕親任之意.'; 『元史』, 「高麗傳」, '載丞相完澤奏王諶嗣王位後諸多錯誤'

19 『고려사』卷31, 「忠烈王世家四」, 忠烈王 24년 9월 丙申條, '伴議國事'.

20 고려의 정치제도를 개혁하려는 이 新政은 송 인종 대의 범중엄, 구양수 등의 신정을 모범으로 한 것이었다. 그런데 이 개혁은 고려 기득권층의 불만을 샀으며 이 일로 왕원의 첫 즉위는 일찍 끝났다. 이어 왕원은 원 인종과 함께 다시 원에서 개혁을 시도하였으나 그것 역시

났고, 또한 부친과 불화하였기 때문이다. 그러나 무엇보다도 계국대장공주의 하소연이 가장 직접적인 원인이 되었던 것으로 보인다.[21]

1298년에 고려를 흔들었던 조비무고사건은 당시 충선왕이 조비를 총애한 것에 대한 공주의 질투에서 비롯되었다. 공주는 그해 4월, 수종인 활활불화闊闊不花와 활활대闊闊歹편에 자신이 조비의 저주 때문에 왕의 총애를 잃었다는 내용의 편지를 조모인 바이람에게치(伯藍也怯赤)태후에게 보내었다.

왕이 그 소식을 듣고 조비의 매부인 박선朴瑄(朴景亮)을 보내어 편지의 내용을 물었으나 두 수종은 오히려 그에게 폭행을 가하였다. 왕은 급히 태상왕(逸壽王)에게 가서 공주를 달래줄 것을 청하는 한편, 활활불화 등에게 몰수한 죄인의 재산을 주며 달래었으나 결국 편지는 조모에게 전달되었다.

얼마 후 사재주부司宰注簿 윤언주尹彦周가 궁문에 조인규의 처가 공주를 저주했다는 익명의 글을 붙였다. 공주는 조인규 부부를 하옥하고 자녀, 사위들도 가두었다. 그리고 테리(徹裏)를 원으로 보내어 조인규의 처가 자신을 저주하였다고 고하게 하였다. 충선왕이 적극 말리고 원로 김방경 등도 도왔으나 공주는 말을 듣지 않았다.

얼마 후 조비를 구금하라는 원 성종의 성지를 받들고 활활불화와 태후의 사신이 고려로 와서 조인규의 처를 장형에 처하고 또 조인규와 조비를 대도로 압송하였다. 이 문제로 고려에 파견된 원의 사신이 100여 명

실패로 끝났다. 두 번의 개혁에서 왕원이 송 인종 당시의 인물들에게서 많은 영향을 받았음을 알 수 있다.

21 蕭啓慶, 「元麗關系中的王室婚姻與强權政治」, 『元代史新探』, 台北 : 新文豐出版公司, 1983年, p.244.

이었다.[22] 후에 조인규는 귀국하였다.

　　봄 정월 병신일에 세자가 원 나라에서 돌아왔다. 경자일에 세자비 보탑실련공주가 왔다. 이가 한국장공주이다. (중략)

　　4월, 공주가 왕비 조씨가 총애를 독차지함을 질투하여 매우 화가 나서 畏吾兒의 글자로 글을 써 활활불화와 활활대 두 사람에게 부탁해서 원 나라에 보내어 태후에게 고하려고 하였다. 외오아는 옛날 回鶻이다. 그 글에 무고하기를, "조비가 저를 저주하여, 왕이 저를 사랑하지 못하도록 합니다." 하였다. 왕이 박선을 시켜 두 사람이 가진 편지 속의 사연을 물었더니, 두 사람은 대답하지 않고 도리어 박선을 구타하였다. 왕이 두려워하여 태상왕에게 이 사실을 고하니, 태상왕이 공주의 처소에 행차하여 그를 위안하였다. (중략)

　　5월에 공주가 활활불화와 활활대를 대장군 김정·오정규 등과 함께 원 나라에 보냈다. 서번의 팔합사 등 19명이 왔는데, 이는 왕이 초청한 것이다.

---

22 『고려사』卷89, 「列傳」第2, 「後妃傳·薊國大長公主」, '公主妬趙妃專寵, 作畏吾兒字書, 付隨從闊闊不花·闊闊歹二人如元, 達於皇太后. 畏吾兒古回鶻也, 元古無字, 八思巴始制蒙古字, 然往來書, 多用畏吾兒字. 其書雲, "趙妃詛呪公主, 使王不愛." 王使樸景亮, 問二人書中事, 二人不應, 反歐之. 王懼白忠烈, 忠烈幸公主所, 慰安之. 又以所籍都成器·金繻·玄宗柱·張祐等家産人口, 賜闊闊不花·闊闊歹·章吉徹裏等. 又以繻妻賜闊闊不花, 欲解公主怒. 公主猶遣闊闊不花·闊闊歹, 與大將軍金精·吳挺圭等, 如元告之. 頃之, 有人貼匿名書於宮門雲, "趙仁規妻事神巫呪詛, 使王不愛公主而愛其女." 公主下仁規及其妻於獄, 又囚仁規子瑞·璉·珝, 女壻樸義·盧穎秀等及妻. 又遣徹裏如元, 告貼榜事, 貼榜者乃司宰注簿尹彦周也. 上洛伯金方慶等, 諸致仕宰相, 詣公主, 乞留徹裏, 不從, 王又使人請之, 亦不聽. 闊闊不花等與太後使者還自元, 以帝命, 囚崔冲紹及將軍柳溫於巡馬所, 又囚趙妃. 元又遣使來鞫仁規, 凡乘傳者百餘, 遂以仁規如元. 又鞫仁規妻極慘酷, 妻不勝苦, 誣服, 元又遣使, 執趙妃及宦者李溫以歸.'

어느 사람이 익명서를 궁궐문에 붙이기를, "조인규의 아내가 귀신과 무당을 섬기며 저주하여, 왕으로 하여금 공주를 사랑하지 않고 그 딸에게만 사랑을 쏟게 하였다" 하여, 공주가 인규와 그의 아내를 옥에 가두었는데, 이윽고 방문을 붙인 자를 잡고 보니 바로 사재주부 윤언주가 한 짓이었다. 또 인규의 아들 瑞·璉·珝와 사위 박의·노영수 등과 그 아내까지 가두고, 곧 테리(徹里)를 원 나라에 보내어 이를 아뢰게 하였다. (중략)

활활불화 등이 태후의 사자와 함께 원 나라에서 돌아와, 황제의 명으로 최충소와 장군 유온을 순마소에 가두고, 아울러 조비도 가두었다.(중략) 왕이 공주와 함께 番僧으로부터 보살계를 받았다. 6월에 (중략) 조인규를 국문하고, 드디어 첨의부와 사림원에 가서 인규가 왕에게 받은 批判을 몰수하고, 또 감찰사에 가서 새로 정한 관제를 몰수하였으며, 아리회는 마침내 인규를 데리고 원 나라로 갔다.[23]

조비 등이 체포된 후 태후는 5명의 라마승과 2명의 도사를 보내어 저주를 푸는 의식을 하게 하였다. 또 홍군상을 보내어 왕을 달래어 공주와 화해하게 하였으나 효과는 미미하였다.[24]

이 일을 핑계로 원에서는 고려를 간섭하기 위해 박차를 가하였다. 1298년 8월, 원은 사신 보로우(孛魯兀)를 파견하여 왕과 공주를 입조 하게 하였다. 8월 18일의 전별회에서 보로우는 돌연 황제의 성지를 선포하고

23 『고려사절요』 제22권, 충렬왕 4 무술 24년 (1298), 원 대덕 2년.
24 『고려사』卷89, 列傳第2, 「後妃傳·薊國大長公主」, '太后遣蕃僧五人·道士二人, 來祓公主呪詛. 又遣洪君祥享王, 欲使王與公主合懽. 人謂王自尙主以來, 有歉夫婦之道, 然嬪妾或進禦有身故, 致妬忌之釁.'

충선왕의 '고려국왕인高麗國王印'을 빼앗아 일수왕에게 주었다.[25]

다음날 보로우는 수녕궁[26]에서 충렬왕에게 반조頒詔하며 충선왕을 꾸짖었다.[27] 이로써 충렬왕이 복위하였고 충선왕의 1차 재위는 약 7개월 만에 끝이 났다. 원에서는 충선왕과 공주를 입조하게 하였다. 왕의 행동을 감시하고 두 사람의 관계를 바로 잡기 위해서였다.

그런데 충렬왕과 충선왕 부자의 오래된 불화로 고려 조정은 두 세력으로 나뉘어 있었다. 충선왕이 소환되자 인후印侯[28]가 충선왕의 환국을 위해 '한희유무고사건韓希愈誣告事件'을 주도한 것이 대표적 예이다.[29] 인후는 제국대장공주의 호위(怯憐口)로, 셍게(三哥, 回回人, 후에 張舜龍으로 개명)·차고대車古歹와 함께 고려로 왔으며, 관직이 소용대장군·진변만호에 이르렀다.

---

25 『고려사』卷33, 「世家」第33, 「忠宣王世家一」, '甲子 元遣字魯兀等來, 趣王及公主入朝 ……壬申 太上王餞於金郊, 酒酣, 使臣字魯兀, 以帝命, 取國王印, 授逸壽王. 於是, 太上王複位.'

26 壽寧宮은 개성 下紙展 水陸橋 옆에 있던 궁궐로 1277년에 절로 바꾸어 旻天寺로 하려 하였으나 신하들의 반대로 뜻을 이루지 못했다. 충선왕은 복위 후인 1309년 9월, 수녕궁에서 1만 명의 승려에게 飯僧을 베푼 뒤 궁을 모후인 제국대장공주의 원찰로 개창하였다. 여기서 충선왕은 원나라 황제가 충숙왕을 고려왕으로 봉한다는 책봉 문서를 반포했고, 충혜왕이 원나라에 잡혀가자 이제현을 비롯한 재상과 원로들이 충혜왕의 사면을 요청하는 등 궁궐이나 일반 관청의 업무를 보기도 하였다. 그 뒤 고려 왕실의 원찰로 지정되어 수많은 불사를 행하였고 공민왕 때까지 여러 차례 飯僧齋가 개설되었다. 충목왕과 충정왕도 이 절을 즐겨 찾아 行香하였고 공민왕 2년(1353)에는 공민왕이 인왕도량을 개설하여 왜적을 물리쳐 줄 것을 기원하였다. 한국역사연구회, 『고려의 황도 개경』, 창작과비평사, 2002, p.103.

27 『고려사』卷31, 「世家」第31, 「忠烈王世家四」, '蒞政以來 頗涉專擅 處決失宜 衆心疑懼 蓋以年未及壯 少所經練 故未能副朕親任之意 今遣使……召諼入侍闕庭 使之明習於事.'

28 인후(1290~1311년)의 첫 이름은 忽刺歹로 몽골인이다. 그는 제국공주의 怯憐口로 지위가 매우 높았고, 왕원과의 관계도 매우 긴밀했던 것으로 보인다. 『고려사』·「印侯傳」 참고.

29 『고려사』卷31, 「忠烈王世家四」, 忠烈王 25년 정월 丁酉條, '萬戶印侯·金忻 密直元卿等 擅發兵執萬戶韓希愈·上將軍李英柱, 誣告謀叛.'

2. 2차 즉위와 개혁

1) 전지정치

1308년 7월 13일에 충렬왕이 사망하자 세자 왕원은 귀국하여 8월 28일에 재 즉위하였다. 왕원은 1299년에 반란을 일으킨 무리들을 평정한 김흔金忻과 인후 등을 등용할 것을 발표[30] 하였다. 이후 김흔 등은 고려로 돌아왔으며 인후는 검교정승檢校政丞이 되고 충근보우공신호忠勤輔佑功臣號를 받았다.[31] 왕원은 또한 원경元卿의 아들 선지善之도 등용하였다.[32] 이 무렵 왕원은 '장璋'으로 개명하였다.

원조는 10월에 왕장을 개부의동삼사태자태사상주국부마도위심양왕開府儀同三司太子太師上柱國駙馬都尉瀋陽王에 봉하고, 고려국의 왕으로서 정동행중서성우승상고려국왕征東行中書省右丞相高麗國王에 봉한다는 황제의 책봉 조서를 고려에 전달하였다. 무종 황제 옹립에 대한 포상이었다.

> (1308년) 10월 신해일. 원나라에서 사신을 보내 다음과 같은 조서를 전했다.
> "동쪽의 번국인 그대 나라는 대대로 신하의 직분을 잘 지켜 왔으며 아들이 그 부친의 작위를 계승하는 것 또한 규범에 맞는 일이다. 근자에 고려왕 王琚가 올린 유서에서 그 아들 왕장에게 왕위를 물려

---

30 『고려사』卷104, 「金忻傳」, '大德三年(1299) 本國無賴之徒將欲搆亂 忻與萬戶印侯能先知整亂 其功可賞 宜特敍用.'
31 『고려사』卷123, 「印侯傳」.
32 『고려사』卷107, 「元善之傳」.

줄 것을 희망했는바, 왕장은 우리 세조 황제의 외손이자 종친인 진왕의 사위로 그 훌륭한 계책과 큰 공적은 가히 칭송받을 만하다고 생각한다. 오랫동안 짐을 시종하면서 충성과 노력을 다했으니 특별히 '정동행중서성우승상고려국왕'의 관작을 내리며 과거에 맡았던 개부의 동삼사 태자태사 상주국 부마도위 심양왕의 관작은 그대로 유지하게 하노라. 오늘 이후로 더욱 하늘의 경계를 두려워 해 근실히 행동할 것이며 상국을 섬기는 정성을 더욱 힘써 보이도록 하라. 모든 신하들은 정해진 법도를 지킬 것이며 뭇 백성들과 승려나 도사 등은 각자의 생업에 충실하도록 하라."[33]

그런데 왕장은 즉위한 지 불과 2개월 만에 종실인 제안대군 왕숙王淑에게 왕권을 권서權署(대행)하게 하고 1308년 11월에 다시 원으로 돌아갔다.[34] 이후 그는 5년간의 재위기간 동안 귀국하지 않고 전지傳旨를 통해 국정을 수행하였다. 그것을 '전지정치'라고 하는데, 이 원격 통치 방식은 재정적인 면과 관리의 직권남용 등에서 큰 폐단을 낳았다.

전지 정치는 왕이 고려에 상주하며 통치하는 방식보다 효율성도 떨어지고, 대도에서의 생활비나 신하들의 왕래에 소요되는 비용 등의 부담이 커서 재정적 어려움을 초래하였다. 예를 들면, 고려 조정에서는 해마다 대도에 머물고 있는 충선왕에게 포 10만 필·쌀 400곡 및 수많은 물자를

---

33 『고려사』 권33, 「世家」 제33, 「忠宣王世家一」, '辛亥 元遣使來, 詔曰, "緊爾東藩, 世守臣職, 子承父爵, 典制具存. 近, 高麗王王琚遺奏, 以其子王璋襲爵, 朕惟王璋, 親惟聖祖之甥, 懿乃宗姬之壻, 嘉謀偉績, 俱有可稱. 久侍闕庭, 備殫忠力, 特授征東行中書省右丞相高麗國王, 依前開府儀同三司太子太師上柱國駙馬都尉瀋陽王. 自今以始, 益謹畏天之戒, 勉修事上之誠. 群工庶職, 各守常規, 士庶緇黃, 無失其業."'
34 『고려사』 권33, 「世家」 제33, 「忠宣王世家一」, '壬申 王如元, 命齊安大君淑權署征東省事.'

보내야 했기에 그 부담은 매우 심하였다.

또한 측근 신하 가운데에는 그 틈을 타서 부정부패를 일삼는 경우도 있었다. 예를 들어 원에서 그를 호종하던 김심[35]·권한공[36] 등이 직권을 남용하여 고려의 국정 문란을 초래하였던 것이다.

그럼에도 불구하고 왕장으로서는 전 세계의 중심지인 대도에서, 황제의 최측근으로 있는 것이 고려를 위해서도 더 나았다고 판단하였는지, 이후에도 고려를 직접 통치하지 않았다. 어쩌면 실제로 그 방법이 고려의 자주권을 지키기 위한 실익이 컸을 수 있다.

2) 개혁 정책

(1) 경력신정慶曆新政과 왕장

왕장은 어렸을 때부터 학문을 좋아하여 원 세조도 특별히 관심을 가질

---

35 『고려사』 권103, 「列傳」 제17, 「諸臣傳·金深」, '王在元, 深與密直使李思溫議曰, "帝及太後, 屢詔王之國, 王無意於行. 令本國歲輸布十萬匹, 米四百斛, 他物不可勝紀, 國人遭轉之弊益甚. 諸從臣皆羈旅思歸. 而權漢功·崔誠之同掌選法, 利其賂遺, 模景亮, 爲王腹心, 累蒙賞賜, 營置産業. 王之不歸, 實由三人. 盍除之, 奉王以還?" 乃因太後幸宦買撒, 言於徽政院使失列門, 失列門許之. 於是, 深等具三人罪狀, 令大護軍李揆·護軍金彦·金賞·崔之甫·申彦卿等數百人署名, 呈徽政院. 失列門矯太後旨, 下漢功等三人獄. 王怒甚, 因太後侍婢也裏思班, 白太後曰, "從臣愛我者, 莫如三人, 深等不告我, 輒訴徽政院, 其意不止三人. 惟陛下憐察." 漢功等, 亦以賄求免, 太後卽命釋三人, 杖流深·思溫於臨洮. 國人聞之, 莫不憤歎. 揆·彦·賞·之甫·彦卿, 皆亡匿, 王命囚彦卿父良, 揆外祖金貞於巡軍, 皆籍其家. 帝尋召還深.'

36 『고려사』 권125, 「列傳」 제38, 「奸臣傳·權漢功」, '初忠宣在元, 凡國家事, 遙傳旨以行. 漢功與誠之·李光逢等, 扈從京邸, 招權納賄, 親戚故舊, 濫授朱紫.'

정도였다. 왕장은 특히 송 인종 조정趙槇 대의 인물들을 좋아하였다. 그가 도와 황제가 된 카이산(무종)과 아유르바르와다(인종) 형제의 통치기나, 고려왕으로서의 자신의 통치과정에서, 그는 송 인종대의 이른바 경력신정慶曆新政과 같은 개혁을 꿈꾸었던 것으로 보인다.

경력신정은 북송 인종 경력연간(1041~1048년)에 진행된 개혁으로, 범중엄范仲淹을 비롯하여, 포증包拯(포청천), 한기韓琦, 구양수歐陽修, 사마광, 소식蘇軾, 적청狄靑 등의 쟁쟁한 인물들이 개혁의 주역이었다.

송은 건국 후 점차 관료의 수가 증가하였는데, 인종대에는 적체된 용관冗官이 너무 많아져 관료의 기강이 해이해 지고 행정의 효율성이 떨어졌다. 그로 인한 피해는 고스란히 백성들에게 돌아갔다. 더욱이 당시는 요와 서하의 위협으로 사회적 위기도 날로 심해지던 때였다.

경력 3년인 1043년에 범중엄·부필富弼·한기 등이 집권하고 구양수·채양蔡襄·왕소王素·여정餘靖이 간관으로 있었다. 범중엄은 인종에게 조정쇄신안과 함께 「답수조조진십사소答手詔條陳十事疏」[37]를 올려 엄격한 과거제 시행, 엄격한 승진제도 시행, 지방에 파견하는 장관의 엄선, 농잠업의 중시, 백성들의 부역 감소, 군과 군장비 정비 등의 10항목을 치국의 중심으로 하였다. 또한 용관의 수를 제한하여 통치의 효율을 높이고 금전을 절약할 것을 건의하였다. 이것이 경력신정의 시작이었다. 구양수 등도 동조의 상소를 올렸다. 인종은 그들 대부분의 의견을 받아들여 신정을 실시하였다.

---

37 '明黜陟·抑僥幸·精貢擧·擇官長·均公田·厚農桑·修武備·減徭役·覃恩信·重命令' 등.

이후 범중엄은 다시 상소를 올려 개봉 외성의 수리, 비밀리에 적을 토벌하는 계책, 재상권 확대, 황제의 은혜 조치를 엄중히 하게 하였다. 그러나 경력신정은 시행 초기부터 각종 이권을 누리고 있던 황실, 외척, 권신 등의 거센 반발에 부딪쳤다. 반대파 대신들은 매일같이 범중엄을 참소했고, 범중엄은 더 이상 도성 안에 있을 수 없어 자청하여 서부 변경을 수비하겠다고 떠났다.[38]

이렇게 경력 신정은 시행 1년 만에 중단되었다. 그러나 그 영향으로 송의 관료기구가 재정비되고 음서제도 제한되었다. 과거 답안지에도 실용적 견해를 표출하는 사람들이 늘었고 학문도 발달하였다.

충선왕이 원 인종에게 과거제 시행에 대한 조언을 하고, 고려에서도 각염법, 토지제도 개혁, 빈민구제책 등의 각종 개혁을 시도한 것을 보면, 송 인종 대의 인물과 개혁은 충선왕에게 큰 영향을 주었던 것으로 보인다.

한편 왕장은 송 인종뿐 아니라 송 태조에 대해서도 매우 좋은 감정을 가졌음을 알 수 있다. 『고려사』, 「세가」에서, 송 태조를 자신의 선조인 태조 왕건과 비교하고 있는 것이 그것을 뒷받침해 준다.[39] 또한 『고려사

---

38 신정은 결국 귀족 관료들의 이익을 침범하였기에 그들의 저항을 받았다. 1045년 초에 範仲淹・韓琦・富弼・歐陽修 등은 계속 그들로부터 공격을 받았고 각각의 개혁도 결국 폐지되어 신정은 실패로 끝났다. 이 개혁은 비록 실패하였으나, 후에 王安石의 變法의 서막을 열었다.

39 『고려사』 卷2, 「世家」 第2, 「祖世家二」, '忠宣王嘗言, '我太祖, 規模德量, 生於中國, 當不減宋太祖. 宋太祖事周世宗, 世宗賢主也, 待宋太祖甚厚, 宋太祖, 亦爲之盡力. 及恭帝幼沖, 政出太后, 迫於群情, 而受周禪, 蓋出於不得已也. 我太祖事弓裔, 猜暴之君, 三韓之地, 裔有其二, 太祖之功也. 以不世之功, 處必疑之地, 可謂危矣. 而國人歸心, 將士推戴, 然猶固讓, 欲徇延陵之節. 弔伐之事, 亦豈得已哉? 其好生惡殺, 而信賞必罰, 推誠功臣,

절요』 제1권, '태조신성대왕 계묘 26년(943), 후진 출제出帝 잉칭仍稱 천복 8년·거란 회동 6년'의 서술 말미에서도 다음과 같이 말하고 있다.

이제현이 찬하기를, "신이 충선왕을 섬길 때에, 왕이 일찍이 이르기를, '우리 태조의 규모와 덕량은, 중국에 나셨더라면 마땅히 송 태조 못지않았을 것이다. 송 태조는 주 나라 세종을 섬겼는데, 세종은 현명한 군주였다. 송 태조를 매우 후하게 대우하였고, 송 태조 역시 그를 위하여 힘을 다하였다. 그러나 恭帝의 나이가 어려서 정사가 태후의 손에서 결정되자, 여러 사람의 추대에 몰려서 주 나라 공제의 선위를 받았으니 대개 마지못한 데서 나온 일이었다. 우리 태조께서 시기심 많고 포학한 임금인 궁예를 섬기셨으니, 삼한의 땅을 궁예가 그 3분의 2나 차지하게 된 것은 태조의 공이었다. 세상에 드문 큰 공을 세워 의심받을 만한 처지에 있었으니 위태로웠다고 할 수 있을 텐데 나라 사람들이 진심으로 따르고 장졸들이 그를 추대하는 데도 오히려 굳이 사양하고 延陵의 절조를 따르고자 하였으나, 도탄에 빠진 백성을 위로하고 죄 있는 임금을 친 일이야 어찌 그만둘 수가 있었으랴. 살리기를 좋아하고 죽이기를 싫어하며, 공이 있으면 반드시 상을 주고, 죄가 있으면 반드시 벌을 주었으며, 공신들을 성심껏 대접하면서도 권세는 빌려 주지 않았으며, 제왕의 기업을 세워 자손에게 이어

而不假以權. 創業垂統, 固宜一揆矣. 至若宋祖, 以江南李氏, 比之鼾睡臥榻, 則石晉所賂契丹, 山後之十六州, 蓋視爲橐中物, 旣收北漢, 將長驅, 以定秦漢之彊耳. 我太祖卽位之後, 金傅未賓, 甄萱未虜, 而屢幸西都, 親巡北鄙. 其意, 亦以東明舊壤爲吾家靑氈, 必席卷而有之, 豈止操雞搏鴨而已哉? 由是觀之, 雖大小之勢不同, 二祖規模德量, 所謂易地皆然者也.'

준 일은 진실로 그 법도가 송 태조와 한 가지였던 것이다. 송 태조는 강남의 이씨를 臥榻에서 코를 골고 잠자는 사람에게 비하였으며, 石晉은 거란에게 분양한 山後 16주를 대개 주머니 속의 물건처럼 보아서 이미 北漢을 회수하고는 멀리 군사를 몰아 진·한 시대의 영토를 평정하려고 하였다. 우리 태조께서는 왕위에 오른 후에, 金傅가 아직 귀순하지 않았고 견훤이 포로가 되기 전이었는데도 자주 西都에 행차하여 친히 북방의 변경을 巡狩하였었다. 그 의도 또한 동명왕의 옛 영토를 집안에 대대로 전해오는 물건처럼 여겨서 반드시 모조리 거두어 차지하려 하였으니, 어찌 다만 계림을 취하고 압록강을 칠[操鷄搏鴨] 뿐이었으리오 이렇게 본다면 비록 크고 작은 형세는 같지 않으나, 두 祖(송과 고려의 태조)의 규모와 덕량은 이른바, '그 처지를 바꾸면 모두 그렇게 할 수 있다.'는 것이다. 충선왕은 총명하여 옛 글을 좋아하였으며, 중국의 박학한 선비인 王構·閻復·姚燧·蕭㪺·趙孟頫·虞集 같은 이들이 모두 그 북경 저택의 문정에서 어울렸으니, 아마도 일찍이 그들과 함께 옛 사람의 행적에 관해 논한 적이 있을 것이다." 하였다.

고려 태조와 송의 태조를 대비하여 본다면, 충선왕은 송 인종에 비견된다. 두 인물 모두 매우 총명하고 기억력이 좋았으며, 유신들과 즐겨 학문을 논하고 역사에 대해 토론하였다.

왕장은 특히 송과 고려의 역사에 대하여 관심이 많았다. 그는 일찍이 막료에게 『동도사략』을 읽게 하면서, 왕단·이항·부필·한기·범중엄·구양수·사마광 등의 명신들의 사적을 들을 때는 반드시 손을 이마에 대어 존경의 뜻을 표했다. 그리고 정위·채경·장돈 같은 간신의 전기를 들을 때는 이를 갈면서 통분해 했다. 그의 성격상 특징이 현인을 좋아하고 악인을 미워하였음('好賢嫉惡)을 알 수 있다.[40]

(2) 충선왕의 개혁 정책

충선왕은 1298년의 1차 즉위 시에는 제대로 개혁정책을 펼쳐보지도 못한 채 부친 충렬왕의 반격으로 7개월 만에 왕권을 빼앗기고 다시 원으로 돌아갔다. 그러나 1308년의 제2차 즉위 시에는 충선왕은 정방을 폐지하고 사림원을 설치하였으며, 신진세력을 내세워 개혁정치를 추진하였다. 왕은 복위 후 즉위교서에 필적하는 혁신적인 복위교서를 발표하여 혁신정치를 천명하였다. 그 내용은 기강 확립, 공평한 조세, 개방적 인재 등용, 공신 자제의 중용, 농업·상업의 장려, 동성同姓 결혼의 금지, 귀족의 횡포 엄단, 빈민구제 등이었다. 그 가운데 몇 가지만 살펴본다.

가. 왕권 강화

학문을 좋아했던 충선왕은 특히 송 인종대의 여러 유학자들이 주축이 된 이른바 '신정'에 대한 관심이 높았다. 그가 고려의 왕으로 즉위하며 행

---

40 『고려사』 卷34, 「世家」第34, 「忠宣王世家二」, '性好賢嫉惡, 聰明强記, 凡事一經耳目, 終身不忘. 每引儒士, 商確前古興亡, 君臣得失, 亹亹不倦. 尤喜大宋故事, 嘗使僚佐, 讀東都事略, 聽至王旦·李沆·富·韓·範·歐陽·司馬諸名臣傳, 必擧手加額, 以致景慕, 至丁謂·蔡京·章惇等奸臣傳, 未嘗不切齒憤惋.' ; 『益齋亂稿』권9상, 세가.

했던 개혁이나, 두 번째 퇴위 후에 대도에서 인종을 도와 과거제를 부활시키는 등의 개혁도 역시 그 모델은 송 인종 대였던 것으로 생각된다.

충선왕은 1298년 1월 19일의 1차 즉위 후, 왕권을 강화하기 위한 제반 정책을 실시하였다. 우선 그는 과거 무신정권이 설립한 정방을 폐지하였고, 왕권을 강화하기 위해 인사권을 한림원에 귀속시켰다. 또한 재상의 수를 축소하고, 사림원을 설립하여 재상의 직을 나누어 박전지 · 최찬 · 오한경 · 이진 · 권부 · 민지 · 이승휴 등 과거 출신의 7학사學士로 하여금 그것을 관장하게 하였다.

충선왕은 어려서부터 학문을 좋아했으며 글과 그림에도 재능이 있었다. 부친 충렬왕과 아들 충숙왕에 대한『고려사』서술 중 상당 부분이 문란한 성생활, 각종 비도덕적 행위를 전하고 있음에 비해, 충선왕은 어린 시절의 총명함과 인정스러움을 알려주는 일화부터 시작해서, 합리적이고 국제적 감각의 보유자임을 전하고 있다.

충선왕은 재위시에 문화 정책 중 문교 진흥의 조치를 취하였다. 이 부분에 대해 이제현의 글을 참고할 만하다.

> 왕은 묻기를, '우리나라는 옛날에는 문물이 중국과 같다고 하더니, 오늘날의 학자들은 다 중국을 좇아서 글귀나 익히고 있으니, 이런 까닭으로 으레 자질구레하게 문장의 자구를 꾸미는 무리는 많아지고, 경서에 밝고 덕행을 닦는 선비는 매우 적으니, 그 까닭은 무엇인가?' 하며 탄식하였다.[41]

---

41 李齊賢,『櫟翁稗說』前集1, '又問臣曰 : 「我國, 古稱文物, 侔於中華, 今其學者, 皆從釋子, 以習章句, 是宜雕蟲篆刻之徒, 寔繁, 而經明行修之士, 絶少也. 此其故何耶?」' ; 이제현은

그래서 그는 즉위 초에 양현고에 은 50근을 하사하여 그것을 바탕으로 인재를 양성하게 하였다. 또한 예문관에 명을 내려 전국에서 학문이 높은 인사를 발굴하여 그들을 훈도로 임명하게 하였다.[42]

　　이런 일들은 귀족세력을 약화시키고 왕권을 강화하기 위한 노력의 일환이었다. 또 그 연장선에서 1308년 11월 16일 제2차 즉위시의 교서에서는 선비들에게 공자(大成至聖文宣王)에 대해 봄, 가을의 석전과 초하루, 보름의 제향을 잘 치르도록 하였다.[43]

15세에 과거에 합격하여 28세에 충선왕의 부름으로 대도(현 북경)로 가서 원의 학자들과 친교를 맺었다. 29세에는 충선왕을 대신하여 서촉(사천성)의 아미산에 다녀왔으며, 33세에는 충선왕을 수행하여 강남지방을 여행하였다. ; 이제현은 원의 도당에 글을 올려 입성책의 부당함을 주장하였다. 『익재난고』 제6권, 「元 서울에서 中書都堂에 올린 書」, '(1323년) 정월 某日에, (중략) 仁宗皇帝께서는 鼠兒年 4월에 성지 내리기를, "고려의 땅에 省 두는 것을 분별하지 않은 것이 누구인가? 문제삼지 말라. 奏者는 이를 명심하라."하였으니, 列聖들께서 돌봐주신 깊은 뜻을 볼 수 있습니다. 지금 듣건대, 조정에서 小邦에 행성을 두어 諸路와 같게 한다고 하는데, 만약 사실이라면, 세조황제의 詔旨와 열성들의 돌보시던 뜻에 어떻게 되겠습니까? 삼가 지난해 11월에 새로 내리신 조서의 조목을 읽어보건대, '邪正이 길을 달리하며 四海가 편안히 다스려지도록 하여, 中統·至元 시절의 훌륭한 정치를 회복하게 하라.' 하였으니, 성상께서 이런 덕음을 발표하셨음은 실로 천하와 사해의 복입니다. 더구나 소방은 여러 대의 공로가 저와 같고, 열성들의 돌봐주신 은혜가 이와 같은데, 이번에 4백여 년이나 된 王業을 일조에 없애어 끊어버린다면, 조정에 한 치의 공로도 없는 다른 나라들을 조정에서 장차 어떻게 처리할 것이며, 또한 중통·지원의 체통에 어떻게 되겠습니까? (중략) 삼가 바라건대, 집사 각께서는 역대 조정이 공로를 생각하던 의리를 체득하시고, 『중용』의 세상을 훈계한 말을 생각하시어, 나라를 그들의 나라로 내버려 두고 사람을 그들의 백성으로 내버려 두며, 정사와 貢賦를 닦아 藩邦이 되도록 하여, 우리가 한없는 기쁨을 누리게 해 주신다면, 어찌 오직 三韓의 백성들만 집집마다 서로 경하하며 훌륭한 덕을 노래할 뿐이겠습니까? 宗社의 영혼들도 모두 감격하여 지하에서 눈물을 흘리실 것입니다. 삼가 잘 살펴주시기 바랍니다. (후략)'

42 『고려사』卷74, 志第28, 「選擧志二」, '忠宣王卽位 賜養賢庫銀五十斤, 令藝文館, 召致郡縣 有茂才者, 給牒, 任以訓導.'
43 『고려사』卷33, 「世家」 제33, 「忠宣王世家一」, '大成至聖文宣王百代之師 春秋釋奠 朔望 祭享 諸儒聚會 宜加精潔.'

나. 구휼제도

왕장은 1차 즉위 시의 토지개혁 등에 이어 2차 즉위 후에는 빈민구제를 위한 정책도 펼쳤다. 또 해당 부처에 명하여 억울하게 노비가 된('壓良 爲賤') 사람들을 조사하여 풀어주게 하였다.

왕은 원 인종대의 빈민구제책과 발맞추어, 빈곤층의 구휼을 위한 재정 개혁책의 일환으로 유비창有備倉[44]을 설립하였다. 담당 관원으로는 사(종5품)·부사(종6품)·승(종7품)·주부(종8품) 등을 두었다.

재원은 규정조문에 따라 백성에게 비용을 균등하게 할당하는 원 인종대의 과렴科斂[45]과 비슷한 성격의 연호미법煙戶米法에 의하여 충당하였다.[46] 그 밖에도 토지와 노비를 소유하여 재정적 기반으로 삼기도 했다. 왕은 1308년 10월, 각 도의 무농사務農使로 임명된 이후李厚·육희지陸希贄·최백륜崔伯倫 등을 불러 다음과 같이 지시했다.

"내가 典農司를 둔 것은 옛날 한나라의 상평창의 제도를 본받아 백성들의 곡식을 사들이고 되팖으로써 위급할 때 그들을 구제하기 위함이지 사적인 영리를 도모한 것이 아니다. 또 한 국가에 적어도 삼년 동안 쓸 수 있는 곡식의 비축이 없다면 국가라고 할 수 없으니, 만약 비상사태가 발생했을 때 급히 백성들로부터 거두어들인다면 반

---

44 박종진, 「충선왕대(忠宣王代)의 재정개혁책(財政改革策)과 그 성격(性格)」, 『한국사론(韓國史論)』 9, 1983.
45 『元史』 卷24, 「仁宗本紀一」, '吾慮衛士不法·胥吏科斂, 重爲民困.' ; 『水滸傳』 제12회, '天漢州橋那幾個大戶, 科斂些銀兩錢物, 等候楊志到來.'
46 『고려사』 卷80, 「志」 第34, 「食貨志三」. ; '煙戶'는 '人戶'와 같은 뜻이다.

드시 백성들의 원망을 사고 말 것임이 틀림없다. 권세 있는 집안에 의탁해 몸을 숨긴 백성들은 날로 부유해져 안락을 누리는 반면, 남아 있는 유민들은 부렴으로 고통을 겪고 있는 실정이다. 이는 오로지 나의 명을 받아 지방에 파견된 자들이 사사로운 정리에 이끌려 공무를 등한히 한 때문이니 내가 참으로 애통하게 여긴다. 그대들은 각자 나의 뜻을 잘 헤아려 그 폐단을 완전히 뿌리 뽑도록 하라. 만약 명령에 따르지 않을 경우 위법 정도에 따라 처벌한 후 첨의부에 보고토록 하라."

11월 신미일, 또 왕이 전농사에 다음과 같이 지시했다.

"1. 전농사에 비축해 둔 미곡은 흉년에만 쓰도록 규정되어 있는데도 불구하고 간혹 직책과 무관한 자가 함부로 사가려는 통에 그 허비가 적지 않다. 근자에 下賜米와 관련해 내려온 鈞旨는 모두 봉함해 두고 일절 미곡을 지급하지 말도록 하라.

1. 賜給田의 租가 이미 전농사에 납입된 경우 비록 환급하라는 균지가 내려오더라도 일절 들어주지 말도록 하라.

1. 豪勢家에서 애초 사급전이라 하여 점유했던 토지를 그대로 祖業田이라고 속이는 자와 그 足丁이 본래의 수보다 넘는 자가 있을 경우, 각 도의 무농사가 일일이 탈루액을 계산해 전농사에 조세로 납부하도록 하라.

1. 경기 8縣의 祿科田과 口分田 이외의 田租는 빨리 징수해 비축
하도록 하라.

1. 동·서의 積倉은 船軍과 其人 각 1백 명 및 諸色의 匠人을 동
원해 편의에 따라 적절히 축조하도록 하라.

1. 農元倉·東積倉·西積倉은 伍尉와 隊正의 관원 가운데 직책이
없는 자 90명으로 하여금 윤번제로 守直하게 하고 공적을 세우면 마
땅히 등용할 것이다."

충선왕이 이르기를, "나라를 부유하게 하는 데는 농사보다 앞서는
것은 없다." 하며, 典農司有備倉을 설치하고 정지에게 그 일을 맡게
하였더니,(후략)[47]

연호미법은 고려와 조선 초에, 민호民戶를 4등급으로 나누어 등급에 따
라 쌀을 거두었다가, 흉년이 들면 그것을 나누어 주어 구휼하던 제도이
다. 그러나 정작 현실에서는 왕실의 사고私庫로서의 성격이 강하였으며,
왕실 재정이 악화됨에 따라, 구휼보다는 왕실의 토지 탈점을 위한 기구
로 변질되었다.

연호미법은 고려 현종 14년(1023) 이후 수시로 시행되었으나, 1343년에
는 충혜왕의 사고인 보흥고寶興庫에 병합되면서 폐지되었다. 그 뒤 공민왕

---

47 『고려사절요』 제24권, 충숙왕 임술 9년, 원 지치 2년 5월.

이 충선왕 때의 상평·의창 제도를 복구하게 하여 공민왕 초까지 존속하였으나, 조선 태종 7년(1407)에 폐지되었다.[48]

다. 각염법權鹽法 제정

송 인종은 말년에 저명한 염법 개혁가인 범상範祥(?~1060년)의 건의를 받아들여 '초염법鈔鹽法'을 시행하였다.[49] 이것이 중국 '표염법票鹽法'의 시원이 되었다. 표염법은 염표鹽票에 의거하여 식염食鹽을 운송판매(運銷)하는 것이다.[50]

'초법鈔法'은 중국 고대의 지폐의 발행, 유통, 태환兌換에 관한 법령이다. 지폐의 역사는 전국 시대의 질제質劑에서부터 서한西漢의 피폐皮幣, 당의 비전飛錢, 송의 편환便換·다인茶引·염초鹽鈔 등으로 이어진다. 북송 대에 지폐를 사용하는 초법이 비교적 완비되었다. 북송의 교자交子는 비교적

---

48 『경세유표』 제12권, 「地官修制 倉庫之儲」 2, '고 儒臣 李瀷이, "환상하는 제도는 고구려 고국천왕 때에 창안되었다. 고려 초기에 里倉을 설치했고 성종 때에 이르러서는 명칭을 義倉이라 고쳤다. 호마다 미곡을 거두었는데, 때에 따라 거두어 쌓아서 급한 경우에 대비하였다. 충선왕 때에는 有備倉을 또 설치했고 烟火米도 설치하였다. 대개 풍년이 들면 호의 대소를 요량하고 곡식을 차등 있게 내서 고을 창고에 갈무리했다가 오는 해의 흉년을 구제하던 것인데, 곧 『주례』의 조속糶粟·屋粟 제도를 본뜬 것이었다. 그러나 십일什一 외에 까닭 없이 가혹하게 거두면 원망과 나무람을 막기 어려우니, 社倉 제도의 완전함만 같지 못하다. 이것은 주자가 일찍이 시행한 것인데 그 시초에는 관곡을 꾸어줘서 民社에 저축하고 해마다 10분의 2의 이식을 받았고 남은 곡식을 쌓은 다음에는 그 꾸어온 元穀을 상환해도 남은 곡식으로 백성을 구제하기에 족했다. 내가 여러 고을을 보니 혹 지역이 넓어서 관아와 100리나 떨어진 먼 거리에도 관곡을 억지로 떠맡기고 있었다." (후략)'
49 鹽鈔法은 송대의 '鹽商憑鈔運銷食鹽' 제도이다. 『續資治通鑑』, 「宋徽宗政和元年」 참고
50 劉伯午, 「北宋範祥鹽法改革淺探」(『內蒙古財經學院學報』, 1990年 第4期). ; 鄭瑾, 「論北宋範祥的鹽政改革」(『江西社會科學』 2008年 第2期).

완전한 의미의 지폐이다.

초법은 인종 대인 1023년에 법제화 되어 정부는 익주益州에 교자무交子務를 설치하고 사적인 제조를 금지하였다.[51]

소금은 중국 고대의 가장 중요한 금각禁榷 상품으로, 충선왕이 시행한 각염법의 모델을 송대의 각염제도에서 살펴볼 수 있다. 충선왕은 특히 염세를 중시하여, 이 기간에 처음으로 국가가 소금을 전매하는 제도인 각염법権鹽法을 제정하였다. 그 이전에는 소금 생산자인 염호로부터 매년 일정액의 염세를 징수하는 징세제가 행해졌는데, 충선왕 대에 재정난의 해결을 위해 각염법을 시행하게 된 것이다. 각염법은 소금의 생산과 유통권을 국가기관의 관리 하에 두고, 그로부터 수익을 얻는 제도이다.

충선왕의 제1차 재위시인 1298년 1월~8월에 '諸宮院·寺社와 勢要之家'의 사영 염업을 금지하였다. 1308년의 복위 후에는 국가가 소금 생산과 유통에 관한 권리를 가지고 수익을 취하는 구조의 각염법을 반포(1309)하였다. 왕은 식염의 전매인 '権'을 실행하여 염호를 징발하고, 염창鹽倉을 설립하여 그 결과 연수입이 염가鹽價 포 4만 필에 이르렀다.[52]

이러한 각염법의 시행은 12·13세기에 이루어진 소금생산의 발전을 배경으로 한 것으로, 특히 12세기 이후 증대되고 있던 유민은 소금생산에 필요한 노동력을 제공하는 사회적 조건으로 작용하였다. 또한 대몽항쟁을 전후해 섬을 중심으로 한 연해지방에서는 농토로부터 이탈된 농민

---

51 『文獻通考』·「錢幣考」.
52 『고려사』 卷79, 志 第33, 「食貨志」二.

들과 피난민들에 의해 새로운 소금산지가 개발되고 있었다.

각염법은 12·13세기에 소금생산법의 발전과, 유민들의 노동력을 바탕으로 발전하였는데 충선왕 때의 기록이 시기적으로 가장 이르다. 국가는 각염법의 시행으로 전국의 소금가마(鹽盆)를 국가에 소속시키고 군현민을 징발해 염호를 삼았으며, 민부民部로 하여금 소금의 생산과 유통을 관리하게 하였다. 소금의 생산은 국가가 염호에게 일정한 자립성을 부여해 생산과정을 맡기고, 지정한 공염액貢鹽額을 납입하게 하였다. 또 소금 생산에 필요한 도구와 경비는 모두 염호가 부담하였다.

한편 유통부문에서는 국가가 염호가 속해 있는 연해 군현의 염창의 공염을 수집해, 일부는 당해 군현민에게 판매하고, 나머지는 소금이 생산되지 않는 수도와 내륙 군현으로 옮겨 판매하였다. 그 값은 2석石에 포 1필, 4석에 은 1냥으로, 소금의 전매로부터 얻어진 세입은 포 4만 필이었다.

판매방식은 연해의 군현과 내륙의 군현, 그리고 수도의 지역에 따라 각기 달랐는데, 어느 경우에나 국가에서 직접 판매를 담당하는 관매법으로, 민간상인의 개업을 철저하게 배제하였다.

이처럼 유통부문에 철저한 통제를 가했던 것은 소금의 생산지가 반도의 3면에 걸쳐 있어, 곳곳에서 소금이 생산되기 때문에 사염의 단속이 용이하지 않았을 뿐 아니라, 또한 권세가의 세력이 강대해 민간에게 소금의 판매를 맡기는 통상법通商法을 행할 경우 그들에 의한 사염의 제조와 사족 거래의 위험이 커질 수 있기 때문이었다.

그러나 각염법은 생산부문에서 소금 공급의 부족과, 유통부문에서 관염관管鹽官들의 부정, 그리고 사염의 성행 등 여러 가지 폐단이 노출되어 정상적인 시행을 보지 못하였다. 더욱이 철저한 전매제의 시행을 뒷받침

할 만큼 국가통제력이 강력하지 못했기 때문에, 시행 뒤 얼마 되지 않아 권호들에 의한 염분의 탈점현상이 나타나면서 소금의 공급이 더욱 부족하게 되었다. 그리하여 소금의 구매 대가로 납부하던 염가포鹽價布가 새로운 조세항목으로 변화되어 백성의 부담만 가중시키는 결과를 초래하게 되었다.

따라서 각염법은 소금의 전매를 통한 국가재원의 확보보다는, 그와는 무관한 염세라는 명목의 새로운 세원稅源의 신설을 통한 재정확보를 꾀함으로써, 각염법이 가지는 본래의 의미를 상실하게 되었다.[53]

---

53 『경세유표』 제14권, 「均役事目追議」 제1 鹽稅, 「高麗鹽法」, '(전략) 충선왕 원년(1308)에 와서 비로소 베를 바치고 소금 사는 법을 제정했다. 충렬왕 말년에 충선왕이 즉위해서 하교하기를, "염세는 예부터 천하에 공용이었는데 지금 여러 宮·院·寺·社와 권세 있는 집이 모두 다투어 차지해서 그 세를 바치지 않으니, 나라 용도가 모자라게 된다. 有司는 끝까지 추문하여 혁파하도록 하라." 하였다. 충선왕 원년에 傳旨하기를, "옛적에 소금을 독점하는 법은 나라 용도에 대비한 것이었다. 우리나라에는 여러 궁·원·사 및 권세 있는 집이 사사로 염 가마를 설치해서 이를 독점하니 나라 용도는 무엇으로써 넉넉해지겠는가? 지금 內庫常積倉·都鹽院·安國社 및 여러 궁·원과 안팎 寺·社가 소유하고 있는 염 가마를 다 관에 들이도록 한다. 그리고 값은 銀 1斤에 소금이 54석이고, 은 1냥에는 4석이며, 베 1필에는 2석으로 정하여 이것을 예로 한다. 소금을 쓸 자는 모두 義鹽倉에 가서 和買하며, 군·현 사람은 모두 본 고을 官司에 가서 베를 바치고 소금을 받도록 한다. 만약 사사로 설치한 염 가마가 있거나, 사적으로 서로 무역한 자가 있으면 죄를 엄중하게 다스린다." 하였다. 이에 군·현에 영을 내려서 백성을 뽑아 鹽戶로 만들고 또 염창을 설치하도록 하니 백성이 매우 괴로워하였다. 楊廣道에 염 가마가 126개, 염호가 231개이고, 경상도에 염 가마가 174개, 염호가 195개이고, 전라도에 염 가마가 126개, 염호가 220개이고, 평양도에 염 가마가 98개, 염호가 122개이며, 江陵道에 염 가마가 43개, 염호가 75개이고, 西海道에 염 가마와 염호가 아울러 49개가 있었는데, 소금 값으로 해마다 베 4만 필이 수입되었다. 내 결론은, 소금은 백성이 항상 먹는 것이어서 그 긴요함이 5곡과 같다. 비록 5곡이 있더라도 소금이 없으면 백성이 능히 먹지 못하므로 흉년에 온갖 물건의 값이 다 헐해져도 오직 소금 값은 더욱 비싸진다. 대개 채소 따위 여러 음식물은 소금이 아니면 더구나 먹을 수가 없기 때문이다. 그 가난한 백성에게 緊切하게 소용되는 바가 이와 같은데, 관에서 독점하는 것이 가하겠는가? 소금을 독점하는 것과 오곡을 독점하는 등의 일은, 삼대 이전에는 이런 법이 없었다. 漢武帝가 孔僅의 말을 받아들이고 吳濞의 자취를 따라서 이런 포학한 정사를 하였는데, 魏·晉·6朝와 隋·唐·宋·元을 지나 明·淸에 이르도록 끝내 개혁하지 않은 것은 그 이가 크기 때문에 아낀 것이었다. 우리나라에는 다만 海鹽이 있을 뿐이고, 井鹽이나 地鹽은 없다. 그러나 3면이 바다로 둘러싸였고, 鹽地가 가장 넓으니, 법을 세워서 세를 거둠이 마땅히 田野의 다음을 될

이처럼 각염법은 본래의 의미를 상실했지만, 재정확보라는 국가재정의 측면에서는 일정한 소임을 수행하였으므로 각염법 자체는 폐지되지 않고 고려 말까지 존속되었다. 그러나 조선 건국 이후에는 각염법이 폐지되고 다시 징세제로 전환되었다. 세종 대에 의창義倉의 재원확보를 위해 각염법을 시행하자는 논의가 일어나기도 했으나 실현되지는 못했다.[54]

(3) 개혁의 한계

한편 황제 추대 일로 충선왕이 큰 권력을 갖게 되자, 그가 황제의 직접적 영향력 아래 있다는 것과, 타 종친들의 견제 등의 문제로 그의 안위를 우려하는 시각도 있었다. 충선왕은 2차 즉위 후 고려 구제도 중의 일련의 폐단을 개혁하였는데, 그 결과 권문세가들에게 타격을 주었으며 동시

것이다. 그런데 人文이 개화되지 못하고 聖王이 일어나지 않아서 豪強한 자가 地利를 독차지하고 궁·원에서 모두 예전 버릇을 가지고 있으므로 백성은 그 이익이 찢겨지고 나라는 그 歲入을 잃었다. 충렬과 충선이 私를 막아서 公을 강화하고, 복을 거두어서 백성에게 주고자 했으니 또한 왕자의 擧措였다. 그런데 어찌해서 소금 독점하는 법을 先王의 착한 정사로 생각하여 급급히 본받아 시행했던 것인가? 대저 염 가마를 계산하는 것은 가하지만 염호는 반드시 계산할 것이 아니다. 다만 염 가마만 계산해서 왕적에 기록하고 富饒함과 瘠薄함을 물어 9등으로 분간할 것이며, 稅率을 엄밀하게 정하고 해마다 그 賦課를 징수한다. 그리고 폐지된 것이 있으면 곧 査驗하고 관리가 백성의 재물을 착취했으면 그 罪律을 정해서 염호를 보호하도록 한다. 혹 바닷물이 변천함에 따라 土性이 변질되어 염 가마를 철폐하지 않을 수 없는 것은 곧 다른 포구에 그 대를 세우도록 책임 지운다. 염호를 보호해서 자립하도록 하면서 훼철한 죄는 관원이 당하게 하면 염법이 이에 오래도록 시행될 것이다. 소금을 독점하는 구구한 정사를 어찌 족히 본받을 것인가?'(후략)

54 『고려사』·『고려사절요』·『태조실록』·『태종실록』·『세종실록』·「충선왕(忠宣王)의 염법개혁(鹽法改革)과 염호(鹽戶)」(강순길, 『한국사연구(韓國史研究)』 48, 1985)·「14세기(世紀) 각염제(権鹽制)의 성립(成立)과 운용(運用)」(권영국, 『한국사론(韓國史論)』 13, 1985)·「고려시대(高麗時代)의 염업제도(鹽業制度)」(손홍렬, 『청대사림(淸大史林)』 3, 1979).

에 조신들의 불만을 초래하였다.[55]

11월 신미일. 왕이 김문연의 집에 있으면서 이현의 새 궁궐에 모인
백관들에게 다음과 같은 교서를 내렸다.[56] (중략)

이러한 조치는 첫째, 나라에 필요한 재정을 확보하고, 둘째, 관리의
녹봉을 넉넉하게 지급하며, 셋째, 백성의 살림을 풍족하게 하기 위한
것이다. 하물며 지금은 내가 백성을 다스리기 시작한 때이니만큼 백
성들에게 특별한 은택을 내려야 마땅할 것이다.[57]

왕의 개혁은 당시 고려 사회 각 분야의 누적된 문제점에 대한 해결책
으로 제시한 것이었다. 국가 재정 확보, 녹봉의 안정성, 민생 안정을 목
표로 개혁을 하였으나 밀접한 경제적 이해관계에 있던 귀족들의 반발,
그들과 결탁한 원 조정의 간섭, 전지 정치의 한계 등으로 개혁은 성공하
지 못하였다.

1310년 정월에 충선왕은 세자 왕감[58]에게 전위하려 하였으나 호종 신

---

55 박재우, 「고려 충선왕대 정치운영과 정치세력 동향」, 『한국사론』 29, 서울대, 1993,
pp.46~48.
56 『고려사』 권33, 「世家」 제33, 「忠宣王世家一」, 총 35개 항목의 충선왕 복위년 개혁교서. 박
종진, 「충선왕대의 재정개혁책과 그 성격」, 『한국사론』 9, 서울대, 1983. ; 강순길, 「충선왕의
염법개혁과 염호」, 『한국사연구』 48, 1985. ; 권영국, 「14세기 각염제의 성립과 그 운용」, 『한
국사론』 13, 서울대, 1985. ; 김광철, 「개혁정치의 추진과 신진사대부의 성장」, 『한국사』 19,
국사편찬위원회, 1996. ; 김형수, 「충선왕의 복위와 복위교서의 성격」, 『대구사학』 56, 1998.
57 『고려사』 권33, 「世家」 제33, 「忠宣王世家一」, '十一月 辛未 王在金文衍家, 百官會梨峴新
宮, 王下敎曰, (중략) 此盖一爲國用周備, 一爲俸祿瞻給, 一爲民産豊足.'
58 王鑑은 懿妃 也速眞(?~1316년 7월 18일)의 소생이다. 당시 충선왕이 고려국왕과 심양왕이
라는 2개의 왕위를 겸하고 있어서, 그 세력을 두려워한 홍중희 등의 부원세력이 그를 견제하
기 위해 원 중서성에 무고한 것으로 보인다. 예쉬진은 몽골인으로 출생배경에 대해서는 전
하지 않는다. 장남은 廣陵君 王鑑이고 차남은 忠肅王 王燾이다. 예쉬진은 1316년 7월 18일

하들의 제지로 실행에 옮기지 않았다. 그런데 원 조정에서 충선왕의 장남인 왕감에게 왕위를 넘기려 한다는 움직임이 있자 왕은 5월에 왕감과 대신 김의중金義重 등을 살해하였다.[59]

그런데 원 조정의 관원 중 적지 않은 고려의 권신들이 있었다. 특히 홍중희洪重喜·홍중경洪重慶·홍복원洪福源 등은 고려 조정에 대해 여러 불만을 가진 사람들로, 심지어 황제 앞에서 충선왕에 대한 험담까지 하였다. 원 인종은 즉위한 후 태후와 함께 충선왕의 귀국을 요청하였으나 왕은 돌아가지 않았다.[60]

왕장의 5년간에 걸친 개혁에의 노력은, 권력자들에 권력이 집중되는 전지 정치의 맹점으로 결국 실패하고 측근정치가 되어 버렸다. 사회 경제 방면의 개혁 조치 중 중요한 것은 국가 재정을 강화하고 토지 겸병을 제한하여 권문세족을 타격하는 것이었다. 그는 공신 자손들에 의해 강점된 토지를 환수하고, 사원 및 권문세족이 불법으로 빼앗은 토지를 원래의 주인에게 돌려주게 하였다. 그런데 토지개혁은 귀족의 반대로 효과가 미진하였고, 여러 차례 시도했던 관제개혁도 결국 원의 간섭으로 실패하고 말았다. 또한 각염법은 어느 정도 효과는 있었지만 재정개혁은 대체로 실패하였다.

에 사망하였고, 영구를 고려로 모셔와 8월 20일에 장례를 거행하였다. 號는 衍陵이고 懿妃로 추증되었다. 遺像(초상)은 靑雲寺·妙蓮寺에 공봉되었다.

59 『고려사』 권33, 「世家」 제33, 「忠宣王世家一」, '是月, 王欲傳位世子, 密令人撰表於楊學士, 尋爲從臣所沮, 乃止.……乙巳 王殺世子鑒及其從者金重義等'
60 『고려사』 권34, 「世家」 제34, 「忠宣王世家二」, '四年 春正月 丁酉朔 王在元. 帝與太后詔王歸國, 王不欲行, 使樸景亮, 言於用事大臣曰, "今方農月, 請待秋成." 制可.'

3) 외교 정책

충선왕은 일생의 약 3분의 2를 원에서 보냈다. 그런데 그의 대원외교의 주요 과제는 원의 고려 직접 지배를 방지하기 위한 것이었다. 고려가 부마국이 된 후 원은 고려에 정동행성征東行省을 설립하고 그것을 통하여 고려를 간섭하였다.

더불어 한 차례 활리길사闊裏吉思 등의 유관流官이 파견되어 고려를 직접 통치하였는데, 충렬왕의 노력으로 유관이 소환되며 겨우 고려왕이 행성 승상行省丞相을 맡게 되었다. 1307년, 충선왕은 원 무종의 등극을 도우며 정치력이 강해지자, 부왕을 감시하기 위해 다시 원에 정동행성에 관원을 파견할 것을 요청하였다. 그런데 1년 후, 충선왕은 부친의 사망으로 두 번째로 즉위하면서 이번에는 원에 정동행성의 파면을 청하였다.[61]

1309년, 요양행성遼陽行省 우승右丞 홍중희洪重喜가 충선왕이 방자하고 횡포하다며 그를 원의 중서성에 고소하고, 고려에 행성을 설치할 것을 청하였다.[62]

후에 고려 출신의 환관 방신우方臣祐가 달기(答己)태후와 소통하여 홍중희를 조주潮州(『元史』에는 漳州로 기재)로 유배시키고, 입성立省 논의를 겨우 무마시켰다.[63] 이후로 왕장은 원조에 '조종신복지공祖宗臣服之功'을 진술하

---

61 원 무종은 그의 상반되는 요청에 대해 '先請立者以卿言, 今請罷亦以卿言, 其准世祖舊制, 速遣使往罷之.'라 하였다. 『元史』卷22, 「本紀」第22, 「武宗紀一」.
62 『고려사』卷34, 「世家」第34, 「忠宣王世家二」, '戊辰 元降制, 令高麗毋置行省. 初洪重喜訴於中書, 欲立行省, 王以祖宗臣服之功奏之, 故帝有是命.'
63 『고려사』卷122, 「列傳」第35, 「宦者傳·方臣祐」, '忠宣時, 遼陽行省右丞洪重喜誣訴王不奉法恣暴等事於中書省, 請與廷辨. 中書省以秦, 王甚憂之, 臣祐白壽元皇太後曰, "重喜高麗逋民也, 敢肆誣妄, 謀覆宗國, 罪已可誅. 顧令與王對辨耶?" 皇太後悟言於帝, 勅中書, 毋令對辨, 杖重喜, 長流潮州.'

여, 마침내 1312년에 원 인종으로부터 고려에 행성을 설치하지 않는다는 '무치행성毋置行省'의 승낙을 쟁취하였다.[64]

한편 충선왕은 충렬왕이 사망하자 고려의 자의적 묘시廟諡 대신 원에 시호를 요청했다.[65] 원은 1310년에 고려 고종·원종 및 충선왕의 부왕에게 충헌·충경·충렬의 시호를 나란히 내렸다. 이것은 고려가 정이품 이상의 벼슬아치가 죽었을 때, 정해진 규칙이나 관례에 따라 원나라에 시호를 청하는 이른바 '청시請諡'의 시초가 되었다.[66]

충선왕이 사후에 원에서 받은 시호는 '忠宣'이고, 공민왕이 '宣孝'라는 시호를 더하여 '忠宣宣孝大王'이라 하였다. 작위로는 高麗國王·瀋陽王·瀋王·太尉王이 있으며 덕릉에 안장되었다.

4) 충선왕 관련 일화

(1) 동성同姓 결혼

1287년(至元 24) 10월, 원성공주는 왕세자 왕원(13세)을 데리고 원 세조를 배알하러 가며, 동시에 수종(忽赤)에게 원 조정에 바칠 고려 양가집 여

---

64 『고려사』卷34, 「世家」第34, 「忠宣王世家二」, '戊辰 元降制, 令高麗毋置行省. 初洪重喜 訴於中書, 欲立行省, 王以祖宗臣服之功奏之, 故帝有是命.'
65 『고려사』卷33, 「世家」第33, 「忠宣王世家一」, '丙申 有司議上大行王諡, 王不可曰, "有上 國在, 我且請之. 竹冊·玉冊, 亦合於禮乎?" 於是但上號曰純誠守正上昇大王.'
66 『고려사』卷33, 「世家」第33, 「忠宣王世家一」, '初國家雖用宋·遼·金正朔, 然曆代之諡, 皆稱爲宗. 及事元以來, 名分益嚴, 而昔漢之諸侯, 皆從漢得諡故, 王表請上昇王尊號, 又 請追諡高·元二王, 詔從之.'

인을 구하게 하였다. 그 중 종실 서원후西原侯 왕영王瑛의 딸도 있었다.

온천 지역에 이르렀을 때 수종하던 인후가 왕원의 표정이 좋지 않은 것을 보고 이유를 물었더니, 왕원은 서원후의 딸이 원조에 입조하는 양가녀良家女에 들어 있어 기분이 좋지 않다 하였다. 인후는 그 말을 공주에게 보고하였고 공주는 그녀를 놓아주었다.

일행이 서경西京(東寧府)까지 갔을 때 원의 함평부에서 발생한 폭동으로 길이 막혀, 일행은 부득이하게 개경으로 돌아왔다.[67] 그러자 왕원은 1289년 2월 2일에 정식으로 서원후 왕영의 딸과 결혼하였다.

그러나 왕원은 후에 조비趙妃를 총애하였고, 원에서 고려의 동성결혼을 꾸짖자, 서원후의 딸은 냉대를 받게 되었다. 그녀는 1345년에 사망한 후 정비靜妃로 추증되었다.[68] 충선왕은 1308년에 복위하며, 왕실은 15개 '재상지종宰相之宗' 출신의 여성만 비妃로 삼을 것을 규정하였다.[69]

---

67 『고려사』卷89, 「列傳」第2, 「后妃傳·齊國大長公主」, '十三年, 公主將入覲, 命選良家子女. 使忽赤搜索人家, 雖無女者亦驚擾, 怨泣聲徧閭巷. 遂選西原侯瑛·大將軍金之瑞·侍郎郭蕃·別將李德守女. 又遣中郎將鄭允耆於江華, 搜奪民家所藏白金五十斤. 乃與世子如元, 次溫泉, 世子有不豫色. 忽刺歹問其故, 曰, "吾將娉西原侯女, 今在選中, 以故不悅." 忽刺歹以告公主, 卽遣其女. 公主至西京, 聞賊起鹹平府道梗, 遂還.'

68 『고려사』卷89, 「列傳」第2, 「后妃傳·忠宣王靜妃」, '靜妃, 宗室西原侯瑛之女. 忠穆元年薨, 追贈靜妃.'

69 『고려사』卷33, 「世家」第33, 「忠宣王世家一」, '先於至元十二年, 欽蒙世祖皇帝遣阿禿因來傳聖旨, 又於至元二十八年, 予與鄭可臣·柳淸臣等, 詣紫檀殿裏, 親奉世祖皇帝聖旨云, '同姓不得通婚, 天下之通理. 況爾國識會文字, 行夫子之道, 不應要同姓.' 時有李守丘, 傳說柳淸臣, 又傳譯鄭可臣, 本國因循, 未還遽革耳. 自今, 若宗親娶同姓者, 以違背聖旨論, 宜娶累世宰相之女爲室, 宰相之男, 可聽娶宗世之女. 若家世卑微, 不在此限. 新羅王孫金琿一家, 亦爲順敬太後叔伯之宗, 彦陽金氏一宗, 定安任太後一宗, 慶源李太後·安山金太後·鐵原崔氏·海州崔氏·孔岩許氏·平康蔡氏·淸州李氏·唐城洪氏·黃驪閔氏·橫川趙氏·坡平尹氏·平壤趙氏並累代功臣宰相之宗, 可世爲婚媾, 男尙宗女, 女爲宗妃. 文武兩班之家, 不得娶同姓, 外家四寸, 亦聽求婚.'

(2) 단수지벽斷袖之癖[70]

충선왕은 측근 원충元忠(1290~1337년)과의 동성애로도 알려져 있다.『고려사』에서는 왕장의 동성애에 대해 '多愛男色'이라 기록[71] 하였는데, 특히 귀족 출신의 미소년 원충과 함께 대도에 있으며 많은 총애를 내렸다('有龍陽之寵) 한다.

원충의 본관은 원주原州이며, 자는 정보正甫이다. 조부는 중찬中贊을 지낸 원부元傅이며, 부친은 찬성사를 지낸 원관元瓘이다. 조부의 영향으로 원충은 8세에 음보蔭補로 동북면도감판관이 되었다. 그는 18세에 충선왕의 부름으로 원 대도로 가서 예빈내급사禮賓內給事가 되어 총애를 받았다.

왕장은 그에게 왕씨 성을 하사하고 이름을 주鑄라 고쳤으며, 계속 그의 관작을 올려주었다. 그런데 1310년에 왕이 그를 우사윤右司尹으로 승진시키고 승지承旨인 대언代言에 임명하려고 하자 원충은 자신처럼 젊은 사람이 3품 관원으로 승진하면 타인의 비난을 받을 것이며, 대언은 중요 직책이니만큼 자신은 적임자가 아니라며 사양하였다.

충선왕은 화가 나서 자신이 내린 성명을 박탈하고 그를 한직인 철주지사鐵州知事로 보내버렸다. 그로부터 3년 후, 왕장이 원에서 돌아올 때 원충이 압록강까지 마중을 나가며 관계가 회복되었고 대언으로 임명되었다. 원충은 이어 밀직사, 첨의평리를 역임하였다.

왕장이 토번으로 유배를 가고, 충숙왕도 1321년 4월에 원나라로 불려갔다. 충숙왕은 이듬해에 심왕 왕호王暠의 참언으로 영종에 의해 힐책당

---

70 '斷袖'란 漢나라의 哀帝가 董賢과 동성연애를 하였는데, 애제가 기상할 때 동현의 수면을 방해하지 않도록 제옷을 자르고 일어났다는 고사에서 나온 용어이다.
71 『고려사』卷107,「元善之傳」.

하고, 국왕인國王印까지 빼앗겼다.

그러자 심왕은 충숙왕을 퇴위시키고 고려 국왕이 되려 하였고, 이에 고려에서는 왕위쟁탈전이 벌어졌다. 1322년에는 권한공 등이 백관을 모아 심왕의 국왕 취임을 성사시키기 위해 원의 중서성에 글을 올리기까지 하였다. 이때 원충은 1321년부터 5년간 원에 있으며 줄곧 충숙왕을 측근에서 시종하였다.

이에 앞서 상왕으로 티베트(吐蕃)에 유배되었던 왕장은 1324년에 대도로 돌아왔으며, 충숙왕도 국왕인을 되돌려 받고 1325년 5월에 귀국하게 되었다. 원충은 이와 같이 복잡하고 어려운 시대에도 진심으로 충숙왕을 섬긴 공으로 찬성사가 되었고 추성좌리공신推誠佐理功臣이라는 호를 받게 되었다.

(3) 정인情人과의 이별

성현의 『용재총화』에는 충선왕과 한 중국 여성과의 안타까운 이별이 전한다.[72] 왕이 원에 있을 때 한 연인이 있었는데, 그가 고려로 귀국하며 자신이 돌아올 때까지 기다리라고 했다. 여인이 쫓아오자 왕은 그녀에게 연꽃 한 송이를 주고 왔다.

도중에 왕은 그녀가 계속 생각이 나 이제현을 보내어 보고 오게 하였다. 그런데 그녀는 병이 깊어 이미 살아날 가망이 없었다. 그녀는 고통을 참으며 시를 써서 충선왕에게 전하게 하였다.

---

72 『朝鮮王朝實錄』·「世宗實錄」卷114, 世宗 28年 10月 13日條, '上曰 "……昔漢元帝欲以定陶王爲太子 史丹護太子家 乃以詭言解帝意 輔助有力 得不廢. 李齊賢傳忠宣王入朝 忠宣惑於唐女. 及還途中 令齊賢複往候之 齊賢還卽詭曰 '女已與他人相悅矣' 史丹·齊賢之言 雖涉罔上 然爲愛君計也……."'

주신 연꽃 한 송이 처음에는 붉디붉더니

가지에서 떨어진지 지금 며칠인가 초췌한 모습 나와 같구나.

이제현은 돌아와 그녀가 다른 소년과 술집으로 술을 마시러 갔기에 찾을 수가 없었다고 거짓으로 고하였다. 왕이 그 이야기를 듣고 매우 우울해 하며 토하기까지 하였다.

그 후 충선왕의 생일에 이제현은 축하주를 올리며, 갑자기 무릎을 꿇고 왕을 기만한 죄를 용서해 달라 하였다. 왕이 그 이유를 물으니 이제현은 그 시를 올리며 모든 사실을 털어놓았다. 왕은 눈물을 흘리며, "그때 만약 내가 그 시를 읽었다면 나는 차라리 죽을지언정 그곳으로 갔을 것이다. 경은 나를 위하여 이런 거짓보고를 하다니, 참으로 충정어린 일이로다!"[73] 하였다.

---

73 成俔, 『慵齋叢話』 권3, '忠宣王久留元, 有所鍾情者, 及東還, 情人追來, 王折蓮花一朵, 贈之以爲別. 日夕王不勝眷戀, 令益齋更往見之, 益齋往, 則女在樓中, 不食已數日, 言語不能辨, 强操筆書一絶雲 : "贈送蓮花片, 初來的的紅. 辭枝今幾日, 憔悴與人同." 益齋回啓雲 : "女入酒家, 與年少飮之, 尋之不得耳." 王大懊唾地. 翌年慶壽節, 益齋進爵, 退伏庭下言死罪. 王問之, 益齋呈其詩・道其事, 王垂淚曰 : "當日若見詩, 竭死力還往矣. 卿愛我, 故變言之, 眞忠懇也 !"' (공동 번역), 『용재총화』, 휴머니스트, 2015.

4

▌재원 활동

1. 황실에서의 지위

1) 부자간의 알력

1298년 8월에 충렬왕이 복위하자 충선왕은 다시 원으로 가서, 이후 10년 간 대도에 머물면서 숙위를 하였다. 그 시절에 그는 회령왕懷寧王 카이산(海山, 武宗) 형제와 친밀하게 지냈다. 그런데 이 기간 동안 고려에서는 충렬왕과 충선왕 부자간의 알력이 표면화되어 정치세력이 분열되었다. 1299년(충렬왕 25)에는 충선왕파인 인후의 한희유무고사건이 있었고, 충선왕의 복귀를 두려워 한 충렬왕쪽에서는 왕유소王惟紹·송린宋璘 등이 주축이 되어 계국대장공주를 개가시켜 그의 복위를 막고자 했다.

충렬왕은 1301년 5월에 원에 민훤閔萱을 파견하여 공주의 개가를 허락해 달라는 표表를 올리게 했으나, 민훤은 감히 올리지 못하고 돌아왔다.[1] 한편 1303년 봄, 왕원은 황제의 행재行在인 향수원香水園[2]에서 '간신영수奸臣佞豎'라 모함을 받았는데, 이는 공주의 개가를 둘러싼 충렬왕파의 공격으로 보인다.[3]

충선왕파는 즉시 반격을 하여, 같은 해 7월에 원의 힘을 빌려 충렬왕파 핵심 세력인 석주石冑·석천보石天補 부자를 제거하였다. 8월에는 충선왕파의 대신인 홍자번洪子藩·원충갑元冲甲·김심 등이 정변을 일으켜 왕궁을 포위하고 충렬왕파의 오기吳祁를 체포하여 원으로 압송하였으며, 충렬왕에게 충선왕의 귀국을 요청하게 할 것을 건의하였다.[4]

충렬왕파의 송방영宋邦英·송린 등은 국면 전환을 위해 충렬왕에게 원에 입조하여 공주를 서흥후瑞興侯 왕전王琠(충선왕의 처남)에게 개가시킬 것을 건의하게 하였다. 그런데 충렬왕이 서경西京에 이르렀을 때 왕의 입조를 불허한다는 내용을 전하는 사신을 만나 그 계획은 이루어지지 않았다.

이와 동시에 송방영·송린은 다시 위구르체(畏兀兒體) 몽고문으로 편지

---

1 『고려사』卷89, 「列傳」第2, 「后妃傳·薊國大長公主」, '二十七年, 忠烈遣都僉議司使閔萱, 表請改嫁公主. 萱不敢進而還'
2 香水園은 仁宗이 태어난 곳으로 大都路 奉聖州 縉山縣에 있었다. 인조의 등극후인 1316년에 縉山縣은 龍慶州로 승격되었다.
3 『고려사』卷33, 「世家」第33, 「忠宣王世家一」, '大德七年春, 奸臣佞豎, 至行在香水園, 謀爲不利於孤, 評理樸景亮·劉福和·供詵·許有全·李連松·薑融·李珍·李薈·趙通等, 奮義忘生, 力沮奸謀, 忠勤特異. 樸景亮宜別錄敍用, 其親子及堂兄弟姉妹, 至於子孫, 一皆爲良, 劉福和·供詵·許有全·李連松·薑融·李珍·李薈·趙通等, 尤加敍用, 延及子孫.'
4 『고려사』卷32, 「世家」第32, 「忠烈王世家五」, '乙巳 洪子藩·元冲甲, 與諸宰相, 率三軍, 圍王宮, 執吳祁, 遣護軍崔淑千, 押送於元.'

를 써서 원에 보내어 충선왕을 모함하였다. 이후 원에서는 여러 차례 사신을 파견하여 부자의 갈등을 풀고자 하였으며, 또한 송방영·송린 등을 체포하여 원으로 데려갔다. 그러자 충렬왕도 어쩔 수 없이 원에 충선왕의 귀국을 요청하였다.

그런데 당시 원은 복로한蔔魯罕 황후가 실권을 장악하고 있었는데, 송가宋家가 황후의 총애를 받던 고려 출신 환관 이복수李福壽와 매우 가까웠으며, 또 원 성종의 유모와 연인聯姻하였기에 충선왕의 송환을 거절하였다.[5] 이 일로 충선왕은 원에서 심한 경제적 곤란을 겪었으며 심지어 보대寶帶를 팔 생각까지도 하였다고 한다. 이후 수종들의 건의로 돈을 빌려 생계를 유지하였다.[6]

2) 공주 개가 운동

충선왕에 원한을 품은 왕유소 등은 충렬왕 부자를 이간질하고 충선왕을 완전히 폐하고자 하였다. 그 계획의 하나로 계국대장공주의 개가운동이 추진되었다. 즉 충렬왕은 며느리를 개가시켜 왕원의 부마로서의 지위와 국왕으로서의 지위를 박탈시키고자 하였던 것이다. 이에 충렬왕은 서흥후 왕전에게 좋은 옷을 입혀 자주 공주 눈에 띄게 하였다.

5 『고려사』卷125, 「列傳」第38, 「奸臣傳·宋邦英」; 『고려사』卷32, 「世家」第32, 「忠烈王世家五」, '丙申 前中贊韓希愈·贊成事崔有渰·柳庇還自元. 有渰·庇詣中書省 求奏請還前王表 未獲而還.'

6 『고려사』卷108, 「列傳」第21, 「諸臣傳·金怡」, '忠宣受禪, 尋遜位以前王, 在元, 見譖於王, 資用不繼, 欲賣寶帶, 怡曰, "世寶不可輕鬻." 遂貸錢以供頓.'

한편 원조의 노력에도 불구하고 충선왕과 공주는 화해는 커녕 더욱 냉담해졌다. 공주는 내시와 음란한 관계를 유지하였고, 부부는 더욱 멀어졌다.[7] 결국 두 사람은 별거하여 공주는 지후사祗候司로 가서 살았다.[8]

충렬왕은 1305년에 왕유소 등을 데리고 계국대장공주의 개가 허락을 받기 위해 원에 갔지만, 원 황실에서는 왕전이 왕의 아들이 아니라는 이유로 반대하였다.

그런데 1306년에 충렬왕이 원에서 통치를 할 때, 충선왕의 부저府邸에서 머물던 것으로 보아 이 무렵부터는 부자관계가 좋아진 것으로 보인다. 심지어 부자가 장차 함께 귀국할지도 모른다는 소식도 있었다. 이 소식은 충렬왕파의 대신들을 매우 불안하게 하였고, 부자를 이간시키고자 하는 강한 동기가 되었다.[9]

당시 충렬왕은 이미 70이 넘은 고령으로, 넘어지며 이가 부러져서 며칠이나 음식을 먹을 수가 없었다. 수종하던 왕유소·송방영 등은 기회를 틈타 그들 부자를 이간질하여 충렬왕으로 하여금 공주가 있던 지후사로 옮기게 하였다.

나아가 그들은 환관 이복수와 원 성종의 유모를 부추겨 복로한 황후[10]

---

7 『고려사』卷89, 「列傳」第2, 「后妃傳·薊國大長公主」, '公主素不謹, 每與內僚諸人亂, 王益不屑……'
8 『고려사』卷125, 「列傳」第38, 「奸臣傳·王惟紹」, '時寶塔公主失愛於前王, 徙居祗候司.'
9 『고려사』卷125, 「列傳」第38, 「奸臣傳·王惟紹」, '初王複位, 忠宣以前王在元, 至是, 王如元, 惟紹及高世·金文衍·宋邦英·宋璘·韓愼·李伯超·吳演·秦良弼等從行. 明年, 王寓前王邸, 左右聲言, "王欲與前王, 俱東還." 惟紹·邦英·愼·璘, 使其薰宋均·金忠義白王曰, "前王不自安, 而怨殿下者, 有年, 殿下雖慈愛, 適足賈禍耳, 且殿下獨不念, 丁酉年事乎?"'
10 伯嶽吾·蔔魯罕(?~1307년)은 원 성종의 제2 황후로, 부마 脫裏思의 딸이다. 元貞初年에 황

에게 참언하게 하고, 왕유소 등은 좌승상 아고타이(阿忽台)[11]에게 참언하여 그를 설복시키고자 하였다. 또한 황제의 동의를 얻어 공주를 왕전에게 개가시키려고 하였다. 또 충선왕을 강제로 삭발 출가시키고 서흥후를 왕위 계승인으로 세우고자 설복하였다. 아고타이 등도 이 계획에 수긍하였다.[12]

당시 서흥후는 인질(禿魯花) 신분으로 원에 머물고 있었는데, 충렬왕은 서흥후에게 화려한 옷을 입혀 여러 차례 공주에게 가게 했다. 서흥후는 그 모습이 영준하였고 공주 역시 개가할 뜻이 있었다.[13] 충렬왕 일파는 충선왕을 수종하던 김이金怡에게 수봉조서受封詔書를 훔쳐오라고 시켰으나 미수에 그쳤다.[14]

후로 책봉되었다.

11 阿忽台(Aqutai, ?~1307년)는 阿中忽台라고도 한다. 성이 燕只斤氏로 원 성종 대의 대신으로 1303년에 관직이 中書左丞相에 이르렀다. 성종이 만년에 병으로 앓자 정치는 葡魯罕 황후와 中書右丞相 哈剌哈孫이 장악하였고, 阿忽台는 葡魯罕 황후를 두고 哈剌哈孫 일파와 경쟁하였다. 1307년에 성종이 사망하자 황후와 阿忽台 등은 황후의 섭정을 도모하고, 쿠빌라이의 손자인 安西王 아난다(阿難答)를 황제로 옹립하고자 하였다. 그러나 哈剌哈孫측은 懷寧王 海山과 그 아우 愛育黎拔力八達를 옹립하고자 하여 대도에 큰 정변이 일어났다. 愛育黎拔力八達는 阿忽台·葡魯罕·阿難答 등을 체포하였고, 阿忽台는 '亂祖宗家法'이라는 죄명으로 처형되었다.

12 『고려사』卷125, 「列傳」第38, 「奸臣傳·王惟紹」, '一日王欲更衣出, 仆地折齒, 數日不能食. 惟紹等, 因勸王移寓公主所, 自謂得計, 托乳媼及宦者李福壽, 譖前王於皇後. 又譖於左丞相阿忽台, 平章八都馬辛曰. "前王素失子道, 又不與公主諧, 故我王疾之, 欲以禿魯花瑞興侯琠, 爲後者非一日. 前王誠宜悔過, 自新以供子職, 昨我王舍於其邸 不謹奉侍, 至使折齒, 我王欲勿怒得乎? 曩前王願爲僧, 省官不許, 今聽其祝髮, 令琠繼尙公主, 可副我王之志." 阿忽台·八馬辛許之.'

13 『고려사』卷91, 「列傳」第4, 「宗室傳·瑞興侯琠」, '琠, 封瑞興君, 忠烈朝, 以禿魯花在元, 王惟紹·宋邦英, 譖於王, 欲廢忠宣, 令琠繼尙寶荅實憐公主以爲後. 琠貌美, 王使之衣袨服數往來, 以觀公主. 公主素不謹行, 遂屬意於琠.'

14 『고려사』卷108, 「列傳」第21, 「諸臣傳·金怡」, '後王與忠宣俱在元, 王聽群小譖, 欲廢忠宣, 以瑞興侯琠爲子, 又以忠宣公主改嫁琠. 兩王之臣, 角立相傾. 怡懼禍將起, 密取忠宣受封詔冊, 潛帶腰閑, 以他紙納空宣匣中, 緘封如故. 居數日, 宣匣果爲人所竊, 忠宣大驚, 怡密言曰, "臣恐不虞之變, 嘗取匣中書藏之, 請勿驚." 月餘, 群小計垂成, 怡出所佩冊命以驗之,

공주를 개가시키는 일이 난관에 부딪치고, 충렬왕과 함께 입조했던 홍자번 등은 왕유소 등이 부자간을 이간한다는 말을 듣고, 바로 원 중서성에 이 일을 알렸다. 중서성에서는 왕유소 등을 체포하고 두 부자를 불러 대질시켜 개가 계획은 무산되었다.

그 후 고려의 대신들은 충렬왕을 모시고 귀국하여 이 일을 매듭지으려 했다. 그러나 부자간의 간극은 이미 깊어져 충선왕이 도중에 자신을 해칠 것을 두려워한 충렬왕은 귀국을 거절하였다. 공주는 왕유소 등의 개가 계획이 실패했다는 말을 듣고 몹시 실망하여, 계속 충렬왕에게 돈을 보내어 개가를 실현하게 하였다.[15]

충렬왕과 충선왕 부자간의 알력은 원 내부의 정치투쟁과도 연결되어 있었다. 이러한 갈등은 원 성종이 죽은 후 황위쟁탈전이 야기되면서 더욱 치열해졌다. 충선왕은 자신이 지지한 카이산이 1307년에 황제로 즉위하자 고려 국정의 실권을 장악하게 되었고, 아난다 측을 지지하던 충렬왕 편의 왕유소 일당은 숙청되었다.

事遂寢.'
15 『高麗史』卷125, 「列傳」第38, 「奸臣傳·王惟紹」, '惟紹等見右丞相答剌罕, 以王言譖前王. 答剌罕曰, "益知禮普化王, 世祖之甥, 寶塔公主亦宗室女也. 廢嫡改嫁, 於理安乎?" 惟紹複譖, 如告阿忽台. 答剌罕曰, "瑞興侯亦王之子耶?" 曰, "否" 曰, "誰出?" 惟紹不能對退, 問崔有渰, 有渰曰, "子亦宗姓, 宜自知之." 惟紹等謀旣洩, 洪子藩等五人, 詣中書言, "惟紹等離閒王父子, 逆理亂常, 罪莫甚焉." 省官召王父子面詰, 已執囚惟紹等四人. 未幾, 世·文衍·良弼, 白王曰, "臣等負綬從之, 爲日已久, 無所報効. 但願奉殿下, 東出齊化門." 王曰, "我聞, 前王遣人涯頭驛, 要我度河而沈之. 吾雖老, 獨不畏死耶?" 世等乃與從臣七十人, 上書中書省, 極論惟紹等罪, 且請奉王還. 省官奏, 於是, 設宴餞王, 又累進驛騎趣行. 王無以爲計, 乃飮藥發痢, 自夏至秋, 不起. 潛遣人詣行在, 請與公主俱還. 阿忽台以奏, 皇后曰, "翁與婦, 偕行可乎? 如不得已, 我且還都, 備儀以送, 亦未晩也." 公主聞惟紹等被囚, 怒甚, 召文衍杖之. 又使人守門, 禁出入王所告狀者, 諸從臣皆離散.'

이후 충선왕은 무종 옹립의 공으로 심양왕瀋陽王에 봉해졌고, 1308년에 충렬왕이 사망하자 귀국하여 다시 왕위에 올랐다. 이어 충선왕은 기강의 확립과 인재의 등용, 왕실족내혼의 금지, 권세가의 횡포 엄단 등을 내용으로 하는 복위교서를 발표하며 혁신정치를 천명했다.

2. 무종의 즉위

1) 황위쟁탈전

충선왕은 1차 즉위에서 물러난 1298년에 원으로 간 후 대도의 태자궁 근처에서 살았다. 당시 충선왕의 사저는 지금 북경의 옥연담玉淵潭 공원 인근으로, 이제현이 충선왕을 위한 잔치에서 지은 시를 통해 분위기를 느낄 수 있다.

> 호수 위 화려한 별장이 듣던 바와 같은데 호수 위 꽃 같은 집은 소 문대로 산뜻하고
> 국공께서 연 잔치 우리 임금 즐기시네 한 말에 만 전 가는 좋은 술 이 노자 잔에 가득하고
> 이팔청춘 미인들이 비취빛 치마를 떨치네 연꽃봉오리 향기 속에 지나가는 빗소리 들리고
> 부들 풀 그림자로 가는 구름 보이네 노래 소리는 그치지 않고 수레 끄는 말발굽소리 시끄러워
> 어느덧 서산의 해가 저물려 하는구나.[16]

충선왕은 무종, 인종과는 오촌간으로, 『익재집』을 통해 그들의 관계가 매우 가까웠음을 알 수 있다. 다소 길지만 황실에서의 충선왕의 위치를 가늠해 볼 수 있는 유용한 사료이다.

홀독겁리미사공주가 지원 갑술년(1274)에 우리나라에 와서 명년 9월 19일(병술)에 세자를 낳으니, 처음의 휘는 源이었으며, 뒤에 璋으로 고쳤고, 자는 仲昻이다. 강보에 있을 적에 공주가 원 나라에 입조하여 세자를 안고 휘인유성황후를 뵈니, 황후가 손뼉을 치며 부르자 세자가 문득 엉금엉금 기어가서 황후의 품에 안기었다. 황후는 이름을 지어 이르기를 益智禮普化라 하였다. 세자의 나이 16세에 이르러 세조황제에게 입조하자, 황제가 세자를 편전에서 인견하고 안석을 비기고 누워서 묻기를, "너희 나라에 있으면서 무슨 책을 읽었느냐?" 하니 대답하기를, "정가신·민지 같은 선생이 있습니다. 지금 여기에 같이 왔는데, 전에 숙위의 여가가 있으면 때로 찾아가서 『효경』과 『논어』를 질문했습니다." 하니, 황제가 크게 기뻐하여 정가신을 불러오게 하였다. 세자가 정가신을 데리고 불쑥 들어가니, 황제가 황급히 일어나 관을 쓰고 꾸짖기를, "너는 비록 세자이지만 나의 외손[甥]이요, 정가신은 비록 陪臣이라 할지라도 儒者인데, 어찌 나에게 관을 쓰지 않고 보게 하느냐?"하였다. 인하여 정가신을 자리에 앉게 하고 본국의 전해 내려온 세대의 차서와 治亂에 대한 사실을 묻고 辰時로부터

---

16 이제현, 「楊安普國公宴太尉瀋陽王于玉淵堂」, 『익재난고』1, '湖上華堂愜素聞 國公開宴樂 吾君 十千美酒鸕鶿杓 二八佳人翡翠裙 菰蒲香中聽過雨 菰蒲影際見行雲 笙歌未歇輪蹄 鬧 漠漠西山日欲曛'

未時에 이르도록 열심히 들었다. 그 뒤에 공경들에게 명하여 交趾를 정벌할 일을 의논하게 할 적에 고려 세자의 선생 두 사람을 불러 함께 의논하라는 조서가 있었으므로, 두 사람이 의논하기를, "교지는 먼 곳에 있는 오랑캐이니, 군사를 출동시켜 토벌하는 것이 사신을 보내어 불러서 오게 하는 것만 못합니다. 만약 교지가 끝내 사의를 고집하고 복종하지 않을 경우에 그들의 죄를 성토하여 정벌한다면, 한 번 정벌에 만전을 기약할 수 있을 것입니다."하였다.

이 의논이 황제의 뜻에 맞았으므로 정가신에게는 한림학사를, 민지에게는 직학사를 제수하니 당시 사람들이 이를 영화롭게 여겼다. 성종 초기에 寶塔實怜公主에게 장가들고 충렬왕에게서 손위를 받아 대덕 2년에 즉위하였다. 나라의 일을 어질고 유능한 사람에게 맡기고 간사한 것과 폐단이 되는 것은 혁파하였으므로, 당시에 '역마는 살이 쪄서 병이요, 역졸들은 발꿈치에 군살이 쪄서 병이 됐다.'는 말이 있었는데, 대개 사람이나 말이 항상 분주하게 다니다가 오랫동안 한가하게 있으면 반드시 이런 병이 생기는 것이니, 이것이 곧 원 나라와 우리나라 사이에 使者가 드물었음을 말해주는 것이다. 공주의 유모가 본국에서 벼슬하기를 원하는 사람과 비밀히 짜고, 공주가 주상에게 실연당하였다고 원 나라 중궁에게 호소하였는데, 이 때문에 원 나라에서 주상을 숙위로 불러들인 지가 10년이 되었다. 무종과 인종이 황제가 되기 전에 주상과 한 집에 거처하여 밤낮으로 서로 떠나지 않았다. 대덕 11년에 주상이 승상 達罕 등과 계책을 정하여 인종을 받들어 내란을 진압하고 무종을 맞아 세우니, 왕의 공이 제일 컸으므로 무종이 왕을 瀋陽王推忠揆義恊謀佐運功臣駙馬都尉勳上柱國階開府

儀同三司에 봉하여, 寵眷이 그보다 더한 자가 없었다. 인종이 황태자로 있을 때에 주상이 太子太師가 되었는데, 당시의 명사인 姚燧·蕭㽔·閻復·洪革·趙孟頫·元明善·張養浩 등을 많이 천거하여 궁관에 대배하였다. 지대 1년에 충렬왕이 훙하자 주상이 분상할 적에 밤낮으로 쉬지 않고 10여 일 만에 서울에 이르렀다. 장례를 거행할 적에는 斬衰를 입고 山陵까지 도보로 가서 묘를 이룬 후에 돌아왔으니, 선대에서는 일찍이 행하지 않았던 일이었다. 이에 황제가 征東省右丞相高麗國王兼瀋王으로 책봉하고 조금 있다가 태사를 제수하였다. 처음에 본국의 권신들이 대대로 정사를 전횡하여, 문사들 중에 재주와 명망이 있는 자를 府中에 모아 놓고 그곳을 政房이라 이름하고는 모든 관리들을 올리고 물리치는 일에 대해 모두 정방으로 하여금 注擬하게 하여, 국왕에게 계달하면 국왕은 부득이 모두 윤허하여 곧 시행을 하였으므로, 재상은 가만히 앉아서 문서만 봉행할 뿐이었다. 그런데 권신들은 없어졌으나 정방의 이름은 그대로 남아 있는 까닭에 정사를 집행하는 승지의 권세가 재상보다 중하였다. 그러자 이때에 이르러 왕이 이르기를, "재상으로서 관리 선발하는 일을 알지 못하는 법이 어디 있느냐?"하고, 드디어 문신을 선발하는 일은 典理에 돌리되 首相이 주장하게 하고, 무신을 선발하는 일은 軍簿에 돌리되 亞相이 주장하게 하였으니 임관하는 법이 옛 법에 가까웠다. 전답의 조세를 정하고 鹽法을 세우고 구황하는 정책을 닦고 요행의 문을 막아 규모가 잘 갖추어졌으나, 신하들이 임금의 그 아름다운 뜻을 잘 받들어 이루지 못하였다. 그런 까닭으로 백성에게 미치는 은택이 흡족하지 못하였기에 식자들이 지금까지도 애석히 여긴다. 皇慶 계축

(1313)년에 왕위를 세자 강릉군에게 물려주니, 강릉군의 휘는 燾이고, 일명은 阿剌忒實里이다. 영왕의 딸에게 장가들었고 또 위왕의 둘째 딸에게 장가들었다. 왕의 형인 강양군 滋가 있었으나 공주의 아들이 아니라 하여 왕위에 오르지 못하였다. 형의 아들 3형제가 있었는데 왕이 그들을 사랑하고 기르기를 마치 자기의 소생과 같이 하였다. 둘째 아들을 데려다가 궁중에서 길렀는데 이름은 暠요 일명은 完澤禿이다. 그로 하여금 작위를 승습하여 심왕이 되게 하고 양왕의 딸에게 장가들였다.(후략)[17]

당시 성종이 오랜 병을 앓고 있었고 후사가 없었던 관계로 원은 황후 복로한(부르간)·안서왕 아난다(阿難答)파와, 회령왕 카이산(海山) 및 그 아우 아유르바르와다(愛育黎拔力八達)의 두 파로 갈라져 있었다.

충렬왕은 전자를 지지했으나 충선왕은 카이산 형제를 지지했다. 왜냐하면 충선왕과 카이산 형제들은 충선왕이 원에서 숙위하던 기간에 함께 기거했으며 매우 돈독한 관계였기 때문이다.[18]

왕원은 24세에 1차 퇴위하고 대도로 갔는데, 당시 무종과 인종 두 형제는 각각 17세, 14세이었다. 형제는 충선왕의 모친 제국대장공주와의 관계로는 충선왕의 조카(당질)였고, 왕비인 계국대장공주 쪽으로 보면 4촌 처남이 된다.

1307년 정월에 원 성종이 후사가 없이 사망하며 황위쟁탈전이 본격화되었고 충선왕은 무종과 아난다의 황위쟁탈전에서 무종을 도와 등극시

---

17 『益齋亂稿』 권9상, 세가.
18 『고려사』 卷33, 「世家」 第33, 「忠宣王世家一」, '同臥起 晝夜不相離'

컸다.

원나라에 간 충선왕은 그 후 모두 10년간 숙위했는데 원나라의 무
종과 인종이 아직 황제 자리에 오르기 전에(龍潛) 늘 그와 함께 지내
면서 밤낮으로 서로 떨어지지 않았다. 충렬왕 33년, 황제의 조카인 아
유르바르와다태자[19]와 우승상 다르칸(荅剌罕)[20]과 원사 베크부카(別
不花)가 왕과 함께 회령왕 카이산(海山)[21]을 황제로 옹립하려는 계책
을 세웠다. 그러나 좌승상 아쿠타이(阿忽台)와 平章 바두마신(八都馬
辛) 등이 안서왕 아난다(阿難達)[22]를 황제로 받들려고 반란을 계획했
다. 태자가 그 음모를 알아차리고서 하루 전에 먼저 아쿠타이 등을
체포해 대왕 두라(都剌)와 원사 베크부카 및 왕으로 하여금 죄를 추
궁하게 한 다음 이들을 처형시켰다. 그해 5월, 황제의 조카인 회령왕
이 황제에 즉위하니 이 사람이 무종이다.[23]

19 아유르바르와다 태자(인종)는 진킴(眞金, 裕宗)의 아들이자 성종의 형인 다르마바라(荅剌麻
八剌, 順宗)의 둘째 아들이다. 모친은 홍성태후 달기(荅己)이다. 대덕 9년(1305) 성종이 병들
자 정권을 장악한 복로한 황후에 의해 어머니 달기와 함께 懷州로 축출 당했다. 대덕 10년
12월에 회주에 도착했는데, 다음해 정월에 성종의 사망 소식을 듣고 급거 귀경하여 3월에 카
라카순·李孟 등과 함께 복로한 황후의 지원을 받던 아난다를 숙청하였다. 당시 형인 무종
은 북변을 鎭守하고 있었기에 홍성태후와 그 지지 세력들은 동생 아유르바르와다를 즉위시
키려 했으나, 무종 측의 군사적 압력으로 그는 황태자의 지위를 갖게 되었다.
20 다르칸은 원나라에서 군사적·행정적으로 큰 공을 세운 사람에게 주어진 칭호로 '塔剌罕'이
라고 표기한다. 여기서는 원 성종 때 우승상이었던 카라카순(哈剌哈孫)을 말한다. 다르칸에
게는 별도의 영지와 관직이 주어지고, 국세 면제, 전리품과 사냥물의 임의 처분권, 아홉 번까
지의 범죄는 처벌받지 않는 등의 세습적 특권을 누렸다.
21 무종(1218~1311년)은 세조 쿠빌라이의 증손이고 조부는 진킴(眞金)이며 다르마발라(荅剌麻
八剌, 順宗)의 장남이다. 모친은 興聖太后이다. 대덕 3년 寧遠王 코코추(闊闊出)를 대신하
여 카이두(海都)의 난을 진압한 공로로 懷寧王에 올랐다. 1307년에 성종의 승하 소식을 듣고
대도로 돌아와 경쟁자인 安西王 아난다를 물리치고 동생인 아유르바르와다(인종)와 모친의
추대로 즉위하였다.
22 喜蕾, 「安西王阿難達對高麗政治勢力的利用」, 『西北民族研究』, 2001.

충선왕은 폐위된 10년간 쌓은 인맥을 바탕으로 카이산과 아유르바르와다 형제를 적극 지지하였고, 충렬왕은 그 반대편에 섰다. 카이산과 아유르바르와다 형제는 요절한 성종의 형 다르마발라(答刺麻八刺)의 아들이었다. 당시 그들은 어렸고 주변에 후원 세력이 없는 상태였는데 충선왕이 그들과 가까이 지내며 큰 영향을 주었던 것이다.

충선왕은 원 황실에서 학문이 높은 종친이었고 쿠빌라이 칸의 외손자였기에 충분히 가까이할 만한 가치가 있었다. 당시 형인 카이산은 장기간의 전쟁으로 대도를 떠나 있었기에, 실제 충선왕과 함께 한 시간은 1년 정도였다.[24]

따라서 충선왕은 아유르바르와다(愛育黎拔力八達)와 더 가까웠다. 함께한 시간도 시간이지만 무종과 인종은 성향이 달랐던 것으로 보인다. 무종은 무인이었고, 인종은 충선왕처럼 유학을 공부하기를 좋아하여 통치 기간 중에 과거를 복원시키고 각종 개혁을 추진하기도 하였다. 왕장은 그의 스승을 겸하여 한 집에 머물렀다. 모친 달기(왕장의 외숙모이자 처조모)도 동생인 아유르바르와다에게 더 마음이 있었다.

그 중 카이산이 원 3대 황제(무종)로 즉위하며 충선왕은 왕전과 공주의 개가를 추진한 왕유소 일당을 모두 죽이고 실권을 잡았다. 당시 충선왕은 심양왕에 봉해진지 2개월째였는데 이로써 그는 고려와 심양 두 지역

---

23 『益齋亂稿』 권9상, 세가, 충헌왕 세가. '대덕11년(1307) 왕은 승상 達罕 등과 함께 정책에 참여하여 인종을 받들어 내란을 일소하고 무종을 환영하여 옹립했는데, 그 공을 제일로 삼아 瀋陽王에 책봉되었다. (중략) 그 총애가 이보다 더한 자가 없었는데 인종이 황태자가 되고 왕을 太子太師로 삼았다.'

24 『원사』116, 后妃 「昭獻元聖皇后傳」, '武宗聞之 默然 進康里脫脫而言曰 我捍御邊陲, 勤勞十年(후략)' ; 『원사』, 「康里脫脫傳」, '武宗、仁宗同爲太子, 武宗進脫脫而言曰 "我捍御邊陲, 勤勞十年, 又次 序居長, 神器所歸(후략)"'

의 명실상부한 통치자가 되었다.

이때의 황위 쟁탈전은 곤기라트 부족 중심의 궁정귀족들이 주축을 이루었다. 당시 성종의 비 복로한은 곤기라트 출신이 아니었기에, 테무르의 종제인 안서왕 아난다를 즉위시키려고 하였다. 그런데 복로한과 아난다는 반대파인 달기 측에 의해 살해당하였다. 이 쟁탈전에서 쿠빌라이의 부마로 종친 내의 서열이 높았던 충렬왕은 안서왕 측에 서 있었으며 대도로 가서 이 일에 개입하려 하였다.

한편 충선왕과 중신들은 아유르바르와다를 더 지지하였으나, 병권을 쥐고 있던 카이산이 전쟁터에서 돌아오자 카이산을 즉위시키는 방향으로 타협한 것으로 보인다. 마침내 카이산이 1307년 5월 21일에 26세로 즉위하였고 동생 아유르바르와다는 6월 1일에 황태자로 책봉되었다. 충선왕은 6월 26일, '추충계의협모좌운공신推忠揆義協謀佐運功臣'이라는 공신호를 받고 태자의 스승인 태자태사太子太師가 되었다. 태사는 정1품인 3공公(太師·太傅·太保)의 하나로, 명예직이기는 하지만 가장 고위직이었다.

2) 정책공과 심양왕

『원사』, 『고려사』 1308년 조에 의하면 충선왕은 1308년 5월, 원 무종의 즉위에 세운 공적인 '정책공定策功'[25]으로 심양왕에 임명되었다.

충렬왕 34년 5월 무인일. 황제를 옹립한 공[26]을 기려 원나라에서 왕을 심양왕으로 책봉[27]하고 다음과 같은 조서를 내렸다.

"아아! 그대 推忠揆義協謀佐運功臣・開府儀同三司・征東行中書省左丞相・부마 왕장은 세조의 외손이자 선왕의 귀한 사위로서 짐이 황위를 계승하던 초기에 짐을 도와 큰 공로를 세웠다. 부모에게 효도하고 임금에게 충성하는 큰 절의를 길이 지켜나가기 위해 신상필벌의 원칙을 적용하여 그대에게 開府儀同三司・太子太傅・上柱國・駙馬都尉 관작을 특별히 내려주며 아울러 심양왕으로 승진시켜 책봉한다."

또 왕으로 하여금 중서성에 들어가 국정의 논의에 참여하게 했으

---

25 '定策功'은 天子를 존립한 공훈으로, 현 국가의 元勳을 가리킨다. 그 일을 簡策에 적어 宗廟에 고하는데, 그로 인하여 계획을 세워 천자를 옹립한 대신을 '定策'이라 부른다. '定策'의 다른 뜻으로는 '方略・策略을 결정하는 것', '旣定의 政策方略'이 있다.

26 성종의 아들인 황태자 德壽가 죽고 성종마저 사망하자 당시 유력한 황위 계승자로 세조의 손자이며 성종의 사촌인 안서왕 아난다와 세조의 증손으로 성종의 조카인 카이산이 있었다. 카이산은 동생 아유르바르와다와 모친 홍성태후의 지원으로 즉위할 수 있었다. 그 과정에서 충선왕은 홍성태후세력 편에 섰으며 충렬왕은 아난다 편에 섰기에 부자간의 대립구도가 소멸되는 계기가 되었다. 충렬왕은 慶壽寺에 유폐되었고, 충선왕은 태후의 도움으로 입성책도 막아낼 수 있었다.

27 이 일로 왕원은 심양왕에 책봉되었다. 충렬왕의 사망으로 복위하게 되자 그는 심양과 고려 두 곳의 왕(유일한 '高麗瀋王')이 되었는데, 원의 규정에 의하면 어느 곳이든 한 곳의 지위만 갖게 되어 있었다. 이에 그는 고려왕의 자리를 아들 강릉대군에게 양위하며 원에 남아 있었다. 편지를 통해 원에서 고려를 통치하는 이른바 '전지정치' 방식을 택하였던 것이다. 한편 그는 원 황실의 어전회의에 참석하는 케식의 일원이었다. 충선왕은 대도에 만권당을 지어 놓고 수많은 문인, 학자들과 교류하였는데, 그의 학문적 교류는 한반도에 성리학이 들어오게 된 계기가 되었다. 정옥자, 「여말 주자성리학의 도입에 대한 시고」, 『진단학보』51(1981). ; 주채혁, 「원 만권당의 설치와 고려 유자」, 『(孫寶基博士停年紀念)韓國史學論叢』, 서울: 知識産業社, 1988.

며, 金虎符·옥대·칠보대·碧鈿金帶 및 황금 5백 냥, 은 5천 냥을 하사했다. 황후와 황태자도 왕을 총애한 나머지 헤아릴 수 없이 많은 진기한 보물과 비단을 선물로 주었다.

1310년에는 '심양왕'에서 한층 격이 높은 일자왕─字王인 '심왕'으로 승격하였다.[28] 2자 왕보다 1자 왕의 지위가 더 높은 전통에 따른 것이다. 그런데 충선왕은 이후의 심양왕과 달리, 신분이나 출신 등의 이유로, 실제 그 지역을 통치하는 '동군연합군주'였다.

충선왕은 복로한 황후와 대립하여, 아유르바르와다·우승상 카라카순(哈刺哈孫)과 함께 카이산을 옹립하였다. 그들은 3월의 정변으로 황후와 안서왕, 좌승상 아고타이(阿忽台) 등을 제압하는데 성공하였던 것이다.[29]

이어 충선왕도 아유르바르와다의 뜻을 받아 왕유소·송방영·송린·한신·송균·김충의 등, 오래도록 대도에 머물러 있던 충렬왕파 대신들을 체포하고, 충렬왕을 공주부公主府에서 경수사慶壽寺로 옮겨 안치하였

---

28 『고려사』권33, 「世家」, 제33, 「忠宣王世家一」, '辛亥 元遣使來, 詔曰, "緊爾東藩, 世守臣職, 子承父爵, 典制具存. 近, 高麗王王琚遺奏, 以其子王璋襲爵. 朕惟王璋, 親惟聖祖之甥, 懿乃宗姬之壻, 嘉謀偉績, 俱有可稱. 久侍闕庭, 備殫忠力, 特授征東行中書省右丞相高麗國王, 依前開府儀同三司太子太師上柱國駙馬都尉瀋陽王. 自今以始, 益謹畏天之戒, 勉修事上之誠. 群工庶職, 各守常規, 士庶緇黃, 無失其業."' ; 『元史』권59, 지11, 지리2, 「遼陽等處行中書省條」에 의하면 심왕은 원의 세습되는 王爵으로 고려 왕족이 담당하였다. 심왕의 봉지는 沈陽路에 있었으며 金印獸紐를 받았다. 심왕위는 왕장·왕호·王昕·王暠·脫脫不花 등이 뒤를 이었다. 요동의 중심지인 瀋陽과 僚陽에는 고려인들이 많이 거주하였으므로 원은 이 지역에 심양로를 설치하고 또 심양왕을 두어 고려의 투항민을 다스리게 하였다. 특히 심양로 지역에는 몽골 침입 초기에 원에 귀부한 洪福源과 그 자손들이 대를 이으면서 원나라에 귀부한 고려인을 관할하는 總管職을 맡고 있었다.

29 『고려사』卷33, 「世家」第33, 「忠宣王世家一」, '忠烈王三十三年 皇侄愛育黎拔力八達太子, 及右丞相答刺罕·院使別不花, 與王定策, 迎立懷寧王海山. 左丞相阿忽台, 平章八都馬辛等, 謀奉安西王阿難達爲亂, 太子知其謀, 先一日, 執阿忽台等, 使大王都刺, 院使別不花及王, 按誅之. 五月 皇侄懷寧王, 卽皇帝位, 是謂武宗.'

다.[30] 동시에 사람을 고려에 보내어 충렬왕 일파를 숙청하고, 최유엄·유비·김심·인후·조인규·최충소 등을 등용하라는 명령을 선포하였다.[31]

원 조정에서는 4월에 왕유소·송방영·송린 등 7명과, 서흥후 왕전을 대도 문명문文明門 밖에서 참수하였다. 충선왕은 왕전의 목숨은 살리고 싶었으나 원의 승상이 반대하였다.[32] 이렇게 부자간의 투쟁은 아들 충선왕의 승리로 끝났고, 이후 충렬왕은 비록 왕위는 유지하였으나 실권은 충선왕의 수중으로 들어갔다.[33]

충렬왕은 1307년 5월, 1년 반 만에 귀국하였고, 충선왕은 대도에서 조정을 조종하였다. 한편 충선왕은 6월 26일에 무종 카이산을 위한 '정책공'으로 '推忠揆義協謀佐運功臣'의 호를 받았다. 또 1308년 5월에는 '심양왕'에 책봉되었고, '開府儀同三司太子太傅上柱國駙馬都尉'의 호를 받았다. 이로부터 충선왕은 원의 중서성에 들어가 국정에 참여하게 되고, 각종 금

---

30 『고려사』 卷33, 「世家」 第33, 「忠宣王世家一」, '前王奉太子旨, 捕王惟紹·宋邦英·宋璘·韓愼·宋均·金忠義·崔涓及其黨惡者, 囚之於邸, 遷王於慶壽寺.'

31 『고려사』 권32, 「世家」 제32, 「忠宣王世家五」, '辛卯 前王遣同知密直司事金文衍·上護軍金儒來, 夜入巡軍府, 宣批判. 以崔有渰爲都僉議中贊判典理監察司事, 柳庇爲都僉議贊成事判軍簿司事, 李混爲都僉議贊成事判版圖司事, 金深爲都僉議叅理判三司事, 許評判密直司事, 金延壽·金台鉉知密直司事, 金文衍同知密直司事, 尹珤·吳漢卿爲密直副使, 樸承功·羅允材爲三司左右使, 趙仁規僉議都僉議司事平壤君, 印侯僉議都僉議司事平陽君, 金忻僉議都僉議司事贊成事, 高世僉議密直司事都僉議叅理, 金元祥僉議密直司事密直副使, 秦良弼僉議密直司事同知密直, 崔沖紹爲版圖判書權授贊成事, 洪詵爲上護軍權授叅理, 閔宗儒爲典法判書權授判密直司事, 樸全之判秘書寺事權授密直副使, 許有全爲監察大夫權授同知密直司事, 鄭之衍爲左常侍權授同知密直司事, 趙簡爲右常侍權授密直副使, 李連松判禮賓寺事權授密直副使, 樸瑄判軍簿判書權授密直副使, 李憕判司宰寺事權授密直副使, 李瑱判衛尉寺事權授密直副使, 趙瑞·金興爲左右承旨, 夜先旦·洪承緖爲左右副承旨, 其餘除授者八十餘人.'

32 『고려사』 권91, 「列傳」 제4, 「宗室傳·瑞興侯典」, '及惟紹等伏誅, 忠宣欲宥琠, 丞相不可, 使刑部幷斬於文明門外.'

33 『고려사』 권33, 「世家」 제33, 「忠宣王世家一」, '自是王拱手, 而國政歸於前王.'

은진보를 많이 받았다.[34]

심양은 과거 고구려 권역으로, 고려인이 다수 거주하였기에 고려인이 통치하기에 효율적이었다. 왕장은 심양왕에 즉위되고 2개월 후에 고려국 왕위를 계승하며, 역대의 고려 왕은 말할 것도 없고, 한반도를 통치했던 그 어느 왕 보다도 넓은 영토를 통치하였다. 왕장은 통치한 영토의 광활함뿐 아니라 사회적 신분도 매우 높아, 그는 원의 어전회의에 참여하는 케식의 지위도 갖게 되었다.

3. 왕위 양위

1) 고려왕위 양위

충선왕 왕장은 1298년에 처음 즉위하여 7개월가량 왕위에 있었다. 두 번째 즉위는 충렬왕이 사망한 1308년이었다. 그러나 왕은 즉위 두 달 만에 다시 대도로 돌아가 전지정치에 의해 왕위를 유지하였다.

그러다가 충선왕은 고려 신하들의 환국요청과 원 황실의 귀국 명령 등의 각종 압력을 받게 되었다. 고려에서는 충선왕의 재원생활에 필요한 물자를 조달하는 것도 큰 부담이 되었다. 연간 포 10만 필, 쌀 4천 곡, 기

---

34 『고려사』 권33, 「世家」 제33, 「忠宣王世家一」, ‘三十四年 五月 戊寅 元以定策功, 封瀋陽王, 制曰, “咨! 爾推忠揆義協謀佐運功臣開府儀同三司征東行中書省左丞相駙馬王璋, 世祖外孫, 先朝貴壻, 方朕纘承之始, 寔參翊贊之功. 以賞善罰惡之至公, 保孝父忠君之大節, 可特授開府儀同三司太子太傅上柱國駙馬都尉. 進封瀋陽王.” 又令入中書省, 參議政事, 賜金虎符 · 王帶 · 七寶帶 · 碧鈿金帶, 及黃金五百兩, 銀五千兩. 皇后 · 皇太子亦寵待, 所賜珍寶錦綺, 未可勝計.’

타 대량의 물건들이 원으로 운반되었다. 왕복 경비도 큰 부담이었기에 충숙왕의 경우 비용 마련을 위해 1328년 12월에 임시관서인 반전도감盤纏都監(후에 盤纏色으로 고침)을 설치하여 민호에 포布를 부과하였다.

1313년 정월, 고려의 대신 이사온李思溫과 김심은 충선왕이 전혀 귀국할 마음이 없음을 알았다. 그래서 달기태후가 총애하던 환관 매살買撒과 휘정원사徽政院使 실렬문失列門(시례문)[35]을 이용하여 충선왕의 총신인 권한공·최성지·박경량 세 명을 원의 감옥에 집어넣고 충선왕의 귀국을 종용하였다.

그러자 충선왕은 대노하여 태후의 궁녀인 야이사반也裏思班을 통해 태후에게 이사온과 김심의 잘못을 호소하였다. 이에 태후는 권한공 등을 석방하고 이사온과 김심을 토번의 임조臨洮로 유배 보내었다.[36]

얼마 후 인종이 두 사람을 소환하고, 다시 충선왕의 귀국을 독촉하니 충선왕은 원에 더 남아 있을 핑계거리가 없었다. 그러자 왕은 1313년 3월, 차남인 강릉대군 왕도王燾(충숙왕)에게 전위할 것을 청하여 인종의 비

---

35 『元史』에서는 그를 失列門이라 표기하며 失烈門·實理門이라고도 한다. 몽골인으로 元順帝시의 中書左丞相이었다. 元 惠宗 대인 1355년에는 中書省參知政事를 맡았으며, 四怯薛와 愛馬官員으로 파견해 줄 것을 주청하였다.

36 『고려사』卷104, 「列傳」제17, 「諸臣傳·金深」, '王在元, 深與密直使李思溫議曰, "帝及太後, 屢詔王之國, 王無意於行. 令本國歲輸布十萬匹, 米四百斛, 他物不可勝紀, 國人漕轉之弊益甚. 諸從臣皆羈旅思歸. 而權漢功·崔誠之同掌選法, 利其賂遺, 樸景亮, 爲王腹心, 累蒙賞賜, 營置産業. 王之不歸, 實由三人. 盍除之, 奉王以還?" 乃因太後幸宦買撒, 言於徽政院使失列門, 失列門許之. 於是, 深等具三人罪狀, 令大護軍李揆·護軍金彦·金賞·崔之甫·申彦卿等數百人署名, 呈徽政院. 失列門矯太後旨, 下漢功等三人獄. 王怒甚, 因太後侍婢也裏思班, 白太後曰, "從臣愛我者, 莫如三人, 深等不告我, 輒訴徽政院, 其意不止三人. 惟陛下憐察." 漢功等, 亦以賄求免, 太後卽命釋三人, 杖流深·思溫於臨洮. 國人聞之, 莫不憤歎. 揆·彦·賞·之甫·彦卿, 皆亡匿, 王命囚彦卿父良, 揆外祖金貞於巡軍, 皆籍其家. 帝尋召還深.'

준을 받았다.[37]

이때 왕장은 심왕의 작위는 보유하고 있었다고 한다. 그런데 그는 이복형 강양군江陽公 왕자王滋의 아들인 조카 연안군延安君 왕호王暠(?~1345년)를 심왕의 세자로 책봉해 줄 것[38]을 청하였다. 왕장이 고려왕위까지 양위하였음에도 원조에서는 여전히 그에게 귀국 명령을 내렸다. 이에 충선왕부자와, 한국장공주韓國長公主 부다시린(寶塔實憐)은 그 해 4월에 대도에서 귀국하였다.[39]

충선왕은 고려왕이기도 하지만 동시에 심왕이었기에 속국의 왕임에도 불구하고 원 조정에서도 막강한 정치력을 갖고 있었다. 그런데 고려 조정에서 그의 귀국을 독촉하자 충선왕은 다시 원으로 갔다가 같은 해 6월에 잠시 귀국하여 아들 충숙왕을 즉위시키고는 이듬해 다시 원나라로 갔다. 그는 고려왕 대신 심왕위를 선택한 것이다.

---

37 『고려사』권34, 「世家」第34, 「忠宣王世家二」, '甲寅 以長子江陵大君燾, 見於帝, 請傳位, 帝乃策燾爲王. 是時, 朝廷欲王歸國, 王無以爲辭, 乃遜其位. 又以侄延安君暠爲世子. 王嘗封瀋王故,時稱瀋王'; 『元史』卷208, 「列傳」第5, '外夷傳一高麗傳' '燾受遜位 以仁宗皇慶二年四月封高麗國王 是年 其弟暠立爲世子 以其父瀋王請於朝故也' 卷208, 「列傳」第95, '外夷傳一・高麗傳', '燾受遜位, 以仁宗皇慶二年四月封高麗國王. 是年, 其弟暠立爲世子, 以其父瀋陽王請於朝故也.'

38 당시 延安君 王暠가 세자가 될 수 있었던 것은 충숙왕의 아들이 아직 출생하지 않은 상황이었고, 또 원나라 공주와의 혼인으로 충숙왕의 지위가 강화될 것을 두려워 한 충선왕이 왕호로 하여금 충숙왕을 견제케 하려는 의도가 내포되어 있었다. 이승한, 「고려 충선왕의 심양왕 피봉과 재원 정치활동」, 『전남사학』 2, 1988, 28쪽. 김당택, 『원간섭하의 고려정치사』, 일조각, 1998, 76 · 81쪽.

39 『고려사』권34, 「世家」第34, 「忠宣王世家一」, '丙戌 王侍上王及公主, 發燕京. 上王遜位欲留, 朝廷不聽, 故不得已而遂行.'

2) 우승상직 거절

1314년 정월에 충선왕은 원조의 과거 시행 조서를 반포하는 기회를 이용하여 다시 한 번 대도에 머물 기회를 얻었다. 그리고 그 이후로 귀국하지 않았다. 왕장은 심왕 세자직을 조카에게 물려주고는 만권당에서 학문을 연구하였다.

그런데 1314년 1월에 우승상 투쿠루(禿忽魯)가 사임을 요청하여 자리가 비자, 인종은 원에 도착한지 얼마 되지 않은 충선왕에게 서열 3위인 우승상직을 제안하였다. 이제현에 의하면 원 인종이 이맹李孟을 충선왕의 사저로 보내어 우승상에 임명할 뜻을 전했다고 한다.[40] 그러나 왕장은 자신이 늙었으며 불교를 신앙하며 살겠다고 그 제안을 거절[41]하였다.

우승상은 황제를 보좌하여 만기萬機를 다스리고 중서성 산하 6부와 백사百司를 통솔하는 직이었다. 인종은 충선왕이 우승상직을 거절하자 후임으로 아산阿散을 임명하였다.

1년 후인 1315년에 한국장공주도 원으로 돌아갔는데 얼마 되지 않아 사망하였다. 그녀는 계국대장공주薊國大長公主로 추증되었다.

충선왕은 계속 전지傳旨를 통하여 고려 조정에 영향력을 끼치고 동시에 중국에서 여러 인물들과 광범위한 교류를 전개하였다.

이어 충선왕은 1316년 3월에 황제에게 주청하여 연안군 왕호에게 심왕의 지위를 전하고 자신은 '태위왕太尉王'[42] 또는 '老沈王'이라고 칭하였다.

---

40 이제현, 『益齋亂稿』 권9상, 세가, 충헌왕 세가.
41 이제현, 『益齋亂稿』 권9상, 세가, 충헌왕 세가, '臣老矣 專心事佛 以祝聖壽 臣之分也'

왕호의 몽골이름은 울제이투(完澤禿)[43]로 충렬왕과 정화궁주貞和宮主 소생인 강양공 왕자의 차남이다. 왕자는 충렬왕의 장자였음에도 원 공주의 소생이 아니었기에 세자가 될 수 없었고 심지어 충남 아주牙州(아산)의 동심사東深寺에서 살아야 했다.

충선왕은 그런 형에게 미안했던지 조카 왕호에게 특별한 관심을 쏟았다. 왕호는 충선왕의 양자가 되어 총애를 받으며 궁중에서 자랐다. 그는 충선왕이 1313년에 양위하고 원으로 갈 때도 동행하였다.[44]

황제는 충선왕을 태위왕에 봉하고 고려로 돌아갈 것을 요구하였다. 충선왕은 어쩔 수 없이 귀국하였으며 왕호는 독로화禿魯花의 신분으로 원에 머물렀다. 1313년에 귀국한 지 3개월 후 왕장은 몸이 좋지 않았다.[45] 그 후 왕장은 다음 해인 1314년에 다시 대도로 돌아갔으며 이후 다시는 귀국하지 않았다.

그런데 왕호를 심왕의 세자로 삼은 것은 사실 왕호의 고려왕 계승권을 박탈하기 위한 것이었다고 보는 견해도 있다. 당시 심왕위는 충선왕이 겸임하던 때와 달리 명예직의 성격이었기에 왕호는 계속 고려왕위를 노렸다.

---

42 『고려사』 권34, 「世家」 第34, 「忠宣王世家二」 '三年三月辛亥王奏於帝 傳瀋王位於世子暠 自稱太尉王'.

43 왕호는 충선왕의 이복형인 江陽公 王滋의 차남으로 몽골이름으로 完澤篤 혹은 完澤禿이라고 한다. 이후 수십 년 간에 걸쳐 충숙왕과 심양왕은 고려 국왕의 자리를 놓고 쟁탈전을 벌였다. 그 와중에 충숙왕이 5년이나 대도에 억류되는 수난을 겪기도 하였다. 결국은 1345년 7월에 심왕이 세상을 떠나면서 이 쟁탈전은 일단락되었다.

44 『고려사』 권91, 열전4, 종실전 참조; 김당택, 『원 간섭하의 고려정치사』, 1998, pp.74~83.

45 『고려사』 권34, 「世家」 第34, 「忠肅王世家一」 '甲子上王不豫'

4. 연우복과

1) 인종과 충선왕

충선왕은 원 인종의 가까운 친척이자 스승으로, 오랜 동안 함께 생활하며 많은 영향을 주고받았다. 충선왕이 1298년에 첫 번째로 퇴위하여 원으로 갔을 때, 충선왕은 잠저시절의 무종, 인종 또 그들의 모친 달기 태후와 함께 살며 매우 친밀하게 지냈다. 당시 형제는 10대 중반이었고 충선왕은 24세의 청년이었다. 그들이 가깝게 지낸 데는 몇 가지 이유가 있었다.

첫째, 그들은 가까운 친척이었다. 계국대장공주 보탑실련은 무종, 인종과는 사촌간이며, 진종의 누이이다.

둘째, 카이산은 황제로 즉위하였고 아유르바르와다는 태자가 되었는데 충선왕은 태자의 스승에 임명되었다. 태사는 여러 스승 중에서도 정치방면의 교육을 담당하였다.

셋째, 무종은 무인이지만 인종은 문文을 숭상하고 유교를 존숭하였다. 무종도 불교, 특히 티베트 불교에 심취하였으나, 인종은 충선왕처럼 여러 종파의 불교에 관심을 가지고 공부하고 신앙하였다. 그런 점에서 인종과 왕장은 10년이라는 나이 차이에도 불구하고 서로 잘 맞았던 것이다.

넷째, 인종의 비빈 중 두 명의 고려여인이 있었다. 김심의 딸 달마실리와 충선왕의 양녀가 그들이다.

충숙왕 15년(1328) 4월 무술일. 낭장 李自成이 원나라로부터 돌아와, 황제가 화평군 김심의 딸 달마실리達麻實里를 황후로 책봉했다고

보고했다. 앞서 김심의 딸은 인종황제의 편비偏妃로 있었다.[46]

순비順妃의 딸 백안홀독伯顏忽篤(인종의 황후)[47]은 충선왕의 양녀로, 그녀가 인종의 빈이 된 것 역시 두 사람의 관계가 가까웠기에 이루어진 일로 보인다.

이상의 이유로 충선왕은 무종, 인종 형제와 함께 국정을 논하고 조정에 인재를 추천하기도 하였다. 그 중 인종대에 부활된 과거제에서 충선왕이 일정한 역할을 하였음은 잘 알려진 사실이다.

왕장은 1313년에 왕위를 선양한 후, 주로 대도의 만권당에 머물며 학문에 힘썼다. 그는 당대의 유명 학자들과 교류하며, 고려에서 이제현을 불러 가까이 두었다.

원 인종 대의 이른바 '연우복과延祐複科'는 이 시기의 일로, 원에서 다시 과거를 시행하게 된 데에는 충선왕의 역할이 컸다. 1313년 10월, 왕은 진작 요수姚燧의 과거제 시행에 대한 의견을 황제에게 그대로 건의해 허락을 받았다.[48] 뒤에 이맹李孟이 평장사平章事가 되어 과거제 시행을 돕기도

---

46 『고려사』, 「세가」. 인종의 后妃로는 아나시시리(阿納失失里, 莊懿慈聖皇后)와 다르마시리(答里麻失里, 達麻實里) 2명이 있었는데, 다르마시리는 김심의 딸로 인종의 제2황후였다. 『원사』 권106, 후비표 참조

47 그녀는 충선왕의 양녀로, 평양공 왕현과 충선왕의 제6비인 順妃 허씨의 딸이다. 몽골식 이름은 伯顏忽篤이지만 고려식 이름은 알 수 없다. 「高麗墓誌銘集成 王順妃許氏墓志」, '伯顏忽篤皇后 高麗平陽公王眩第三女 母許氏. 王眩卒 許氏爲忠宣王所納 冊爲順妃. 伯顏忽篤入侍元仁宗 有寵. 許順妃與淑妃爭寵 伯顏忽篤欲毀辱淑妃 唆使仁宗召淑妃至大都 尹吉甫諫阻. 伯顏忽篤之兄王璹恃其寵對高麗王無禮. 伯顏忽篤曾歸寧高麗 寫經爲仁宗祝禱 ; 『고려사』, '順妃許氏 孔岩縣(현 서울 양천구)人 中贊珙之女. 嘗嫁平陽公眩 生三男四女. 眩死 忠烈王 34年, 忠宣納之. 及卽位 冊爲順妃. 後淑妃得幸, 順妃之女入侍皇太子, 謀辱淑妃, 白太子令淑妃赴都. 中郎將尹吉甫以擊球得出入東宮, 故請於太子止之. 後元遣使賜宴妃姑姑冠, 百僚宴妃第 用幣以賀. 妃與淑妃不平 至是王令淑妃往賀. 終宴之閒 二妃五出更衣以服飾相高. 忠肅後四年卒 元遣完者來會葬.'

하였다.

> 과거의 법을 설치할 적에 왕이 일찍이 요수의 말로 황제에게 아뢰
> 니 황제가 허락하였다. 이맹이 평장정사가 되자 황제에게 아뢰고 행
> 하였으나, 그 근원은 대개 왕으로부터 시작되었다.[49]

2) 인종과 유학

원 4대 황제 인종 대(1311~1320년 재위)는 원의 전성기였다. 국력도 가
장 강하였으며 중국이 다민족국가로서의 바탕을 다진 것도 그 시기였다.
인종의 이름은 보르지긴아유르시리바다(孛兒只斤愛育黎拔力八達)이고 부친
은 다르마팔라(答剌麻八剌), 모친은 달기(答己)이다. 또한 그는 쿠빌라이의
증손이고 성종의 조카이다. 무종(海山)의 동모제로, 무종이 사망하자 황태
제의 신분으로 즉위하였으며 이어 연우延祐로 개원하였다. 황후는 황후는
곤기라트(弘吉剌)씨이다. 고려 출신의 달마실리達麻實里 황후도 있다.

아들로는 영종(碩德八剌)[50]과 우투시부카(兀都思不花)가 있고, 딸 노국공

---

48 만권당에서 교류하던 원명선, 장양호, 우집 등은 왕장과 연배도 비슷하고 과거 시행을 직접
   주관하였다.
49 『益齋亂稿』 권9상, 세가.
50 1307년에 성종이 후계자가 없이 사망하였다. 충선왕의 외사촌 형이기도 한 성종의 사망 후
   관례에 따라 성종의 황후 복로한의 주재로 후계자를 뽑게 되었다. 당시 복로한과 좌승상 아
   고타이(阿忽台)는 안서왕 아난다를 마음에 두었다. 그런데 인종과 그의 모친은 문상을 구실
   로 대도로 돌아와 황후와 좌승상 두 사람을 죽였다. 당시 종실과 대신들은 총명한 인종을 새
   황제로 생각했으나 병권이 형 카이산(海山) 수중에 있었기에 황위를 양보, 조정을 대신 관리
   하였다. 인종과 우승상 카라카순(哈剌哈孫)은 북쪽에서 통군하던 카이산을 황제로 옹립하였
   다. 마침내 카이산이 3만 정병을 거느리고 入京, 즉위하였다. 황위를 양보 받은 무종은 동생

주로국공주魯國公主(闍闍倫)도 있다. 형제로는 위왕魏王 아목가阿木哥, 무종 등이 있다. 시호는 성문흠효황제聖文欽孝皇帝, 묘호는 인종仁宗이다.

인종은 원의 다른 황제들과 달리, 어려서부터 유명한 유학자들로부터 유가경전을 통해 많은 가르침을 받고 자랐다. 따라서 그의 통치 방법의 가장 큰 특징은 유교를 바탕으로 하고 있다는 점이다.

그는 어려서는 태상소경 이맹에게서 유가전적을 배웠다. 또한 태자첨사 왕약王約의 가르침도 받아 유가에 매우 친근하였다. 인종이 과거제를 부활시켜 관료를 한화하고자 한 것은 이런 배경이 있기 때문이었다.

그밖에도 인종은 유가경전을 몽골어로 번역하여 몽골인과 색목인에게 공부하게 하였다. 또한 많은 금전을 하사하여 유가전적을 간행하게 하였다. 즉위 후에는 이맹, 조맹부 같은 대신을 중용하여 유교로 통치하는 '이유치국以儒治國' 정책을 펼쳤다. 인종은 정치 개혁을 추진하여 상서성尚書省을 취소하였고 경제적 안정을 꾀하고자 지대은초至大銀鈔의 사용을 중지하였다. 또한 용원을 감축하고 조정을 정리하였다.

그런데 인종이 펼친 여러 개혁 정책에는 충선왕 왕장의 영향을 받은 것이 적지 않았다. 그가 태자로 있을 때 충선왕은 태자태사였으며 요수는 태자소부로 있었다. 그 영향으로 인종은 즉위 후 유학을 치국에 적극 활용하는 정책을 펼치기 시작했다.

인종의 형 무종 역시 충선왕이 옹립하였으나 그는 무인이었기에, 달기

에게 황위를 물려주게 하였고 이후에는 무종의 아들에게 물려주기로 약속하였다. 그런데 인종은 재위 중후기에 이르자, 조카가 아닌 아들에게 황위를 물려주고자 하였다. 그 일로 태후와 신하들의 반대가 커지자 인종은 타협을 하였고, 결국 자신의 아들 시디발라(碩德八剌, 영종)를 태자로 삼았다.

태후와 충선왕은 처음부터 아우를 황제로 옹립할 마음이 더 컸다. 충선왕은 송 인종의 경력신정을 이상적 개혁으로 여겼고, 새로 등극한 인종은 그의 처사촌 동생이자 제자였기에 두 사람은 의견이 잘 맞는 사이였다 그러나 병권을 가진 무종이 먼저 제위에 올랐다.

인종의 재위기간에 원의 과거제가 부활되었고, 능력에 따라 선발된 관리에 의해 각종 정책이 수행되었다. 원대의 관원은 보통 특권을 가신 특정 집안 출신을 대상으로 한 세습이나 음서에 의해 선발되었다. 그런데 그들은 유교에 대해서는 거의 접하지 않았기에 관료로서의 능률이나 효율성 면에서는 부족한 점이 많았다.

따라서 효율적 통치를 위해 인종은 즉위 후, 과거제도를 회복하여 관료의 유교화를 시작한 것이다. 한인은 유교경전을 공부하여 과거를 통과해야 관직을 받을 수 있었다. 몽골인과 색목인은 음서에 의한 세습제 하에서 과거를 보아 관직을 받을 수 있었는데, 과거 등급자가 세습직보다 한 등급 높았다.

3) 과거제 부활

원은 금과 송을 멸한 후 과거제를 폐지하였는데, 1267년 9월, 한림학사 왕악王鶚이 선거법 시행을 청하였다. 당시 세조는 중서성과 한림원으로 하여금 왕악의 건의를 상의하게 하였다. 그런데 실제 원의 과거제는 한화정책을 펼치던 인종대에 와서야 부활되었다. 1313년에 시행된 이른바 '연우복과延祐複科'[51]가 그것이다.

충선왕은 과거제 시행에 대한 요수의 의견을 인종에게 건의하였는데, 시행의 근원이 충선왕에게 있음을 밝히고 있다.[52] 이맹을 평장사로 임명하였고 원의 내각에 해당하는 중서성에서 과거제 시행을 논의하였다.[53] 1313년 10월, 중서성 관원이 황제에게 상서[54]하여 과거를 시행할 것을 거듭 건의하였다. 인종은 즉시 그 청을 받아들였다. 과거순서를 정하고 11월 18일에 과거제 회복에 대한 조詔를 내리고 관련 조서를 반포하였다.[55] 그러나 그 범위는 수·당 대에 비해 축소되어 덕행德行·명경明經 2과뿐이었다.

1314년 8월 20일, 각 주·군·현에서는 향시를 치렀고 3백 명의 합격자가 배출되었다. 1315년 2월에는 그들을 대도로 모아 회시會試를 치르게 하여 1백 명을 뽑았다. 3월 7일에는 황궁에서 전시殿試(廷試)를 보았고, 최종적으로 몽골인 호도답아護都答兒와 한인 장기암張起岩 등 56인이 진사進士로 선발되었다. 그런데 아무래도 그들간에는 출신에 따른 차이가 있었다.

1315년의 제1차 과거 실시 이후 3년마다 한 번씩 과거를 보았다.[56] 인

---

51 『고려사』卷34, 「世家」第34, 「忠宣王世家二」, '時有鮮卑僧, 上言, "帝師八思巴, 制蒙古字, 以利國家, 乞令天下立祠, 比孔子." 有詔公卿耆老會議, 國公楊安普, 力主其議, 王謂安普曰, "師制字有功於國, 祀之自應古典. 何必比之孔氏? 孔氏百王之師, 其得通祀, 以德不以功. 後世恐有異論." 言雖不納, 聞者韙之. 科擧之設, 王嘗以姚燧之言, 白於帝, 許之, 及李孟爲平章事, 奏行焉, 其原蓋自王發也.'

52 『고려사절요』24, 충숙왕 원년 3월, '科擧之設 王(忠宣)嘗以姚燧之言 白于帝許之 及李孟爲平章政事奏行焉 其源盖自王發也' ; 李齊賢, 『益齋亂藁』권9 上, 忠憲王世家.

53 『원사』24, 仁宗 皇慶 2年 10月 乙卯, '勅中書省 議行科擧'

54 "科擧事 世祖·裕宗累嘗命行 成宗·武宗尋亦有旨 今不以聞 恐或有詛其事者. 夫取士之法 經學實修己治人之道 辭賦乃摘章繪句之學. 自隋·唐以來 取人專尙辭賦 故士習浮華. 今臣等所擬 將律賦省 題詩小義皆不用 專立德行·明經科 以此取士 庶可得人."

55 "唯我祖宗 以神武定天下. 世祖皇帝設官分職 征用儒雅 崇學校爲育材之地 議科擧爲取士之方 規模宏遠矣. 聯以眇躬 獲承丕祚 繼志述事 祖訓是式. 若稽三代以來 取士各有科目 要其本末 擧人宜以德行爲首 試藝則以經術爲先 辭章次之 浮華過實 朕所不取. 爰命中書 參酌古今 定其條制."

종은 과거제를 중시 하였고, 그의 조서에는 과거에 응시할 수 있는 사람은 물론 감독인원의 조성까지 명확하게 규정되어 있었다.[57]

원대의 과거제는 당송의 제도를 모방하고 주희朱熹의 학문을 존숭하였는데, '연우복과'는 송이 망한지 36년, 금의 멸망 81년 만에 시행된 것이었다. 과거제를 통해 한족 지식인들이 사회에 등장하며 각종 사회모순을 완화시키는 역할도 하였다. 그 후로 원대에는 총 16회의 과거시험이 치러졌고 1139명의 진사가 배출되었다.

인종은 어려서부터 유교 전적을 많이 읽었고 이맹·왕약을 스승으로 삼았다. 인종은 1312년에 자신의 스승인 왕약을 집현대학사集賢大學士로 임명하고 교육과 학교를 주관하게 하였다. 인종은 또한 그의 과거제 부활('興科擧')의 건의를 받아들여 새로운 과거제를 반포하였다.[58]

인종은 과거를 부활하기로 한 후 문학보다는 경학經學을 중시하였으며, 주자가 집주한 『사서四書』를 표준용 책으로 하였다. 비록 인종대의 과거제도가 여전히 출신에 따른 4등급제 내에 있었지만, 한화 정책을 점차 진전시켰다.

인종은 1314년 1월에 과거제 시행을 선포하고 고려에도 알려왔다. 충숙왕 원년(1314) 4월에 원나라의 황후가 사망하자, 6월 신묘일에 삼사사 권한공을 원나라에 보내 조문하는 한편 과거의 시행을 축하하게 했다.

---

56 그런데 惠宗 대에는 승상 伯顔의 擅權으로 과거가 일시 폐지되어, 1336년과 1339년에는 치러지지 않았다.
57 詔書에는 '25세 이상, 鄕黨稱其孝悌 朋友服其信義 經明行修之士'이면 과거에 참가할 수 있다 하였다.
58 『元史』, 「王約傳」, '著爲令甲.'

1315년에 첫 과거제가 시행되었다.

인종은 유학을 비롯하여 한족의 문화를 매우 좋아하였다. 인종은 자신의 통치 기간 동안 유가의 정치학과 한인의 역사에 대해 널리 전파하였다. 그는 『상서尚書』·『대학연의大學衍義』·『정관정요貞觀政要』·『제범帝範』·『자치통감資治通鑒』 등의 한문 경전과 서적을 몽골어로 번역하였다. 그 뿐 아니라 인종은 『효경孝經』·『열녀전烈女傳』·『농상집요農桑輯要』·당唐 육순陸淳이 연구한 『춘추春秋』 등, 많은 한문 저술을 간행하게 하였다.

인종은 국가의 견고한 통치와 발전을 도모하고자 법전 편찬도 시작하였다. 그 전에는 몽골귀족들이 자신들의 자유와 권리가 제한될 것을 저어하여 표준법전을 두지 않았다. 그러나 인종은 즉위 후, 이전의 법령을 모으고 법률제도를 정비하였는데, 마침내 그의 사후인 1323년에 『대원통제大元通制』가 반포되었다. 이 법전에는 건국이래의 법률 2400여 조문이 4대류大類(斷例·條格·詔制·別類)로 나뉘어 수록되었다. 『대원통제』의 반포는 원대 법제사를 대표하는 이정표의 하나이다.

인종은 국가통치를 견고히 하기 위해 중앙집권을 완성하였고 귀족들의 정책 참여를 제한하고자 하였다. 그러나 몽골 제왕과 귀족들은 각자의 관할지에서의 행정, 군사, 재정, 사법권 등의 모든 면에서 자신들의 권리를 포기하고 싶어하지 않았다. 황제도 함부로 그것을 통제할 수 없었기에 중앙집권을 위한 개혁은 결국 성공하지 못하였다.

결국 연우 4년 7월에 인종은 자신의 아들을 즉위시키기 위한 절충안으로 한화정책을 중지하였다. 그럼에도 인종의 가장 큰 업적은 연우복과와 용원 감축, 조정의 정비를 꼽을 수 있으며, 그런 일들은 충선왕의 영향을 많이 받은 것이었다.

5. 만권당과 유학

1) 만권당

만권당은 대도에 있던 충선왕 사저의 도서관이자 학문을 하던 장소이
다. '만권당'이라는 당명의 연원은 북송 철종 대에서 찾을 수 있다. 1098
년에 배주별가涪州別駕로 검주黔州[59]에 안치되었던[60] 황정견黃庭堅이 그곳에
서 책을 수집하여 '만권당'이라 하였던 것이다.

황정견은 소식蘇軾의 문인이다. 왕장은 어려서부터 유학을 공부했기에
'미주삼소眉州三蘇' 및 '소문蘇門 4학사'에 대해 잘 알고 있었으며, 심지어
자신과 가까웠던 조맹부를 송의 소식에 비유하기도 하였다.[61]

충선왕은 1316년에 황제로부터 사천성 아미산峨眉山에 강향降香할 것을
봉지하였으나, 직접 가지 않고 대신 이제현을 보내었다. 이제현은 당시
'삼소당'을 방문하여 자신의 부친과 숙부를 '삼소三蘇'에 비유하기도 하였
다.[62] 충선왕, 이제현 등의 문인들이 소식을 경앙하였음을 알 수 있다. 이

---

59 검주는 지금의 사천성 彭水 苗族・土家族 自治縣이다.『大淸一統志』卷417, 四部叢刊本,
「酉陽州」條 참고.
60 『宋史』卷444, 「黃庭堅傳」, p.13110, 中華書局, 1977年 참고.
61 楊載, 「趙公行狀」,『松雪齋文集』附錄, '帝嘗與侍臣論文學之士 以孟頫比唐李白・宋蘇子
瞻(즉 蘇軾).' ; '當世蘇子瞻'
62 『益齋集』, pp.5~6, 李齊賢이 西遊중에 지은 「眉州」라는 시의 序, '吾大人三昆季 俱以文筆
顯於東方. 伯父季父 相次仙去. 唯公無恙 年今七十有奇. 若使北來 得與中原賢士大夫進
退詞林間 雖不敢自比於蘇家父子 亦可以名動一時. 顧水陸千裏 幹戈十年 所處而安. 無

런 것들로 미루어 보아 왕장이 자신의 도서관을 '만권萬卷'이라 한 것은 황정견의 것을 차용한 것으로 추측할 수 있다.[63]

그런데 충선왕, 이제현과 교류했던 요수·원명선·조맹부 등의 문집에는 만권당에 대한 직접적 언급은 없다. 만권당에 관한 최초의 기록은 이색李穡(1328~1396년)의 찬문이다.

전에 충선왕이 원 인종을 도와 내란을 평정하고 무종을 영립하였으므로, 양조의 총우가 비길 데 없이 컸다. 왕이 드디어 주청하여 충숙왕에게 전위하고, 자신은 태위로 경사에 있으면서 만권당을 짓고 학문 연구하는 것으로 즐거움을 삼았다. 인하여 이르기를, "경사의 문학사는 모두 천하에서 선발한 사람들인데, 나의 부중에는 아직 이런 사람이 없으니, 이것이 나의 수치다."하고 선생을 불렀으므로, 경사에 갔었다. 원나라의 학사인 요수·염복·원명선·조맹부 등이 모두 왕의 문하에 놀았는데, 선생도 그들과 종유하면서 학문이 더욱 진보되었으므로 제공이 칭찬하여 마지않았다.[64]

『목은고牧隱稿』에 의하면 이색은 유년에 부친을 따라 원으로 가서 국자감 생원[65]을 지냈다. 이색의 부친 이곡의 동문인 윤택尹澤(1289~1370년)이

慕乎外 故天下莫有知之者.'
63 「忠憲王世家」 참조
64 『益齋集』의 附錄, '忠宣佐仁宗定內難 迎立武宗 故於兩朝寵遇無對 遂請傳國於忠肅 以太尉留京師邸 構萬卷堂 考究以自娛. 因曰 "京師文學之士 皆天下之選. 吾府中未有其人 是吾羞也"召 (李齊賢) 至都 實延祐甲寅(1314)正月也. 姚牧庵·閻子敬·元復初·趙子昂 鹹遊王門 公周旋其間 學益進. 諸公稱歎不置.' ; 『牧隱稿』卷16 참조
65 「牧隱先生年譜」, 『牧隱稿』, '稼亭李中父與子俱出益齋門下 又同遊翰苑 凡所質疑 山門

1364년에 쓴『가정집稼亭集』「소제所題」[66]에 의하면 윤택과 이곡은 이제현의 문하였음을 알 수 있다.

뿐만 아니라 충선왕을 따르던 백이정白頤正이 정주程朱의 책을 가지고 귀국한 후, 이제현과 이곡·윤택·백문보·이인복 등이 함께 백이정에게 가서 정주학을 공부하였다.[67] 이제현과 이곡은 서로 친하였고[68] 이곡이 귀국한 후 이제현은 그를 집연강석執筵講席으로 추천하였다.[69] 이제현은 1353년에 지공거가 되었고 이색의 '좌주座主'가 되었다. 이제현과 이색은 고려 호족 권씨 집안의 사위였고,[70] 그들의 처조妻祖인 권한공이 수년간 충선왕을 모셨기에 더욱 관계가 친밀했다. 이색은 늘 이제현의 문하에 출입하였기에 적지 않은 선후배를 사귀었고, 이것이 그의『목은고』에 여러 번 언급되어 있다. 그런 인연으로 이색은 이제현의 묘비명[71]도 지었다.

이제현에 의하면 왕장이 인종에게서 제미기덕당의 당명을 받은 시기는 1316년(延祐3) 3월 이후가 된다.

『고려사』에 만권당이라는 당명이 처음 나오는 시기는 이제현이 왕의 부름을 받고 대도의 사저로 들어간 1314년이다. 왕은 고려 왕위와 심왕 세자위까지 정리하며 계속 원에 남고 싶었지만 귀국하지 않을 수 없었

是仰. 奄然先逝 嗚呼惜哉! 今其子密直提學李穡 於辛醜播遷蒼黃之際 能不失遺稿 編爲 二十卷 令妹夫錦州宰樸尙衷書以壽諸梓. 予得而閱之 慨然圭複 益歎其所樹立如此……'
66 李齊賢,『益齋集』·「雜錄」.
67 白文寶,「文憲公彝齋先生行狀」,『淡庵逸集』.
68 李齊賢,「送奉使李中父還朝序」,『稼亭集』.
69 李齊賢,「乞免書筵講說 擧贊成事安軸·密直副使李穀自代箋」,『益齋集』卷8.
70 이제현은 국재菊齋 권영權永(權溥로 개명)의 딸과, 이색은 花原君 權仲達의 딸과 혼인하였다.
71 이색,「文忠公樵隱先生李公(仁復)墓志銘并序」,『牧隱稿』, '是歲(至正五年, 1345), 先君稼亭公建言修忠烈·忠宣·忠肅 三王實錄. 益齋李侍中(李齊賢)·謹齋安贊成(安軸)分年秉筆 公(李仁復)亦與焉.'

다. 충선왕은 그 해 6월 계미일에 민천사에서 인종이 책립한 신왕의 조서를 선독宣讀하였다.[72]

8월에는 대호군 김한정金漢貞을 파견하여 다시 대도로 가서 입조 할 것을 청하였으나 거절당하고, 다음 해 정월에야 '심왕'의 자격으로 대도에 거류할 수 있었다.

『고려사』에서 말하는 연저의 만권당 설치('構萬卷堂於燕邸') 시기는 왕장이 연우원년에 다시 대도로 돌아간 이후이다. 즉 '만권당'의 설치는 인종에게서 당명을 받기 전인 1314년이었고, 이 때 왕장은 비록 '고려왕'의 명호는 없었지만, 여전히 '심왕'의 명호는 가지고 있었다.

2) 왕장의 유학 인식

(1) 공자와 파스파

원 성종(1294~1307년)은 즉위년 7월에 공자존숭孔子尊崇의 조서를 내려 경사에 공자묘孔子廟를 건립하게 하는 등 존공숭유尊孔崇儒 정책[73]을 시행하였다. 왕장은 어려서부터 유학을 열심히 공부하였으며, 유학에 대한 존

---

72 『고려사』 권34, 「충숙왕」1, '(皇慶 2년 4월) 丙戌, 王(王燾)은 上王(王璋)과 공주를 모시고 연경을 떠났다. 수행 마차가 140兩이었다. 황제는 승상 納刺忽·宦者 平章을 遙授한 李伯帖木兒 등 36인을 보내었고, 황태후는 怯薛 丹納憐 등 18명을, 中書省은 舍人 脫脫帖木兒 등 16인을 보내었다. 徽政院도 也先不花 등 3인을, 中政院은 환관 察罕帖木兒 등 3인을, 宣政院은 八哈思和尙 등 16인을 보내어 호송하였다.' ; 崔瀣, 「拙稿千百」 ; 「有元故武德將軍·西京等處水手軍萬戶兼提調征東行中書省都鎭撫司事·高麗宰相元公墓志」 참고
73 『원사』 권76, 志27 上 祭祀, 宣聖條.

중이 남달랐던 것으로 보인다. 그런데 그의 불교신앙도 유학에 못지 않았다. 그렇지만 신앙이 맹목적이지는 않았던 것으로 보이는 예가 있다. 즉 그가 두 번째 퇴위 후 대도로 갔을 때, 한 당올唐兀[74] 승려가 황제에게 제사帝師 파스파(八思巴)의 상을 공자의 상처럼 전국에 세우고 입묘立廟할 것을 건의하였는데 왕장은 이에 반대하였던 것이다.

그 승려는 제사가 몽골문자를 창제해 온 나라에 이익을 주었으니 공자처럼 대우해 줄 것을 건의하였고, 이에 원 인종은 그 일을 조정에서 토론하게 하였다. 국공國公 양안보楊安普(楊暗普)가 그 건의에 적극 찬성하였다.

그러나 왕장은 자신이 불교를 깊이 신앙하였음에도 이 문제에 대해서는 반대하였다. 그는 '제사가 문자를 만들어 국가에 공을 세웠으니 사당을 세워 제사지내는 것은 옛 규범에 상응하는 일임에 틀림이 없으나 꼭 공자에 견줄 필요가 있는가? 공자는 천하 모든 왕의 스승('百王之師')인지라, 그를 역대로 제사 지내는 것은 덕 때문이지 공적 때문이 아니니 후대에 이를 두고 왈가왈부할까 걱정이다.' 하였다. 왕장 자신도 독실한 불교신자였지만, 그에게 있어 파스파를 공자와 같이 비교하는 것은 받아들이기 어려웠던 것 같다.

왕장의 불교신앙을 살펴보기 전에 원의 가장 대표적인 승려인 파스파에 대해 간략히 살펴본다. 파스파(1235~1280년)는 티베트불교 살가파(薩迦

---

74 칭기즈 칸 대부터 몽골인들은 西夏를 唐兀이라 불렀다. 칭기즈 칸은 六盤山에 주둔하고 서하를 친정하여 큰 승리를 거두었으나 그 전쟁으로 사망하였다. 그 후 서하는 1227년에 원에 투항하였다. 서하는 원래 '大夏'라는 국명이 있었으나 송나라에서 송의 서쪽에 있어 서하라고 불렀다. 12명의 황제와 196년의 역사를 가졌으며 주체는 黨項族이다. 그들은 스스로를 鮮卑의 후예라 하였다. 『金史』・「西夏傳」에 의하면 西夏大臣이 금나라에 出使하며, "夏之立國舊矣, 其臣羅世昌鋪敍世次稱, 元魏衰微, 居松州者因以舊姓爲拓跋氏"라 하였다. 즉 자신들은 원래 北魏의 황족으로, 북위가 망한 후 그곳으로 갔다는 것이다. 그 후 당항족은 역사 속으로 사라져 버렸다.

派, 샤카파) 제5대 조사로, '發思八'·'帕克思巴'라고도 한다. 본명은 나탁견찬羅卓堅贊으로 의역으로는 '혜당慧幢'이라는 뜻이다. 그는 9세에 희금강수법(喜金剛續本『二觀察』)[75]을 잘 강의하여 듣는 이로 하여금 찬탄하게 하였다고 한다. 이로 인해 '파스파', 티베트어로 '성자聖者'라 불렸던 것이다. 1245년, 그는 백부 살가반지달(薩班·貢噶堅贊)을 따라 양주涼州(현 감숙성 武威)로 가서 칭기즈 칸의 손자인 활단闊瑞과 양주회담을 하였다. 토번은 이 회담으로 몽골에 귀부하였다.

1253년에 쿠빌라이 부부 등 25명의 황실 구성원이 파스파에게 수계하였다. 쿠빌라이는 즉위 후인 1260년에 그를 국사國師로 임명하고 천하의 교문敎門을 총괄하게 하였다.

이어 파스파는 쿠빌라이의 청으로 몽골문자를 창제하여 1269년에 전국에 반포하였다. 파스파문(八思巴文)은 '八思巴蒙古新字', '蒙古新字' 혹 '蒙古字'라고도 한다. 쿠빌라이는 다음 해에 다시 그를 '제사帝師'로 높이고 이어 '대보법왕大寶法王'에 봉하여, 토번의 13만호를 통치하게 하였다. 파스파는 1276년에 토번으로 돌아가 살가사 제1대 법왕이 되었고, 토번의 정교 전권을 가졌다. 저술은 30여 종이 있으며 『살가오조기薩迦五祖記』가 전한다. 그는 티베트에 인쇄술 등을 전래하였다.

파스파문은 41개의 자모로 구성되며, 1269년에 전국에 반포되었다. 그러나 민간에서는 계속 한자를 써, 파스파문은 결국 관공서의 문건에만 사용되었다. 원 멸망 후에는 사멸되어 원의 유물 중에서나 일부 찾아볼

---

75 '喜金剛修法六支'는 티베트불교 '喜金剛'(Hevajra) 修習의 六種法門으로, (1) 生起道場大日如來支, (2) 灌頂不動如來支, (3) 受用甘露無量光如來支, (4) 歌詠贊頌寶生如來支, (5) 廣興供養不空成就支, (6) 貪念隨成金剛薩埵支를 말한다. '喜金剛'은 샤카파의 가장 중요한 本尊이다.

수 있다.

위 일화로 왕장은 불자였음에도, 유학의 가르침에 정통하고 공자를 매우 존중하였음을 알 수 있다. 당시 왕장의 반대에도 불구하고 결과적으로는 전국 각지에 제사의 사묘인 제사전을 세웠지만, 당시 사람들이 모두 충선왕의 감언에 탄복하였다 한다.

파스파를 공봉하기 위해 세운 제사전은 '帝師寺'·'帝師廟'·'八思巴帝師殿'이라고도 한다. 쿠빌라이는 오사장烏思藏(토번)의 고승 파스파[76]를 1270년에 제사로 모셨다. 파스파가 1280년에 입적하자 황제는 그를 '皇天之下一人之上開教宣文輔治大聖至德普覺眞智佑國如意大寶法王西天佛子大元帝師'로 추증하였다.

1320년에 영종이 즉위한 후, 각지의 군현에 공자묘와 같은 규모의 파스파전을 세우게 하였다. 1321년 3월에는 대도에 제사전을 창건하였고, 상도上都의 이슬람 사원(回回寺)을 없애고 제사전을 세웠다. 이후 태정제가 즉위하고, 1324년에는 11폭짜리 그림(帝師八思巴像)을 그려 각 행성行省의 소사塑祀에 반포하였다.[77]

---

76 파스파는 薩斯迦人으로, 바스파·發思八·八合思馬라고도 한다. 元代 吐蕃불교의 法王이다. 일곱 살에 불경 수십만 언을 독송하고 대의를 깨달았기에 사람들이 '聖童'이라 불렀다. 원 世祖의 國師가 되고 中原法王에 임명되었다. 그때부터 불교가 원의 國教가 되었다. 그는 세조 至元 6년에 티베트어를 기초로 하여 몽골 신자(新字·國字)를 제작하여 천하에 시행케 하였는바 이것이 이른바 파스파 문자이다. 1321년 3월에는 八思巴寺가 창건되었다. 1324년에는 11구의 八思巴像을 行省에 세웠다. 『원사』 권202, 열전9, 「釋老」, 「八思巴傳」.
77 高文德 主編, 『中國少數民族史大辭典』, 吉林教育出版社, 1995年12月, 第1721頁.

(2) 왕장의 시문詩文

충선왕은 어려서부터 유교 경전과 역사서를 즐겨 읽었으며 그 능력을
인정받아 원 인종의 잠저시 태사를 맡기도 했다. 또 왕은 시와 그림에도
능하였다. 충선왕의 시로는 측근 신하인 권한공에게 보낸 「기권한공寄權
漢功」과, 중국 서천목산西天目山 사자암 아래에 세운 진제정을 소재로 쓴 7
언 율시 「제진제정題眞際亭」을 썼다. 「제진제정」은 전하지 않으나 중봉 명
본이 그 시를 차운하여 지은 「차운심왕제진제정次韻沈王題眞際亭」[78]을 통해
그 내용을 짐작할 수 있다. 명본은 다음의 두 차운시를 통해 왕장이 정자
를 세운 것을 찬양하고, 수행에 더 노력할 것을 격려하였다.

「次韻沈王題眞際亭」[79]

高亭結構標眞際　體共雲林一樣閑　山勢倚天忘突兀　水聲投澗自潺湲

伽陀迥出言詞外　海印高懸宇宙間　佇看憑欄人獨醒　又添公案入禪關

鳳舞龍飛甲衆山　振衣直上費高攀　層層石磴深雲鎖　隱隱禪林盡日閑

自古名流多駐蹕　昔年王氣亦相關　從前不涉高巓處　寧識東溟指顧間

---

78 『天目中峰和尙廣錄』29, 「偈頌」 ; 『해동역사』51, 예문지 10, 중국시 2.
79 釋廣賓 撰, 「釋中峰次韻沈王題眞際亭」, 『西天目祖山志』卷5. 12권으로 구성된 明代의 승
　　려 廣賓이 찬한 『西天目祖山志』(12권)는 淸代의 際界가 增訂하여 中國佛寺史志彙刊第一
　　輯에 수록되어 있다. 天目山의 옛 이름은 浮玉山으로, 동서로 10여 Km에 이른다. 서천목산
　　에는 禪源寺·師子正宗禪寺·大覺正宗禪寺·法雲塔·紫霞庵 등의 명찰이 있다. '西天目
　　山本有志 一修於明代萬曆阮子厚 喬時敏增飾之 ; 二修於潛陽徐父 惟毁於火. 天啓初年
　　張之采又第三度修之 然皆以考竅未詳而未曾付印成書. 崇禎十一年(1638) 廣賓所撰祖山
　　志 理事諧暢 淸代嘉慶年間際界乃取爲藍本 撰成本志. 分目繁細 爲佛敎志書之典型.'

이후 선주善住가 다시 충선왕과 명본이 주고받은 시문을 차운하여, 7언 율시인 「偶讀中峯和尙和瀋王王璋留題眞際亭詩 因而有感 遂次其韻二首」를 썼다.[80]

고려국 왕자 심왕 부마태위 왕장은 이미 1313년에 참군參軍 홍약과 기장로奇長老를 중본 명본에게 보내어 제자의 예를 보이고 서신과 예물을 보내어 만나 줄 것을 청하였다. 그 무렵 중봉선사는 고려에서 사경한 금서金書『법화경』을 얻어 감사의 불사를 올렸다고 하는데, 시기로 보아서 이때 충선왕이 보낸 것으로 보인다.[81]

그 후 충선왕은 약 6년 후인 1319년에 친히 산에 올라 중봉선사를 만났다.[82] 즉 왕장은 원 인종의 명으로 1319년 3월에 어향을 받들고 대도를 출발하였고, 9월에 천목산에 올라 중봉선사를 만났던 것이다. 왕장이 법명과 호를 청하자 명본화상은 그에게 승광勝光이라는 이름과 진제眞際라는 호를 주었다. 왕장은 사자암獅子巖 아래에 진제정이라는 정자를 세워 이 일을 기록하였다. 왕이 선사에게 가르침을 청하자 선사는 「진제설眞際說」을 써서 보였다.

또『천목중봉화상광록天目中峰和尙廣錄』1상上, 「시중示衆」은 충선왕이 강절을 유력하며, 항주 어잠현於潛縣 천목산 환주암을 방문했을 때의 일을 기록한 것이다. 명본은 「원고천목산불자원조광혜선사중봉화상행록元故天目山佛慈圓照廣慧禪師中峰和尙行錄」[83]에서 충선왕과의 만남을 기록하였다. 중봉

---

80 善住, 『谷響集』 2, 七言律詩.
81 『天目中峰廣錄』 7, 「佛事」, '拈高麗金書法華經'
82 『天目中峰和尙廣錄』 6.
83 慈寂 編, 『天目中峰和尙行錄』 附(祖順 作).

과의 일은 나중에 다시 살펴본다.

한편 충선왕의 문장으로는 「해절경서문解節經序文」·「부법장인연경서문
付法藏因緣經序文」·「고려왕개종염불발원문高麗王開宗念佛發願文」·「고려국왕권
국인염불소高麗國王勸國人念佛疏」 등의 불교 관련 문장이 전한다. 『해절경』은
일본 남선사南禪寺[84] 소장의 보령사판普寧寺板이다. 『불본행집경佛本行集經』
31, 「刊記」의 내용으로 충선왕이 1312년 9월에 보령사판 대장경 50부를
인출할 때 쓴 것이다.

> 推忠揆義協謀佐運功臣開府儀同三司太尉上柱國駙馬都尉瀋王征
> 東行中書省
> 右丞相高麗國王王璋恭聞　一大藏教四十九年　金口親宣無盡法門
> 五千餘卷
> 琅兩具載 由群生根器之不等 故我
> 佛以方便垂慈 雖分漸頓之科 皆致淵源之地 然則十方齊唱千聖 同
> 修實苦海之慈航
> 昏灣□之慧炬者也 顧我善根宿植大法 忻逢沃甘露於心 田播玄風
> 於性境 是以常懷精進 夙夜匪忘遂捨淨財 印造三藏聖教一切法寶 計

---

84 남선사에는 충선왕이 1312년에 영인한 것으로 『해절경』 외에 『佛本行集經』(권31)·『相續
解脫地婆羅蜜了義經』·『緣生初麗福淸去本經』도 있다. 박용진, 「고려후기 元版大藏經 印
成과 流通」, 『중앙사론』 제35집, 2012, p.246 <표1> 참조; pp.248~249 참조; pp.252~254 참
조; 辻森要脩, 「南禪大藏跋文蒐錄(四)」, 『佛典研究』 1-6, 大雄閣, 1929, 12쪽의 『解節經序
』, 「南禪大藏跋文蒐錄(八)」, 『佛典研究』 2-10, 大雄閣, 1929, 11쪽의 『佛本行集經』 卷제31
간기가 충선왕의 원판대장경 인경 발원문에 해당한다. 張東翼, 위의 책, 서울대학교출판부,
1997, pp.140~141.; 南權熙, 「日本 南禪寺 所藏의 高麗 初雕大藏經」, 『書誌學硏究』 36, 書
誌學會, 2007, pp.103~106.(박용진, p.248 각주 11 재인용)

圓五十藏布施四方梵刹 以廣流通 所集殊勳祝延

今上皇帝聖躬萬萬歲

皇太后懿算無疆

皇后共享遐齡 金枝玉葉 萬世流芳 恭願

皇風永扇

佛日增輝 箕畢相調 萬姓樂農桑之業 風塵載寢 四方無金革之聲
仍伸奉爲先考太師忠烈王 先姚皇姑齊國大長公主 資嚴報地同證菩
提 然後伏念 弟子王璋性雖本妙 全體在迷縱 遇佛乘修行尙味故於此
世多諸罪愆 或陵侮於人或損傷於物命 或情隨事變言行乖違 或宿業
所牽致成冤害 自作教他見聞隨喜 乃至無始以來諸惡業障 如是等罪
無量無邊 佛願

諸佛慈悲受我懺悔 以大法力悉使消除 令我現生獲大壽命獲大安
樂

修行有序 進道無魔 三業圓明 六根清淨 福德智慧 莊嚴其身 根根
塵塵 圓邊法界行 願早圓菩提不退臨命終時心 不顚倒正念現前聖衆
冥加卽登上品 生彼國已隋我願心 普應十方淨佛國土 如上所願 願與
法界一切有情 若自若他彼彼無異 泊三途受苦衆生十類河沙鬼衆冤
親平等感悟眞常虛空有盡 我願無窮法性有邊 願心無極者 皇慶元年
歲在壬子九月 日 謹題[85]

「고려왕개종염불발원문高麗王開宗念佛發願文」은 충선왕이 1311년 10월에

---

85 「解節經序文」(南禪寺所藏普寧寺板『解節經』, 『佛本行集經』31, 「刊記」, 장동익, p.140 재
인용.

대도 법왕사法王寺에서 거행된 백련종 복교행사에 참여할 때 쓴 발원문
이다.

維皇元至大辛亥十月戊辰朔十四日辛巳 崇奉三寶弟子高麗國王王
某爰命六和眞信之士 會於大都寓字 恭對阿彌陀佛像前 嚴持香花 敬
薦而誓焉

夫諦境本妙 綿亘曠劫以恆如；大智本淨 彌綸萬化以常在. 然非境
智之交資 俄爾岡象之迭變. 性不自守 循緣而轉 一經漂溺 苦趣難拔.
故大覺悲憫 示現世間 說有談空 觀根逗教 凡得度者 皆悉度之 于諸
法之外別開淨土一門. 欽惟東晉遠公祖師與諸賢士 洗心淸向 托境西
方 咸願超登者也. 雖玄道在於絶域 不可以跡求聞. 智者大師雲：「董
慮在定 卽是淨土；介爾心動 卽是往生. 豈離迦耶 別求常寂.」故雲：
是心是佛 蓋性德遍在於一切；是心作佛 乃修德必由於行成. 矧今慶
逢嘉運 獲階王稱 得詢佛旨 大辟生途 旣見告于秘文 誠深信以無惑
盲龜值于浮孔 墜芥投于針鋒 得不爲之難遇哉！詎可自昧勝緣 淪喪
慧命. 況見優曇現瑞 寶鑒開明 眷我聖明睿哲淵覽 崇此道眞 頒降德
音 宏綱復振 俾率士含生 諒信其風 俱沾至化 實匡廬之運數會通有
在然. 其萬行朝宗 莫不冥契于一致；若橫截五道 唯極樂之是歸. 故
我追武妙宗 投誠哀切 方將發軔于覺路 秉丹旌直趣于大方 惟冀弘慈
提挈 聖力冥加 遝賜慧光 燭我靈識 現生之內悟蘊妙于毫端 遍塵刹
中發菩提之正念 妙觀澄神 高棲瞻養 獲被玄音 得阿鞞跋 致回入塵
勞 度諸含識 俱游淸泰 同證斯道 克滿此願者哉！[86]

그리고 「고려국왕권국인염불소高麗國王勸國人念佛疏」는 왕이 고려에 수광사 백련당을 창건하고, 열심히 미타염불하여 아미타정토에 귀의할 것을 권한 글이다.[87]

嘗觀『淸涼傳』云 法照禪師禮五台山見文殊菩薩 問曰：「末代凡夫 煩惱垢重 於何法門修行最要？」文殊答言：「諸修行門無過念佛 我以 念佛故得一切種智 諸波羅蜜甚深禪定皆從念佛而生 故知念佛是諸 法之王 汝當常念無上法王.」照又問曰：「念佛之法當雲何念？」文殊 答言：「此世界西有國名曰極樂 其土有佛號阿彌陀 願力不可思議 念 彼名號 念念不絶 定生彼國 速證菩提.」東晉遠公法師十八大賢士廬 山東林結白蓮社 念佛修行 皆獲道果. 某今依古德遺風 普願同修淨 業 敬于本國創建壽光寺白蓮堂 普勸僧俗長幼各各志誠持念南無阿 彌陀佛 共結勝緣. 上祝皇帝聖壽萬安 皇太后與天齊年 皇后福壽彌 廣 太子諸王千秋永固 金枝永茂 玉葉長春 國泰民安 風調雨順 天下 太平 法輪常轉 恩沾法界含生 咸證無上佛道者.

右 伏以佛願度人 常運慈航而普濟：人不念佛 如到寶山以空回. 矧今慶遇昌時 是乃助揚正化 敬遵聖典 廣勸國人誦彌陀六字之名 期 正覺一生之果. 若安禪. 若講讀 咸明華藏之心；或擧手 或低頭 齊下 蓮池之種. 佛法僧普同皈向 信行願一等熏修. 佛日增輝 遍刹海樂無

---

86 「高麗王開宗念佛發願文」, 果滿編, 『廬山複敎集』 卷下, 『宣政院榜』, 民國 13年(1924年), 周氏影元刊本.
87 「高麗王開宗念佛發願文」, 果滿編, 『廬山複敎集』 卷下, 『宣政院榜』, 民國 13年(1924年), 周氏影元刊本.

爲之化 : 龍天佑善 祝聖君延有永之年.

서신으로는 왕장이 중본화상에게 부친 편지 한 통이 있었음을 알 수 있으며(『中峰和尙廣錄』), 그가 토번으로 유배된 후 고려 신료에게 부친 「기권한공寄權漢功」이 『고려사』에 수록되어 있다.

3) 원 유자와의 교류

(1) 만권당 설립

만권당은 충선왕이 원의 수도인 대도 사저에 학문을 위해 지은 곳이다. 왕은 첫 퇴위 후인 1298년에 대도로 돌아갔으며, 이후 10년간 카이산(무종), 아유르바르와다(인종) 형제와 함께 지냈다. 따라서 그의 사저는 그 기간에 마련되었을 것이다.

충선왕이 2차 즉위 후 두 달 만에 다시 돌아간 곳도 그 사저이며, 아들에게 양위한 1313년 이후에도 그곳에 머물렀다. 학문을 좋아하던 충선왕이었기에 사저에는 분명히 처음부터 자신의 서재가 있었을 것이다. 그러나 '만권당'이라는 당호는 1314년 3월에 처음 보인다.

충선왕은 학문을 좋아하였고 서예와 그림에도 조예가 있었기에, 만권당을 개방하여 원과 고려의 유명 학자를 초빙하여 학문을 연구하고 서사를 즐겼다. 조맹부趙孟頫·원명선元明善·장양호張養浩·우집虞集·탕병룡湯炳龍·주덕윤朱德潤 등의 원의 유명한 학자·문인들이 만권당을 드나들었다.

당시 고려의 문학은 매우 수준이 높았고, 충선왕의 영향으로 원에서 대량의 서적도 수입하였다. 이제현은 만권당에서 그들과 상대할 고려측의 인물로 선택되어 1314년에 명을 받고 만권당에 가서 그들과 교류했다. 상왕(충선왕)은 이제현을 아주 칭찬했고 원의 학자들도 이제현을 높이 평가하였다.

만권당의 위치는 베이징의 옥연담玉淵潭 공원으로, 요·금시대에는 '養尊林泉'·'釣魚河曲' 등으로도 불렸으며 금의 중도성中都城 명승지이기도 하였다.

그런데 충선왕에게 있어 만권당은 학문을 위한 곳만은 아니었다. 만권당에서 교류한 유자들은 무종과 인종대의 관리로 들어간 경우가 많았고, 그들은 과거제를 부흥하거나 토지제도를 개혁하는 등 사회적 문제를 해결하는데 앞장섰다. 충선왕이 1307년에 무종을 옹립하는 과정에서도 만권당의 역할이 컸을 것으로 추측된다. 왕장과 교류하던 여러 유자들이 무종과 인종의 조정으로 들어갔기 때문이다.[88] 개별 인물들에 대해서는 원의 문인들 편에서 살펴볼 것이다.

한편 충선왕은 중국사는 물론, 고려의 역사에도 관심이 많았다. 자신의 선대의 실록을 대도 만권당으로 가져 오라는 명을 내렸고 1307년 11월에 사관이 『고려왕조실록』185책을 가지고 사저로 갔다. 실록은 5년 후인 1312년 5월에 고려로 반환되었다. 1314년 1월에는 민지와 권부에게

---

88 『익재난고』9, 上 「충헌왕 세가」, '仁宗爲皇太子 王爲太子太師 一時名士 姚燧 蕭斝 閻復 洪華 趙孟頫 元明善 張養浩輩 多所推? 以備宮官'

『고려왕조실록』을 약찬하게 하였다.

왕은 1314년 정월, 고려에서 이제현 등의 고려 신하들을 불러 원의 학자들과 학문을 교류하게 하였다.[89] 당시 충선왕은 40세, 이제현은 28세였다. 그는 이제현에게 태조 이래의 고려 역사에 대해 묻고 의견을 제시하기도 하였다.

만권당에서의 학문교류를 통해 고려에 조맹부체와 성리학이 전해졌다. 조맹부는 만권당에 출입하며 왕장과 왕장 측근의 고려인들과 가까워졌으며, 그것이 고려에 조맹부체, 즉 송설체가 전래되는 계기가 되었다. 조맹부체는 고려는 물론 조선에 이르기까지 한반도의 서풍을 주도하였다.

한편 성리학은 안향과 백이정에게서 이제현으로 전해졌으며, 다시 이색을 통해 권근과 변계량에게로 전해졌다. 그 흐름이 마침내 조선의 국가 통치 이념으로 전수 되었다.

충선왕은 원의 무종과 인종이 어릴 때부터 원 황실의 동궁인 광천전光天殿에서 동고동락하였다. 성종이 후손 없이 사망하자 무종과 인종 형제는 충선왕과 협력하여 정권을 잡았다. 특히 아우인 인종은 무종의 치세에 황태제로 동궁에 있으면서, 문무의 재능 있는 자들을 불러 들여 수용하였고, 그들을 중심으로 집권 이후 개혁정책을 추진하였다.

그 주체가 인종의 스승인 충선왕이었는데, 즉 왕은 만권당에 모인 학

---

89 『고려사』 卷110, 列傳 第23, 「諸臣傳·李齊賢」, '忠宣佐仁宗定內亂, 迎立武宗, 寵遇無對. 遂請傳國於忠肅, 以太尉留燕邸, 構萬卷堂, 書史自娛. 因曰, "京師文學之士, 皆天下之選, 吾府中未有其人, 是吾羞也." 召齊賢至都. 時姚燧·閻復·元明善·趙孟頫等, 鹹遊王門, 齊賢相從, 學益進, 燧等稱歎不置.'

자들을 인종에게 추천하였던 것이다. 충선왕 자신도 무종을 옹립한 공으로 태자태부太子太傅에 제수되고 심양왕瀋陽王에 봉해졌다. 충선왕은 공신이자 정치가로서 원의 정치에도 직접 참여하였다. 이런 상황은 인종의 사망 시기인 1320년까지 유지되었다. 또한 충선왕은 그 기반을 바탕으로, 퇴위 후에도 고려에 영향력을 가질 수 있었다.

1311년에 무종이 죽고 인종이 즉위하였다. 인종의 치세에 충선왕은 고려에서 돌아와 1314년부터 만권당을 중심으로, 동궁에서의 역할을 대신하였다. 즉 만권당을 혁신파 결집의 거점으로 활용하였고, 이들은 집권 직후 정치이념을 확립하고자 명유를 초치하여 자신들의 혁신정책을 이론적으로 뒷받침하게 하였다. 대표적 인물이 조맹부로, 그도 1310년 무렵에 합류하였다.

(2) 만권당의 장서

왕장은 만권당에서 조맹부・요수 등 원의 저명한 문인과 시문을 나누고 학문을 닦는 것을 즐거움으로 삼았다.('以書史自娛') 이제현 등 적지 않은 고려의 문사들이 만권당에서 왕을 보필하였다.

고려는 당시 국내는 물론 국제 사회에서도 문화적인 수준이 매우 높았던 것으로 평가되었으며, 14세기 초에는 충선왕의 영향으로 서적과 서화 등이 여러 경로를 통하여 수입되었다.

한편 인종황제는 홍약의 요청에 응하여 송나라 비각秘閣의 장서 4371책 17000권을 충선왕에게 선사하였다. 고려로 보냈다는 기록은 없는 것으로 보아 그것은 만권당의 장서가 되었을 것으로 추측된다.

충선왕은 새 황제, 황태제 형제와 신의가 두터웠고, 그들의 모친인 황태후도 그를 신뢰하였기에, 무종·인종 치세에 자신의 정치적 입지를 유지할 수 있었다. 충선왕은 상왕으로 물러난 후인 1314년 초에는 인종에게서 우승상직도 제안 받았으나, 이를 거절하고 만권당에서 학문에 전념하였다. 우승상은 원 조정에서 황제, 황태자에 이은 서열 3위의 고위직이었다.

> 우승상 독로(禿魯)가 파직되었으므로 이맹을 왕의 저택으로 보내어 왕을 독로의 자리에 앉힐 뜻으로 고하니 왕이 사례하기를, "신은 (중략) 소국의 기탁도 감당하지 못함을 두려워하여 자식에게 물려줄 것을 빌자 폐하께서 승낙 하셨습니다. 그런데 하물며 조정의 上相 자리이겠습니까? 신이 어찌 감히 영화를 탐하고 분수없이 함부로 차지하여 폐하의 明鑑을 더럽히겠습니까. 신은 늙었으니 마음을 전일하게 하여 부처님을 섬기고 聖壽를 빌면, 이것이 신의 분수이옵기에 감히 죽음을 무릅쓰고 청하옵니다."하였다. 황제가 이 말을 듣고 웃으며 이르기를, "진실로 본디 권세를 잘 피는 것을 알았다."하고 이에 그만두었으니, 왕의 謹愼함이 이와 같았다.[90]

충선왕은 만권당에 많은 서적을 수집하고 요수·염복·원명선·조맹

---

90 『益齋亂稿』 권9상, 세가.

부 등 원나라의 명유학자들을 불러 경사經史를 연구하게 하였다. 만권당은 충선왕이 1320년 12월에 토번으로 귀양갈 때까지 약 7년 정도 인종의 후원을 배경으로 존속하였다. 한편 이 무렵 조성된 황실사원의 비문 가운데에는 만권당을 드나들며 충선왕과 교류하던 유자들이 쓴 것이 제법 많이 전한다. 요수의 「숭은복원사비崇恩福元寺碑」[91] 우집의 「대승천호성사비大承天護聖寺碑」 등으로, 다음 장에서 살펴본다.

(3) 원의 문인들

왕장은 원 인종 대의 수많은 문인 학사, 예를 들면 요수姚燧·우집虞集·염복閻複·원명선元明善·조맹부趙孟頫·주덕윤朱德潤·장양호張養浩·정거부程鉅夫(조맹부의 스승) 등과 사귀었다. 그들 중 대부분은 황태자의 속궁屬宮이나 집현원集賢院, 한림국사원翰林國史院 등의 문한직文翰職에 종사하였다. 집현원, 한림국사원, 규장각학사원은 자문기관이었다.

충선왕은 그들과 숙위시절부터 교류하였고, 그들에게 받은 영향은 어떤 식으로든 인종에게 전달되었다. 그가 1313년에 두 번째 퇴위하여 원으로 갔을 때 왕은 대도의 부저府邸에 만권당을 짓고 서사로 즐거움을 찾으며("書史自娛"), 중국 명사를 불러 시문과 서화를 논하였다.

1313년에 주자학이 관학으로 선포되고 11월에 과거제가 부활되었다. 인종은 1314년 3월에는 관학을 정비하고 또 학문적으로 뒷받침 하기위

---

91 『全元文』 27冊, 卷868.

해 왕장의 만권당 설립을 후원하였다. 이곳에서 조맹부·요수·염복·원명선·우집·왕구王構·이제현·이란李欄·오징吳澄·등문원鄧文源·주덕윤·장양호·홍혁洪革 등 남방과 북방출신 유자들이 모두 사우관계를 맺으며, 서화를 즐기면서 정치세력으로서의 역할도 하였다.

충선왕은 1313년에 강릉대군江陵大君(忠肅王)에게 왕위를 전위하고, 인종을 도와 혁신정책을 주도하였다. 즉 충선왕은 만권당을 통해 부마국으로서의 고려의 지위를 확립하고 원에서 자신의 정치적 기반을 유지할 수 있었던 것이다.

가. 조맹부

조맹부趙孟頫(1254~1322년)는[92] 원의 유학자이자 화가, 서예가이다. 자는 자앙子昂, 호는 송설松雪, 구파鷗波 등이며, 절강성 오흥吳興 사람이다. 송

---

92 『元史』172, 「趙孟頫傳」, ‘字子昂, 宋太祖子秦王德芳之後, 湖州人. 曾祖師垂, 祖希永, 父與訔, 仕宋皆至大官. 孟頫幼聰敏, 讀書過目輒成誦, 爲文操筆立就. 年十四用父蔭補官, 試中吏部銓法, 調眞州司戶參軍, 宋亡家居. "至元二十三年, 行臺侍御史程鉅夫奉詔搜訪遺逸於江南, 得孟頫以之入. 見孟頫才氣英邁, 神采煥發, 如神仙中人, 世祖顧之喜, 使坐. 右丞葉李上, 或言孟頫宋宗室子不宜使近左右, 帝不聽." 二十四年六月, 授兵部郎中. 二十七年, 遷集賢直學士. 二十九年, 出同知濟南路總管府事. 會修《世宗實錄》, 召孟頫還京師, 久之遷知汾州, 未上. 有旨書金字藏經, 旣成, 除集賢直學士江浙等處儒學提舉. 遷泰州尹, 未上. 至大三年, 召至京師. "仁宗在東宮, 素知其名, 及卽位, 召除集賢侍讀學士, 中奉大夫. 延祐元年, 改翰林侍講學士, 遷集賢侍講學士, 資政大夫. 三年, 拜翰林學士承旨, 榮祿大夫." "帝嘗與侍臣論文學之士, 以孟頫比唐李白、宋蘇子瞻. 又嘗稱孟頫操履純正, 博學多聞, 書畫絶倫, 旁通佛老之旨, 皆人所不及." 六年, 得請南歸, 帝遣使賜衣幣, 趣之還朝, 以疾不果行. 至治元年, 英宗遣使卽其家, 俾書≪孝經≫. 二年, 賜上尊及衣二襲, 是歲六月卒, 年六十九, 追封魏國公, 諡文敏. "所著有≪尙書注≫, 有≪琴原≫、≪樂原≫, 得律呂不傳之妙. 詩文淸邃奇逸, 讀之使人有飄飄出塵之想. 篆籀分隸眞行草書, 無不冠絶古今, 遂以書名天下, 天竺有僧數萬里來求其書, 歸國中寶之. 其畫山水土石花竹人馬尤精緻. 前史官楊載稱孟頫之才, 頗爲書畫所掩, 知其書畫者, 不知其文章, 知其文章者, 不知其經濟之學. 人以爲知言云."’

종실의 후손으로, 음직으로 원의 관직에 나아가 한림학사, 영록대부에 이르렀다. 사후에 위국공魏國公에 추봉되었다. 그는 시서화에 모두 능했으며 시집 『송설재집』이 있다. 대표적 그림으로는 ≪작화추색도≫가 있다.

조맹부는 1311년에 집현전시강학사集賢殿侍講學士 중봉대부中奉大夫에, 1314년에는 한림시강학사翰林侍講學士 집현시강학사集賢侍講學士 자덕대부資德大夫에, 1316년에는 한림학사 승지 영록대부榮祿大夫로 임명되었다.

조맹부는 1310~1322년 사이에 비서감에 수장된 많은 서화를 감정하고, 표제를 썼으며, 수많은 고서화를 보았다. 인종은 조맹부의 글씨를 수장하고 후세에 진할 것을 비서감에 명하였다. 충선왕은 조맹부에게서 그림을 배웠고, 이제현은 「화정조학사」라는 글에서 조맹부를 평하였다.

  늘 지필묵을 준비하여 갓끈을 날리며 다니다가 시 한수 이뤄지면
비단 옷을 얻은 듯 기뻐하도다.
  멀끔한 풍채를 바라보면 일찍이 남조에서 제일이다.
  풍류에 대한 생각이 항상 평안하여 글씨 또한 늘 새로워라.
  천년에 볼 수 있는 진면목을 만나보니 집에도 명필인 위부인이 있
다는 얘길 들었다.

인종과 왕장, 조맹부·요수 등이 함께 한 만권당은 고려에 성리학을 수용하는 계기가 되었고, 조맹부체를 도입하는 등, 신문화 수용의 창구역할을 했다.

구성원은 당시의 명유들로 모두 한족이었다. 몽골족 출신의 유명한 학자이자 서예가인 강리기기康里巎巎[93]는 이때 겨우 약관의 나이였기 때문인지 만권당에 출입한 흔적은 없다. 만권당을 출입한 사람들은 당대의 유

신들로서 개혁정치의 이론을 뒷받침해줄 수 있는 사람들이었다.

조맹부는 여기서 중심적인 역할을 하며 교류한 것으로 보인다. 조맹부의 부인 관도승管道升[94]이 각기병이 심해지자 인종은 그를 집으로 돌아가게 하였고 그는 1319년 4월에 대도를 떠났다. 당시 조맹부는 충선왕과 이별을 하면서 「유별심왕留別瀋王」이란 시를 썼는데 이로써 그들의 각별한 관계를 말해준다.

진중하신 왕문에서 늦게야 알아 주셨네 일 년 내내 찾아뵈올 때를 기다린 끝에

단지 가득 인삼 술을 나눠 마시고 길을 돌아 작약꽃을 같이 구경하였네

고운 방에 향불 사르니 연침과 같아라 그림 병풍 구절 따서 오사란에 적었네

오나라 배를 타고 동남 만리 가리니 부평초 꽃 캐는 것은 님 생각 뿐일세[95]

---

93 '康里'는 쿠차국의 후대 이름이다.

94 元・管道升書, 「致中峰和尙尺牘」, 『故宮書畫錄』卷三, 台北故宮博物院 소장, 『故宮歷代法書全集』15 참고. 管道升(1262~1319년)의 字는 仲姬・瑤姬로 華亭人(현 上海 靑浦人) 또는 德淸 茅山(현 幹山鎭 茅山村) 출신이라고도 한다. 元代의 유명한 여성 서예가이자 화가, 시인으로, 趙孟頫의 아내이다. 어려서부터 총명하여 시와 그림에 능하였다. 1317년에 조맹부와 결혼하여 魏國夫人에 책봉되었다. 조맹부는 만년에 翰林學士承旨・榮祿大夫로 승진하여 從一品에 이르렀다. 단 그는 宋室의 후예로 원의 관리가 되었기에 번민이 많았고, 그것을 書畫로 달래었다. 管道升이 相夫敎子하여 이후 趙氏一門에서 3대에 걸쳐 趙雍・趙麟・趙彦正 등 7명의 대서예가가 배출되었다. 관도승의 저술로는 『墨竹譜』(1卷)가 있고 ≪水竹圖卷≫(대만 故宮博物院 소장)・≪秋深帖≫・≪山樓繡佛圖≫・≪長明庵圖≫ 등이 전한다.

95 趙孟頫, 「留別沈王」, 『松雪齋文集』 卷五, '珍重王門晚受知 一年長恨曳裾遲. 分甌共酌人蔘飮 繞徑同看芍藥枝. 華屋焚香凝燕寢 畫屛摘句寫烏絲. 吳船萬裏東南去 采盡蘋花有所

시구에서 왕과 중국 문인과의 교류 상황을 알 수 있다. 조맹부와 이제현이 같이 있을 수 있었던 시기는 약 5~6년으로, 이제현은 조맹부에게서 서화를 배웠다. 특히 말 그림을 잘 배웠다고 한다.

만권당을 통해 고려에 전래된 조맹부체는 고려 서체의 변화를 초래하였다. 조맹부체는 신흥사대부들에게 전해졌으며, 이색의 스승인 이암이 특히 조맹부체에 능하였다. 조맹부체(송설체)는 조선에서도 유행하여 교서관·예조·홍문관 등을 통해 확산, 유행되었다.

나. 요수

요수(1238~1313년)의 자는 단보端甫, 호는 목암牧庵이다. 낙양 사람으로 선조는 요금 시대에 고관을 지내었다. 백부 요추姚樞는 금이 망한 후 쿠빌라이의 막부에서 활동한 유명한 한족 유신이었다. 요수는 일찍 부친을 잃고 백부의 양자가 되어 『소학小學』·『사서四書』 등을 배웠다. 13세에 허형許衡을 처음 만났고 18세에 제자가 되었다. 1286년 여름에 한림직학사가 되었고 1307년에 영록대부·집현대학사·한림학사승지를 역임하였다. 또한 그는 학자들로부터 추앙받아 문단의 맹주가 되었다. 후에 지제고겸수국사知制誥兼修國史가 되어 성종과 무종의 『실록』을 찬하였다. 1311년에 남쪽으로 돌아가 1313년 9월 16일에 향년 76세로 사망하였다. 시호는 왈문曰文이다.

왕장은 요수·소석·염복·조맹부 등과 만권당에서 교류하였고, 그들은 대부분 인종의 잠저유신이었다. 왕장은 그들을 동궁관으로 추천하거

思.' 이는 1319년에 조맹부가 고향으로 돌아가면서 충선왕에게 올린 시문으로, 그 내용에서 두 사람의 교분이 매우 깊었음을 알 수 있다.

나, 관리로 발탁하기도 하였다.

요수는 특히 골동품에 대한 감식안이 뛰어났다. 그의 문집에 '고려심왕시서高麗瀋王詩序'란 글이 있는데, 1310년 4월에 충선왕이 공신호를 받고 다시 심왕으로 승격한 것을 축하하는 하시賀詩 서문이다. 내용은 고려는 원과 혼인으로 맺어져 다른 속국과 달리 독자적 운영이 가능하며, 국가 체제 정비, 관료 선발 및 충원, 형상刑賞, 호령號令, 정부征賦 등의 운영에 독자성이 있음을 강조하고 있다.

> 天下之事以古方今不異則同異乎古則同乎今異乎今則同乎古異必
> 一居無有若高麗氏之古今兩異者姑卽已事而觀之始晉惠之永興盡宋
> 文之元嘉偏方立國若成李雄代什翼犍凉張寔呂光南凉禿髮烏孤西凉
> 段業李暠北凉沮渠蒙遜夏赫連勃勃後秦姚萇西秦乞伏國仁燕慕容皝
> 垂南燕慕容德西燕慕容冲合是數國之年取其兩端冲少不能蹤紀沮渠
> 不及四十一何促促若是耶庸以較夫高麗氏王建立國于唐明宗長興
> 壬辰歷晉漢周金宋以及至大庚戌傳二十八歷三百七十九年垂統之遙
> 繼序之遙昭昭況賴聖世億萬維年其來猶未艾者獨何修而臻此哉豈負
> 固海隅中土之兵不能以至歟將善于事大不失其貢職歟將修明治具禮
> 樂刑政維持之效歟抑箕子之澤百世而不斬也吾所謂異古者此焉耳其
> 異于今均之曰王異姓之于天宗有間也然宗王□受封大國同升虛邑何
> 也未嘗祖別子于廟人民則天子使吏治之其府雖得置監郡與府屬皆請
> 而命諸朝而刑人殺人動兵何敢越律其民五家賦詩爲斥纏一猶不聽下
> 令擅徵發其地皆輪之天府歲終頒之其網亦密矣遇高麗氏則不然有宗
> 廟烝嘗以奉其先也有百官布列以率其職也其刑賞號令專行其國征賦

則盡是所轄之境惟所用之不入天府若是而曰異乎今者然乎非歟最二
祖之所併苞何翅萬國其苗胄有世其土而王者乎雖牽途人之裾以問之
亦皆曰無有萬國獨一焉世祖又爲乃先生降以安平帝姬追封秦國實生
今王于屬爲甥而妃又裕皇元子晋王公主父子先後連姻帝室當儲皇之
殺寧內訌也王與定策故皇上報之加開府儀同三司太子太師上柱國瀋
陽王駙馬都尉征東行中書省左丞相高麗國王後以宗王封大國者惟一
字遂與同之又原降制惟曰瀋王進尙書右丞相加推忠揆義協謀佐運功
臣湛露恩光可謂無以尙者其相與參軍踵門謂燧曰詞垣之臣不可不有
詩也君爲序之翰長乃俶其屬共爲賦頌襃揚揄拂歸美聖德歌功台階其
聲鑑鏗若金鐘大鏞之戞乎虞業焉其文焜煌若山龍藻火之摛乎繪絺焉
旣不遺于一善燧序先之則爲箕舌之粃糠有譏其贅者矣[96]

　당시 수많은 황실이나 귀족, 대신들이 요수의 문장을 얻기를 원하였다.
충선왕 역시 그의 시문을 얻기 위하여 많은 노력을 아끼지 않았다고 한
다.[97] 요수는 무종대에 한림학사승지를 하였는데, 당시 권세가들 사이에
서는 그의 문장을 얻지 못하면 매우 수치스럽게 여기는 풍조(其不得者每
爲愧恥)가 있었다고 한다.
　심왕 부자는 그의 문장을 얻은 후 매우 기뻐하여 폐백·금옥金玉·명화
名畫 등을 50 여 광주이나 보내었다. 요수는 골동품 수집을 매우 좋아하였
지만 충선왕에게서 받은 것을 취하지 않고 서리, 시종 등의 주변인에게
나누어 주고 남은 것은 한림원으로 보내어 쓰게 하였다 한다.

---

96 『원사』 23, 「무종본기」 지대3년 4월 기유. ; 姚燧, 『牧庵集』 권3, 「高麗瀋王詩序」.
97 요수, 『목암집』, 「附錄」, 「年譜」.

요수는 당시의 대표적 문인이었으므로 칙명으로「중건남전산대자화사비重建南泉山大慈化寺碑」·「저궁사용홍사영업전기儲宮賜龍興寺永業田記」 등의 비문을 썼다. 또 그는 1310년에 무종의 명으로「숭은복원사비崇恩福元寺碑」를 썼다. 요수의 글은 매우 많아 제자 유치劉致가 정리하여『목암문집牧庵文集』(50권)을 편찬하였다. 모두 689편의 시사문부詩詞文賦가 수록되어 있다. 시는「청명일배시승오류산등낙성사淸明日陪詩僧悟柳山登落星寺」 등 147수가 전한다. 요수는 다음과 같이 충렬왕을 위한 제문도 지었다.

24년에 공주가 홍 하자 왕이 병으로 세자 원謜에게 손위하니, 수일왕壽逸王으로 봉하였다. 명년에 복위하여 또 11년 만에 홍 하니 수는 73세요 재위 기간은 35년이었다. 무종황제가 봉증封贈을 가하였으니 그의 제문은 이러하다.

"짐이 이제 천하를 살펴보건대 백성과 사직을 두고 왕이 된 자는 오직 삼한뿐이요, 조종으로부터 신하 노릇을 한 지가 자못 백 년이 되었도다. 아버지가 거친 땅을 개척하니 아들은 다시 즐겨 파종을 하였으며, 그는 나를 장인[舅]이라 이르고 나는 그를 사위[甥]라 이른다. 이미 공훈에다가 친척의 정의를 더하였으니, 귀하고 부하게 하는 것이 마땅하도다. 사대의 예를 능히 먼저 하였으니 추숭의 은전을 뒤로 미루겠는가. 고 순성수정 추충선력 정원보절공신 태위개부의동삼사 정동행중서성우승상 상주국 부마(故純誠守正推忠宣力定遠保節功臣 太尉開府儀同三司征東行中書省右丞相上柱國駙馬) 고려 국왕 왕거는 효도를 충성으로 옮기었고 위엄을 은혜로 바꾸었도다. 예악과 형정을 닦으니 전장과 문물이 모두 찬연하였도다. 오직 큰 모유謀猷를 경영하였으며 소심으로 공경하였도다. 처음 세자 때에 이미 황제의 딸에게 장가들었고 곧바로 사왕嗣王을 도왔으니, 공손公孫이 다시 지위를 회복함과 같은 유가 아니었도다. 드디어 그 때로 바치는 방물을 파하고 도리어 종친에게 해마다 하사함과 같이 하였도다. 동정에는 병균秉鈞으로 책임 지위 남면에게 전침奠枕을 기대하였도다. 왕에게 반역한 자를 쫓기 위하여 요수遼水에 솔선하여 나갔고 기병을 출동하여 태산으로 알[卵]을 눌렀도다. 싸우던 발꿈치 돌리기도 전에 역적의 머리를 이미 바쳤도다. 비록 왕위에 거한 지는 삼기(三紀 1기는 12년이니 3기는 곧 36년)가 되지 못하였으나 향년은 실로 칠순을 지났도다. 중수를 하였다고 말하나 지금 세상에 드문 일이로다. 하물며 그의 아들이 어질기가 이와 같으니, 이 사람은 세상이 없어져도 영원히 잊지 못하겠도다. 관계로부터 나아가서 사원師垣의 지극한 자리에 이르렀도다. 이미 현도玄菟의 터전에 봉하였고 창해를 옷깃[襟]으로 삼았으니, 어찌 반드시 백마를 죽여 맹세하고 황하가 띠[帶]와 같음을 약속할 것이 있으랴. 바라노니 곧은 혼백은 휼장恤章(임금이 신하에게 증직하는 은전)에 복종하기를, 순성수정 추충선력 정원보절 인량홍화 봉경공신 태사개부의동삼사상서우승상 상주국 부마고려국왕시 충렬(純誠守正推忠宣力定遠保節寅亮弘化奉慶功臣太師開府儀同三司尙書右丞相上柱國駙馬高麗國王諡忠烈)을 추증하노라."

이것은 한림학사 승지 요수의 글이다.[98]

98 『益齋亂稿』 권9상, 세가.

인종이 황태자였을 때 요수는 70세였으며, 태자의 빈객으로 태자소부가 되었다.[99] 당시 충선왕은 태자태부이었다.

다. 우집虞集

우집虞集(1272~1348년)은 원의 관원이자 학자, 시인으로 자는 백생伯生, 호는 도원道園이다. 세칭 소암선생邵庵先生이라 불렸으며 남송 좌승상 우윤문虞允文의 5세손이다. 그는 원 성종 대인 1302년에 대도로 가서 조신들의 천거로 대도로大都路 유학교수儒學教授가 되었다. 1307년에 국자조교國子助教가 되었고 사도師道를 자임하여 이름이 높아지자 많은 학생들이 그를 따랐다. 그 해에 모친상을 당하여 관직을 떠났다가 1309년에 국가조교로 복임하였고 1311년에는 국자박사가 되었다.

1311년에 인종이 즉위하였다. 1314년에 우집은 종사랑從仕郎·태상박사太常博士가 되었고 후에 집현원수찬集賢院修撰으로 천거되었다. 학교와 교육문제에 대한 상소로 인종의 칭찬을 받았다. 1319년에 한림원대제겸국사원편수翰林院待制兼國史院編修·집현원수찬集賢院修撰이 되었고, 1324년과 1327년에 예부시禮部試를 주관하였다. 규장각시서학사·통봉대부 등을 역임하고 1348년에 77세로 사망하였다. 강서행중서성참지정사江西行中書省參知政事·호군護軍·인수군공仁壽郡公에 추증되었고 시호는 문정文靖이다.[100]

우집은 문장으로 이름이 높아 게혜사揭傒斯·유관柳貫·황진黃溍과 더불

---

99 『元史』 174, 「姚燧傳」.
100 『元史』 181, 「虞集傳」.

어 '원유사가元儒四家'로 불린다. 시에도 능하여 계혜사·범형範桴·양재楊載와 더불어 '원시사대가元詩四大家'로 불린다. 『경세대전經世大典』을 영수領修하였으며, 저술로는 『도원학고록道園學古錄』·『도원유고道園遺稿』 등이 있다.

라. 염복閻複

염복閻複(1236~1312년)은 원의 대신으로, 자는 자정子靖, 호는 정헌靜軒이며 동평고당東平高唐 사람이다. 서담徐琰·이겸李謙·맹기孟祺와 더불어 '동평사걸東平四傑'로 불린다. 1297년(大德元年)에 한림학사翰林學士가 되었고 이후 한림학사승지翰林學士承旨가 되었다. 그는 원 세조, 성종에 이어 무종 대에도 출사하였다. 그는 무종 즉위시에 진계영록대부晉階榮祿大夫였으며 후에 중서평장정사中書平章政事를 제수하였다.

만권당을 드나들며 충선왕과 교류[101]하였으며 인종이 즉위 후 그를 불렀으나 병으로 사양하였다. 1312년에 77세로 사망하였다. 광록대부대사도상주국光祿大夫大司徒上柱國으로 추증되고 영국공永國公에 봉해졌다. 문집으로 『정헌집靜軒集』(50권)이 있으며 시호는 문강文康이다.[102]

마. 원명선元明善

원명선元明善(1269~1322년)의 조상은 북위北魏 탁발씨拓跋氏의 후예로, 그는 하북성 청하淸河 사람이다. 어려서부터 학문이 높기로 유명하였다. 인종의 즉위 전, 즉 무종의 태자로 동궁에 있을 때 태자문학太子文學으로 발

---

101 『고려사』권34, 세가 34, 충선왕 5년(1314년) 3월.
102 『元史』 160, 「閻複傳」.

탁되었다. 인종이 즉위하자 한림대제翰林待制가 되었다. 성종과 순종의 실록을 찬수하였고 한림직학사翰林直學士·시강학사侍講學士로 승진하였다. 자는 복초複初이다.

인종이 즉위한 후『무종실록武宗實錄』을 찬하였다. 1315년(延祐2)에 연우복과가 시행되었을 때 원명선은 고시관이 되었다. 영종이 즉위하자 한림학사가 되었고,『인종실록仁宗實錄』을 찬하였다. 요수와 함께『청하집淸河集』을 편집하였다. 태정제 대에 자선대부하남행성좌승資善大夫河南行省左丞에 추증되었고 청하군공淸河郡公에 추봉되었다. 시호는 문민文敏이다.[103]

바. 왕운王惲

충선왕은 원에서 학문과 덕행이 높은 유학자와 교류하는 것을 좋아했다. 충선왕은 세자였을 때, 왕운王惲(1227~1304년)과 망년지교忘年之交를 맺었다.[104] 왕운이 세자 왕원에게 쓴「정고려세자呈高麗世子」는 7언율시로, 1298년 1월에 쓴 것이다. 「고려국왕사사조세자사위동환시이송지高麗國王謝事詔世子嗣位東還詩以送之」도 7언율시로, 같은 시기 왕원이 1차 즉위하며 귀국하게 되자 전별시로 지은 것이다.[105]

왕운의 자는 중모仲謀, 위주衞州(元代의 衛輝路) 급현汲縣(河南省 衛輝市) 사

---

103 『元史』181, 「元明善傳」, '延佑二年 始會試天下進士 明善首充考試官. 及廷試 又爲讀卷官 所取士後多爲名臣.' ; 馬祖常所撰, 「元公神道碑」, '迅筆詳定試卷數語 辭義鹹委屈精盡 他人抒思者不及也.'
104 王惲, 『秋澗先生大全文集』 권22, 「呈高麗世子」, '霞綺紅潮鴨綠淸風姿渾是父王英禮文 曲折猶周制脂澤涵濡見漢甥衡宇接談今日款中堂陪宴向來情鳳皇池上應回憶慚愧朱絃一 再行'; 「高麗國王謝事詔世子嗣位東還詩以送之」, '禁臠東牀得象賢遠持龍節赴眞傳靜看 麗海風雲契更覺天東雨露偏萬里寵光隆帝館三韓春色入吟鞭百年藩屛敦姻好合有精忠在 日邊'
105 『고려사』, 세가31, 충렬왕 24년 1월 병신, 갑진.

람이다. 원의 관리이자 문학가로, 조부 왕우王宇는 금 대에 돈무교위敦武校尉를 지냈다. 부친 왕천석王天錫은 금의 호부주사戶部主事를 역임하였다.

1260년에 상의관詳儀官으로 임명된 이후, 감찰어사, 승직랑承直郎 등을 거쳐 한림학사가의대부가 되었다. 1295년에 통의대부通議大夫·지제고동수국사知製誥同修國史가 되어 『세조실록世祖實錄』을 찬수하였다. 1297년에 진중봉대부進中奉大夫가 되었다. 1304년에 사망하였고 한림학사승지자선대부에 추증되었다. 태원군공太原郡公에 추봉되었고 시諡는 문정文定이다. 왕장과의 교류는 그의 말년의 일이었다.

저술로는 『상감相鑒』(50권)·『급군지汲郡誌』(15권)·『추간악부秋澗樂府』(4권)·『추간선생대전집秋澗先生大全集』(100권)이 있으며, 『원사元史』권176, 「열전列傳」제54, 『신원사新元史』권181, 「열전列傳」제85에 전적이 있다.

사. 주덕윤朱德潤

주덕윤(1294~1365년)은 원대의 화가이자 유학자로 하남河南 휴양睢阳(현 河南商丘睢陽區) 출신이며 호는 택민澤民이다. 조맹부의 추천으로 1319년에 대도로 가서 부마태위 심왕을 만나 교류하였으며, 원 인종, 영종의 총애를 받았다. 두 번에 걸쳐 대도에 머물렀는데 그 중 첫 번째가 왕장의 만권당에 드나들던 때이다.

영종 대에 관직이 진동유학제거鎭東儒學提擧에 이르렀으나 영종이 사망하자 고향으로 돌아가 주로 문필과 그림에 종사했다. 가구사柯九思와 함께 원대의 대표적인 문인화가이며, 특히 산수화에 능했다. 고극공高克恭, 풍자진馮子振 등에게 실력을 인정받았다. 대표작으로 북경 고궁박물원에 있는 『수야헌도秀野軒圖』가 있고 저서로는 『존복재문집存復齋文集』이 있다.

주덕윤의 시 「명銘」[106]은 그가 1319년 겨울에 충선왕의 부름으로 상경하던 중 하남河南 강북행성 회안로淮安路에서 단석연端石硯을 얻어 지은 연명시硯銘詩이다. 또 주덕윤의 묘지명인 「유원유학제거주부군묘지명有元儒學提擧朱府君墓誌銘」[107]에는 충선왕과의 관계가 언급되어 있다.

주덕윤은 1325년 5월에 충선왕이 사망하자 「祭太尉瀋王文」[108]이라는 제문을 지어 올렸다. 이 글은 충선왕의 만권당에서 교류하던 많은 유자, 관료들이 왕의 죽음을 당하여 제를 올리며 지은 것이다.

4) 고려의 유자들

충선왕은 총명하고 기억력이 좋았으며, 유신들과 역사에 대해 토론하는 것을 매우 좋아하였다. 그는 특히 송나라의 역사에 대하여 관심이 많았는데, 일찍이 수종하던 관원들에게 『동도사략』[109]을 주고 읽게 했다.

충선왕은 이 책에서 왕단王旦・이항李沆・부필富弼・한기韓琦・범중엄範仲淹・구양수歐陽修・사마광司馬光 등의 명신들의 사적을 들을 때는 반드시 두 손을 이마에 대는 존경을 보였고, 정위丁謂・채경蔡京・장돈章惇 같은 간신들의 사적을 들을 때는 이를 갈며 통한하였다고 한다. 이 부분에서 그의 현인을 좋아하고 악인을 혐오(好賢嫉惡) 하는 성격을 알 수 있다.[110]

---

106 朱德潤, 『存復齋文集』 1.
107 朱德潤, 『存復齋文集』 附錄.
108 朱德潤, 『存復齋文集』 7, 「祭文」.
109 『東都事略』은 중국 북송의 역사를 기록한 紀傳體 사서로, 王稱이 찬하였다. '동경'은 수도 汴梁을 汴京이라 부른데서 나온 제목이다. 왕칭은 당시의 『國史』・『實錄』 등을 참고하여 송 태조에서 欽宗까지의 역사를 전 130권으로 찬하였다.
110 『고려사』 卷34, 「世家」 第34, 「忠宣王世家二」, '性好賢嫉惡, 聰明强記, 凡事一經耳目, 終身不忘. 每引儒士, 商確前古興亡, 君臣得失, 亹亹不倦. 尤喜大宋故事, 嘗使僚佐, 讀東都

그는 송 태조 조광윤趙匡胤을 왕건王建과 비교하기도 하였다.[111]

충선왕의 측근에 있으며 왕과 함께 개혁 정책을 입안한 인물로는 이제현의 부친 이진李瑱, 성리학을 전파한 권부權溥(1262~1346년), 이제현과 만권당 동료인 권한공權漢功(?~1349년), 서연관書筵官 채하중蔡河中(?~1358년), 박경량朴景亮(1240?~1320년)[112] 등을 들 수 있다.

또한 충선왕의 토번 유배길을 호종한 박인간朴仁幹(?~1343년)·김심金深·김이金怡·최성지崔誠之·장원지張元祉 등도 있었다. 그 중 김이는 충선왕이 원에서 경제적으로 고통을 받을 때 능력을 발휘하여 보필하기도 하였다. 이에 고려의 유자들에 대해 간략히 살펴본다. 단 이제현에 대해서는 8장에서 서술한다.

(1) 권한공

事略, 聽至王旦·李沆·富·韓·範·歐陽·司馬諸名臣傳, 必擧手加額, 以致景慕, 至丁謂·蔡京·章惇等奸臣傳, 未嘗不切齒憤惋.'

111 『고려사』卷2, 「世家」第2, 「太祖世家二」, '忠宣王嘗言, '我太祖, 規模德量, 生於中國, 當不減宋太祖. 宋太祖事周世宗, 世宗賢主也, 待宋太祖甚厚, 宋太祖, 亦爲之盡力. 及恭帝幼沖, 政出太後, 迫於群情, 而受周禪, 蓋出於不得已也. 我太祖事弓裔, 猜暴之君, 三韓之地, 裔有其二, 太祖之功也. 以不世之功, 處必疑之地, 可謂危矣. 而國人歸心, 將士推戴, 然猶固讓, 欲徇延陵之節. 吊伐之事, 亦豈得已哉? 其好生惡殺, 而信賞必罰, 推誠功臣, 而不假以權. 創業垂統, 固宜一揆矣. 至若宋祖, 以江南李氏, 比之鼾睡臥榻, 則石晉所賂契丹, 山後之十六州, 蓋視爲橐中物, 旣收北漢, 將長驅, 以定秦漢之疆耳. 我太祖卽位之後, 金傅未賓, 甄萱未虜, 而屢幸西都, 親巡北鄙. 其意, 亦以東明舊壤爲吾家靑氈, 必席卷而有之, 豈止操雞搏鴨而已哉? 由是觀之, 雖大小之勢不同, 二祖規模德量, 所謂易地皆然者也.'

112 권한공, 최성지, 박경량은 가장 오랜 동안 충선왕을 보필한 사람이다. 특히 박경량은 무관 출신으로, 조인규의 사위이며 1298년부터 충선왕의 충실한 복심이었다. 이연숭(?~1320년)도 박경량과 거의 비슷하게 왕의 곁에 있었다.

권한공權漢功(?~1349년)은 고려 후기의 문신으로 본관은 안동이고 첨의
평리僉議評理 권책權頙의 아들이다. 호는 일재一齋이다. 충렬왕 때 과거에 급
제하여 1294년에 직사관直史館이 되었고, 동지밀직사사 유승柳陞과 원에
성절사聖節使로 다녀왔다.[113]

후에 원에서 세자(충선왕)를 모시고 있었으며, 귀국 후 충선왕이 집권하
자 최성지崔誠之와 함께 인사권을 장악하였다. 권한공이 오랫동안 인사권
을 장악하던 시기에 충선왕이 충숙왕에게 왕위를 양위하였다. 권한공은
충숙왕 초에 삼사사三司使를 거쳐 찬성사에 전임하였다.

충숙왕 6년 3월에 충선왕이 황제에게 어향御香의 하사를 요청해 그
임무를 맡아 남쪽 강절江浙지방을 갈 때 이제현 등과 함께 왕을 수행하
였다. 충선왕은 그들에게 산천의 경관을 적어 기행문(行錄)을 만들게 했
다.[114]

당시 퇴위해 원나라에 있었던 충선왕이 국내정치에 간섭하였는데, 권
한공은 이광봉李光逢(?~?)[115] 등과 연경燕京에서 충선왕을 호종扈從하면서
권세를 부렸기 때문에 충숙왕과 틈이 생겼다.

충숙왕 2년(1315) 7월 을묘일에는 다시 권한공을 원나라에 보내 황

태후의 존호를 덧붙인 것을 하례하게 했다.

---

113 『고려사』, 충렬왕 20년(1294) 7월 병자일, '同知密直司事 柳陞과 直史館 權漢功을 원나라
에 보내 황제의 생일(성절사)을 축하하게 했다.'
114 『고려사』, 충숙왕 6년(1319) 3월. '(충선)왕이 황제에게 御香의 하사를 요청해 그 임무를 맡
아 남쪽 江浙지방을 유람하면서 寶陁山까지 갔다가 돌아왔다. 이 여행에 權漢功과 李齊賢
등이 수행했는데 왕이 그들을 시켜 지나친 산천의 좋은 경관을 글로 적어 기행문[行錄] 한
권을 만들게 했다.'
115 1314년 5월에 상장군(정3품)으로 원에 파견, 만권당에 5년 머물다 귀국.

충숙왕 4년(1317) 11월 신묘일, 찬성사贊成事 권한공이 원나라로부

터 귀국하는 편에 황제가 왕을 개부의동삼사開府儀同三司·부마駙馬·

고려국왕高麗國王으로 책봉했다. 충숙왕 6년(1319) 2월 병신일, 찬성사

권한공을 원나라에 보내 황제의 생일을 축하하게 했다.

권한공은 1320년에 충선왕이 환관 임백안독고사의 참소로 토번으로
귀양 가자, 순군巡軍[116]에 갇혔다가 1321년에 유배되었다. 그러나 곧 풀려
나와 그에 대한 보복으로 1322년에 충숙왕을 폐하고 심왕 왕호王暠를 세
우려고 획책했으나 원나라의 거부로 실패하였다. 그는 1324년에 예천군
醴泉君으로 봉해졌다. 충혜왕이 원나라에 잡혀갔을 때, 재상·국로들이 왕
의 죄를 용서해주도록 청할 것을 의논하였는데 이를 반대하였다.

관직은 밀직부사, 동지밀직사사, 지밀직사사, 첨의평리 등을 역임하였
다. 후에 도첨의정승에 이르렀고, 예천부원군에 봉해졌으며 원에서는 태
자좌찬선太子左贊善 직을 받았다. 시호는 문탄文坦이며 저서로 『일재일고一
齋逸稿』가 있다.

(2) 홍약

---

116 '巡軍'은 '巡査'라고도 하며, 도둑을 잡는 捕盜 사졸을 말한다. 『元典章』·「刑部」13·「失
盜」, '欽依先帝聖旨體例 限一年教巡軍每根巡賊人 一年不獲 只教巡軍諸人相賠償.' ; 『淸
平山堂話本·簡貼和尙』, '走去轉灣巷口 叫將四箇人來 是本地方所由 如今叫做連手 又
叫做巡軍.' ; 『英烈傳』第70回, '良輔 著人夜半縋城 往 寧夏 求救 又被巡軍所拿 於是音信
隔絶.'

홍약洪瀹(?~?)은 고려의 관원으로 1310년대에 원에서 활동한 몇 가지 눈에 띄는 기록이 남아 있다. 그가 맡은 일로 보아 홍약은 충선왕의 깊은 신임을 받았던 것으로 보인다. 충선왕은 1312년 겨울에 홍약(僉議參軍)과 장득선蔣得瑄(大護軍), 임선林宣(親從護軍), 김완지金完之(中軍將), 오중경吳仲景(郎將) 등을 항주 고려혜인사로 보내어 사찰을 중수하게 하였다.[117] 그곳은 대각국사 의천이 진수정원을 만나 가르침을 받고 각종 희사를 한 명찰이었다. 당시 고려혜인사의 주지는 화엄승 혜복慧福이었다. 또 홍약은 천목산의 중봉명본中峰明本에게 충선왕의 예물과 서신 등을 전하였다.

1314년에 성균제거사成均提擧司[118]에서 박사 유연柳衍과 학유學諭 유적兪迪을 중국 강남으로 보내 서적을 구입하게 했는데, 도중에 배가 파선하는 바람에 유연 등이 중국 해안에 표박했다. 마침 홍약은 태자부참군太子府參軍으로 남경에 머물고 있다가 유연 등을 만났다. 홍약은 그들에게 보초寶鈔[119] 150정錠을 주었고, 경학 관련 서적 10,800권을 구입해 귀국하게 하였다.[120]

이와 같은 서적 구입은 한림원의 정책사업이었던 것으로 보인다. 충선

---

117 「高麗國相元公置田碑」.
118 『고려사』, 「百官志」, '忠宣王五年始置提擧司: 提擧一人副提擧二人提控二人正七品; 司鑰八人正八品; 司涓八人正九品. 吏屬文宗置記事二人記官二人史二十人. 掖庭局國初稱掖庭...'
119 원대의 지폐로, 交鈔·銀鈔라고도 한다. 교초는 원 세조대부터 본격적으로 유통되기 시작하였다. 세조는 1260년에 10종의 中統元寶鈔를 발행하게 하고 燕京平準庫와 平準行用庫를 설치하여 兌換의 사무를 관장하게 했다. 인종대인 1312년에는 至大銀鈔가 발행되었으나 곧 폐지되고, 다음해에는 중통보초가 소액권으로 재 발행되었다. 보초의 고려 유통에 대해서는 그 유통의 정도가 미미했다는 견해와, 고려의 은병과 원의 보초가 동시에 유통되었다는 견해가 있다. 이강한, 「고려후기 원보초의 유입 및 유통실태」, 『한국사론』 46, 서울대 국사학과, 2001. ; 김도연, 「원간섭기 화폐유통과 보초」, 『한국사학보』 18, 2004.
120 『고려사절요』 권24, 충숙왕, 갑인 원년(1314).

왕의 모친인 제국대장공주가 연경에서 올 때도 일용기구, 간책簡冊, 서화 등을 배에 싣고 돌아와서 궁내의 임천각臨川閣・청연각淸燕閣 등이나, 안화사安和寺・흥왕사興王寺 등에 수장하였다. 『고려사』에 의하면 충선왕은 모친의 사망으로 환국할 때에도 책과 서화를 가득 싣고 왔다.

한편 고려에서는 충숙왕 원년(1314) 6월 경인일, 찬성사贊成事 권부權溥, 상의회의도감사商議會議都監事 이진李瑱, 삼사사三司使 권한공, 평리評理 조간趙簡, 지밀직知密直 안우기安于器 등이 성균관에 모여, 당시 새로 구입한 서적을 열람하는 한편 경학經學시험을 보게 했다.

홍약은 1317년 2월에는 밀직密直으로 있으며 절일사로 파견되었다. 홍약은 1319년, 상왕이 강절江浙을 유행하고 보타산寶陀山에 갈 때에도 이제현李齊賢, 권한공과 함께 왕을 수행하였다.

충선왕이 토번에서 유배 중이던 1321년 5월 갑오일에 익성군益城君 홍약은 원에서 귀국하였다.[121]

(3) 백이정

안향이 충렬왕과 충선왕 대에 왕을 배행하여 원으로 가서 성리학을 공부하고 돌아온 뒤로 그 문하에서 백이정白頤正・권부權溥・백문보白文寶・이인복李仁復 등이 배출되었다. 백이정(1247~1353년)은 충렬왕 대인 1298

---

121 『고려사』, 「世家」 35, 忠肅王 8年 5월.

년에 52세의 나이로 충선왕을 수행하여 대도로 갔다. 대도에서 10년간 주자학을 연구하고 62세에 귀국하여 후학들에게 성리학을 전파하였다.

후학 가운데 이제현과 박충좌朴忠佐는 6년간 백이정에게서 성리학을 공부하였다. 박충좌는 본관이 함양이고 자는 자화子華, 호는 치암恥菴이다. 어려서부터 학문을 좋아하였으며 이제현과 함께 백이정에게서 수학하였다. 충숙왕 대에 문과에 급제하였고, 밀직제학密直提學·개성부윤·함양부원군에 피봉되었다. 1344년에는 지공거가 되었고 충목왕에게『정관정요貞觀政要』를 시강하였다.

그 밖의 백이정의 제자로 이곡李穀·백문보·이인복 등도 있었다. 이곡 등은 백이정·권부·우탁禹倬을 이은 신흥유신들이었다.

(4) 이암

행촌 이암李嵒(1297~1364년)은 고성 출신으로, 초명은 군해君侅, 자는 고운古雲, 호는 행촌杏村이다. 12세에 과거 준비를 시작하였고 17세인 1313년에 문과에 급제하여 충선왕과 충숙왕의 총애를 받았다. 당시 권한공과 최성지가 지공거였는데 그에 대해 '나라에 크게 쓰일 재능과 도량을 갖추었다'고 평하였다.

1314년에 부인符印을 관리하는 직책을 받았고, 이어 비서교감·낭郎·주부主簿·단양부좌도관을 거쳐 정랑이 되었다. 27세이던 1323년에는 심양왕 등의 청으로 원 황제에게 국호폐지입성책동國號廢止立省策動을 반대하는 소를 올렸다.

31세(1327)에는 내시통직랑內侍通直郎의 신분으로 있으며 조맹부체로「문수원장경각비文殊院藏經閣碑」[122]를 서사하였다. 비문은 탁본으로 전하는데 원 순제의 황후 기씨가 황태자와 황자의 명복을 빌기 위하여 대장경 일부를 문수사(청평사)에 보낸 것을 서술하고 있다. 문장은 이제현이 짓고 글씨는 송설체松雪體의 대가로 꼽히는 이암이 썼다.

1332년(37세)에 충숙왕이 복위하자 강화도로 유배되었다가 40세에 귀양살이에서 풀려났는데 그 기간에 많은 서책을 탐구하였다고 한다. 후에 좌정승에 올랐으며 1363년 윤3월에 공민왕을 안동으로 호종한 공로로 철성부원군鐵城府院君에 봉해졌다. 1364년 5월에 사망하였으며 시호는 문정文貞이다.

---

122 충숙왕 14년(1327)에 세운 것으로 글씨는 송설체임.

5

▌원 제국의 불교

1. 원의 불교 상황

13세기 초에 세계를 제패한 칭기즈 칸은 각 민족의 종교와 문화의 다양성을 인정하며, 자신은 물론 후손들에게도 모든 종교를 평등하게 대우할 것을 명하였다. 그런데 원 황실에서는 불교를 그들의 종교로 택하였기에, 역대 황제나 황실 구성원들은 사찰 창건, 대장경 조인, 사액, 토지 기증 등의 다양한 불사 활동을 하였다.

충선왕도 예외가 아니어서 그의 불교 활동은 원과 고려 양국에서 찾아볼 수 있으며, 원의 사료에 더 많이 남아 있다. 충선왕의 불교 활동을 살펴보기에 앞서, 원 세조 즉위 시부터 순제 말년까지(1260~1368년)의 원의 불교 상황을 대략 살펴본다.

1) 불교 정책

중국에서는 불교가 전래 된 이후부터 당, 송, 요, 금 대에 걸쳐 많은 사찰이 창건되었다. 원대에도 전국적으로 많은 사원이 창건되었는데, 1281년의 선정원 통계에 의하면 미등록 사암을 제외하고도 전국에 약 4만 곳 이상의 사찰이 있었다고 한다.('天下寺宇四萬二千三百一十八區')

원대의 사원 분포에 대해 참고할 만한 사료는 다음과 같다.

첫째, 1285~1294년에 걸쳐 완성된 『大元大一統志』가 있다. 이 책은 후에 다시 운남·감숙·요양의 『圖志』를 보충하여 성종대인 1303년에 총 1300권으로 중수 되었다. 그러나 많은 부분이 산일되어 원대의 사원분포 상황을 제대로 살피기에는 충분하지 않다. 이 책에 의하면 대도로大都路에는 요·금 대에 창건된 68개의 사찰이 있었다.

둘째, 원대의 방지方志가 있다. 방지는 해당 지역의 사건, 인물, 역사 등을 담고 있는 사료이다.[1] 원대의 방지로는 『지원가화지至元嘉禾志』·『대덕 창국주도지大德昌國州圖志』·『지대금릉신지至大金陵新志』·『연우사명지延祐四 明志』·『지정사명속지至正四明續志』·『지순진강지至順鎭江志』·『지정중수금 천지至正重修琴川志』·『지정곤산군지至正昆山郡志』·『무석지無錫志』·『대덕남 해지大德南海志』·『하남지河南志』·『류편장안지類編長安志』·『장안도지長安圖 志』·『석진지집일析津志輯佚』·『제승齊乘』 등이 있으며, 원대의 창건 사찰 1049곳을 기록하였다. 대도로에는 요·금대의 주요 사찰 중 82곳이 중· 창건되었다고 한다.[2]

---

1 『周禮』, 「地官」, '掌道方志 以詔觀事.'
2 원대의 행정 구획은 '路'이고 명 대에는 '府'로 바꾸었다. 대도로의 사찰이 명대에 늘어난 것

그런데 원대의 방지는 수량이 매우 적으며, 그나마 주로 강절행성江浙行省에 대한 것이 많아서 원 제국 불교의 전체적 모습을 살피기에는 적합하지 않다.

셋째, 명대의 사료로『대명일통지』(1454~1461년 편찬)가 있다. 이 책은 홍무연간(1368~1398년)에 찬술된 『大明志書』·『大明淸類天文分野書』·『寰宇通衢書』·『洪武志書』³ 등을 바탕으로 서술한 것이다. 이 책은 원의 멸망 직후에 간행되었고, 명대의 행정체제는 원대의 것을 기초로 하였기에 비교적 신뢰도가 높다. 단 원에 비해 명의 영토는 매우 적었기에 영북행성嶺北行省 같은 곳은『대명일통지』에 언급되지 않는 것이 단점이다.

원대 초기에는 총제원總制院을 설치하여 국사國師로 하여금 불교계를 영도하게 하였다. 후에 다시 공덕사사功德使司(혹 功德司)를 설치하였다. 1288년에는 총제원을 선정원宣政院으로 고치고 관리 직권을 확대하였다. 또 각로路에 행선정원行宣政院을 설치하여 공덕사의 사무를 대체하게 하였다.

호불好佛 황제였던 쿠빌라이는 즉위 전에 토번의 명승 파스파(八思巴)를 대도로 청하여 가르침을 받았다. 즉위 후에는 그를 제사로 봉하여 전국의 불교를 관장하게 하고, 또 토번 지역의 정교政敎를 통령하게 하였다. 이후 새 황제들은 모두 제사에게 수계한 후 즉위하는 전통이 이어졌다.⁴

은 행정구역을 원대에 비해 확대하거나 축소시키면서 그 범위에 들어가는 사찰 수가 달라졌기 때문인 것으로 보인다.

3 『洪武志書』는 도성, 산천, 사우, 궁궐 등에 대해 상세히 서술하고 있다.『洪武志書』, '述都城、山川、地裏、封域之沿革、宮闕、門觀之制度、以及壇廟、寺宇、街市、橋梁之建置更易、靡不具載.'

4 파스파의 입적 후에는 亦憐眞·答兒麻八剌乞列·亦攝思連眞·乞剌斯八斡節兒·輦眞監藏·都家班·相兒家思·公哥羅古羅思監藏班藏卜·旺出兒監藏·公哥列思八沖納思監藏班藏卜·亦輦眞吃剌失思 등 일련의 승려들이 차례로 帝師를 맡았다.(『新元史』,「釋老

토번 승려 외에도 한족 승려와 하서河西(西夏), 위구르 승려들(回鶻僧)도 상당한 대우를 받았다.

승관僧官으로는 승록僧錄·승정僧正·승강僧綱 등을 두고 선정원에서 관할하게 하였다. 1331년에는 행선정원을 없애고 전국 16곳에 광교총관부廣教總管府를 설립하여 각지 승니의 일을 관장하게 하였다. 1334년에는 광교총관부를 없애고 행선정원을 다시 설치하였다.

2) 대도의 황실 사찰

선종일색이던 중국불교계에 송말부터 율종, 화엄종, 밀종 등이 조금씩 확대되기 시작했다. 대도에는 요, 금대의 사찰이 중·창건되거나 혹은 집을 사찰로 만드는('舍宅爲寺') 경우도 있었다. 원 역대 황제들은 불교를 매우 존숭하여 여러 황실 사찰을 창건하였다.[5]

대도의 사찰은 크게 황제와 황후의 어용을 모시는 신어전이 있는 대규모의 황실사찰과, 그렇지 않은 소규모의 사찰로 나뉜다. 『원사元史』·『석진지집일析津志輯佚』·『일하구문고日下舊聞考』 등에 의하면 대도의 칙건 사원은 대호국인왕사大護國仁王寺·서진국사西鎭國寺·대성수만안사大聖壽萬安寺·대흥교사大興教寺·대승화보경사大承華普慶寺·대천수만녕사大天壽萬寧

傳」) 亦憐眞(혹은 亦鄰眞, 1238–1279)은 烏思藏 薩斯迦(현 薩迦)人으로 昆氏이다. 전체 이름은 亦鄰眞監藏으로, 元 帝師 八思巴의 異母弟로 1274년에 파스파의 뒤를 이었으며 臨洮에서 사망하였다.

5 성종은 1295년(元貞元年)에 "以國忌飯僧七萬……是歲大建佛寺"하였고 무종은 1308년(至大元年)에 "立營繕署及白雲宗攝所……是歲大建佛寺", 영종은 1320년(至治元年)에 "大建佛寺作佛像"하였다.

寺·대숭은복원사大崇恩福元寺(南鎭國寺)·대영복사大永福寺(靑塔寺)·흑탑사黑塔寺·대천원연성사大天源延聖寺·대승천호성사大承天護聖寺·수안산사壽安山寺(大昭孝寺·洪慶寺) 등 12곳이 있다.[6] 그 중 대성수만안사·대승화보경사·대천수만녕사와 대경수사大慶壽寺 등은 티베트 불교 사찰이지만 건축형식은 한족들의 양식을 차용하였다. 그 중 대호국인왕사는 충선왕의 외조모인 차브이(察必) 황후가 파스파 제사를 위해 창건한 곳이다.

칭기즈 칸은 한 때 장춘진인長春眞人을 총신하여 도교가 힘을 얻기도 하였으나, 불도변론佛道辯論의 실패로 도교는 큰 타격을 받았다. 선종은 만송행수萬松行秀와 해운인간海雲印簡의 영향으로 북방에서 영향력이 컸지만, 쿠빌라이가 티베트불교를 수용하며 선종의 세력은 약해졌다.

쿠빌라이는 1270년에 파스파를 제사에 봉하고 옥인玉印을 하사하였다. 또 그는 1264년에 대도에 총제원을 설립, 원의 불교계와 토번의 군정을 통령하게 하였다. 이후 등극하는 황제는 모두 살가파 고승에게 수계를 받아 살가파의 제자가 되었다.[7]

그들은 황위에 오른 후 모두 대도에 사찰을 창건, 전 황제의 어용을 모시는 신어전神禦殿을 시설하였다. 신어전은 '原廟'·'禦容殿'·'影堂'이라고도 하는데[8] 그 기원은 북송대에서 찾을 수 있다.[9] 황실에서는 전당에 어용이나 화상畫像을 모셔 국사에게 불사를 하여 명복을 빌게 하였다.

6 『元史·文宗紀』卷35, 本紀35, 文宗4, p.784, '(至順二年五月)丙戌 太禧宗禋院臣言 : "累朝所建大萬安等十二寺 舊額僧三千一百五十人 歲例給糧."'
7 任宜敏, 『中國佛敎史 元代』, 人民出版社, 2005年, p.6.
8 『元史』 권75, 志26, 祭祀4 神禦殿, p.1876 참고
9 『宋史』卷7, 眞宗紀2, p.132, 1007년(景德4) 2월조, '癸酉 詔西京建太祖神禦殿.'

대성수만안사는 백탑사白塔寺라고도 하는데 1279~1288년에 쿠빌라이가 창건하였다. 신어전에는 쿠빌라이와 진킴(眞金), 인종을 모셨다. 대승화보경사는 1300년에 성종이 창건하기 시작하여 인종대에 중건되었다. 칭기즈 칸(成吉思汗)·오고타이窩闊台·툴루이拖雷台·인종·순종 등을 모셨다.

대영복사는 청탑사青塔寺라고도 하는데 인종대에 창건이 시작되어 1321년에 완공되었다. 다르마팔라(答剌麻八剌)·감마랄甘麻剌·영종 등을 모셨다. 대승천호성사는 우집虞集의 「大承天護聖寺碑」를 통해 사원의 배치를 알 수 있다.[10] 대천원연성사의 원 명칭은 노사사盧師寺로, 1326년 2월에 현종의 신어전을 창건하고 사액하였다.[11] 『원대화소기元代畫塑記』[12]에 의하면 이 사찰의 네 귀퉁이에 각루角樓를 세우고 절 앞에 동銅 당간 한 쌍을 세웠다고 한다. 또한 정전과 동서의 불전, 후전 등의 건축물이 있었다.

금·원 대에는 선종이 대도 불교의 주류였으나, 쿠빌라이 즉위 후에는 티베트 불교가 가장 존숭 받게 되었다. 거기에는 정치적 이유도 있었는

---

10 『全元文』27冊, 卷868, 虞集, 55, 「大承天護聖寺碑」, p.184, 鳳凰出版社, 2004年, '寺之前殿 置釋迦·然燈·彌勒·文殊·金剛 首二大士之像. 後殿 置五智如來之像. 西殿 庋金書『大藏經』皇後之所施也. 東殿 庋墨書『大藏經』歲庚午 上所施也. 又像護法神王於西室 護世天王於東室. 二閣在水中坁 東曰圓通 有觀音大士像. 西曰壽仁 上所禦也. 曰神禦殿 奉太皇太后容於中.'
11 『元史』卷30, 本紀第30, 泰定帝二, p.668, '建顯宗神禦殿於盧師寺 賜額大天源延聖寺'
12 『元代畫塑記』, 「佛像」, p.23, 人民美術出版社, 1964年, '諸色府可依帝師指受. 畫大天源延聖寺. 前後殿四角樓畫佛. □□制爲之. 其正殿內光焰佛像及幡杆鹹依普慶寺制造. 仍令張同知提調. 用物需之省部. 正殿佛五尊. 各帶須彌座及光焰. 東南角樓天王九尊. 西南角樓馬哈哥剌等佛一十五尊. 東北角樓尊勝佛七尊. 西北角樓阿彌陀佛九尊. 各帶蓮花須彌座、光焰. 東西藏燈殿二. 內東殿字佛母等三尊. 西殿釋迦說法像二尊. 內山門天王四尊. 各帶須彌座、五三屛. 後殿五方佛五尊. 各帶須彌座、光焰.'

데, 그렇다고 해서 다른 종파를 배척하지도 않았다. 선종은 물론, 율종, 화엄종 승려들이 황실사찰의 주지를 맡기도 하였는데, 예를 들면 남성南城 보집사寶集寺의 율종승려가 대성수만안사大聖壽萬安寺・대천수만녕사大天壽萬寧寺・대숭은복원사大崇恩福元寺・대천원연성사大天源延聖寺・대승화보경사大承華普慶寺의 주지를, 화엄종 석덕이 대승천호성사大承天護聖寺의 주지를 하였다.[13] 즉 티베트 불교가 중심이기는 하였으나 다른 종파도 모두 존숭되었음을 알 수 있다.

3) 사원경제의 특징

원대 불교의 특징은 사찰의 수나 승려 수 등 양적인 면에서 크게 증가하였다는 점을 들 수 있다. 그런데 무엇보다도, 사원이 상공업 등의 산업활동에 힘을 쏟은 것이 가장 큰 특징이라 할 수 있다. 1291년의 선정원조사에 의하면 원대의 사원은 24,318곳, 승려는 사도승私度僧을 포함하여 213,148명이었다.

원 황실에서는 1270~1354년 사이에 대도 내외 각지에 대호국인왕사大護國仁王寺・성수만안사聖壽萬安寺・수상사殊祥寺・대용상집천사大龍翔集天寺・대각해사大覺海寺・대수원충국사大壽元忠國寺 등의 대형 사찰을 창건하였다.

이들 사찰 창건에는 많은 비용이 충당되었는데, 예를 들면 영종 대인 1321년에 개창된 수안산불사壽安山佛寺는 불상(현 北京西山 臥佛寺의 臥佛)

---

13 陳高華, 「元代大都的皇家佛寺」, 『世界宗教研究』, 1992年 第2期 참고.

하나를 주조하는 데 야동冶銅 50만 근이 들었다고 한다. 또 사원 창건 후에는 약 3백 명의 승려를 머물게 하였고 조정에서 많은 전지田地를 제공하였다.

전지 제공과 관련한 몇 예를 더 들면, 1260년에는 경수사慶壽寺[14]·해운사海雲寺 두 사찰에 땅 5백경頃을, 1301년에는 흥교사興教寺에 120경, 상도上都 건원사乾元寺에 90경, 만안사萬安寺에 6백경, 남사南寺에 120경을 하사하였다.

또한 1312년에는 대보경사大普慶寺에 전田 8만무畝, 숭복사崇福寺에 하남의 땅(河南地) 백경, 상도上都 개원사開元寺에 강절江浙의 전 2백경, 보경사에 산동 익도益都의 전 70경을 내렸다. 1352년에는 청하淸河에 대수원충국사를 세우고 강절의 폐사찰의 전을 귀속시켰다.

이상과 같이 1261~1347년 사이에 대략 전 32,861,000무畝[15]가 사찰에 희사되었다. 그 주관 기구는 각종 제사를 관장하는 태희종연원太禧宗禋院이었다. 각 사찰에는 총관부總管府·제거사提擧司·제령소提領所 등을 설치하여 경제적 업무를 관장하게 하였다. 만일 한 사찰의 전지가 여러 곳에 흩어져 있으면 각 지역에 그런 주관 기구를 설치하게 하였다. 대호국인왕사 같은 경우에는 양양襄陽·강회江淮 등에는 영전營田제거사를, 대도 등에는 민전民佃제령소를 두어 해당 업무를 관장하게 하였다. 대승화보경사大承華普慶寺는 진강鎭江·변량汴梁·평강平江 등에 도전전부稻田田賦제거사를 두었다. 대승천호성사大承天護聖寺는 평강에 선농제고사善農提庫司, 형양荊襄

14 충선왕이 무종 즉위 후 공주부에 있던 충렬왕을 모신 곳이기도 하다.
15 『續文獻通考』卷60.

등에 제농향로濟農香盧제거사, 용경주龍慶州 등에 전부田賦제령소를 두었
다.[16]

　시간이 흐르며 원대의 사원 경제는 기형적으로 발전하였다. 사원은 대
량의 토지를 갖는 동시에, 해고解庫·연애碾磑·호박湖泊·화창貨倉·여
관·상점 등을 소유하게 되며 상공업에 적극 종사하였다. 1312년에 대보
경사에 8만무의 전 외에도 저점邸店 4백간間을 준 것이 그 일례이다.[17]
　공업 방면에서도 탄광과 철광 채굴에 참여하는 사찰이 증가하였다. 그
러자 1297년에는 황제가 그것을 금지시키기도 하였다.[18] 1316년에는 오
대산 영취사靈鷲寺에 철야제거사鐵冶提擧司(『元史』, 「仁宗紀」二 참조)를 설치하
였는데, 이것 역시 전대의 사원경제 활동에는 없던 것이었다.

4) 대장경과 불서 간행

　원 황실의 공식 종교가 불교이고 수많은 사찰이 이상과 같은 경제적
부를 누렸음에도, 원대에는 대규모의 대장경 판각은 이루어지지 않았다.
이미 대도의 홍법사弘法寺에 금대에 인각한 대장경판이 있었기 때문이다.
그리고 그것을 세조 대에 교정하여 인각한 것이 원대의 『홍법사대장경』
이다.[19]

---

16 『元史』, 「百官志」.
17 『陔餘叢考』 권18.
18 『元史』, 「成宗紀」.
19 당시 『弘法入藏錄』이 있었으나 일찍 산실되었다. 원대에 雕印된 한문대장경인 『元燕都弘

1285~1287년 사이에는 다시 한족과 티베트 승려, 학사를 소집하여 한문본과 티베트본 두 대장경을 대조 비교 하여 『지원법보감동총록至元法寶勘同總錄』(10권)을 편성하였다.

그밖에 몇 종의 사각私刻 장경 판본이 있었다. 우선 항주 여항현 대보령사大普寧寺 백운종白雲宗 승도가 지원연간에 각인한 1부 약 6천권이 있는데 이를 보령사본이라 한다. 얼마 후 성종 대덕연간(1297~1307)에는, 송말에 인각하기 시작했으나 미완인 적사장경磧砂藏經을 계속 조인하였고, 마침내 1323년경에 6300여 권으로 완성되었다.

또 1306년에 송강부松江府 승록僧錄 관주팔管主八이 『홍법사대장경』 중에서 밀교관련 경전의 부족한 점을 선출하여 28함, 약 315권으로 인각, 보령사본과 적사장경을 보충하였다.[20] 관주팔은 1302년에도 하서자河西字(西夏文) 대장경판 1부 3620권을 각성하였으며, 이후 30여 부를 각지에 배포하였다.

또 백련종이 부흥하여 복건성에 전입된 후, 1315년에 원 백련종의 근거지인 건양현建陽縣 후산後山 보은만수당報恩萬壽堂에서 비로대장毗盧大藏 개조開雕를 발기하였다. 이 사찰의 사교嗣教 진각림陳覺琳이 권선하여 각인하였는데 당시 복건행성 장관 적흑미실亦黑迷失(吳國公)이 권연주勸緣主를 맡았다.

法寺大藏經』의 명칭은 『至元錄』卷1과, 元至順三年(1332) 吳興妙嚴寺刻 『大般若經』卷1의 題記에 처음 보인다. 1930년대에 발표된 蔣唯心의 「金藏雕印始末考」에서, 『金藏』板片이 弘法寺로 들어갔고, 후에 증보된 것이 『弘法藏』이라 주장하였으나 이견도 있다.

20 磧砂藏, 『大宗地玄文本論』卷3의 「題記」, '管主八誓報四恩 流傳正教 累年發心印施漢本大藏經五十餘藏……欽睹聖旨 於江南浙西道杭州路大萬壽寺 雕刊河西字大藏經板三千六百二十餘卷 華嚴諸經懺板 至大德六年(1302년)完備 管主八欽此勝緣 卽造三十餘藏及華嚴大經·梁皇寶懺 華嚴道場懺儀各百餘部 焰口施食儀軌千有餘部 施寧夏永昌等路寺院永遠流通.'

그러나 실제로는『대반야경大般若經』(600권)·『대보적경大寶積經』(120권)·
『화엄경華嚴經』(81권, 80권과『普賢行願品』1권)·『대반열반경大般涅槃經』(40권)
의 4대부大部 총 841권을 1소장小藏으로 각성하는데 그쳤다.[21] 그 인본 가
운데 일부가 전하는데, 그나마 복주福州 고산鼓山 용천사湧泉寺에『대반야
경』·『대보적경』·『대반열반경』이, 산서성 태원 숭선사崇善寺에『화엄경』
등이 잔 권으로 남아 있다.

무종 지대연간(1308~1311)에는 몽蒙·장문藏文 대장경 각인도 시행되었
지만 인본은 일찍 소실되었다.

원의 통치기간은 백여 년에 불과하였기에 원대 승려들의 저술의 양도
당송 대에는 미치지 못하였다. 그렇지만『종용록從容錄』(行秀)·『중봉광록
中峰廣錄』(明本)·『연종보감蓮宗寶鑑』(普度)·『칙수백장청규敕修百丈淸規』(德
煇)·『지원법보감동록至元法寶勘同錄』(慶吉祥)·『불조역대통재佛祖歷代通載』(念
常)·『석씨계고략釋氏稽古略』(覺岸) 등, 불교사에서 비교적 중요한 책이 여
러 종류 간행되었다.

5) 신흥 종파

원대에는 전통적인 여러 종파 외에, 선종이 성행하던 강남에서 천태종
과, 백운종白雲宗·백련종白蓮宗 등의 신흥 교단의 활동도 활발했다. 백운

---

21 현전하는『화엄경』권 28, 「題記」에서는 자칭 '毗盧大藏'이라 한다.

종과 백련종은 모두 송말에 생겼는데, 두 종파 모두 염불을 중시하고 채식을 하였다. 단 백운종과 달리 백련종에서는 처실妻室을 허용하였다.

백련종은 송 소주蘇州 연상원延祥院 사문인 자원子元이 제창한 것이다. 자원은 스스로 백련도사白蓮導師라 하였고 그 무리를 '백련채인白蓮菜人'이라고 하였다. 이 종파는 매우 빨리 성장하였기에 통치권의 이목을 끌었다. 마침내 자원은 '요망하여 무리를 미혹한다(妖妄惑衆)'고 미움을 받아 구강九江으로 유배되고 교단도 해산되었다. 후에 소모사려小茅闍黎가 신도를 규합하여 다시 백련종을 창도하였다. 그런데 그의 견해는 자원의 것과는 차이가 크다고 한다.(『釋門正統』・「斥僞志」 참조)

백련종이 금지된 이후, 백련종은 우담종주優曇宗主 보도普度의 활동으로 여산廬山에서 부흥하였다. 보도는 『廬山蓮宗寶鑑』을 저술하여 자원의 교의를 현창하고, 당시 창덕彰德의 주신보朱慎寶・광서廣西의 고선도高仙道 등이 부탁附托한 백련종의 이설異說을 파척하였다.

그는 1310년에 직접 대도로 가서 황제에게 백련종 관련서적을 올리고 부흥운동을 하여 마침내 선정원의 인가를 얻었다. 이후 조정의 인가를 얻은 것을 정종正宗이라 하고, 얻지 못한 것을 사종邪宗이라 하였다.[22] 충선왕도 백련종을 깊이 신앙하여 인종의 해금까지 받아내었는데 이 부분에 대해서는 후술한다.

---

22 明・果滿 編,『廬山復教集』.

2. 안서왕과 고려불교

충선왕은 10대 중반에 고려를 떠난 이후 거의 대부분을 원 대도에서 지냈다. 1298년의 1차 즉위 후 불과 7개월 만에 왕위를 빼앗기고 원으로 돌아간 후의 약 10년간은 충선왕에게 매우 중요한 기간이었다. 후에 황제가 된 무종과 인종의 잠저시절을 함께 보내며 그의 정치적 입지를 다질 수 있었던 시기가 되었던 것이다.

무종과 인종은 쿠빌라이의 증손이고 그들의 조부는 진킴(眞金)이다. 부친은 순종順宗으로 추증된 다르마발라(答剌祇八剌), 모친은 홍성태후興聖太后 달기(答己)이다. 따라서 이들과의 관계는 이후 쿠빌라이의 외손인 충선왕 개인은 물론 고려에도 큰 영향을 끼쳤다.

무종 카이산(海山)은 대덕 3년, 영원왕寧遠王 코코추(闊闊出)를 대신하여 카이두(海都)의 난을 진압한 공로로 회령왕懷寧王에 올랐다. 그는 1307년에 성종의 승하 소식을 듣고 국경에서 대도로 돌아와 경쟁자인 안서왕安西王 아난다(阿難答)를 물리치고 동생인 아유르바르와다(愛育黎拔力八達, 인종)와 모친의 추대로 제위에 올랐다.

아난다는 황실의 구성원 가운데 드물게 무슬림이었고, 나아가 정쟁상 충선왕과는 대립관계에 있었다. 충렬왕과는 정치적 노선이 같았고 또 고려의 불교계와 깊은 관련이 있었기에 이 단락에서 아난다에 대해 잠시 살펴본다.

1) 무슬림 아난다

아난다(?~1307년, Ānanda)는 쿠빌라이의 적손이자 안서왕 망가랄忙哥剌의 아들이다. 음역으로는 '阿難達'·'阿難答'이라고 표기하며, 의역으로는 '희경喜慶'이다.

쿠빌라이는 1271년에 정식으로 대원제국을 건국하고, 1272년에 장남 진킴을 황태자로, 3남인 망가랄을 안서왕에 책봉하였다. 망가랄은 쿠빌라이로부터 많은 총애를 받았다. 그리고 현재의 영하·감숙·섬서 등, 이른바 '당올지지唐兀之地'를 다스리게 하였다. 다음 해에는 안서왕을 다시 진왕秦王(秦은 감숙성·섬서성의 약칭)으로 책봉하고 별도로 금인金印을 하사하였다.[23]

이 관롱關隴 하서 지역은 동서 교통의 요지로, 회회인回回人이 상당히 많았다. 이에 망가랄은 해마다 회회력回回曆을 반포하여 사용하게 했다. 그런데 1280년에 망가랄이 병사하면서 안서왕의 권력이 많이 약화되었다. 그런 와중에 아난다가 세습에 의해 안서왕으로 책봉되어 '당올지지'를 통치하게 되었다.

라시드 앗 딘(Khwaja Rashid al-Din)의 『集史』[24]에 의하면, 아난다는 어려서부터 한 무슬림 가정에서 자라 무슬림을 신앙하였다고 한다. 이슬람교

---

23 『元史·諸王表』, '忙哥剌 至元十年詔安西王 益封秦王 別賜金印 其府在長安者爲安西·在六盤者爲開城 皆聽爲官邸 十七年薨 二十四年中書奏 王次子按擅不花襲秦王印 詔阿難答爲安西王. 其秦王印宜上之 然其後猶稱秦王阿難答'
24 『集史』(Jami al-Tawarikh) 번역서는 김호동 역주; 라시드 앗 딘의 『집사』, 권1: 부족지, 권2: 칭기스칸기, 권3: 칸의 후예들, 2002-2005, 사계절, 권4: 일 칸들의 역사, 2018년, 사계절.

는 당대에 중국에 전파되었는데, 원의 서정西征에 의해 신자 수가 크게 늘었다.

당시 몽골인은 주로 살만교薩滿教(Shamanism)를 믿었으나, 원이 대 제국이 되자 살만교는 종교로서의 역할에 여러 한계가 있었다. 이에 쿠빌라이는 1264년에 토번 살가파薩迦派[25] 승려 파스파(八思巴)에게 수계하고 불교에 귀의하였고, 황후·비빈·황자·공주 및 제왕들이 줄줄이 제사에게 관정灌頂을 받았다.

원 정부는 칭기즈 칸의 가르침에 따라 정복한 여러 민족을 효율적으로 통치하기 위해 모든 종교에 관대하였는데 이슬람교도 그 중 하나였다. 아난다는 어려서부터 이슬람교를 독실하게 신앙하였고, 즉위 후에도 자신의 영지에 청진사清真寺를 건립하고 늘 코란을 염송하며 기도하였다. 또한 코란에 능통하였고 아라비아글자를 잘 썼다고 한다. 나아가 아난다는 자신의 군사도 개종시켜 몽골군 15만 명 중 반 이상이 이슬람교 신자였다고 한다.

그런 상황을 알게 된 어느 신하가 성종 테무르에게, 아난다가 종일 사원에서 코란경을 읽으며 예배하고, 몽골 어린이에게 할랄을 하고 군대에서 포교를 한다고 고하였다. 이에 테무르는 그에게 두 명의 사신을 보내어 불교에 귀의하게 하였으나 아난다는 적극적으로 자신을 변론하였다.

---

25 살가파는 昆·貢卻傑布(1034~1102년)가 창립한 티베트불교의 한 종파이다. '공각걸포'는 '寶王'이라는 뜻이다. 그는 어려서부터 부친과 형을 따라 舊派 密乘教法을 학습하였고, 후에 당시의 유명한 여러 스승에게서 신파 밀종을 배웠다. 특히 '道果教法' 위주의 신역 밀법을 학습하였다. 공각걸파는 1073년에 살가사를 창건하였다. 정교합일을 실행하여, 한 사람이 寺主·가족 宗主·教派大法師를 동시에 맡아 세습하였다. 공각걸파는 일생동안 受戒하지 않았으며 1102년에 입적하였다. 살가파는 『中觀和唯識兩派的發心』·『修心遺離四種貪著』·『修持七義』 등을 주요경전으로 한다.

그러자 불교를 독신하였던 성종은 아난다를, '조종지도祖宗之道'를 배반하였다며 하옥시켰다.

그런데 그가 구금되고 얼마 후, 태후 쿠케진(闊闊眞)은 아난다의 통치영토가 넓고 그 지역민의 대부분이 이슬람교도라 그가 당올지지에서 민심을 얻고 있다며 석방시키게 했다.[26] 성종이 사망할 무렵에 아난다의 통치력은 사천·토번·섬서·영하·감숙 등에 이르렀다.

2) 고려 승려와의 교류

아난다는 부친의 통치기와 비교하여 다소 약화된 안서왕의 권력을 회복하기 위해 다방면으로 노력하였다. 그 중의 하나가 고려를 이용한 것이었다. 『고려사』 충렬왕 27년(1301) 정월 기미일의 기사에, 안서왕 아난다가 사신을 보내 동녀를 요구하자 한손수의 딸을 보냈다는 기록이 있다.[27]

그런데 사실 아난다는 이슬람교뿐 아니라, 불교나 도교 등에도 큰 관심을 가지고 있었다고 한다. 그래서 그는 사찰도 창건하였고, 나아가 고려승의 계행戒行이 뛰어나다는 말을 듣고 성종에게 청하여 고려의 승려를 원의 대도로 초청하게 하였다.

---

26 瑞典多桑, 『多桑蒙古史』, 上海書店出版社, 1852年, p.360(재인용).
27 『고려사』32, 세가32, 충렬왕 27년(1301) 신축년 봄 정월, '二十七年 春正月 (중략) 己未 安西王阿難達, 遣使求童女, 以韓孫秀之女歸之.'

당시 고려 승려들은 수행자일 뿐 아니라, 일종의 독특한 정치세력을 형성하기도 하였다. 고려의 왕들은 모두 경건한 불교도였고, 불사佛事 활동은 중요한 정치 행위의 하나였다. 그들은 불교 신앙에 많은 시간과 금전, 노력을 쏟았다. 고려왕의 서자들은 많은 경우 출가하였고, 관료나 귀족들도 이 관례에 따랐다.

고려인들은 국가에 어려움이 닥치면 우선 법회를 봉행하고 양재 기복하였다. 승려는 단지 수행자로서뿐 아니라 국가의 정치, 혹은 왕을 보좌하는 신분이기도 했다. 따라서 그들은 비교적 높은 지위를 향유할 수 있었고, 심지어 중대한 권력기관의 일원으로 활동하기도 하였던 것이다.

그러자 몽골 귀족들도 고려 승려들을 존중 하였다. 불교를 중시한 것은 원의 중요한 정치적 특징의 하나로, 승려 가운데서도 제사帝師를 역임한 서번승, 즉 티베트불교 승려가 가장 존숭을 받았다. 그 다음으로 현세적인 축원의 공능을 갖는다고 인식되었던 고려승이 뒤를 이었다.[28] 즉 고려승들은 원에서 중국승려보다 환영받고 존숭되었다.

원대에 종교의 주요 역할 중 하나는 황제 및 귀족들의 기복祈福과 축수祝壽였기에, 많은 고려 승려들이 원으로 건너가서 활동하며 황제와 귀족들에게 봉호를 받고 물질적 후원을 받았다.[29]

또한 그들은 정치적 사절단으로 파견되기도 하였다. 고려 정부가 이들에게 봉호를 주고 어떤 임무를 맡겨 원에 보내기도 하였던 것이다. 고려승들의 역할과 영향력은 원과 고려 양국에서 더욱 강화되었다. 대표적인

---

28 『元史』권46, 「文宗紀」, '皇太子嘗坐淸寧殿 分布長席 列坐西番·高麗諸僧.'
29 「曹溪山修禪社第六世贈諡圓鑑國師碑銘」, '甲辰, 以明年正月武宗忌辰, 命高麗·漢僧三百四十人, 預誦佛經二藏於大崇恩福元寺'

예로 원감국사 충지와 유가승 원공圓公을 들 수 있다.

(1) 원감국사 충지

원감국사圓鑑國師 충지沖止(1226~1293년)는 고려후기의 승려로 속명은 위원개魏元凱, 자호는 복암노인宓庵老人, 법명은 법환法桓이며 후에 충지沖止로 바꾸었다. 전남 장흥 출신으로 부친은 호부원외랑戶部員外郞 위소魏紹이다.

19세에 춘위春闈에서 장원을 하고, 일본으로 가는 사신단에 영가서기永嘉書記로 파견되었다. 29세에 선원사禪源社에서 원오국사에게 출가하였다. 1266년에 김해 감로사甘露寺 주지가 되었고 1269년에 삼중대사三重大師가 되었다. 1273년에 순천의 수선사로 옮겼다.

1274년에 담선법회에 대한 원의 오해를 빌미로 원 세조가 수선사에서 군량미로 쓸 전세田稅를 거두자 법회가 폐지되고 수선사는 경제적 어려움에 처하였다. 이에 충지는 표(「上大元皇帝表」)를 올려 전답을 되찾았다.

충지는 감사의 표문을 올렸고, 여러 차례 축성소祝聖疏를 올렸다. 나아가 수선사를 세조의 원찰로 삼아줄 것을 청하였다.[30] 이 일을 계기로 세조가 그를 원으로 청하자, 충지는 1275년에 가서 세조를 배알하고 스승의 예를 받았다.[31] 당시 토번어로 쓴 통행증인 티베트문文 법지法旨(보물 제1376호)가 송광사에 남아 있다.

---

30 충지, 「上大元皇帝謝賜復土田表」, 『圓鑑國師歌頌』.
31 『元史』 권46, 「順帝紀」, '上國聞師之風 嘉師之德 遣宮使迓師乘馹至中夏 皇帝親自迎迓 對以賓士之禮 褒以師傅之恩 擧國仰德 萬民歸仁 授金襴袈裟 碧綉長衫 白拂一雙 皆道具也.' ; 「송광사원감국사비」.

충지는 1283년 11월에는 원오국사를 도와 거란본대장경을 선원사에서 수선사로 옮겼으며 「단본대장경경찬소丹本大藏經慶讚疏」와 시를 지었다. 1284년에 상무주암上無住庵으로 주석지를 옮겼고, 1286년 6월에 수선사 제6세가 되었다. 1293년 1월 10일에 법랍 39세로 입적하였다.

그는 유교와 불교에 대한 깊은 이해를 바탕으로 유선의 조화를 꾀하였고 선교일치禪敎一致를 주장하였다. 저서로는 『원감국사집圓鑑國師集』(1권)이 있으며, 『동문선』에도 그의 시와 글이 많이 전한다.

충지는 삼중대사, 대선사, 수선사(송광사) 제6세 국사 등을 역임한 고승으로, 충지의 예에서 보듯 원의 상류층과 고려 승려간에는 특별한 관계가 형성되었다. 충지 외에도 원의 황제와 황자들은 고려 승려들에 대해 매우 중요시하였다. 특히 원공은 이슬람 신자인 아난다로부터 귀의를 받고 오랫동안 대도에서 활동하였다.

(2) 유가승 원공

고려승 원공圓公은 유가업(자은종)의 유명한 고승으로, 속성은 조씨趙氏이고 함열군咸悅郡 사람이다. 휘는 해원海圓[32]이다. 원공의 부친 조혁趙弈은

---

32 이곡, 『동문선』 권180, 「大崇恩福元寺高麗第一代師圓公碑」, 민족문화추진회출판, 1977, p.600.『가정집』제6권, 「碑」 '大崇恩福元寺高麗第一代師圓公碑', '무종황제가 佛乘에 귀의하여 숭봉하면서 도성 남쪽에 梵刹을 기공하였다. 인종황제가 그 뒤를 이어 공사를 마무리하여, 황경 원년(1312)에 준공하였다. 이에 諸方의 이름난 승려들에게 명하여, 그해 겨울부터 법당을 열고 설법하게 하였다. 고려 瑜伽宗의 敎師 圓公이 그의 문도를 거느리고 이 사원에 들어와 거하면서 29년 동안 주석하다가 지원 경진년(1340) 2월 18일에 無虧堂에서 示寂하였다.(중략) 대덕 을사년(1305)에 安西王이 고려 승려의 戒行이 매우 높다는 말을 듣고는 성종에게 청하여 사신을 파견해서 초치하게 하였다. 공이 그 명에 응하여 들어가서 뵙고는

검교감문위대호군檢校監門衛大護軍을 지냈다. 원공은 어려서부터 자질이 뛰어났고 모습과 태도가 범상치 않았다. 12세에 금산사金山寺의 석굉釋宏에게 가서 삭발하였다. 갑오년 봄에 선불과選佛科에 급제하여 불주사佛住寺에 머물던 중 왕명을 받고 1305년에 원으로 갔다.

안서왕 아난다는 이슬람교를 믿었지만, 불교, 도교 등도 받아들였다. 그는 불심 깊은 성종에게 계행 높은 고려승의 초청을 청하였고, 황제는 그의 뜻을 수락하여 원공을 원으로 초청하였다.

원공은 이후 약 35년간 원에 머물렀다. 먼저 그는 삭방에서 2년간 안서왕을 모시며 철저한 계행으로 존경을 받았다. 정미년 겨울에는 무종의 귀의를 받아 대도로 가서 춘추의 시순時巡 시에 거가車駕의 호종을 담당하였다.

인종이 즉위한 후에는 황명으로 황가 사원 대숭은복원사大崇恩福元寺에 주지하였으며, 황실의 깊은 존숭 속에 29년간 머물렀다. 대숭은복원사는 무종이 1308년에 창건을 시작하여 1312년에 완공한 곳으로 남진국사南鎭國寺라고도 한다. 원공은 천력天曆 연간에 저폐楮幣 2만 5천을 받을 만큼 관심과 외호를 받았다.

충렬왕이 귀국을 청하니 소疏를 올려 금산사에 머물기를 원하였으며, 금산사에서 79세에 입적하였다. 왕은 혜감원명편조무애국일대사慧鑑圓明遍照無礙國一大師라 시호하고, 중대광우세군重大匡祐世軍에 봉하였다.

대숭은복원사는 대도의 성남城南(현 北京市 崇文區花市上四條)에 있었다. 원래 무종이 자신의 증조부모와 조부모 및 부모의 천복축리薦福祝釐를 위

안서왕을 따라 朔方으로 갔다.(후략)

해 세운 곳이었으며, 무종과 두 황후의 영당影堂이 시설되었다. 후에 복은 관福恩觀으로 이름이 바뀌었다. 충선왕의 만권당을 드나들었던 요수姚燧는 「崇恩福元寺碑」에서 대숭은복원사의 위치와 건축물의 배치, 황제의 순행 노선을 알려준다.[33] 『元代畵塑記』에서도 이 사찰의 불상 위치와 사원의 배치를 알 수 있다.[34]

원공의 입적 후에 세워진 「大崇恩福元寺高麗第一代師圓公碑」에 의하면 원공이 여원 양국의 고위층에게서 적극적인 지지를 받았음을 알 수 있다.

무종황제가 불법을 숭상하여 일찍이 불사를 도성의 남쪽에 기공하였더니, 인종황제가 뒤를 이어 이루어서 황경 원년에 준공하였다. 곧 여러 곳의 훌륭한 중들에게 명령하여 그 해의 겨울부터 강당을 열고 설법을 시작하였다. 고려의 유가교사 원공이 그의 무리를 거느리고 들어와 살고 있었다. 그곳에 머무른 것이 모두 29년이나 되었다. 지원

---

33 姚燧, 『牧庵集』卷10, '惟以其日 鑾輅親巡 胥地所宜 於都城南 不雜闤闠 得是吉蔔 敕行工曹 甓其外垣爲屋 再重逾五百礎. 門其前而殿 於後左右爲閣樓 其四隅大殿孤峙 爲制五方 四出翼室 文石席之 玉石爲台 黃金爲趺. 塑三世佛 後殿五佛皆範金爲席 台及趺與前殿一. 諸天之神 列塑諸廡 皆作梵像 變相詭形 怵心駭目 使人勸以趨善 懲其爲惡 而不待翻誦其書 已悠然而生者矣. 至其樑題棁桷 藻繪丹碧 緣飾皆金 不可貲算. 楯檻衡縱 捍陛承宇 一惟玉石 皆前名刹所未曾有 榜其名曰大崇恩福元寺. 用實願言 外爲僧居 方丈之南 延爲行宇 屬之後殿 庖庫庖湢 井井有條. 所置隆禧院比秩二品.'

34 『元代畵塑記』, 「佛像」, pp.13~14, 人民美術出版社, 1964年, '武宗皇帝至大三年正月二十一日. 敕虎堅帖木兒丞相. 奉旨新建寺後殿五尊佛. 鹹用銅鑄. 前殿三世佛・四角樓洞房諸處佛像以泥塑. 仿高良河寺鑄銅番竿一對. 虎堅帖木兒・月郞兒・阿僧哥泊帝議. 依佛經之法. 擬高良河寺并五台佛像從其佳者爲之. 用物省部應付. 正殿三世佛三尊. 東西垛殿內山子二座. 大小龕六十二. 菩薩六十四尊. 西洞房內螺髻佛並菩薩一百四十六尊. 東西垛殿九聖菩薩九尊. 羅漢一十六尊. 十一口殿菩薩一十一尊. 藥師殿佛一尊. 東西角樓魔梨支王四尊. 東北角樓尊聖佛七尊. 西北角樓無量壽佛九尊. 內山門天王一十二尊.'

경진년 2월 18일에 그곳 무휴지당에서 입적하였다.(후략)[35]

그밖에도 고려와 중원의 불교는 서로 깊은 연관을 맺고 인원, 경전 등
을 교류하며 한족 승려나 한족 사대부들과도 밀접한 관계를 맺었다. 고
려 승려들은 재원 고려인들의 정치 집단인 공녀, 환관 등과도 밀접한 관
계를 유지하였다.

(3) 고려 사적속의 아난다

아난다와 고려불교인과의 관계에 대해 원의 사료에 기록된 것은 많지
않으나 고려의 사적에는 약간 있다. 당시 충렬왕이 아난다와 원 성종의
구부舅父로 원 중앙정치에 영향력이 있었고, 아난다는 자신의 특권과 신
분상의 필요에 의해서 공녀를 요구하였다. 또 장기적으로는 그런 관계를
이용하여 고려 정치세력에 영향력을 미치기 위해서인지 5년간 세 번에
걸쳐 고려에 사신을 파견하였다.

쿠빌라이에 의해 강대한 원 제국이 건국되었으나, 그가 사망한 1294년
부터 1333년(惠宗)에 이르기 까지 40년간 약 10명의 황제가 교체되었다.
그 중 가장 길게 재위한 경우가 인종이지만 그나마도 10년에 불과하고,

---

35 李穀,「大崇福元寺高麗第一代師圓公碑」,『稼亭先生文集』卷之六, '武宗皇帝歸崇佛
乘。肇興梵刹于都城之南。仁宗皇帝踵而成之。以皇慶之元畢其功。酒命諸方韻釋。自
其年冬開堂講法。高麗瑜伽教師圓公領其徒入居之。駐錫凡二十九年。至元庚辰二月十
八日。示寂于無虧之堂。'

즉위 후 겨우 1개월 여 만에 사망한 황제도 있었다.

성종은 만년에 조카 카이산(海山, 武宗)을 막북漢北에 출진出鎭시켜 막북 진변친왕漢北鎭邊親王으로 삼고 군권을 주었다. 안서왕 아난다는 1307년에 성종이 사망하자, 제위 계승을 위한 경쟁에서 무종·인종 형제에게 패배 하고 병으로 사망하였다.[36] 이때 충렬왕은 아난다의 편에, 충선왕은 무 종·인종의 편에 각각 속해 있었다.[37] 이후 고려 왕위에도 변화가 생겨 무종의 즉위 후 다음 해에 충선왕은 2차 즉위를 하였다.

3) 아난다와 지공

회암사에 부도가 남아 있는 인도 승려 지공指空(?~1363년)은 원대에 중 국으로 건너왔다. 그는 중인도의 마갈타국왕摩竭陀國王 만滿(pūrṇa)의 3남이 라 한다. 지공의 범어 이름은 'dhyāna-bhadra'인데, 음역으로는 제납박타提 納薄陀이고 의역으로는 '선현禪賢'이다. 지공은 충숙왕 대인 1328년에 고려 로 와서 열렬한 환영을 받았으며[38] 고려불교에도 큰 영향을 주었다.

---

36 2000년, 河北省 沽源縣 '蕭太后梳妝樓' 발굴과정에서 하나의 거대한 몽골 귀족묘를 발견했 다. 묘는 3실로 나뉘어 있으며, 中室에 한 남성의 시신을 큰 紅松을 눕혀 위에서 '凹'자로 파 내고 안치했다. 좌우 양실에는 여성의 시신이 있었다. 남성의 棺木에서 龍紋이 있는 鎏金銀 帶飾가 출토되었는데, 그것의 주인이 몽골의 귀족이었음을 증명한다. 北京大學 林梅村 교 수의 고증에 의하면, 이 능묘는 몽골식과 이슬람 장례가 융합되어 있다고 한다. 즉 몽골 황 족 전용의 獨木棺을 葬具로 하고, 이슬람교 고급 상층인사의 墓葬인 '拱北'(上圓下方의 서 아시아풍 구조)을 능묘로 한다. 이 능묘의 주인이 바로 上都政變을 일으킨 安西王 아난다이 다. 그를 몽골황족과 이슬람 예에 따라 上都부근의 行宮에 안장한 것이다.
37 당시의 정치적 상황에 대해서는 『고려사』 권108, 열전21, 「崔誠之傳」 참조.
38 『고려사절요』 충숙왕 15년, '○胡僧 指空 說戒於延福亭 士女奔走以聽 雞林司錄李光順 亦受無生戒 令州民祭城隍 不得用肉 禁民畜豚甚嚴.'

지공은 장기간에 걸쳐 중국을 주유하였는데, 그 과정에서 태정제 에센 티무르와 원 순제의 예우를 받았다. 특히 고려 출신의 황후 기씨 및 황태 자로부터 큰 존경을 받았다.

지공은 고려 승려들이 거주하던 사찰[39]인 법원사法源寺[40]에서 지내며, 고려의 유명한 승려인 나옹, 무학, 정지국사正智國師 지천智泉 등과 인연을 맺었다. 한편 지공은 고려 출신의 환관, 공녀들과도 밀접한 관계를 맺어 고려와 원 사이에 중요한 역할을 한 특이한 인물이다. 그래서 안서왕 아 난다도 그런 상황을 잘 이용하고자 하였다.

'(전략) 북인도의 마하반지달을 서번에서 만나 함께 연경에 도착하 였다. 있은 지 얼마 안 되어 서쪽으로 안서왕이 府中에 노닐었다. (중 략) 서번 摩提耶城은 그곳 사람들을 교화할 수 있었으나 呪師가 나 를 미워하여 찻물에 독을 넣어 마시라고 하였다. (중략) 盧山의 동림 사를 지나다가 前身塔이 우뚝 솟은 것을 보았다. (중략) 楊州太子가 배로 나를 보내어 수도에 이르게 하였다. 大順丞相의 아내 韋氏는

---

39 이색,『牧隱集』,「西天提納薄陀尊者浮屠銘」; 지공은 1326년 3월부터 1328년 9월까지 고 려에 머물면서 여러 사찰을 방문하였는데, 그 중에서 회암사가 가장 중요한 곳이었기에 그 의 입적 후 지공의 부도를 건립하였다. 부도 건립연대에 대해서는『牧隱集』의「서천제납박 타존자부도명」과『고려사』기술을 근거로 1372년으로 추정한다. 이색이 비문을, 李義玄이 글씨를 썼다. 1821년 광주의 유생 李膺俊에 의해 파괴되어 1828년 다시 건립하였다.

40 옛 이름은 憫忠寺이고 지금의 法源寺이다. 北京市 西城區 敎子胡同에 있다. 中國佛敎協 會・中國佛敎圖書館이 있다. 법원사에는 귀한 불교예술품과 서적이 많이 있다. 당 태종은 645년에 고구려 정벌전에서 희생된 將士들을 위로하기 위해 幽州(북경)에 사찰을 창건하고 자 하였다. 그러나 그의 생전에는 완공되지 못하였고, 무측천이 51년만인 696년에 완공하여 憫忠寺라 하였다. 경내에는 憫忠閣이 있었고, 安祿山과 史思明이 각자 목탑을 세웠다. 僖 宗 대에 화재로 소실되었다. 遼 道宗대에 크게 중수하였다. 청 雍正年間에 대규모로 수리하 고 사찰명을 법원사로 바꾸었다. 이 고찰을 배경으로 李敖의 장편소설『北京法源寺』가 간 행되었는데, 옛 사찰명인 '憫忠' 두 자가 이 소설의 기조가 되었다고 한다.

고려 사람이었다. 崇仁寺에 나를 청하여 (중략)

아, 師의 遊歷이 이러하니 진실로 남들과는 다르다. 사는 천력 연간부터 僧衣를 벗고 귀인의 옷을 입었다. 大府大監 察罕帖木兒의 아내 김씨도 역시 고려 사람이었다. 사를 좇아 중이 되어 증청리에 집을 사서 절을 마련하고 사를 맞아다가 살게 하였다. 사가 그 절의 편액을 法源이라고 제목하였으니, 대체로 천하의 물은 서쪽에서 동쪽으로 흐르는 것이므로 (중략) 至正 22년 12월 20일에 貴化方丈에서 입적하였다. (중략) 천수사의 감실에 안치하였다. 다음 해에 (중략) 화장하고 유골을 4분하여 達玄·淸慧·法明과 內正 張祿吉이 각각 가지고 갔다. 그의 무리 달현이 바다를 건너오는데, 司徒達督은 淸慧에게서 얻어가지고 함께 우리나라로 돌아왔다. □임자년 9월 16일에 왕명으로 회암사에 부도를 세우고 장차 탑 안에 넣으려고 유골을 물에 씻다가 사리 몇 개를 찾아내었다. (중략) 사의 제자인 淨業院 주지 妙藏 비구니와 더불어 燕石을 사서 장차 회암서의 언덕에 세우기로 하였으니,(후략)·[41]

아난다는 지공에게 예물을 바치려고 하였으나 무슨 이유인지 성공하지 못하였다. 아무튼 당시 고려승들은 원의 황족, 귀족 등에게서 큰 존경을 받았다.

---

41 李穡, 『牧隱集』, 「西天提納薄陀尊者浮屠銘」(幷序), ; 覺宏, 「懶翁和尙語錄跋」, '居未久 西遊安西王府 與王傅可提相見 提請留學法 吾志在周流 語之曰 我道以慈悲爲本 子之學 倍是 何耶 提言衆生無始以來 惡業無算 我以眞言一句 度彼超生 受天之樂 吾云 汝言妄 也 殺人者 人亦殺之 生死相讎 是苦之本 提曰 外道也 吾云 慈悲眞佛子 反是眞外道 王 (즉 아난다)有獻. 却之'

6

▌ 충선왕의 불교활동

1. 충선왕의 불사佛事

1) 사찰 창건

(1) 개경 민천사

대도에서 만권당을 중심으로 한 문예상의 교류 외에, 왕장의 불교활동도 괄목할 만하다. 충선왕은 불교에 조예가 깊어 인연을 맺은 사찰도 많이 있으며, 고려와 원에 직접 사찰도 창건하였다. 또한 충선왕은 여러 종파의 고승들을 직접 만나 불교 교학을 공부하고, 수행을 하거나 불교성지를 참배하였다. 그 외에도 대장경 조인, 반승, 사경 등 여러 가지 불사에 적극 참여하였다. 먼저 충선왕이 창건한 사찰부터 살펴본다.

개경의 민천사는 원래 제국대장공주가 머물던 수녕궁壽寧宮이었다. 궁을 절로 만드는 경우는 원 대도에서도 더러 있었다. 고려에서도 충선왕이 태어난 지 얼마 안 되는 1277년(충렬왕 3년)에 충렬왕은 궁을 고쳐 절로 삼으려 했으나 신하들의 반대로 뜻을 이루지 못하였다. 그러다 충선왕이 복위년(1309) 9월에 궁을 절로 고쳐 민천사旻天寺라 하고, 모후인 제국대장공주의 원찰로 하였다. 공사는 1311년에 완공되었다.

충선왕 즉위년(1309년) 9월 갑진일. 왕이 수녕궁에서 승려 1만 명에게 음식을 대접한 후 그 궁전을 모후의 명복을 비는 절로 희사하고는 민천사라는 편액을 내려주었다. 호종했던 신하들은 다들 왕의 비위를 맞추느라 아무도 반대의견을 내놓지 않았다.[1]

충선왕 3년(1311) 정월 정축일. 왕이 올해말까지 매달 민천사에서 승려 3천 명에게 음식을 대접하라고 지시했다.[2]

충선왕은 이곳에서 불공뿐 아니라, 자신의 아들을 고려왕으로 봉한다는 원 황제의 책봉 문서를 반포하는 등, 궁궐이나 일반 관청의 업무를 보기도 하였다.

충선왕 4년(1312) 8월 갑술일. 왕이 금자장경을 민천사에서 쓰게 함으로써 모후의 명복을 빌었다.[3]

---

1 『고려사』卷33, 「世家」第33.
2 『고려사』卷33, 「世家」第33.

충선왕 5년(1313) 정월 초하루 신묘일. 왕이 원나라에 체류했다.

기미일. 처음으로 민천사에서 불상을 주조했다.[4]

후에 충혜왕이 원나라에 잡혀가자 이제현을 비롯한 재상과 원로들이
민천사에서 충혜왕의 사면을 요청하기도 하였다. 이렇듯 민천사는 고려
왕실의 원찰로, 공민왕 때까지 여러 차례 반승재飯僧齋가 개설되는 등 수
많은 불사가 행해졌다. 충목왕과 충정왕도 자주 행향行香하였고, 공민왕
은 1353년에 인왕도량을 개설하여 왜적을 물리칠 것을 기원하기도 하
였다.

이제현도 이 일에 대해 왕이 부도법浮圖法을 몹시 즐겨 본국의 옛 궁전
을 희사하여 민천사를 만들어 창건하였다며 자세히 기록하였다.[5]

(2) 대도 대보은광교사大報恩光教寺

충선왕은 원 대도 남성 창의문彰義門 밖 교외에 토지를 마련하여 대보
은광교사大報恩光教寺를 창건하였다. 다음은 이곡이 남긴 「경사보은광교사
기京師報恩光教寺記」의 전문으로, 대보은광교사 창건과 이후의 변화를 보여
준다.

3 『고려사』卷33, 「世家」第33.
4 『고려사』卷33, 「世家」第33.
5 李齊賢, 『益齋亂稿』卷9, 「有元贈敦信明義保節貞亮濟美翊順功臣太師開府儀同三司尙書
右丞相上柱國忠憲王世家」, '酷嗜浮圖法 舍本國舊宮爲旻天寺 極土木之工 範銅作佛三千
餘軀 泥金銀寫經二藏・黑本五十餘藏 邀蕃僧譯經受戒 歲無虛月 人或以爲言 好之彌篤.'

延祐 정사년(1317)에 고려 국왕 휘 모(충선왕)가 이미 왕위를 물려준 다음에 京師의 저택에 머물러 있으면서 故城의 창의문 밖에다 땅을 구입하여 사찰을 창건하였는데, 3년이 지난 기미년(1319)에 공사를 모두 완료하였다. 그리하여 불상을 봉안하고 승려가 거처할 곳을 비롯해 재를 올리고 법회를 열 때의 도구 등 필요한 모든 것이 갖추어지자, 사찰의 이름을 大報恩光敎寺라고 내걸었다. 그리고는 錢塘의 行上人에게 명하여 天台敎의 강석을 펴게 하였다. 얼마 지나지 않아 상인이 다시 산으로 돌아갔으므로, 그 이듬해에 화엄교의 대사 澄公을 초빙하여 사찰의 일을 주지하게 하였다. 그런데 그로부터 얼마 뒤에 왕이 황제의 명을 받고서 강남으로 향을 받들고 가기도 하고, 서역으로 불법을 구하러 가기도 하는 등 편히 거처할 겨를이 없다가 泰定 을축년(1325)에 경사에서 세상을 떠났다. 그리고 징공도 바로 그 뒤를 이어서 입적하였으므로, 그 무리가 그대로 사찰에 거주하였으나 모든 일이 이 때문에 흐지부지되고 말았다.

금상(元順帝)이 즉위한 해(1333년) 3월에 현재의 고려 국왕과 瀋王이 부왕의 유명에 따라 본국의 天台師住持瑩原寺重大匡慈恩君特賜定慧圓通知見無礙三藏法師 旋公을 불러서 그 사찰을 주지하게 하였다. 그러자 선공이 나에게 말하기를 "그대는 여기에서 오래 거주한 사람이니, 사찰의 내력에 대해 잘 알고 있을 것이다. 나를 위해 기문을 지어 주지 않겠는가."라고 하였다.

내가 생각건대, 선왕은 世皇(元世祖)의 외손으로, 좌우에서 모시며 천자의 은총을 입었을 뿐만 아니라 大德 말년에는 난리를 평정하는 데에 참여하여 帝室에 큰 공훈을 세웠다. 그럼에도 불구하고 겨우 중년의 나이에 이르러 王爵을 헌신짝 벗어 버리듯 내팽개치고 불교에 온통 마음을 쏟았는데, 불탑을 세우고 불상을 조성하고 불경을 보시하고 불공을 올리고 불승을 공양한 일 등이 이루 헤아릴 수 없을 정도로 많았다.

이 사찰을 지을 적에도 棟宇를 웅장하게 하고 資儲를 풍부하게 하였으니, 이는 대개 불사로 하여금 그 도를 정성껏 닦아서 임금과 국민이 축복을 받도록 하는 등 성대한 복덕이 끝없이 이어지게 하려는 목적에서였다. 그런데 10여 년도 채 지나지 않아서 주지할 적임자를 얻지 못한 가운데, 동우는 위태하여 제대로 부지하지를 못하고 자저는 사람들이 각자 이익을 꾀하여 가져가는 지경에 이르렀다. 그리하여 鐘鼓는 적막해지고 香火는 쓸쓸해지고 말았으니, 이른바 도를 닦는다고 한 것은 어떻게 되었으며 불교를 숭상하고 믿은 왕의 마음은 또 어떻게 되었다고 하겠는가. 지금 고려 국왕과 심왕이 부왕의 유명을 받들어 적임자를 택해서 위임하였으니, 어버이의 뜻을 계승한 효라고 말하지 않을 수 있겠는가. 그리고 旋公과 같은 분은 선왕의 뜻을 제대로 체득하여 전인이 행한 일을 결코 답습하지 않을 것이니, 그렇게 되면 이른바 복전이라고 하는 그 기반이 더욱 굳어지고 그 이익이 더욱 확대되어 그 스승의 가르침을 어기지 않게끔 될 것이다. 내가 그래서 이 기문을 쓰게 되었다.

사찰은 대지가 50묘 남짓 되고 동쪽에 부속 토지 3묘가 있다. 건물은 100여 동이다. 양향良鄕에 산 밭이 3020묘요, 소주蘇州에 산 것은 30경頃이며, 방산현房山縣에 과원果園 120묘가 있다. 사찰을 조성하는 데에는 저폐楮幣로 모두 50여 만 민緡이 소요되었다고 한다.

至元 2년(1336) 8월 모일에 기록하다.[6]

왕장은 1317년에 사찰 창건 불사를 시작하여 1319년에 완공하였고, 전당의 행상인에게 천태교를 강연하게 하였다. 그런데 행상인이 얼마 후 다시 산으로 돌아가자 왕장은 이듬해에 화엄교사華嚴敎師 징공澄公을 초청하여 절의 사무를 담당하게 하였다.

인용문 중의 '旋公'은 천태종 승려 의선義旋으로, 그는 조비무고사건의 주인공인 조비의 형제 중 하나이다. 『가정집』권3 「趙貞肅公 사당의 기문」에 의하면 그는 특별히 원에서 '정혜원통지견무애삼장법사定慧圓通知見無礙三藏法師'의 호를 하사받고, 천원연성사天源延聖寺의 주지와 고려 영원사瑩原寺 주지를 겸하였다. 또한 복국우세정명보조현오대선사福國祐世靜明普照玄悟大禪師로서 삼중대광三重大匡의 품계에 오르고 자은군慈恩君에 봉해졌다.

그 후 충선왕이 토번으로 유배를 다녀와서 1325년에 세상을 떠나고, 징공도 입적하는 등의 일이 생기면서, 징공의 문도들은 그대로 절에 머

---

6 李穀,「京師報恩光敎寺記」,『稼亭集』卷二, '京師報恩光敎寺記延祐丁巳 高麗國王諱某旣釋位 留京師邸 買地于故城彰義門之外卽梵刹焉 越三年己未 工告畢 凡奉佛居僧之所 修齋作法之具 百需皆有 揭名曰大報恩光敎寺 命錢塘行上人演天台敎 未幾還山 明年 乃延致華嚴敎師澄公 綱維寺事 已而王被命捧香江南 求法西域 不遑寧處 泰定(후략)'

물렀지만, 절의 경영이 해이해지는 모습이 나타났다. 그 후 이 사찰은 충숙왕과 심양왕에 의해 중창되었다.[7]

(3) 흥천사 수월관음도

흥천사는 충선왕이 창건한 사찰은 아니지만 일본으로 반출된 수월관음도가 충선왕의 재위 시기에 숙비에 의해 이곳에서 조성되었다. 『고려사』 충선왕조에 의하면 흥천사興天寺[8]는 충숙왕의 장인인 원 진왕晉王 카마라(甘麻剌)의 원찰이었으며, 충선왕 부부의 영정을 모신 곳이기도 했다.

충선왕 3년(1311) 12월 계유일. 숙비가 흥천사에 가서 승려들에게 음식을 대접했다.[9]

충숙왕 원년(1314) 3월 갑오일. 공주가 자기 부친 진왕의 기일을 맞아 흥천사에 행차했다.[10]

충숙왕 원년 9월 임자일. 원나라에서 환관인 원사院使 이신을 보내 흥천사를 보호하게 했는데, 진왕이 이 절을 자기 원찰로 삼았으므로

7 송재웅, 「元 大都의 高麗寺院」, 『중앙사론』 23, 2006 참고.
8 간혹 책이나 인터넷 등에서 이 흥천사를 서울 성북구 돈암동의 사찰로 잘못 전하는 글이 있는데, 그곳은 1396년에 神德王后 康氏의 貞陵 인근에 창건된 것으로, 고려의 흥천사와는 관련이 없다.
9 『고려사』, 충선왕 3년(1311).
10 『고려사』, 충선왕 원년(1314).

그 사위인 왕이 건의해 보낸 것이다.[11]

위 인용문의 이신李信(?~?)은 충렬왕대에서 충숙왕 사이에 원과 고려를 오가며 활동한 원의 환관이다. 그는 충렬왕대에는 경상도에 와서 강향하였으며 충선왕 2년인 1310년 9월 을유일에는 영월부원군寧越府院君으로 임명되었다. 그는 특히 1314년 9월에 원사院使의 벼슬에 있으면서, 왕의 장인인 진왕의 원찰이던 홍천사를 보호하기 위해 고려에 사신으로 오기도 하였다. 진왕이 이 절을 자기 원찰로 삼았으므로 그 사위가 건의해 보낸 것이다. 이어 이신은 수충보절동덕좌리공신輸忠保節同德佐理功臣에 임명 되었다.

한편 홍천사는 충선왕의 사후에 충선왕과 계국대장공주의 영정을 모신 곳이기도 하다. 그런데 홍천사에 있던 이들의 영정이 1357년에 왜적에 의해 탈취되었다.

> 공민왕 6년(1357) 9월 무술일. 왜적이 승천부昇天府(개풍군) 홍천사를 침구해 충선왕과 한국공주韓國公主(계국대장공주)의 영정을 탈취해 갔다.[12]

그런데 당시 영정뿐 아니라 충선왕대에 조성된 수월관음도도 도난당한 것으로 보인다. 그 수월관음도는 현재 일본 가가미신사(鏡神社)의 소장

---

11 『고려사』, 충숙왕 원년(1314).
12 『고려사』41, 「세가」41, 공민왕 4년.

품으로, 사가현佐賀縣 현립박물관에 보관되어 있다. 기진명寄進銘에 의하면 1391년에 승려 료우켄(良賢)이 가가미신사에 진상하였다고 한다. 이 불화는 한 장의 비단으로 조성된 대작으로, 도난 과정에서 크기가 원형보다 많이 줄었지만 그럼에도 현존하는 고려 불화 중 규모가 가장 크다.

1812년에 작성된 일본인 이능충경伊能忠敬의 『측량일기測量日記』에 의하면, 이 수월관음도는 충선왕의 비빈 중 하나인 숙비淑妃가 발원하여, 김우문金祐文·이계李桂·임순林順 등 8명의 궁정화가가 동원되어 1310년 5월에 완성된 것이라고 한다.

충선왕은 1309년에 원의 달기 황태후를 호종하여 관음보살 주처지로 유명한 오대산을 방문한 적이 있는데, 숙비도 그 무렵에 이 관음도를 조성한 것이다. 이는 당시에 유행한 관음신앙과 관련이 있는 것으로, 보타락가산의 관세음보살은 『화엄경』, 「입법계품」에서 선재동자가 28번째로 방문하여 가르침을 받은 대상이다.

숙비가 이런 대형의 수월관음도를 조성한 것은 자신의 입지를 확보하려는 노력의 일환으로 보인다. 숙비는 원래 충선왕이 부친 충렬왕에게 후비로 바친 인물이었으나, 부친의 장례를 치르고는 자신의 비로 삼았다.

당시 숙비와 강력한 라이벌로, 허공許珙의 딸인 순비順妃 허씨許氏(1271~1335년)가 있었다. 허씨는 숙비보다 3일 먼저 충선왕과 혼인하였으며, 두 사람은 나이도 비슷하고 매우 미인이었다는 점, 전에 혼인한 적이 있으며, 집안의 권력[13]을 위해 앞장선 인물이었다는 점 등 공통점이 많았다.

---

13 이때 충선왕은 만 33세였고 숙비는 서너 살 연상이었다. 숙비는 오빠인 金文衍(?~1314년)을 출세시키며 내정과 외교에서 영향력을 키워 갔다. 김문연은 고려 후기의 문신으로, 본관은

두 사람의 경쟁에서 먼저 순비의 공격이 시작되었다. 당시 순비는 원종의 조카인 전 남편 평양공 현昡(?~1300년)과의 사이에 3남 4녀를 두었는데, 그 중 셋째 딸이 원 황태자(후의 인종)의 태자비가 되었다.[14] 순비는 숙비를 제거하기 위해 황태자인 사위에게 청하여 그녀를 대도로 소환하게 하였다. 그러나 1309년에 중랑장 윤길보尹吉甫가 황태자를 설득하여 소환은 취소되었다.

1309년부터 1311년 사이에 개경 인근의 예성강 하구에 대규모 사찰인 민천사旻天寺와 흥천사가 중창[15]되었다. 이 기간에 충선왕과 계국대장공주는 원 대도에 있었으므로, 숙비가 자신의 정치적 입지를 강화하기 위해 이들 사찰 조성에 큰 힘을 쏟았을 것으로 볼 수 있다.[16] 또한 그녀가 수월관음도를 제작한 것도 그런 노력 중의 하나로 볼 수 있다.

한편 『고려사』33에 의하면 고려에서 달기황태후에게 불화를 바친 기록[17]도 있다. 그런데 숙비가 조성한 불화는 일본에 의해 탈취되었던 것이다. 한편 1313년에 충선왕을 따라 원으로 함께 간 승려 만기萬奇도 원에 법운사法雲寺를 창건하였다.

언양이다. 조부는 金就礪이며, 부친은 良鑑이다. 어려서 출가하였다가 환속했다. 여동생이 충렬왕의 淑昌院妃가 되자, 30세에 처음으로 관직에 올라 左右衛散員이 되었다. 薊國大長公主의 개가 사건과 관련하여 공주에게 태형을 당했다. 그런데 충선왕을 도와 원 무제의 즉위에 공을 세우며 두각을 나타냈다. 1307년에 귀국하여 국정쇄신에 대한 선언문을 발표하고 80여 명의 관리를 임명하여 충선왕이 실권을 잡게 하였다. 다시 원으로 가서 信武將軍 鎭邊萬戶 彥陽君에 봉해졌으나 귀국 도중 죽었다. 시호는 榮信이다.

14 그리고 순비의 차남이 쌍봉 장로 자각慈覺이다. 차녀 연희옹주延禧翁主는 원 좌승상 길길반의吉吉反懿에게 출가했다.

15 1165년 의종대에도 사찰이 있었다.

16 이영, 「가라쓰 가가미 신사 소재 고려 수월관음도의 유래」.

17 『고려사』33, 충선왕 2년 12월 갑인, '遣使如元 獻海菜乾魚乾脯等物于皇太后, 贊成事裵挺以王旨如元 獻佛畵.'

2) 대장경 보급

왕장은 불교에 대한 신앙심도 깊었지만, 불학에 대한 이해도 깊었다. 당시 대장경을 초사抄寫하는 일이 매우 유행하였는데, 충선왕은 대도에 있으며 여러 번에 걸쳐 대장경을 인경 하여 원 각지의 사찰에 보내었다. 그는 이 일을 통해 고려에 대한 입성책을 무마시키기도 하였다. 충선왕 이 대장경을 기진한 여러 사찰 중 몇 곳만 골라 살펴본다.

(1) 대도 대경수사

왕장이 대장경을 보낸 것으로 알려진 원의 사찰로는 우선 대경수사 가 있다. 원의 학사 정거부程鉅夫[18]가 찬한 「대경수사대장경비大慶壽寺大藏 經碑」[19]에 의하면 충선왕은 1305년에 『대장경』 1장藏을 인경하여 대경수 사에 보시하였다.

이 비문에는 충선왕이 얼마나 불교를 좋아하였는지를 서술한 부분이 있다.[20] 또 원대의 불교 유행과 금자사경의 유행, 세조비인 유성황태후

---

18 정거부(1249~1318년)의 본명은 문해文海이고 호는 설루雪樓·원재遠齋이다. 강서江西 남성인南城人으로 쿠빌라이가 중용하였다. 성종과 무종의 실록 편찬에 참여하였다. 대표적 저술인 『雪樓集』(30권)은 사료적 가치가 매우 높아, 「平雲南碑」·「拂林忠憲王神道碑」·「濟南公世績碑」 등은 『元史』 등에서도 자주 인용되었다.
19 程鉅夫, 「大慶壽寺大藏經碑」, 『楚國文憲公雪樓程先生文集』 卷18. 충선왕은 1305년에는 大都 大慶壽寺에 대장경 1部를 보내었고, 1312년에는 杭州 惠因寺 등에 大藏經 50부를 보내었다.
20 程文海, 「大慶壽寺大藏經碑」, 『楚國文獻公雪樓程先生文集』 卷18, '高句麗古稱詩書禮儀 之邦 奉佛尤謹. 皇元之有天下 聞風來附 世祖皇帝結之恩. 待之禮 亦最優異. 父子繼王 並 列貳館. 今王(즉 王璋)以聰明忠孝爲皇帝·皇太后所親幸 大德乙巳(1305년) 乃施一藏入大

추복을 위한 대장경 납입, 황실 내에서의 고려 왕실의 특수한 위치, 무종 옹립 등에 관한 사실도 알 수 있다.

대경수사는 쿠빌라이의 아들로 유종裕宗으로 추증된 진킴(眞金)의 원찰이다. 그는 원 성종의 부친인데, 성종은 부친에 이어 모친 유성황태후裕聖皇太后[21]도 그곳에 모시고 추복하였다. 충선왕도 바로 그녀의 추복을 위해 대장경을 보내었던 것이다. 유성황태후는 현종·순종·성종의 모후로, 1294년 5월 10일에 성종이 즉위하며 황태후가 되었다. 1300년 3월 1일에 사망하였으며 '裕聖皇后'라는 시호를 받았다.

한편 정거부는 1310년 경, 「태상인 수고려왕太常引 壽高麗王」[22]이라는 제목의 곡을 써서 충선왕의 축수祝壽를 기원하였다. '태상인'은 사패명詞牌名으로 '太淸引'·'臘前梅'라고도 한다. 49자字 쌍조雙調로 구성된다.

慶壽寺 歸美以報於上. 寺爲裕皇(眞金太子)祝釐之所 於京城諸刹爲最古 皇慶元年 夏六月 (王)謂某爲文以勒於石. 『傳』曰 : 知之者不如好之者 好之者不如樂之者. 王之於佛法 知之者與好而樂之者與乎! 是日 天新雨.' 『景刊洪武本程雪樓集』卷18, 陶氏涉園本. ; 張東翼, 『元代高麗史料集錄』, 서울대출판부, 1997, pp.131~132 참조

21 진킴의 비는 裕聖皇太后로 추존되었다. 성은 弘吉剌氏이며 이름은 伯藍也怯赤, 闊朗眞이다. 1310년 10월에 다시 微仁裕聖皇后라 추시하였다.

22 程文海, 「太常引 壽高麗王」, 『楚國文憲公雪樓程先生文集』 30, '沁園歲歲菊留芳. 待此日、慶眞王。金鼎燮和元。造壽域、同開八荒。河山帶礪, 一傳千歲, 地久與天長。晴日上扶桑。便先照、瓊階玉觴。'

(2) 항주 고려혜인사

충선왕은 항주의 고려혜인사에도 대장경을 보내었다. 혜인사는 왕장의
왕실 조상이기도 한 대각국사 의천이 송에 유학 갔을 때, 경전(金字『화엄
경』)과 큰 금액을 보시하여 고려혜인사[23]라는 사찰명을 얻게 된 곳이다.

대각국사 의천은 속장경을 완성하기 위해 많은 어려움과 위험을 무릅
쓰고 송으로 건너갔다. 진수정원의 『華嚴經疏鈔』의 『의천록』 입전은 고
려 승통 의천과의 몇 년간에 걸친 서신 교류로 시작되었다. 의천은 1085
년에 송의 상선을 타고 중국으로 가서 송 황실에 4차례 표를 올려 현수
교賢首教의 전교傳授를 청하였다. 송 조정에서는 양찬楊傑에게 명하여 의천
을 혜인사 정원에게 안내하였다.

정원은 의천이 산실된 『華嚴疏鈔』를 구하자 60·80·40권 본『화엄경』
한역본을 주었으며, 의천은 그 답례로 귀국 후인 1087년에 정원에게 금
서金書『화엄경』3종 역본 180권을 보내었다. 정원은 특별히 화엄각을 지
어 그것을 안치하였으며, 1088년에 혜인선사慧因禪寺를 교사教寺로 개명하
여 영원한 화엄도량이 되게 하였다. 그런 연유로 혜인사를 '혜인고려화엄
교사'라고도 부른다.

『혜인사지慧因寺志』의 「대공덕주심왕청소」에 의하면 왕장은 1312년에
50부의 대장경을 인쇄해 대도와 항주 등의 주요 사원으로 보냈다.[24] 「대

---

23 杭州地方志辦公室,『玉岑山慧因高麗華嚴教寺志』7, 西泠印社, 2012年 9月1日.
24 『武林掌故從編』卷6,『慧因寺志』·「大功德主沈王請疏」. ; 曹剛華,「明代佛教方志及作

공덕주심왕청소」는 충선왕이 1313년 3월, 혜인사에서 대각국사 의천과 인종을 위해 올린 축소祝疏이다.

충선왕의 명으로 첨의찬성사 원관元瓘과 첨의중찬 안향(1243~1306년)은 대장경 1부를 사명산 천동사에 봉안하였고, 다시 1부를 혜인사에 봉안하였다. 특히 혜인사를 중건하고 대장경을 기진한 데에는 태자부 참군 홍약洪瀹의 활약이 컸다.

(3) 자화사와 지화사

충선왕은 항주의 사찰 외에, 북경의 자화사慈化寺에도 대장경을 기진하였다. 자화사는 보암普庵 신앙의 창시자인 보암선사가 창건한 사찰이다. 충선왕은 인종대에 자화사에 대장경을 보내어 보암에 대한 신앙을 표시하였던 것이다.

한편 1986년 여름에 북경 지화사智化寺 여래전 중앙의 주존인 석가모니불의 복장에서 '沈王府'라는 검인鈐印이 찍힌 『付法藏因緣經』 1책이 발견되었는데, 권수卷首에 충선왕의 '金口親宣'이라는 서문이 들어있다.[25] 이로 보아 지화사 역시 충선왕이 대장경을 보낸 사찰 중의 하나로 추정된다.

者考--『全元文』補遺 1,(北京師範大學古籍所) ; 『高麗敎寺志』, 「大功德主沈王請疏」 ; 曹剛華, 『明代佛敎方志硏究』, 中國人民大學出版社出版, 2011年.
25 許惠利, 「北京智化寺發現元代藏經」, 『文物』, 1987年 第8期.

(4) 기타 사찰

충선왕은 그밖에도 1312년에 『해절경解節經』·『불본행집경』 등을 인쇄하여, 항주 일대의 상축사上竺寺·하축사下竺寺·집경사集慶寺·선림사仙林寺·명경사明慶寺·연복사演福寺·숭선사崇先寺·묘행사妙行寺·청련사靑蓮寺·혜력사惠力寺 등 50여 사찰에 기진하였다 한다.

가. 상천축사上天竺寺

항주 서호西湖 영은사靈隱寺 남쪽에 천문산天門山이 있다. 속칭 천축산天竺山이라고도 한다. 그 산에 상천축사·중천축사·하천축사의 세 고찰이 있는데 모두 관음대사를 공봉한다. 오월왕은 907~960년 무렵에 상천축사에 '천축간경원天竺看經院'을 창건하였으며 송대에는 '영감관음원靈感觀音院'이라고 쳤다.

상천축사는 중국 백의관음白衣觀音의 기원지이다. 번경대翻經台, 칠엽당七葉堂, 삼생석三生石 등의 다양한 유적이 남아 있다. 원대에는 사명을 '상축교사上竺敎寺'라 고쳤으며 청 건륭제가 '법희사法喜寺'로 바꾸었다.

상천축사에서 약간 떨어진 곳에 중천축사가 있는데 중천축사는 천축사 중 최대 규모로 장경전·천불각·수월루 등이 유명하다. 특히 대웅보전의 오백나한산五百羅漢山은 걸작으로 평해진다.

나. 하천축사下天竺寺

하천축사는 4~5세기경에 창건되어 천축 3사 가운데 가장 오래되었다. 청의 건륭제는 상중하 천축사의 명칭을 '법희사法喜寺'·'법정사法淨寺'·'법경사法鏡寺'로 바꾸고 직접 사액寺額을 썼다고 한다. 법경사(하천축사)는 항주 유일의 비구니사찰이다.

다. 집경사集慶寺

항주 부양구富陽區에 있으며 집경선사集慶禪寺라고도 한다.

라. 선림사仙林寺

항주 선림사仙林寺는 '반탑사半塔寺'라고도 한다. 원대인 1276년(至元13)에 호승胡僧 양련진가楊璉眞伽를 청하여 선림사에 탑을 하나 세우게 했는데 절반 정도 지었을 때 중단된 데서 얻은 이름이다. 석비 두 개만 남아 있을 만큼 퇴락하였는데 2016년에 중수하였다.

양련진가는 楊璉眞珈 · 璉眞伽 · 楊輦眞珈 · 楊璉眞加라고도 하며 서하인이다. 살가파 승려로 파스파의 제자이며 쿠빌라이의 존중을 받아 1277년에 강남을 총섭하였다.

마. 명경사明慶寺

명경사도 임안臨安杭州에 있던 사찰로 충선왕이 대장경을 기진하였다고 알려져 있지만 더 이상은 알 수 없다.

바. 연복사演福寺

남천축연복사南天竺演福寺는 595년(隋, 開皇15)에 진중보陳仲寶가 진관법사真觀法師에게 청하여 창건하였다. 송 이종理宗대에 중창되어 숭은연복사崇恩演福禪寺라 사액賜額하였다. 원대에도 유명한 사찰이었다.

사. 숭선사崇先寺

숭선사는 항주 동북의 고정산皐亭山 남록에 있는 사찰로 '崇先顯孝禪寺'[26]라고도 한다. 1149년에 창건을 시작하였다. 1158년에 송 고종이 '숭선현효선사崇先顯孝禪寺'라 사액하였다. 후에 송 영종이 선을 교로 바꾸고 '고정산皐亭山' 3자와 '숭선현효화엄교사崇先顯孝華嚴教寺'의 8자를 어서御書로 내렸다. 원말에 병화로 훼손되었고 1379년에 중건되었다.

아. 묘행사妙行寺

묘행사는 항주 북관문北關門 밖에 있던 사찰로, 성인접대사聖因接待寺, 묘

---

26 嘉興路大中祥符禪寺住持華亭念常集,『佛祖歷代通載』卷第二十, (七) 太皇后韋氏
(高宋母也建崇先顯孝禪寺於杭之高亭山。詔眞歇清了禪師。開山爲第一代。未幾示寂。塔于寺中。師左綿雍氏。嗣丹霞淳公。甞作無盡燈記曰。東平打破鏡已三百餘年。龍潭吹滅燈復四百餘載。後代子孫迷於正眼。以謂鏡破燈滅。而不知行住坐臥放大光明。燈未曾滅也。見聞覺知虛鑑萬像。鏡未曾破也。燈雖無景能照生死長夜。鏡雖無臺能辯生死魔惑。鏡與燈光光常寂。明與鑑幻幻皆如。照之無窮。則曰無盡燈。鑑之無窮。則曰無盡鏡。日用不昧。昭昭於心目之間。但衆生迷而不知。故有修多羅教。開如幻方便。設如幻道場。度如幻衆生作如幻佛事。譬如東南西北上下四維中點一燈外安十鏡。以十鏡喩十法界。一燈況一眞心。一眞心則理不可分。十法界則事有萬狀。然則理外無事。鏡外無燈。雖鏡鏡中有無窮燈無窮燈唯一燈也。事事中有無盡理無盡理惟一理也。以一理能成差別事。故其事事無礙。由一燈全照差別鏡。故則鏡鏡交參。一鏡不動而能遍能容能攝能入。一事不壞而即彼即此即一即多。主伴融通重重無盡。悲夫衆生居一切塵中。而不知塵塵皆毘盧遮那無盡刹海。普賢示一毛孔。而不知一一毛孔含衆生三昧色身。然則一切衆生日用在普賢毛孔中。毘盧光明內。慈氏樓閣中出沒。文殊劍刃上往來。念念中與諸佛同出世。證菩提轉法輪入滅度。如鏡與鏡。如燈與燈。一切一時普融無礙誠謂不可思議解脫法門。非大心衆生。無以臻於此境。或問。即今日用見聞覺知。畢竟是燈耶。非燈耶。是鏡耶。非鏡耶。答曰。鏡燈燈鏡本無差。大地山河眼裏花。黃葉飄飄滿庭際。一聲砧杵落誰家。是年改孤山寺爲延祥四。聖觀。遷圓法師塔。葬北山瑪瑙坡○大惠移梅陽。
(癸酉) 金改貞元正月張燈○(吏人王中学倡全眞教談馬丘劉和之今尚存)。
(甲戌) 宋自秦檜專國。士大夫名望者。悉屏之遠方。齪齪委靡不振之徒。一言契合即登政府。仍止除一廳。謂之伴拜。稍出一語。斥而去之。不異奴隷。皆褫其職名閣其恩數。猶庶官。'

행선사妙行禪寺라고도 하였다. 운하를 통한 길의 항주 초입에 있었다. 송 대관연간大觀年間(1107-1110년)에 처음 창건되었으며 규모가 매우 컸다고 한다.[27]

원말에 병란으로 불에 타 명 대인 1427년에 중건되었다. 청 강희제의 4차 남순南巡시에 '성인聖因' 두 자를 어서御書로 남겼고 황제가 사경한 경 전 등을 기진하였다.

자. 청련사青蓮寺

청련사는 항주시杭州市 여항구餘杭區에 있었다.

차. 혜력사惠力寺

혜력사는 절강 가흥嘉興 협석서산硤石西山 남쪽에 있는 선종사찰로, 4세 기 동진 시대에 창건되어 처음에는 지원사志願寺라 하였다. 당말에 전쟁으 로 황폐화 되었고 북송대인 964년에 복건 되었다. 1009년(宋大中祥符 2)에 '惠力寺'라 사액되었다. 규모가 매우 커 부속 암자만도 72개에 이르렀다. 원, 명, 청대에도 여러 번 증개축되었다.

이상과 같이 충선왕의 대장경 기진은 원 사회에 적지 않은 영향을 주 었던 것으로 보인다. 이 일을 계기로 고려에 대한 입성책 주장이 많이 줄 었기 때문이다.

한편 충선왕은 고려에서도 여러 사찰에서 많은 불사를 하였다. 그는 2

---

27 明 成化,『杭州府志』, '宋徽宗時, 喩彌陀 思淨, 學佛, 寺以接待雲水飯僧, 至三百萬, 今俗 呼接待寺.'

차 퇴위 후 약 8개월 간 고려에 머물며 서보통사·묘련사·왕륜사·건성사·현성사·민천사·연복사·용천사·안국사·봉국사·묘통사·묘각사·신효사·광명사 등을 방문하여 며칠씩 묵으며 시주하였다. 기록은 없지만 충선왕은 고려의 사찰에도 대장경을 기진하였을 것으로 보인다.

(5) 일본 남선사

충선왕은 인종 즉위 후인 1312년에 대장경 50장을 조인하여 주요 사찰에 보시하였는데 그 중 일부가 일본에서도 발견되었다. 다음 원문은 남선사 소장의 충선왕이 쓴 『해절경解節經』 권31 말末(刊記) 일부이다. 충선왕은 다음과 같이 인종, 달기 황태후, 황후, 충렬왕과 제국대장공주, 그리고 자신을 축원하였다.

'推忠揆義協謀佐運功臣開府儀同三司 太尉上柱國駙馬都尉瀋王征
東行中書省右丞相 高麗國王王璋 恭聞一大藏教 四十九年 金口親宣
無盡法門 五千餘卷 琅函具載 由群生根器之不等故 我佛以方便垂慈
雖分漸頓之科 皆致淵源之地 (중략) 顧我善根宿植大法 忻逢沃甘露
於心田 播玄風於性境 是以常懷精進 夙夜匪忘 遂捨淨財 印造三藏
聖教一切寶 計圓五十藏 布施四方梵刹 以廣流通 所集殊勳 祝延 今
上皇帝聖 躬萬萬歲 皇太后懿算無疆 皇后共享遐齡 金枝玉葉萬世流
芳 恭願 皇風永扇 佛日增輝 箕畢相調 萬姓樂農桑之業 風塵載寢
四方無金革之聲 仍伸奉爲 先考太師忠烈王 先妣皇姑齊國大長公主
資嚴報地 同證菩提 然後 伏念 弟子王璋 性雖本妙 全體在迷 縱遇

佛乘 修行尙昧 (중략) 願諸佛慈悲 受我懺悔 以大法力 悉使消除 令
我現生 獲大壽命 獲大安樂 修行有序 進道無魔.'

3) 반승 및 사경

충선왕의 일생을 기록한 중국 사료 가운데, 불교 관련 기사가 가장 많
이 전한다.『고려사』,『원사』등의 기록으로 보아 충선왕은 늦어도 1308
년의 복위 무렵에는 불교에 심취되어 있었던 것으로 보인다. 충선왕은
어려서부터 유교를 좋아했고 원과 고려에서의 정책에 적극 활용하는 등
유학에 대한 이해가 깊었다.

그러나 종교는 고려왕실 구성원이 그랬던 것처럼 불교를 깊이 신앙하
였다. 충선왕은 2차 즉위 후에 고려에서 승려나 각종 불교행사에 많은
재물을 희사하였다.[28] 또한 그는 불교성지를 참배하고 사찰을 창건하였
으며, 반승과 사경, 전경 등의 각종 불사를 적극적으로 하였다. 이에 대
해 간략히 살펴본다.

---

28 『고려사』卷34,「世家」第34,「忠肅王世家一」, '丙子 上王飯僧二千, 燃燈二千於延慶宮五
日, 施佛銀瓶一百. 手擎香爐, 使伶官奏樂, 邀禪僧沖坦·敎僧孝楨說法, 各施白金一斤.
餘僧二千, 施白金二十斤. 上王嘗願飯百八萬僧·點百八萬燈. 至是日, 飯二千僧, 點二千
燈, 五日, 可滿僧一萬, 燈一萬, 期以畢願. 謂之萬僧會, 其費不可勝紀.'

(1) 반승飯僧

반승飯僧은 '승려에게 공양을 올린다(供養僧衆)'는 의미로 불교신도가 승려들에게 '음식을 보시'(飯)하여 수선修善하고 복을 구하는 불사이다.[29] '승려를 공양한다'하여 '재승齋僧'이라고도 한다. '재'는 범어 Uposathā의 의역으로 '청정淸淨'을 의미한다.

반승은 처음에는 『인왕경仁王經』, 「호국품護國品」에서 연유된 호국불사이다. 승려를 공양하여 삼보에 정례하고, 백고좌百高座를 열어 국난을 면하고자 한 것이었다. 그것이 후에는 석가탄신일이나 국왕의 생일, 국기일國忌日에 반승을 베풀어 공덕을 짓는 행사가 되었다.

고려 왕 중 충선왕이 가장 많은 반승을 하였다.

충선왕은 1309년 3월에 달기 황태후를 모시고 오대산에 다녀온 후, 9월에 수녕궁을 사찰로 만들어 민천사라 하고 1만 명의 승려에게 반승을 하였다. 수녕궁은 충선왕의 모친 제국대장공주의 궁으로, 왕은 모친의 원찰로 삼기 위해 대규모의 공사를 하였던 것이다. 1311년 1월에는 모친의 명복을 빌기 위해 1년간 매월 3천 명의 승려에게 반승하게 하였다.

한편 왕은 1313년에 고려왕위를 아들에게 양위하고 일찍이 염원한 '반백팔만飯百八萬 점백팔만등點百八萬燈'[30]을 실현하고자 하였다. 그는 108번의 만승회를 통해 108만의 대규모 반승을 염원하였던 것이다.[31] 상왕은 연

---

29 기록상 그 시원은 (舊)『唐書』·「李蔚傳」, '懿宗奉佛太過 常於禁中飯僧 親爲贊唄', ; (新)『五代史』·「後蜀世家」·「孟知祥」, '知祥嘗飯僧於府 昭遠執巾履從智諲以入.' 등에서 찾을 수 있다.
30 『고려사』 34, 忠宣王 5年 10月 丙子.

경궁을 증축하여 10월에 연경궁에서 2천 명의 승려에게 5일간 반승하였고, 2천 개의 연등에 점등하고 일백 개의 은병을 불전에 보시하였다. 또 충탄冲坦과 효정孝楨에게 설법하게 하고 은 1근씩을 보시하였다.[32]

11월에도 5일간의 반승회를 거행하였다. 송광사의 만항萬恒은 왕과 함께 수레를 타고 점등하였다. 만항은 후에 국사가 되었다. 역시 11월에 왕사 정오丁午를 무외국통無畏國統, 대선사大禪師 혼구混丘를 왕사로 삼았다. 두 사람은 11월 15일의 팔관회에서 왕장과 동석하여 행사를 관람하였다.

한편 왕장은 1314년 1월에 선사인 경린景麟과 경총景聰을 대선사로 제수하려 하였으나 대간의 반대로 실패하였다. 왕장은 환국 8개월만인 정월에 연경궁의 만승회에 참석한 후 대도로 돌아갔다.

한편 왕은 자신의 만승회를 재추를 통해 원 황제에게 은밀히 알리기도 하였다. 즉 만승회의 목적 중 하나가 황제와 황후의 장수와 강녕을 축원하는 것이라며 그 사실을 원에 널리 알려줄 것을 청하였던 것이다.[33]

앞장에서 살펴본 것처럼, 충선왕이 대장경을 인쇄하여 여러 곳에 기진함으로써 고려에 대한 입성책 주장을 완화시킨 것과 마찬가지로, 만승회 개최도 역시 그런 목적이 있었던 것으로 보인다.

31 『고려사』 34, 충숙왕 즉위년 10월.
32 『고려사』 34, 忠肅王 즉위년 12월.
33 『고려사』 34, 忠肅王 원년 정월 갑진 조 참조.

(2) 사경과 전경

고려시대의 불사는 대장경 조성 못지않게 경전을 필사하는 사경寫經과 경전을 독송하는 전경轉經도 유행하였다. 그러다보니 고려에는 사경에 능한 사람이 많았고, 그 소문은 원에도 전해져 고려인의 사경본을 원하는 사람들이 나타났다.

그러자 원에서는 충렬왕 16년(1290년) 3월에 금자경金字經 사경에 능숙한 35명의 사경원을 차출하였고, 4월에는 65명을 데려갔다. 같은 해 8월에는 원의 장군 조현趙顯이 와서 직접 징발하기도 하였다.[34] 그 영향으로 현전하는 고려시대의 금은자 사경은 이 시기의 것이 많이 남아 있다.[35] 사경승 가운데 홍진국사弘眞國師 혜영惠永(1228~1294년)이 대표적인 인물이다.[36] 1290년에 100명의 사경승을 거느리고 원으로 가서 금자『법화경』을 사경하였다고 한다. 세조가 크게 치하하고 경수사에 머물게 하였다. 다음 해에 사경이 끝나자 세조가 사신을 함께 보내어 귀국하게 하였다.

충선왕 대에는 금자장경金字藏經 사경과 관련된 기록이 더욱 많은데, 대표적으로 무종과 인종의 모친인 황태후 달기의 사경을 들 수 있다. 그녀는 1310년 6월에 환관 방신우 편에 금박金箔 60정을 보내어 고려에서 경전을 사경 해 오게 하였다.

---

34 『고려사』30, 충렬왕 16년 3월 庚申, 4월 丁酉, 8월 辛未.
35 대표적인 것으로, 1319년에 금니로 사경한 금자대장의 일부 중 『佛說佛名經』권제10 虛 1 권, 『攝大乘論釋論』권제3 獸 1권, 『聖佛母般若波羅密多九頌精義論』권상 帳 1권이 있다. 千惠鳳, 「藩王王璋 發願의 金字大藏 3種」, 『書誌學報』1, 1990, p.6.
36 「桐華寺弘眞國尊眞應塔碑」.

충선왕 2년(1310) 경술년 6월 임자일. 원나라에서 환관 방신우를
보내 금자로 장경을 필사하는 일을 감독하게 했는데 그편에 황태후
가 금박 60여 정을 보냈다.[37]

방신우는 민천사에서 승속 3백 명에게 사경하게 하고, 황태후를 위해
신효사神孝寺에서 경전을 독송하는 전경轉經도 행하였다.

8월 계사일. 원나라 황태후가 소루카[鎖魯花]를 보내 초鈔 5,800정
錠을 내려주며 사경의 노고를 치하했다.[38]

방신우는 1311년 11월에 금자사경을 가지고 원으로 돌아갔다.
충선왕도 1312년 1월, 승려들에게 1년간 연경궁에서 경전을 독경하게
하고, 1313년 8월에는 민천사에서 모친의 추복을 위해 금자사경을 하게
했다. 이 무렵의 사경 글씨체는 기존의 당사경체唐寫經體를 벗어나 당시
유행했던 서체인 조맹부체로 통일되었다.

---

37 『고려사』, 충선왕 2년(1310) 6월 戊申. 金字大藏經은 金字寫經 · 金字賁飾經이라고도 하는
　데 刊本 이외의 경전을 금은으로 화려하게 장식한 것이다. 주로 왕실이나 상류층에서 보시
　하여 조성되었다. 특히 충렬왕 대에 수요가 많았으며, 원에서도 고려 사경승 200여 명을 차
　출하여 금자사경을 간행하기도 하였다.
38 고려불교계에서 사경은 매우 유행된 불사였다. 원나라에서는 고려 사경의 우수한 기술을 인
　정하여 종종 寫經僧과 經紙를 요구하였다. 『고려사』 권93, 열전6, 최승로전(崔承老傳) 참조

2. 해인거사海印居士와 명본선사明本禪師

1) 천목산天目山 참배

충선왕은 30세 전후 무렵부터는 불교에 깊이 심취하여, 여러 종파의 불교를 공부하였으며 여원 양국의 불교계 인물들과도 많은 교류를 하였다. 그 중 원나라 승려로는 중봉명본中峰明本·반곡盤穀·보혜普慧·불지佛智(沙羅巴) 등을 들 수 있다.

당시 원에서는 선종이 매우 유행하여, 북쪽에는 금의 만송행수萬松行秀·설정복유雪庭福裕 등의 조동종사曹洞宗師와, 해운인간海雲印簡 같은 임제종사臨濟宗師가 있었다. 남쪽에는 운봉묘고雲峰妙高·설암조흠雪岩祖欽·고봉원묘高峰原妙·중봉명본中峰明本·원수행단元叟行端 등의 임제종장臨濟宗匠이 선학을 전지傳持하였다. 그런데 쿠빌라이가 파스파에게 수계하며 티베트 불교의 확산으로 선종 세력은 다소 약화되었다.

충선왕은 특히 천목산의 임제종 선사인 중봉과의 관계가 특별하였다. 『西天目祖山志』[39]에 의하면 충선왕은 천목산에서 중봉선사를 만나 가르침

---

39 釋廣賓 撰, 『西天目祖山志』는 『中國佛寺史志彙刊』 第一輯에 수록되어 있다. 본문이 8권으로 구성되어 있으며, 首·末·補遺를 더하여 총 12권이다. 『西天目祖山志』는 明 萬曆연간에 阮子厚가 처음 썼으며, 이어 喬時敏이 增飾하였다. 두 번째는 潛陽徐父가 썼으나 화재로 소실되었다. 이어 天啓初年에 張之采가 세 번째로 찬하였다고 하나 완성되었는지는 알 수 없다. 그 후 1638년에 廣賓이 『祖山志』를 찬술하였는데, 청대 가경연간에 際界선사가 禪源寺에 주석하며 그것을 바탕으로 하여 本志를 撰成하였다. 分目이 적절하여 佛敎志書의 전형으로 여겼다.

을 받았으며 해인거사海印居士라는 호로 알려졌다.[40]

천목산은 절강성 항주시 서북부의 임안구臨安區에 있으며, 옛 이름은 부옥산浮玉山이다. 해발 1506m의 선인정仙人頂이 주봉이다. '天目'이란 이름은 한漢 대에 시작되었는데, 동·서 두 봉우리의 정상에 각각의 못(池)이 있어서, 하늘에서 보면 마치 두 개의 눈처럼 보여 붙은 이름이라 한다.

천목산은 동진東晉 시기에 불교가 전래되어 약 1500년의 역사를 자랑하는 불교명산이다. 동진의 축법광竺法曠이 서천목산에 머물렀으며, 그 후 고승들이 차례로 이 산에 사찰을 창건하였다. 전성기에는 약 50여 사원이 있었으며 승려는 천여 명에 이르렀다고 한다.

유명한 사찰로는 선원사禪源寺·사자정종선사獅子正宗禪寺·대각정등선사大覺正等禪寺·법운탑法雲塔·자하암紫霞庵 등이 있다. 그 중 1279년에 창건된 사자정종선사와 1425년에 창건된 선원사는 항주 영은사靈隱寺와 더불어 강남의 대표적 명찰로 꼽힌다.

서천목산에는 당송시대에 많은 승려들이 모여들었는데, 돌을 쌓아 방을 만들고 띠집을 짓고 간음목식澗飮木食하며 수행하였다 한다. 가장 먼저 규모를 갖춘 사원은 886년에 창건된 보복원保福院이고 그 다음은 888년에 창건된 명공원明空院이다. 송·원·명·청을 지나며 사자정종선사·대각정등선사·선원사 및 45 사암이 창건되었다. 현재 선원사의 산문·천왕전·위타전韋馱殿·사자정종선사(현 開山老殿) 및 태자암太子庵 등이 부분적

---

40 『西天目祖山志』卷3, '沈王王璋, 號海印居士, 高麗駙馬太尉沈王也……' ; 이 사찰은 1371년에 松隱禪師가 獅子正宗禪寺 옛터에 중건하였다. 청대에는 玉琳禪師가 순치제에게서 '大覺禪師'를 사호하였고 名香法衣도 받았다. 후에 다시 '普濟能仁國師'라는 호를 받고 禪源寺의 주지가 되었다. 晦石禪師는 서천목산에 27년간 주지하며 사원을 수리하여 크게 이름을 날렸다.

으로 남아 있다.

그리고 역대로 '천목영산天目靈山'이라고도 불린 이곳을 이백李白·소식蘇軾·장우張羽·유기劉基 등이 와서 유람하고 시를 남겼다. 청의 건륭제는 천목산을 '대수왕大樹王'으로 책봉하였다.

서천목산에서는 역대로 많은 명승이 배출되었고 그들 가운데는 황제의 책봉을 받은 경우도 있었다. 당의 혜충慧忠선사는 숙종에게 충언("理人治國之要, 暢唐堯虞舜之風") 하였고, 입적 후에는 '大證禪師'라 봉호되었다. 당의 홍언서土洪言西士 선사는 희종에게 자의紫衣를 받았고 소종에게서 '法濟大師'라는 호를 받았다.

감종선사鑒宗禪師는 입적 50년 후, 오월국의 무숙왕武肅王 전류錢鏐가 조정에 청하여 '無上大師'에 추시追謚되었다. 송의 이종은 무문혜개선사無門慧開禪師에게 '佛眼禪師'라 사호하였고, 담인曇印선사에게는 '松岩方丈' 4자를 어서禦書로 주었다.

원대에는 고봉선사가 이곳에 개당하여 서천목산 1대 조사가 되었다. 그의 제자인 단애·중봉이 그 도를 넓혀, 성종·순제·인종이 그들 모두에게 호를 내리고 포승하였다.

한편 위타보살의 응적 도량인 동천목산은 양 무제의 아들 소명태자昭明太子 소통蕭統이 머문 곳으로도 유명하다. 소명태자는 530년경, 자신과의 인연으로 명명된 태자암에 은거하며 『昭明文選』을 편찬하였다. 이 책은 주周에서 양梁나라까지 약 1000년간의 대표적 문인 130여 명의 작품 약 800편을 분류하여, 30권의 책으로 엮은 것이다.

또한 그는 이곳에서 『금강경』을 권점圈點하기도 하였다. 당시 그는 과로로 실명하게 되었는데, 동천목산의 한 샘물로 씻어 다시 시력을 찾았다고 한다. 그로 인해 이 샘물은 '洗眼池'라는 이름이 붙었다. 태자와 관련된 유적지로 태자암·세안지·분경대分經台 등이 지금도 남아 있다. 주변의 백성들은 그를 기리고자 산위에 소명선사昭明禪寺를 세웠다고 한다. 한편 천목산은 일본 임제종 영원사永源寺 중흥의 발상지이기도 하다.

2) 천목산 위타보살

한편 이 산은 중국불교에서 대보살이며, 호법신의 하나인 위타보살韋陀菩薩의 도량으로 간주된다. 위타보살의 범명의 음역은 사건타제바私建陀提婆이고 의역으로는 음천陰天이다.[41] 정법을 호지하는 대보살의 하나로 위타천韋陀天이라고도 한다.

『悲華經』에 의하면 위타보살은 항상 사바세계에 머물며 삼주대법륜三洲大法輪을 거느린다. 그는 18생을 장군으로, 54생을 재상으로 지냈고, 대중을 위한 정자 120곳과 우물 130개를 조성했다고 한다. 또한 가사 및 벽수碧樹 바루(鉢) 8백만 개를 만들고, 승려를 위한 욕지浴池를 시설하였으며, 48개의 큰 길과 46곳의 사찰을 조성했다고 한다.[42]

---

41 불교에는 비슷한 이름의 護法天神인 韋天將軍이 있는데, 위천장군의 성은 韋이고 이름은 곤琨이다. 그는 남방 增長天王 소속하의 8대 神將의 하나로, 32員 신장의 우두머리에 위치한다. 4大天王은 각각 여덟 신장을 거느리고 있다.
42 『悲華經』에 의하면 위타보살은 과거세 석가모니불 등과 함께 형제였다. 과거겁에 轉輪聖王에게 일천 명의 아들이 있었는데, 그들은 불교를 공부한 후 각각 발원하였다. 당시 위타보살이 그들의 발원을 듣고 말하기를, "그대들이 수행 하고 成道하여 佛法을 널리 펼칠 때, 나는 그대들을 護持하고 護法할 것이다. 그대들이 모두 성불한 후 나는 마지막으로 성불할 것이다." 하였다. 후에 전륜성왕의 일천 명 아들들은 우리를 위하여 賢劫의 千佛을 이루었다. 석

또한 그는 각각의 생애마다 전단향으로 6척 높이의 불상 1천존을 조성하고 매 불상 앞에 7척 높이의 금보탑金寶塔을 세웠다. 매 생애마다 『대장경』 100장藏을 조성하였고, 손에는 8만4천근의 금강보저(金剛降魔杵)를 들고 있는데 이는 최사보정摧邪輔正 · 제마위도除魔衛道의 능력이 있음을 표시한다.[43]

머리에는 투구(鳳翅兜鍪盔)를 쓰고, 오운조리烏雲皂履를 신고, 몸에는 황금 쇄자갑鎖子甲을 두르고 있다. 민간에서는 그런 도문圖文을 인쇄하여 발원하면 무병장수하고 보리심이 불퇴하며 공덕이 무량하다고 한다.

위타보살은 17생을 진동신真童身으로 지냈기에 진동신보살이라고도 한다. 동자의 모습은 불교에서 '赤子之心'(천진하고 죄악에 물들지 않은 마음)을 의미한다.

천목산은 그런 공능을 가진 위타보살이 현현하는 곳으로 간주되어 사찰마다 위타전을 세웠다. 그 중 소명선사의 위타전 보살상은 좌상으로 조성된 것이 특이하다. 위타보살은 붓다를 보호하고 불법을 보호하며, 또한 불법을 수행하는 중생을 보호한다.

위타보살 소상에는 세 가지 형식이 있는데, 그 의미가 각각 다르다. 우선 위타보살이 항마저를 어깨에 메고 있으면 운유승이 3일 동안 공짜로 머물 수 있는 큰 절이다. 만일 항마저를 가로로 잡고 있다면 운유승이 하루를 머물 수 있으며, 바닥에 놓여 있다면 그곳은 작은 사찰이기에 하루

가모니불을 제4존으로 하고 위타보살을 최후의 일존으로 하였기에 그를 누지불樓至佛이라 부른다. 위타보살의 탄생일은 음력 6월 3일로, 그를 기리는 행사가 이루어진다. 『悲華經』에 서술된 위타보살 10大願은 修菩薩道願, 護持正法願, 未法燃燈願, 劫難度衆願, 未後成佛願, 無別千佛願, 調伏餘衆願, 化佛教化願, 摩尼寶珠願, 作大醫王願이다.

43 이에 대해 『鑄鼎餘聞』에서는 "合掌捧杵者, 爲接待寺, 凡遊方釋子到寺, 皆蒙供養. 按其杵據地者則否, 可一望而知也."라 하였다.

도 머물 수 없다는 뜻이다.

그밖에도 위타보살은 불교 인물 중 신행태보神行太保라 하여, 매우 빨리 달리는 존재로 유명하다. 중국에서는 위타보살을 천왕전 미륵불의 후면에 안치한다. 그의 두 눈은 탑에 모신 불골佛骨이나 사리를 나쁜 기운과 도둑으로부터 지키기 위해 대웅보전 앞의 탑을 주시하고 있다. 또한 출가자를 보호하고 불법을 호지하는 공능도 가지고 있기에 보안보살普眼菩薩이라고도 한다.[44]

3) 중봉명본

중봉은 고봉원묘高峰原妙(1238~1295년)의 계승자로 임제종 선승이었다. 충선왕은 1313년에 홍약과 기장로奇長老 편에 서신과 예물을 보내어 제자의 예를 다하였다. 당시 원에서는 티베트불교가 가장 유행하였으나 충선왕은 임제종의 중봉선사를 만나 가르침을 받고자 하였던 것이다. 인종이 황태자였을 때 중봉에게 법혜선사法慧禪師를, 또 즉위 후에는 불자원조광혜선사佛慈圓照廣慧禪師라는 법호와 금란가사를 내렸는데 그 과정에 충선왕이 연관되어 있었던 것으로 볼 수 있다.

인종은 사자원師子院을 '사자정종선사師子正宗禪寺'로 사명을 바꾸어 주었다. 이후 문종은 그를 지각선사智覺禪師로, 순제는 보응국사普應國師로 책봉하였으며, 왕공귀족 문인 사대부들이 앞 다투어 그를 참방하였다.

---

44 煮雲法師, 『普陀山傳奇異聞錄』 참조

한편 중봉선사는 고려에서 사경한 금서金書『법화경』을 얻어 감사의 불사를 올렸다고 하는데 시기로 보아서 이 경전은 충선왕이 1313년에 홍약 등을 통해 보낸 것으로 보인다.[45]

충선왕이 1313년에 중봉에게 보낸 서신(鈞旨)과 이에 대한 명본의 답신 答申이 남아 있다.

元·中峯明本禪師,　「答瀋王書(來書附)」

弟子太尉瀋王王璋頓首百拜和南天目中峯和尚大禪師座下惟璋眇德叨預天姻爵祿雖榮常遵佛化仰靈山之付囑懷覺樹之潛輝每對眞容誠切瞻戀至於修崇勝事聽演教乘頗嘗及矣而禪宗向上一著罔知所趣伏審吾師道傳天目名簡帝心良以江山迢遙尙阻執侍渴仰醍醐思霈化雨極懸懸也緬想天人叶贊法候勝常今專遣洪鑰謹齎信香代伸禮敬久嚮和尚養高泉石他方多請住持曾未垂諾柰無相法身欲隱彌露曷若出世度生廣開利益然聞江南靈蹤聖境久欲遊觀秋冬間儻得旨南來首當叅扣願興悲濟先此布區區幸祈法照(下民之辟又□也王□付□或是百辟詩大雅乥□□)

某爲學旣昧於道無聞廁影僧園濫叨田服捫心揆己夙夜恐惶伏惟閤下位冠百辟爵居名王天姻懿親爲國尊行性海巨筏爲佛雄藩仁聲仁聞

45　叅學門人北庭臣僧慈寂　上進,「佛事」,『天目中峰廣錄』7,「拈高麗金書法華經」, '此法華經藏深固幽遠無人能到今日因甚麼却在幻住手中於斯薦得便見大海之東大海之西大海之南大海之北一會靈山儼然未散如其未委黃金自有黃金價終不和沙賣與人'

被乎寰區有德有言無愧簡冊顧某何人敢當垂念過蒙洪叅軍與奇長老冒塵觸暍徒步登山出王釣緘侑之厚幣辭情悃懇自敵以下有不敢當者而况大王年德名位振耀皇家者哉盥沐熏香對信使展讀雖山林泉石增助光潤其如某之愧悚何觀信使之聰明有以知大王之通貫無礙也因與信使話及世尊於二千年外將過去諸佛已轉法輪一音演唱而諸弟子結集爲一大藏教布之寰宇實祛情遣妄指瑕指玭之無上法寶當時一印印定迨今無所加損王亦於過去佛所親蒙授記其大施之門已嘗啓於彼而乃應於今日也豈惟應於今日將見綿續不斷入未來際不可窺其涯涘者矣故佛以智慧而現法藏王以布施而廣經教布施乃六度之首智慧乃六度之終咸具波羅蜜體而無間然者也夫有文字相是謂教離文字相是謂禪即其所有而離是謂功德惟其所離而有是謂莊嚴如是至理在王己分有自來矣玆承示諭於禪門向上一著子未有所聞似不勞過遜也然禪門言向上向下者乃一時建立之方便巧辭非實有也記昔僧問古德曰學人不識佛乞師指示德曰我言恐儞不信僧曰和尚重言焉敢不信德曰即儞便是僧曰如何保任德曰一翳任目空花亂墜後有尊宿擧此公案乃云古德答此僧所問如百二十斤重擔此僧一肩荷負驀直便行更不回顧可謂有力者也此說安有向上者哉貴在信根猛利決定不退轉久之無有不獲其悟入者管見若此又承諭及某不肯住持之說斯言似爲過情使某苟有一毫利益於人而獨擅其退休閑逸之計不思法道之隆替誠法門之罪人也正以自救不暇故當退遁豈有它哉惟王諒之聞王駕有江南遊覽之念夫以王心虛明物境洞照能徧涉法界於不動神情之頃恐不待走輕車策駿駟然後爲得也信筆覼縷山野無文下情不勝媿汗之至伏幸矜悉

「與嗣瀋王」

　某一介魯鈍分守窮山頗知佛祖之道爲濟世舟航以其自救未能焉敢
濫膺主法者之任不謂過情之譽上干尊王海印大居士之聽遠賜寶縅委
洪焱軍奇長老冒暑入山焚香展誦感愧奚文因話次奇長老宣傳玉旨俾
書法語一篇以資玄路切謂一國之主遊刃羣機以寧海宇何暇存神內典
以親方外之學乎教中有言菩薩夙乘般若智力示爲人主以夙習濃厚不
爲富貴之所籠絡於六波羅蜜四無量心念念策勱念念成就未嘗斯須暫
忘者殆非一生兩生爲人主也何以知其然十金之家沉酣五欲不暇他顧
而況富有國土乃爾孜孜于聖賢之道非夙植德本何能若此惟是富貴易
於移人故佛許之以生生修證成熟菩提然禪宗門下以無修而修絕證而
證無修故直見自心絕證故見心卽佛心不可見以悟爲見佛不可卽忘悟
爲卽故古宿謂學以悟爲難悟以忘爲難忘以行爲難如是三難初無定論
在信根之深淺志願之重輕耳惟王之信根決定是深志願天然其重若夫
信根不深志願不重則應念爲諸欲因緣所移安肯寄音於無似野僧需入
道之語耶教中有天鼓忽鳴謂諸天子曰諸法苦空無有眞實勿貪五欲以
快一時當力求道果以悟本來然本來旣悟回觀天樂特夢幻爾學道有三
種正見第一要念得生死無常大事眞切畢其形命不肯放過第二要識破
一切世間憎愛是非緣境不使一塵爲障爲惑第三要辦取一片長遠決定
身心歲月愈久而志願益精假使久無所入雖三生五生亦不知其疲倦久
之更無有不成就者或者謂道在一切處道在平常中只要人一切時中忘
思絕慮當念無心無心卽道舍此復有何實法與人自取纏縛然此說亦未
嘗不是殊不知未盡善也何則只如說箇無心且心旣曰無復敎何人知其

爲無耶苟存所知則不得爲無心矣或無所知則又同木石所以宗門中事
須求妙悟謂悟者何悟此心耳此心旣悟則曰有曰無俱成剩語前代諸尊
宿與國王大臣酬酢此道初不曾有做工夫之說惟是單提此事俾之言下
領悟後來法久成弊但欲會禪多將情意識穿鑿解會但說得相似蓋不曾
忘心契悟生死岸頭了無交涉近代師僧不奈何將箇無義味話頭置之學
人懷抱命其朝叅夕究起大疑情叅到心空念泯之際不覺不知以之悟入
惟此一門最爲允當聞王興隆三寶備作佛事獨不知於此事上曾究竟不
如未留意因記得僧問古德云一念不起還有過也無德云須彌山日用中
不妨擧此話默默自看如何是須彌山且須彌山之意作麼生道但與麼擧
起來叅取政當叅時都不妨治國齊家營福修善等事於此等事上亦不妨
叅此話頭久久純熟忽爾開悟翻思老釋迦棄王宮入雪山見明星將謂有
多少奇特元來鳳池淵底龍床角頭雖去二千年曾無一髮少間然後以此
道治國則國無不治理民則民無不安崇福則福無不資祈壽則壽無不永
豈特此爲然以至莊嚴眞法界成就佛菩提無所施而不可管見若此惟王
諒之

「答高麗田尙書」

　二使者至捧出珍翰兼承奇惠物意隆厚自非閤下篤信正法何以得茲
蒙以四疑下問謹依來問一一奉答(圭峰國覺禪觀修廣長四威儀中坐爲
最勝遠離沙□聖□讚揚)

　一來問坐禪或云不在坐但四威儀中令心無放逸此可信乎答梵語禪

那此名思惟修亦名寂滅乃指一心之極致也教中有四種禪皆人天聲聞
沉空滯寂用心偏向故少林不取焉今之叢林稱禪者遠宗少林單傳一心
之要旨也此心遍在行住坐臥之間不局於一隅也雖不在坐亦不離坐也
今之人但知不在坐而不知不離坐也苟知不離坐則終日坐又何傷焉或
不了此心謂不在坐則近狂蕩謂不離坐則近執縛二俱異見非至理也謂
坐禪者必欲以悟心爲本此心旣悟則四威儀皆是坐時此心未悟雖不離
坐實未曾坐也

　二來問一切佛經不解佛意但口常讀於理上亦有小功德不答佛說一
切經教爲破執遣疑而設焉以世尊眞實之說不虛凡執卷卽獲勝利其言
獲利者一以如來眞實願力所致二以自己信心所成凡閱經教獲利之途
非止一端隨其信向之淺深所蒙利益之優劣俱不能外乎信心也且如展
卷信云獲福卽得福信云獲慧卽得慧信云滅罪而罪卽隨滅或不以信雖
但口誦亦沾利益蓋聖人之至言非鄙俗游談之比曰功曰德云胡不具哉

　三來問別法謂佛說一切法皆是佛法如何更說別法此是落階級之法
耶生天之法耶答教中有緫別二義緫者諸佛所致之一心也別者乃諸佛
隨宜演唱之方便事也須知緫不異別卽一心現萬法也別不離緫惟萬法
皆一心也法無心外之法心非法外之心但迷悟之自分耳心迷故但見別
法無緫名心悟故惟知一切皆緫名佛法更無一物非緫也但除却佛法大
緫持相不問生天生人生十法界中皆是階級也

　四來問在家菩薩謂眼前妻子奴婢全然障道之本何名爲菩薩此疑妄

說答昔維摩居士謂無住爲家舍大慈悲爲父隨順菩薩母柔和忍辱妻智
慧名爲子方便卽奴婢如是而受者名在家菩薩雖未獲如是解脫使置身
於五欲塵勞者但存一念信佛法之正心念念欲遠離塵勞雖未卽淸淨亦
可稱菩薩蓋菩薩之稱乃梵語耳華言道心但有向道之心則菩薩亦可通
稱也

　　極理言之佛法無二無別總因一心建立心悟故山靑水綠鵲噪鴉鳴更
無一點不是佛法心迷故花池寶樹王殿瓊樓更無一點不是世間法一大
藏敎祖師西來只要人悟此心自然一一不被差別名相所礙所以古人道
夢裏明明有六趣覺後空空無大千如今必欲要驚覺夢中所具之境別無
方便但請發起一念決定信心忝箇四大分散時向何處安身立命話盡此
餘生密密叅究久遠不退廓悟自心此心旣明則世出世間聖凡差別一念
混融更不容別有一法爲分別也某雖未克瞻對其體道之論不過如此古
人云但辦肯心決不相賺[46]

　　그런데 실제 두 사람이 직접 만난 것은 6년 후인 1319년이었다.[47] 충선
왕은 1319년 3월에 인종을 위한 행향을 청하여 어향禦香을 가지고 권한
공·이제현·홍약 등을 대동하고 강서성으로 갔다. 일행은 8월에 항주에
도착하였고, 9월에 천목산에 가서 중봉명본中峰明本(1263~1323년, 智覺)을
만났던 것이다. 이제현이 항주 임안에 머물며 남긴 시를 통해 당시의 분
위기를 느낄 수 있다.

46 叅學門人北庭臣僧慈寂　上進, 「書問」, 『天目中峯和尙廣錄』卷第6.
47 叅學門人北庭臣僧慈寂　上進, 『天目中峰和尙廣錄』6.

절의 불당은 멀리 높고도 험한 곳에 있기에 모래톱에 배를 대고 밤에 겨우 당도했네

산골의 달은 발소리 따라 별채까지 오고 개울 바람은 집에 들어와 옥구슬 울리네

산은 소동파로 이미 오랜 명성이 나있고 나무도 전씨 왕조의 많은 일들을 보았네

밭 언덕에 봄이 지나가니 꽃은 적적하고 골짜기의 새가 시골 노래에 화답하네.[48]

중봉의 스승 고봉선사는 1279년에 서천목산 사자암으로 들어가 오두막을 짓고 30년간 수행하였다. 후에 그의 제자 단애요의斷崖了義[49]가 사자

---

48 李齊賢, 「宿臨安海會寺」, 『동문선』 제15권, '梵宮臺殿遠嵯峨 沙步移舟夜始過 峽月轉廊隨響屧 溪風入戶動鳴珂 山因蘇子知名久 樹自錢王閱事多 陌上春歸花寂寂 惟聞谷鳥和村歌' 항주 임안의 해회사는 양무제의 아들 昭明太子가 홍법을 위해 창건한 사찰로 竹林寺・竹林精舍라고도 한다. 1008년에 '海會寺'라 사액하였다. 吳越王 錢鏐가 902년에 크게 중건하였으며 수많은 고승대덕이 배출되었다. 익재의 시 외에 蘇東坡의 「宿海會寺」・「海會寺淸心堂」이 유명하며, 이른바 '宋四家'의 한 명으로 꼽히는 蔡襄도 여러 차례 방문하여 『海會寺記』를 남겼다.

49 단애요의(1263~1334년)는 절강성 湖州 德淸 사람으로 속성은 楊씨이다. '단애'는 요의가 절벽을 오르내리는 정진으로 7일 만에 확철대오하였기에 생긴 이름이라고 한다. 그는 6세가 되어서야 겨우 말을 할 수 있었다고 한다. 어려서부터 모친 張氏를 따라『법화경』을 통독하였다. 인간세의 사정에 대해 하나도 알지 못하였으나 자라면서 자태에 품위가 있었고 뜻을 가지고 무언가를 기다리는 것 같았다. 17세에 한 승려가 그를 보고 천목산의 고봉선사 이야기를 하였더니, 그가 갑자기 느낀 바가 있어 고봉선사를 만나게 해달라고 하였다. 모친이 행장을 갖추어 주자 요의는 그 승려를 따라 천목산 사자암으로 가서 고봉선사를 배알하고 시봉하였다. 고봉은 그에게 '萬法歸一, 一歸何處'를 修參하게 하였고, 이로 인해 그를 '從一'이라 불렀다. 소나무 가지에서 눈이 떨어지는 소리에 깨우치고 게송을 지어 고봉선사에게 바치고 인가를 받았다. 그 후 노모를 모시고 은거하다가 고봉의 부름을 받고 삭발하였다. 1326년에 천목산 正宗寺에 주석하였다. 諡號는 '佛慧圓明正覺普度大師'이다.(『五燈會元續略』6・『五燈全書』51) ; 元 成宗대에 천목산에 한 특이한 승려가 있었는데 법호는 了義이고 사람들이 斷崖禪師라 불렀다. 文宗이 그의 도행을 듣고 선정원에 명하여 入山宣問하게 하였

정종선사를, 중봉명본이 대각정등선사를 창건하였다.

중봉선사는 1319년 9월 6일에 설법장을 크게 꾸미고 충선왕을 맞았다. 선사는 원 인종의 축수祝壽를 하고, 충선왕에게는 '삼한을 중화의 상국 안에서 잘 지킬 것(保三韓於中華上國)'을 권하였다. 이어서 고봉선사의 무문관을 설명하였다. 왕이 법을 묻자 선사는 「眞際說」을 써서 개시開示하였다. 다음 글은 『天目中峰和尚廣錄』의 「眞際說」로, 2046자의 장문으로, '眞', '際'의 불교적 풀이를 한 것이다.

「眞際說」

太尉瀋王海印居士求法名別號遂名之曰勝光號之曰眞際夫眞非色像不可得而見有見非眞際非境緣不可得而及可及非際眞乎不可見而見之際乎不可及而及矣其不可見之眞廓爾無像不可及之際洞然絶痕無像之眞體之莫非神悟罔及之際混之必欲心開然眞非際外之眞際匪眞前之際但見眞則必達其際凡達際則必見其眞眞乎際乎猶鏡與光二者未嘗斯須少間言光則必由鏡出語鏡則必有光存光卽際之眞鏡乃眞之際亦猶羣波共水衆器同金理體元齊事相非一嗟乎衆生於無始時來重爲業習所蔽擬涉念慮卽落妄緣那更馳求劍去久矣或不眞誠啓悟諦

다. 1334년에 '佛慧圓明正覺普及禪師'라 賜號하였으나 經書가 도착하기 전에 72세로 坐化하였다. 사자암 뒤에서 장례하였다. 그 후 서천목산의 명성이 점차 퍼져나가 중국내는 물론, 인도, 고려, 일본 등에서 여러 승려들이 찾아와 參禪 留學하였다. 淸代의 玉琳國師는 1665년에 禪源寺를 창건하고 高峰·中峰의 法席을 크게 떨쳤다. 선원사에는 藏書가 매우 많았다고 한다. 獅子正宗禪寺는 1275년에 창건하기 시작하여 1320년에 사액賜額하였다. 그런데 원말명초에 두 번의 兵火로 훼손되었다. 淸初에 산 아래에 새로 禪源寺를 창건, 香火를 옮기고, 舊址를 開山老殿이라 하였다. 獅子正宗禪寺는 중국 임제종의 중흥지로, 13세기 초에 고려·蒙古·南詔·暹羅·天竺·일본 등에서 여러 승려가 와서 尋祖·참배하였다.

實開明不撥一塵洞見源底則未免粘情帶識依文解義妄存知見墮在意
根說時與眞際相符用處與妄緣不隔使諸佛菩提之道果止於此則安有
解脫之期也或謂離妄之謂眞眞之所詣之謂際謂妄者何以迷自心故見
聞覺知皆妄也謂眞者何以悟自心故明暗色空皆眞也眞無定體悟之則
圓妄絶正形迷之則著全波是水了知妄外無眞全水是波畢竟眞中絶妄
然則二名一體就中萬別千差欲教擧必全眞當體必須神悟所云際者畔
岸之謂也事物之極乃名邊際如色之極是空邊際空之極是色邊際是故
妄不可有其邊惟眞乃妄之邊眞不可言其際卽妄乃眞之際也或謂圓同
太虛無欠無餘又云心佛及衆生是三無差別又云平等眞法界無佛無衆
生但諸佛祖圓頓了義之談若妄若眞未嘗有纖毫界限邊際復從何立耶
然了義之詮固無界限旣迷之境實有方隅以無界限故三塗地獄萬種泥
犁千仞劍林諸熱惱海至若塵沙苦趣悉該眞際使有一毫揀擇則離波別
有水也以有方隅故衆生諸佛煩惱菩提苦樂順違安危得失殊形異狀名
相紛然俱出妄緣悉乖眞際雖曰波水同體而不可同其名也原夫此心之
迷也於無妄眞中卓爾妄眞於絶邊際處宛然邊際但如衆緣觸目羣象當
情水不可喚作山空不可呼爲色各專其用不同其名明知理體無差其奈
事情有異譬如水之就決也湍流不息及遇寒則結爲堅冰凝然不動了知
不動之堅冰全是迅湍之流水奈何迷妄之寒氣積集濃厚於一體中儼然
成異或不以頓悟之慧日融之化之欲會歸眞際之水其可得乎是故眞際
如來目之爲第一義最上乘昔世尊初生時目顧四方乃顧此眞際也以手
指天地乃指此眞際也復云惟我獨尊乃示此眞際也已而棄王宮入雪山
六年苦行夜半見明星悟道乃顯此眞際也西天四七東土二三燈燈相續
乃傳此眞際也至于臨濟卷眞際於喝下德山揭眞際於棒端又豈特禪宗

佛祖爲然如三乘十二分敎大小偏圓秘密開顯無邊法義種種方便皆從
眞際出生眞際乃佛祖所詣之根本法門更無一法能過於此者眞際誠一
心之異名也古者謂三界無別法惟是一心作又云未達境惟心起種種分
別達境惟心已分別卽不生此說之下以眞際之體散於森羅萬象之頂標
於色空明暗之端更無毫髮能外吾眞際者若以言說流布則眞際豈待別
有作爲而後得哉若果欲與眞際念念脗合念念圓融念念不痕念念無間
直須是工夫熟知解泯能所忘向不知不覺處豁然開悟如獲舊物如歸故
家心戶洞開性天廓爾十方世界不見纖毫過患是謂心空及第於斯時也
眞際二字亦無地可容矣昔僧問趙州萬法歸一一歸何處州云我在靑州
做一領布衫重七斤老趙州眼空四海神洞十虛融八識爲眞野色更無山
隔斷混六情爲際天光直與水相通十心圓湛片舌瀾翻隨語隨默而泛應
羣機機機相副或與或奪而全該大法法法同歸用之則煞有準繩操之則
洞無影跡蓋其眞際洞乎心府眞際貫乎口門凡動靜語默曾不與眞期而
眞自臻曾不與際約而際自至豈特趙州爲然但宗門中有契有證之士靡
不皆爾今日在海印居士藩王分上間不容髮欲得諦實領荷親切承當直
須向萬法歸一一歸何處話下廓爾悟明所謂古今無異路達者共同途也
如或未由開悟且眞際亦未嘗有絲毫隔越獨不能混融無間爾猶未磨之
鏡在鑛之金雖金體無在鑛離鑛之差鏡光絶已磨未磨之異奈何垢翳而
光不彰鑛存而金有礙又如冰之與水亦未嘗斯須隔越但冰具堅礙凝結
之質而不能爲水流注潤澤之用也夫善於求道者道不可將心求求而得
之是妄得也但磨其汙染之塵銷其執著之鑛融其迷妄之寒久之不休則
光斯照而金斯純冰斯泮矣政於斯時道遠乎哉道遠乎哉嗟乎今之人但
聞直指單傳不加修證咸以聰慧之資望塵領荷依文解義說處宛然滯識

執情轉增迷妄是猶以堅礙之冰不期泮釋便欲與水同流多見其不知理
也譬如京師王城鎭于北方普天之下凡有識者皆知北有京城惟到與未
到者有差別爾其旣到者雖移身於萬里之外凡一念京城則人煙市井昭
然在目不能惑也其未到者至終其身不能無茫然之咎謂旣到者乃悟而
見之者也謂未到者乃解而知之者也悟而見之者固已極矣古人尙欲掃
空悟跡剗除見刺或不爾則坐在悟邊動成窠臼蹲於見處尙滯功動審如
是則爲己尙恐未周又安能爲人解粘去縛也哉前所云磨鏡之塵銷金之
鑛融冰之寒似與本來具足少林直指之道觀體相反不然爾徒見其言下
知歸機前領旨之易而不知其磨塵銷鑛融寒之難歷於夙昔以致今日之
易也苟不之難而欲之易是猶認鑛爲金指冰爲水者無以異也當知妄依
眞而起妄眞由妄而顯眞眞非妄而眞不自居妄非眞而妄無所倚妄因不
立眞理何存楞嚴謂言妄顯諸眞妄眞同二妄斯說之下不惟妄遣亦乃眞
祛妄遣眞祛道存目擊矣邊依際而立邊際由邊而顯際際非邊而際不自
著邊非際而邊不獨存邊旣無方際何有界故祖師云極大同小不見邊表
極小同大忘絶境界斯說之下邊融際廓洞然無間矣如是則眞際與萬法
會同萬法與眞際交徹在迷則眞際是萬法惟悟則萬法是眞際悟迷俱遣
得失兩融眞不立而眞存際不形而際徧矣[50]

---

50 衆學門人北庭臣僧慈寂　上進　說,「眞際說」,『天目中峰廣錄』第25卷.

叅學門人北庭臣僧慈寂　上進, 「示衆」, 『天目中峯和尚廣錄』卷第
一之上.

延祐六年九月初六日駙馬太尉瀋王王璋奏奉聖旨御香入山謁師於
幻住菴翼日請師就師子正宗禪寺陞座拈香云此一瓣香虛空包不住大
地載不起臣僧明本??向寶爐端爲祝延今上皇帝聖躬萬歲萬歲萬萬歲
陛下恭願至聖至明如日如月惟福惟壽同地同天次拈香云此香胚胎萬
象化育兩儀仰祝皇太后萬歲皇后齊年皇太子千春恭願天同覆地同擎
海同涵春同育又拈香云此香名高列國價重三韓奉爲駙馬太尉瀋王廣
資福壽伏願劼外乾坤榮金枝於帝苑寶中日月茂玉葉於王庭又拈香云
此香般若爲根株仁政爲枝葉奉爲行宣政院使平章相國闔院官僚同增
祿筭伏願以仁以政漲佛海之波瀾爲瑞爲祥壯皇家之柱石遂斂衣就坐
問答不錄乃云大道無爲大功不宰大善無跡大位不居一切處海印發光
千萬古金枝挺秀訪圓通大士於潮音洞裏買石得雲饒修如意輪期於明
慶寺中移華兼蝶至香風奏四天之樂梵音轟大地之雷二千載已現國王
五百劫常爲世主一大藏教隨機運轉百千善行任意發揮祝萬歲於九重
保三韓於上國此是太尉瀋王海印居士尋常行履處只如今日偕行宣政
院使平章相國王子從官高登天目下視人寰且佛法相應一句如何指陳
匝天匝地祥雲起無古無今瑞氣騰某道行全虧病衰滿體隈藏巖穴惟待
殞亡記六載前伏承太尉瀋王書幣下逮謂得旨南來首謁補陀次登天目
今年之夏忽聞王車從至杭繼臨海岸親見十二面滿月慈容於潮音洞裏
約山僧見處又却不然其觀世音聖相當數年前最初發一念時而滿月慈
容當處與王之兩目如鏡照鏡自爾凡擧一念則一觀音示現擧百念則百

圓通現前所現之聖容隨念起處竟莫知幾千萬身豈特王心爲然自車從
離京師之日自北而南三千五百里驛程若聞若見俱使知有補陀巖人人
心中皆具現觀世音菩薩之慈容此又豈數量可知耶如是無刹不現之身
皆含裹於王之最初一念而其應現又不止於今日將見亘百千世後傳王
之躬詣補陀巖使觀世音自在神通光明世世增長其無作妙用殊勝功德
未易以筭數知也今乃與宣政院使平章相國及王子宰相尙書侍郎舍人
宣使一行官從同時會集尋奉王旨謂一衆俱欲聞向道之說若使一一請
問未免詞繁俾陞此座普爲衆說記得先師高峯和尙三十年深居此山每
以一箇萬法歸一一歸何處話敎人默默提起密密咨叅但不使間斷亦不
爲物境之所遷流亦不爲順逆愛憎情妄之所障蔽惟以所叅話頭蘊之于
懷行也如是叅坐也如是叅叅到用力不及處留意不得時驀忽打脫方知
成佛其來舊矣這一著子是從上佛祖了生脫死之已驗三昧惟貴信得及
久遠不退轉更無有不獲其相應者所以古宿有謂但辦肯心決不相賺今
日太尉王與宣政平章相國王子從官皆是夙承佛記遠種靈根而華茂果
圓相逢此際豈非一時慶會千古因緣者哉又記得敎中有謂若人欲識佛
境界當淨其意如虛空且淨意如虛空置之不問還識佛境界麼如一香一
華一旛一幢非佛境界宮殿樓閣園林浴池非佛境界乃至光明殊勝等俱
非佛境界本上座今日忍俊不禁指似去也山高水深是佛境界日上月下
雲騰鳥飛是佛境界明暗色空壞空成住三塗六趣九有四生鑪炭鑊湯諸
惡苦趣是佛境界諸仁者還信得及麼當知佛境界充徧故衆生境界亦復
充徧離佛境界外別無衆生境界舍衆生境界外別無佛境界所謂佛境界
者極而言之迷則佛境界俱是衆生境界悟則衆生境界俱是佛境界如楞
嚴謂如我按指海印發光汝暫擧心塵勞先起此說豈有定體耶謂海印者

廣周法界不於印外別容有一法而得安住一切諸法皆海印之眞光含攝
諸塵圓裹三際此印隨佛心量建立無異無別不增不減而衆生界亦復如
是但悟迷之有間也使我廣說循環莫盡恐稽王聽不欲詞繁記得昔日趙
王訪趙州和尙州不下禪床乃問王曰會麼王云不會州曰自小持齋今已
老見人無力下禪床道尊德備須還趙州不下禪床師法有在無端末後垂
示大似偸心未忘不妨使人疑著爭似幻住以三千六百丈天目山爲禪床
行則與王共行坐則與王共坐或有人問其中事若何聽取一偈圓通示現
潮音洞幻住深棲天目山至竟不能逃海印嘉聲千古播人寰(中會元云成
都府正法灝禪師云宗風千古播嘉聲)

「시해인거사심왕왕장示海印居士瀋王王璋」은 1863자로, 인성과 불성, 불
법, 생사, 참선 등에 대해 설하고 있다.

「示海印居士瀋王王璋」
自己一片靈明之性覿體與三世諸佛平等此說自靈鷲山擧行於二千
年前凡敎禪律三宗學者旣宗古佛之說靡有不知自心是佛者豈特宗佛
說者爲然至若街童市竪販夫竈婦亦曰自心是佛以其未由悟見源底徒
具此知耳故圓覺有謂末世衆生希望成道無令求悟惟益多聞增長我見
此五句責其尙知解而不求正悟之過也又云但當精勤降伏煩惱起大勇
猛未得令得未斷令斷貪嗔愛慢諂曲嫉妬對境不生彼我恩愛一切寂滅
佛說是人漸次成就求善知識不墮邪見此說是世尊勉其精進破妄證眞
之極談不許住妄知之要旨也後之學者速於會道惟以卽心自性之說廣
求博記領納在心雖曰了明其實增障古德有云依他作解障自悟門斯言

盡之矣

若欲必求正悟別無方便但將箇生死事大無常迅速之要言蘊于八識田中念念勿令間斷政爾無間斷時忽有佛祖以成現三昧注入我心亦須吐却此事使佛祖果有教人之理只消與麼教去又何待人悟入耶

或有問云旣不可教今一大藏教豈皆虛語耶答曰佛祖言教乃指衆生破妄入眞之蹊徑耳亦描寫如來境界之圖本也苟不肯親踏千萬里之蹊徑孤露他方安有到家之日或不假高登冗仞之崇臺縱目觀其境界則圖本亦奚以爲須信而後行行而後到到而後守然後爲得也(論語子路子曰誦詩二百篇授之以政不達佼於四方不能專對雖多亦奚以爲)

或者謂傳燈所載之諸祖皆於一機一境一挨一拶便爾脫略圓淨卓然超越安許其歷涉蹊徑之說乎如少林謂直指人心曹溪尙云說箇直指早已曲了也此說之下間不容髮又豈容其信而後行行而後到之說乎靈利衲僧言前薦得已涉途程句外知歸猶稱鈍漢所謂電光石火豈容其停思佇想耶往往人多向此說之下埋跟殊不思古人於言前句外未荷負之時其艱難辛苦昏散障礙略不少今人之一髮苟不奮廢寢忘飡之志力又不肯操三二十年衝寒冒暑不敢怠惰之勤勞安有自然超越之理徒見古人悟入之易而不知其未悟之難或不難於今則安有易於後日也何故如此蓋生死大事是無量刧中熏染結習底一種不可?之業根在今日要以不退轉身心直下一翻翻轉豈戲劇耶今卽衆生心欲混入佛心使之不資勤苦志力亦未見有自得者也釋迦文佛道已成於無量刧中眼不耐見衆生妄

受輪轉故示生於王者之室頓捐萬乘之榮沉影雪山臥氷囓蘗備嘗勤苦
及至道成雖聚徒說法惟止於丐食樹棲未嘗有所長蓄也此是衆生界中
第一箇超越世出世間之樣子願成佛果者宜思之

或者謂已知無量刼來妄受輪轉使不加勤苦將來還有自了之理乎答
曰輪回若有自了之理豈勞諸佛復轉法輪以無自了故必依信而力行力
行而後到斯法輪之不容不轉也

先師高峯和尙三十年影不出山每以一箇萬法歸一一歸何處話教人
極力叅究不問年深歲遠但以了悟爲期俾日用處單提此話蘊于胸中孜
孜而叅密密而究譬之如撒手懸崖比之如竿頭進步喩之如一人與萬人
敵方之如兩木相鑽而覓火此是古人用力極處諦實商量豈事虛語乃有
不是一番寒徹骨爭得梅花撲鼻香之句又云雖然舊閣閑田地一度贏來
方始休此說豈欺人哉古云叅禪無祕訣只要生死切何以如此三世佛歷
代祖種種建立種種發揮必欲破除衆生生死情妄而後已或不爲此大事
安用建立種種法耶今之學者或不痛念己躬大事朝叅暮究何所圖耶

原夫生死情妄不從天降不從地湧不從空變不因人興蓋由無始時來
迷失自心於淸明目妄見空華輪轉遷流至今不息始因自迷受此淪溺或
不自悟百千佛法其奈我何凡日用提話頭做工夫處覺得昏沉擾擾散亂
紛紛把捉不定處初無一點外障只是一箇爲生死之心不眞不切而致然
也但覺把捉不定時只消猛以生死無常隨處鞭逼久之純熟自然合轍或
未合轍時只向所叅話上一搋搋住但拌取生與同生死與同死第一不許

別求方便第二不可歸咎於緣境第三不得瞥起一念惑情雖未到家亦不
問何時可到古宿謂但有路可上更高人也行如是用心鮮有不獲相應者

叅禪悟與未悟蓋由根性利鈍之等差如根性果鈍但以不退轉深心待
之不患其不悟也雖具此堅密之志而不能遣除業習則堅密之志亦未可
憑何謂業習或遇順則恣情而喜遇逆則信情而怒遇愛則徇情而著遇憎
則極情而離遇是則盡情而稱遇非則任情而毀乃至善惡取舍種種分別
通名業習如是業習不係根性皆情妄所遷本色道流悉當屏盡業習淨處
道力益堅積久不休不悟何待蓋情妄業習之弊歷刧迨今愈增迷倒遠背
悟明若不屏之徒學奚益

叅禪或盡生不悟但信心不退來世決定具總持門或於未悟之前誤將
相似語言記憶在心雖一字亦多生障道眼之金塵也古人云叅須實叅悟
須實悟謂實叅者決欲要超越生死無常不求一點佛法知解謂實悟者乃
當念頓空生死無常不存一點佛法知解凡聖情盡迷悟見消生佛兩忘能
所俱泯進一步則高蹈佛祖所不到之境退一步則遠離凡聖所未染之塵
老毘耶卽之爲不二門釋迦尊據之爲菩提座諸祖秉之爲金剛劒萬靈體
之如優曇華起大病之藥王濟飢渴之甘露給萬方貧乏之寶藏裂三界羈
鎖之利刀如上種種異稱皆海印三昧之變相也(賢首國師菩薩戒本疏云
釋甘露有三義一當食充飢同提善內備二當飲除渴同提生消之三當藥病
療同律儀斷□□喻[51]

51 叅學門人北庭臣僧慈寂　上進,「法語」,『天目中峯和尚廣錄』卷第五之上.

당시 공교롭게도 조맹부의 처인 관도승管道昇이 세상을 떠나 중봉선사에게 천도재를 부탁하였으나, 선사는 충선왕을 맞이하느라고 부탁을 들어주지 못하였다.[52] 조맹부가 중봉선사에게 보낸 서신인 「환산첩還山帖」[53]에서 그 사실을 알 수 있으며, 「단약첩丹藥帖」[54]도 그 무렵 조맹부와 중봉선사간의 관계를 전한다.

중봉선사는 원대의 선종과 정토종의 고승으로, 속성은 손孫이고 호는

---

52 趙孟頫는 字가 子昂으로 송 황실의 후손이며 화가이자 서예가이다. 그는 1286년에 程鉅夫 (1249~1318년)에 의해 발탁되었고 쿠빌라이에 의해 集賢直學士로 임명되었다. 그 후 濟南路總管府事, 濟南路總管 등을 지냈다. 그의 아내는 유명한 서화가 管道昇(1262~1319년, 字는 仲姬)이다. 관도승은 독실한 불교도로 조맹부와 함께 중봉의 가르침을 받았다. 元・管道升書, 「致中峰和尙尺牘」, 『故宮書畫録』卷三, 台北故宮博物院藏, 刊於台灣, 『故宮歷代法書全集』(十五) 참조 ; 이제현은 松雪體를 고려에 유행시켰는데 관도승이 사망하였을 때 호주까지 문상하러 가기도 했다.

53 「還山帖」(「自山上來帖」)은 조맹부가 상처한 후 1319년 7월 23일에 중봉선사에게 보낸 서신이다. 台北 故宮博物院 소장, '中峰大和上老師 弟子趙孟頫和南拜上謹封. 弟子趙孟頫和南再拜中峰大和上老師侍者 : 昨以中還山 草草具字 陳敍下情. 玆承嘉上人下訪 特蒙惠書 審卽日道體勝常 深用爲慰. 又知以中十七日方登天日 所謂普度功德 此乃先妻願心 必須爲之 但日期未敢定 臨時又當上稟耳. 海印雖有登山之約 然亦未可 必外承指示. 卅年陳跡 宛若夢幻 此理昭然 夫復何言. 但幻心未滅 隨滅隨起 有不能自色者 此則鈍根所障 亦冀以漸消散耳. 『圓覺經』尙有三章未畢 一得斷手 便當寄上. 又恐字畫拙惡 不堪入板 然唯師意. 秋暑 不欲久滯 嘉兄暫此具複 餘惟盡珍重 理不宣. 孟頫和南再拜中峰大和上老師侍者 廿三日.'

54 「丹藥帖」, 延祐六年(1319) 8月 22일, 台北 故宮博物院 소장, '中峰大和上師父尊者 弟子趙孟頫和南拜複謹封. 弟子趙孟頫和南拜複中峰大和上尊者尊前 : 孟頫近者拜書 謝丹藥之惠 言不盡意 想蒙深察. 雨後漸涼 山中氣當已寒 伏惟道體安隱. 孟頫自先妻雲亡 凡事罔知所措 幸得雍子種種用力 稍慰憔煩. 兩日來覺眠食粗佳 但衰年無緖 終是苦惱. 小兒時去東衡管治葬事 略有次第 擇九月初四日安厝 勢在朔日日起靈. 區區欲躬詣丈室 拜屈尊者爲先妻起靈掩土 亦想師父尋常愛念之篤 勤勤授記 先妻於師父所言・所惠字・所付話頭 未嘗頃刻忘. 今日至此 實是可憐. 師父無奈何 只得特爲力疾出山 庶見三生結集 非一時偶然會合之薄緣耳. 弟子本當親去禮拜 而老病不可去. 欲令小兒去 又以喪葬事繁萃於此 子又去不得. 故專洗月師兄代陳下情 唯師父慈悲 必肯爲弟子一來. 若蒙以他故見拒 則是師父於亡妻不複有慈悲之念 而有生死之異也. 孟頫複何言哉! 臨紙不勝哀痛 涕泣徯望之至 不備. 八月廿二日 弟子孟頫和南拜複中峰大和上尊者尊前'

중봉이며 항주(錢塘) 사람이다. 고봉원묘의 고족으로 선·교·율·밀교·정토에 두루 통하였다. 그는 『금강반야경』의 '하담여래荷擔如來' 구절에서 깨우치고, 24세에 천목산에 가서 임제종 고봉원묘 선사에게서 10년간 (1286~1295년) 참선하며 간화선을 배웠다.

고봉 선사의 입적 뒤에는 강남지역을 돌아다니면서 불교를 전파하였고 관원들과도 교유하였다. 또한 자신을 찾아온 고려와 일본의 승려들에게도 간화선을 가르쳤다. 선사는 어떤 때는 암자에, 어떤 때는 배에 머물렀으므로 그가 머문 곳을 '환주幻住'라 칭하였다. 만년에는 정업을 전수하였다.

원 인종은 여러 번 그의 도명道名을 듣고 대도로 청하였으나 중봉이 산을 떠나지 않자 1319년에 금문가려의金紋伽黎衣(가사)를 하사하고, '불자원조광혜선사佛慈圓照廣慧禪師'라 사호하였다. 당시의 승상 탈환脫歡과 한림학사 조맹부·풍자진馮子振이 모두 그에게 법을 물었다. 선사는 항주 천목산·소주 호구사虎丘寺·여산 동림사 등의 명찰에 주지하였다. 저술로 『환주암청규幻住庵淸規』·『산방야화山房夜話』·『어록語錄』·『회정토시懷淨土詩』 (100首)·『정토참淨土懺』·『천목중봉화상광록天目中峰和尚廣錄』(30권) 등이 있다. 그 중 『중봉광록』은 모두 그의 작품으로 되어 있으며 원대에 이미 『대장경』에 입장되었다. 그는 시에도 능하였는데 활발 다변한 시풍으로 이름이 높았다. 제자로는 천여유칙天如惟則·천암원장千岩元長 등이 있으며 모두 종장이 되었다.

조순祖順의 글에 의하면 당시 중봉선사는 충선왕을 제자로 삼고 '승광勝光'이란 법명을 주었다. 또한 '진제眞際'라는 별호別號도 주고, 왕장에게 불법을 개시하였다.[55] 왕장은 이 때의 행차로 천목산에 '심왕봉沈王峰'·'진제정真際亭'·'활매암活埋庵' 등의 지명을 남겼다.

3. 대각국사 의천과 충선왕

1) 의천과 고려혜인사

　명대의 『(成化)항주부지杭州府志』에 의하면 1317년에 왕장은 심왕의 신
분으로, 황제의 명을 받아 향과 번幡, 경전을 바치기 위해 대각국사 의천
(1055~1101년)이 1085년에 다녀갔던 항주의 고려혜인사高麗慧因寺를 방문
하였다. 왕장은 고려혜인사에 행향하고 그곳의 경전도 조사하고 일람하
였다.[56] 의천은 왕장의 왕실 조상으로, 항주 지역의 불교계에 큰 족적을
남겼다.

　고려혜인사는 '고려사', 혹은 '혜인고려사'라고도 하며, 절강성 항주 옥
잠산玉岑山(즉 三台山)에 있다. 원래 사찰명은 혜인사로, 927년에 오월왕 전
류錢鏐에 의해 처음 창건되었다. 혜인사는 정원淨源 법사의 홍양과 고려
승통 의천義天의 큰 보시로 화엄종의 중흥지이자 교장敎藏의 중심지가 되
었다.

　의천은 1085년에 속장경 조성에 필요한 경전과 논소류를 구하고자 바

---

55 祖順, 「元故天目山佛慈圓照廣慧禪師中峰和尙行錄」, 『中峰和尙廣錄』 부록, '先是駙馬太
　尉沈王王璋遣參軍洪鑰齎書幣敎弟子禮, 期請上命, 南來參叩. 己未秋九月, 王奉禦香, 入
　山謁師草廬, 咨決心要, 請師升座爲衆普說, 師激揚提唱萬餘言. 王復求法名別號, 師名王
　以勝光, 號曰眞際. 王因建亭師子岩下, 以記其事.'
56 夏時正, 『(成化)杭州府志』 卷51, '惠(/慧)因敎寺, 在南山……元(延)祐四年, 太尉高麗沈王
　奉詔入山降香, 翻閱藏經.'

다를 건너 송의 여러 사찰을 둘러보고, 정원을 만나기 위해 이곳에 왔다. 의천은 귀국하며 『화엄경』 3부(60·80·40권본) 180권을 혜인사에 기증하고, 또 금전을 보시하여 『화엄경』을 영인하고 그것을 안치할 장경각을 설치하게 하였다. 또한 보살상 등도 조성하였다.

혜인사의 화엄경각은 의천이 보시한 2천량으로, 1099년에 창건을 시작하여 1101년에 완성되었다. 전각에는 의천이 바친 금서金書 『화엄경』 3부와 기타 교종敎宗 현요玄要 6백여 함이 수장되었다. 이로 인해 혜인사는 화엄교 중흥 후 '화엄제일도량華嚴第一道場'이라 불리며 중국 교종 전적의 보고가 되었다. 남송의 영종寧宗은 친히 고려혜인사에 가서 경전을 열람하고 '화엄경각華嚴經閣'이라는 어제御題 편액을 내렸다. 혜인사는 남송 및 원대에 어전공덕원御前功德院이 되어 여러 차례 봉사封賜되었으며 향화가 흥왕하였다.

명대에 간행된 『무림범지武林梵志』,[57] 『고려사지高麗寺志』[58] 등에 의하면 고려사에는 대규모의 윤장대가 있었다고 한다. 그런데 원말에 사찰이 훼손되며 화엄경각도 폐몰 되었다. 사찰은 명초에 중창되었으나 경각은 복원되지 않았다.[59] 그나마 청말에 이르면 완전히 폐사되었는데, 2007년에 고고려사도古高麗寺圖를 참고하여 중건하였다.

57 明, 吳之鯨, 『武林梵志』 卷2, '高麗寺本名慧因寺, 後唐天成二年, 吳越錢武肅王建也. 宋元豐八年, 高麗國王子僧統義天入貢, 因請淨源法師學賢首敎. 元祐二年, 以金書漢譯『華嚴經』三百部入寺, 施金建華嚴大閣藏塔以尊崇之. 元祐四年, 統義天以祭奠淨源爲名, 兼進金塔二座. 杭州刺史蘇軾疏言 : "外夷不可使屢入中國, 以疏邊防, 金塔宜卻弗受."神宗從之. 元延祐四年(1317), 高麗沈王奉詔進香幡經於此. 至正末毁, 洪武初重葺. 俗稱高麗寺. 礎石精工, 藏輪宏麗, 兩山所無. 萬曆間, 僧如通重修. 餘少時從先宜人至寺燒香, 出錢三百, 命輿人推轉輪藏, 輪轉呀呀, 如鼓吹初作. 後旋轉熟滑, 藏輪如飛, 推者莫及.'
58 明, 李翥, 『慧因高麗寺志』.
59 鮑志成, 『高麗寺與高麗王子』, 杭州大學出版社, 1995.

2) 고려혜인사의 기록

고려혜인사는 대각국사 의천의 희사로 크게 중창되며 중국의 불자들에게 '화엄제일도량'으로 각인되었다. 고려혜인사는 송대부터 황실에서도 중시하는 주요 사찰이었기에 여러 사지나 지방지에 여러 차례 기록되었다. 다음은 고려혜인사를 기록한 『옥잠산혜인고려화엄교사지玉岑山慧因高麗華嚴敎寺志』 제12권의 내용이다.[60]

(1) 「성지발사전산성차공거聖旨撥賜田山省箚公據」

正月二十八日　奉聖旨　臨安府見拘籍鹽官縣造僞會張阡二等二十八家　共田産乙千餘畝　上米五百碩. 日下並撥賜慧因高麗敎寺　永遠爲業. 可箚下安邊所施行. 右箚付慧因高麗敎寺. 景定五年正月(印)日. 八月二十一日　恭準宣諭　指揮付去高麗寺僧慧經狀一紙　并安邊所契勘至吏單一紙　可將已阡撥田　令本寺先次管業　餘田催促扦釘了.

所有未張阡二屋宇·柴山·什物 日下並行撥　賜高麗寺爲業. 降下御前慧因高麗敎寺知事臣僧慧經狀：　本寺今年正月二十八日　恭準聖旨　令都省箚下安邊使所　將臨安府見拘籍鹽官縣僞會張阡二·章舜臣等二十八家田地産業一千餘畝　日下並撥賜本寺　永遠爲業. 二月十七日　再準聖旨　令內轄司貼子　下臨安府　契勘屋宇等物在與不

---

60 『中國佛寺史志彙刊』 第 020 冊 No. 0017, 『玉岑山慧因高麗華嚴敎寺志』.

在. 所撥與高麗寺田地上　并行撥賜歲收租課　添助供衆. 專一崇奉
寧宗皇帝[61]・恭聖仁烈皇太后神御　及皇姑成國公主攢所香火.　本寺
恭準　指揮收領省箚　前往鹽官縣元委官廳交業. 縣吏萬英貪圖　拖延
半載　今來止交到章舜臣等二十家田地　共計六百一十二畝　共上米麥
三百八十碩.　尙有章舜臣名下合沒柴山一伯五十三畝　并被計阿五・
鄭良輔等冒名强占　沒籍田五十餘畝　及各人住屋等物　未蒙官私盡數
交付本寺. 近具狀連交業細單. 投安邊使所陳乞. 蒙台判呈給已交業據
仍牒臨安府通判南廳　催扞其餘未盡田山. 今被所吏職級　觀望不與行
移.　伏乞指揮再箚下安邊使所行下所委官　將柴山・田産・屋宇等物
並行交付本寺　永遠爲業. 伏候指揮　除已箚下安邊所　遵依宣諭指揮
施行　并箚臨安府照應外　右箚付慧因高麗敎寺照應　準此.　景定五年
八月(印)日提領安邊所　照得近準　景定五年正月空日尙書省箚子：
正月二十八日　奉　聖旨　臨安府見拘籍鹽官縣造僞會張阡二等二十八
家　共田産一千餘畝　上米五伯石.　日下並撥賜慧因高麗敎寺　永遠爲
業. 可箚下安邊所施行. 右箚付提領安邊所　本所節次催促扞撥. 據臨
安府通判南廳申繳到所　委官仁和縣尉何迪功申具至　已扞撥田　共六
百一十三畝一角二十四步　已先給據付高麗寺　照數管業外. 續又準
尙書省箚子：八月二十一日　恭準　宣諭指揮付去高麗寺僧慧經狀一

---

61 元 寧宗은 1326년 5월 1일에 북방 초원에서 明宗의 차남으로 태어났다. 생모는 八不沙황후
乃蠻眞氏이다. 1330년 2월에 鄜王으로 임명되었다. 전임 황제인 文宗은 형 명종을 살해하
고 즉위하였다. 그리고 속죄하기 위해 명종의 아들에게 황위를 계승하게 하였다. 1332년 9월
에 문종이 병사하자 10월 23일에 7세의 영종이 등극하였다. 蔔答失裏황후가 실질적 통치권
을 잡았는데 영종은 즉위 후 53일 만에 사망하였다. 다음 해 6월에 영종의 형 順帝가 즉위하
였다.『元史』卷37・本紀 第37 ;『新元史』卷22・本紀 第22.

紙　幷安邊所契勘至吏單一紙　可將已扢撥田　令本寺先次管業. 餘田
催促扢釘了辦. 所有張阡二等屋宇·柴山·什物. 日下並行撥賜高麗
寺爲業. 右箚付提領安邊所遵依宣諭　指揮施行. 準此. 本所除已牒兩
浙運司及通判南廳　嚴催所委官速與扢撥餘田　仍追計阿五等　究問強
占因依. 及帖鹽官縣·德淸縣·烏程縣遵依宣諭指揮　逐一開封照帳
給付　取本寺交領狀　申幷牒運司及通判南廳督催　仍將元索到估帳給
據付高麗寺照應外. 近據仁和縣尉何迪功申　準所帖仰扢釘鹽官縣犯
僞會人章舜臣沒籍柴山二段　計一伯五十三畝　坐落十七都桐扣佛日
寺西　撥賜御前高麗寺爲業事. 本職遵稟指揮　除已將帶合千人李慶等
前詣地所　喚集都保嚴昊及元看山人王六一·王七十指引　逐一扢釘
訖. 取到高麗寺交領文狀在前　所有自餘田産　見係長安鎭官自行扢釘
外. 一段六十畝　坐落姚花尖峰：東至呂進山　西至太乙宮　南至水漊
北至姚花尖峰. 其山上有松樹·雜柴草一段　一百八十六畝　其山與章
舜臣·兄章舜擧合　受內將西首一半九十三畝　坐落金竹嶺：東至章舜
擧分受山　西至章舜擧自己山　南至水漊　北至金竹嶺. 其山上有松樹
及雜柴草　其高麗寺交領文狀　繳連在前申所照會. 又據臨安府通判南
廳申　準所牒及轉運使箚行下扢釘張阡二僞會案內　章舜臣家沒官田
産　撥賜高麗寺爲業事. 本廳遵稟指揮　牒委長安鎭監鎭扢釘. 今據長
安監鎭趙文林申　卽已差人行下第十五都·第十六都保正　根括到章
舜臣等家自餘田産　共六十四畝零四十五步. 卽已喚集佃戶　赴廳承認
躬親將帶合千人等　同高麗寺都寺僧慧經往地所. 勒保正備土峰牌　於
各處田所扢釘及具申. 本縣發下元抄籍首尾官尉吏　到地開封　將各家
屋宇·什物交還訖. 今取到高麗寺僧慧經交領六十四畝·四十五步租

戶姓名文狀外 申乞照會. 本廳今據所申 合行備申 申所照會. 本所契
勘得除已給已扞撥田公據外 今來續扞桐扣佛日寺西 柴山一伯五十
三畝 又第十六都田産六十四畝・四十五步 兩項田山並未據給據付
本寺照應. 今取索到通判廳元行案祖 開具上項田山四至坐落 下項取
呈承□書 擬欲給據. 奉提領大監刑部台判給須至給據者 先扞到田地
共計六伯一十三畝・一角二十四步 續扞到田山共計二伯一十七畝・
四十五步. 右今給據付 御前慧因高麗敎寺知事僧慧經仰收執照應管
業. 景定五年十月(印)日給[62]

(2) 「고려국상원공치전비高麗國相元公置田碑」

이 비문에는 충선왕이 1312년에 사람을 보내어 혜인사에 시주한 사실
이 들어 있어 내용 중 필요한 부분만 간략히 요약해 본다.

송 원풍초년(1078~1085년)에 진수법사가 혜인사에서 『화엄경』 강
석을 주재하였다. (중략) 사방에 명성이 드러났다. 8년(1085)에 고려
승통 의천은 원래 왕자였으나 그 지위를 버리고 큰 가르침에 뜻을 두
어 바다를 건너와서 법사에게 가르침을 받고 그 도를 깨달아 가르침
의 자리를 계승하였다. (중략) 17년(1094)에 국왕의 모친이 백금을 시
주하여 큰 건물을 짓고 삼역 『화엄경』을 봉안하고 노사나불과 보현

62 『慧因寺志』 卷之七, 「碑記」.

보살, 문수보살의 상을 장엄하며 (중략) 세월이 흘러 낡고 무너진 채로 지냈는데 지금 태위심왕께서 옛날의 뜻을 계승하여 황경원년 (1312)에 자의참군咨議參軍 홍약洪瀹과 大護軍 蔣得瑄, 親從護軍 林宣, 中軍將 金完之, 郎將 吳仲景 등을 보내어 사찰을 중수하고 아름답게 꾸미도록 하고 모든 경비를 주었다. 또 慧福에게 (화엄경) 강석을 잇게 하고 경율 대장경을 사납하여 장경각에 모시고 조석으로 향을 피워 봉송하게 하였다. 1313년 봄에는 재상(相國) 退翁 元公이 하인 李孝道, 高□才를 보내어 영인한 經典 一藏을 옻칠한 함에 담아 寶輪藏에 모시게 하였다. 또 성밖의 良田을 사서 僧飯에 충당케 하였다. (중략) 지금 공덕주 瀋王이 위에서 元相이 아래에서 부촉하고 있다. (후략)

宋元豐初年 晉水法師主惠因華嚴講席. 夙通三觀妙義. 圓音溥暢. 自五季以來 頹綱墜緒 迨是復振 學者歸仰 風聞四方. 越八年 高麗僧統義天 本以王子捨位 克志大法. 航海而來 受教塵下. 卽達其道 嗣王法延. 曁歸本國 號「大覺國師」化行兩地. 越十七年 國母施白金於寺. 宮搆傑閣 奉安三譯《華嚴》經典；莊嚴盧舍那佛 洎普賢・文殊像設. 金碧璀璨 瞻仰一新. 以故名其寺曰「高麗」以慧因爲「大覺道場」迨二百年矣. 輪雲相代 隳弛因之. 今太尉瀋王盆紹先志 皇慶元年冬 遣使咨議參軍洪瀹 大護軍蔣得瑄親從護軍林宣・中軍將金完之・郎將吳仲景等. 黻藻完繢 靡飾□庸 百費具擧. 且以疏徵慧福承乏茲席. 仍施經律金藏卷帙 襲置閣上 晨夕薰崇. 今二年春 相國退翁元公走价李孝道・高□才 齋施來杭 督印經典一藏 盛以髹函 置于

寶輪藏中. 復市負郭良田 歸于常住 永充僧飯. 僧之供 歲爲轉誦 則
法食兩施備矣. 惟如來以佛法付國王・大臣 正欲維持敎法 流布後世
與天地相爲長久. 今功德主瀋王主于上 退翁元相成于下 不負如來付
囑初意. 尊君敬法 誠所未有. 懼無以垂不朽 故書其顚末於碑陰云.

延祐元年三月　日 住山慧福識置捨到田土百頃
　一段四十畝　坐落嘉興路嘉興縣永安鄉三十八都地字圍民田　置到
沈提擧田.
　一段一十畝　　坐落嘉興路嘉興縣遷善鄉三十五都東埠鉗字圍民田
置到沈一官田.[63]

(3) 「고려중단월보시증치상주전토비高麗衆檀越布施增置常住田土碑」

충선왕은 1315년(延祐二年) 9월에 고려혜인사[64]에 토지를 기증하며 「太
尉瀋王疏請」이라는 소문을 썼는데, 조맹부가 그것을 비문으로 썼다고 한
다. 다음의 「高麗衆檀越布施增置常住田土碑」[65]에서는 충선왕이 희사한 토지
와, 그간 충선왕이 기진한 대장경 배포 불사 등에 대해 알 수 있다.

置到餘慶寺福寺主民田　乙頃三十六畝・乙百四十步共乙契　租米

63 『慧因寺志』卷之七, 「碑記」.
64 李豪, 『玉岑山慧因高麗華嚴敎寺志』10, 杭州出版社, 2002.
65 沈翼機, 『浙江通志』25, 「碑碣」1, ·慧因院瀋王請疏碑 萬曆杭州府志 瀋王璋撰 趙孟頫書

乙百乙十乙石・九斗五升.　坐落嘉興路嘉興縣遷善鄉三十四都吳字圍.

置到永裕庵安山主周八副使等民田　乙頃七十九畝・二十四步共九契　租米乙百三十五石・四斗三升　坐落嘉興路嘉興縣思賢鄉三十四都問字等圍.

置到時思庵立大師民田　三十畝・三角共乙契　租米二石・五斗　坐落嘉興路嘉興縣遷善鄉三十四都吳字圍.

置到善現院源主民田　一十一畝共一契　租米八石・二斗五升　坐落嘉興路嘉興縣遷善鄉三十五都三往字圍

太尉藩王　疏請無言教講 主持杭州路高麗惠因華嚴教寺 開堂說法領衆焚修. 祝延　聖壽萬年者. 圓宗深證 法師鍾晉水之英道統親傳王子盛東藩之教. 睠彼雲林勝踐 猶吾喬木故家. 佛智靈源無言教宗主悟自《華嚴》 空諸法界 四登寶座. 旣嘗圍繞象龍 高踞玉岑 端可鞭笞鸞鳳. 敢輕付託 實重弘通. 結三生未了之緣 益堅誓願；成萬古不磨之業 何俟它人？雨施雲行 天長地久.

延祐二年九月　日疏

推忠揆義協謀佐運功臣・開府儀同三司・太尉・上柱國・駙馬都尉・藩王璋(<太尉藩王疏請>起皆趙子昂書)

(4) 「대공덕주심왕청소大功德主瀋王請疏」 등

太尉瀋王：浙江杭州高麗慧因華嚴寺實我東國王子　大覺國師傳
法道場　令勸請　景巖福主住持祝延聖壽者. 惟成家法王子有飲浙江
水千億年　心持大藏『華嚴經』得跨蓬萊風三萬里. 意揚舲東海　卓錫
西湖. 景巖福公講主　妙運玄樞　洞融法界. 清挹吳山標致　識稟遼天宏
探. 晉水淵源　德當此地. 睠茲舊物　賁以新函. 續大覺國師　一點法燈
物　賁以新函. 續大覺國師　一點法燈　長明不昧. 祝　當今　皇帝萬年
睿算無疆惟休. 謹疏.

皇慶二年三月(印)日疏

推忠揆義協謀佐運功臣・開府儀同三司・太尉・上柱國・駙馬都
尉瀋王　使臣諮議參軍洪瀹等　祇奉本國王命　屆古杭印造大藏尊經五
十藏　施諸名刹.　杭之上竺・下竺・集慶・仙林・明慶・演福・慧
因・崇先・妙行・靑蓮・惠力皆有焉. 督臨之暇　挾二三友　散策湖濱
因本寺. 唯見凝塵滿座　風景蕭然　興感形懷. 大覺國師受經之地　隳弛
若此. 卽寺僧福提點　訪以能任起廢之責者　以余應之. 於焉疏詞下賁
今主茲席. 時壬子十有二月也. 粵明年夏　公賞至　大功德主瀋王疏命
光被泉石　不敢祕私其美　勒諸堅珉. 然寺之逋積日滋　公規所以救藥
之道. 甲寅初　元被命入都　卽以上事啓達　王聽. 鈞旨：剃僧十員　發
帑　濟庶　慧燈永耀　墜緒復緝. 恐湮　扶顚之始末　書以告於來者云.

延祐元年六月　　日住持慧福記

長生天氣力裏　大福廕護助裏　皇帝聖旨. 管軍人官人每根底・軍

人每根底·城子裏達魯花赤每根底·來往使臣每根底·衆百姓每根底 宣諭的 聖旨. 成吉思皇帝·月忽仄皇帝·薛禪皇帝·完哲都皇帝·曲律皇帝的聖旨裏 和尙·也里可溫·先生每 他的差發科斂休要者 告天祝 者麼道來. 如今也依著先的 聖旨體例裏 不揀甚麼差發科斂休要者 告天祝 壽者麼道. 杭州有的益知禮普花的祖上高麗大覺國師蓋來的高麗慧因寺 有的佛智靈源寂照大師 敎無言宗主做住持. 那寺裏賢首宗爲顯藏經的勾當 在意整治 開≪華嚴經≫講 每年修懺做好事麼道 佛智靈源寂照大師敎無言宗主 他每根底執把行的 聖旨與了也. 這寺裏使臣每休安下者 鋪馬祇應休與者 倉糧商稅休要者. 慧因寺管的下院普門·法興寺. 本宗崇先寺裏的和尙每 依著他的言語裏行者. 玉岑山地土·園林·物業 不揀是誰 休倚氣力侵占者. 但屬他的田地 水土·園林·碾磨·店鋪·人口·頭疋 解典庫 不揀甚麼事産 沒體例的人每 休奪要搔擾者. 佛志靈源寂照大師 敎無言宗主根底 有了聖旨麼道. 沒體例的勾當休做者 做呵 他每不怕那甚麼. 聖旨俺的. 馬兒年四月初十日 大都有時分寫來.

璽書垂護出彤庭 岑玉輝騰拱萬靈 老衲承恩知有報 一鑪檀篆講圓經 法界惟心任卷舒 摩尼朗映大毘盧 願將華藏重重境 回向皇元混一圖 古澗深湍演法輪 高峰擁翠儼眞身 雲林物 咸欣忭 天子延年億萬春
住持僧明敎謹頌

捨田看閱大藏經誌

我佛慈悲 恢廓幽宗 啓明妙道. 弘推詳覈 包廣體微. 大演三乘之文
用圓曠劫之果. 願行至博 際遇良難. 吉刺實思 自揆庸才 得沾玄化.
念四恩之至重 憫羣迷之未覺. 謹以中統鈔三百 定規置田土 捨入天
竺・高麗・淨慈三寺各一百. 定歲以一月爲約 命僧繙閱三乘妙典 一
大藏所集殊勳. 上以祈國家之福 下以報父母之恩 旁資衆有共成正覺.
懼是緣久邃湮沒也 用刻之石. 敬示三寺典職同是 永以圖悠久者.

誦經月分：

上竺天台靈感觀音敎寺　正月

高麗慧因高麗華嚴敎寺　五月

淨慈報恩光孝禪寺　　　九月

本寺置到杭州路鹽官州東昌亭鄕田五十畝

延祐四年　月　日吉刺實思誌

耆舊：惠燈・惠滿・惠勝

知事：大章・大全・惠節・惠義・惠權

提點：福吉祥

佛智靈源大師. 住持華嚴宗主　明敎立石

朝散大夫. 同知杭州路總管府事吉刺實思

同妻古都的个

男和尙

女佛奴

(5)「송고려사차부비음기宋高麗寺箚付碑陰記」

國家累聖相承 專用仁厚. 凡可以教民□□□□者 必發揚□顯之.
雖淨居老子之說 有所不廢. 臨安府南山慧因教院始□禪□. 元豐八年
有法師淨源講學 戒行名聞外國 高麗嘗遣僧□義天航海請授經旨. 神
宗皇帝可其奏. 旣歸 以□□國王以其母命 □金書≪華嚴經≫乞置之
源師所居 以報國恩. 於是其徒乞改慧因爲十方教院. 得旨許之 而賢
首之教大□. □□靖國元年 高麗遣使□徽宗登寶位 附白金千□□兩
請造華嚴□□佛. □□□□□□□行主之歲與剃度 朝廷又許之 而寺
宇□□. 聖上龍興 主僧惠高累□宣對 乞追述前朝之意 永免官司指占
上亦許之 而□聽益孚. 淳熙七年 住持講師淸素以名行被選 講席興
盛. 凡稽首受教於坐下者日數百人 遷善遠罪者日益衆. 於是淸素願以
所得聖旨 刊之於石 求文以記歲月. □爲之序 累聖化民之意 無所不
用其至 以告於後. 五月日 通直郎・軍器監丞周必正謹書.

右在法雲寺 正書十八行 行三十字. 按慧因寺志吳越王建 初稱「慧
因教院」. 宋元豐八年 高麗國王子僧統義天入貢 因請從院僧淨源 詔
許之. 俗呼「高麗寺」今名「法雲寺」.

謹按『南巡盛典』：法雲寺在赤山 舊名慧因禪院. 宋元豐時 僧淨源
居此. 疏釋經義 傳播遠域. 有高麗國王子以金書『華嚴經』三百部 並
捨經閣之資 附貢舶以進 因呼爲「高麗寺」. 寺前爲慧因澗. 乾隆二十
二年聖駕臨幸 賜名「法雲寺」. 今則龍象已虛 不留一礎. 餘偶得寺志

尙是明本. 題詠中 如：徐時泰・項士昌・方相卿・毛文龍・方新・
金門鑰・周自稷・黃克儉・魏介・姚二煜諸人 乾隆間 吳志上允嘉輯
『武林耆舊集』號稱賅博 均不載一詩. 是此志 吳先生亦未嘗寓目. 傳
本之孤 益可見矣. 餘願藉志留寺 亟爲梓行. 且檢阮文達『兩浙金石
志』宋時『蠲免箚付碑』・『箚付碑陰記』・『觀音放光瑞相碑』・『尙書
省牒』兩碑. 文雖殘闕 究爲寺中掌故. 又『蒲室集』有『歲閱藏經記』志
亦失採 因附刻於後而記其緣起雲. 光緒壬午六月十九日 丁丙謹識
(후략).

3) 혜인사의 주지

원대의 중국 남부에는 많은 화엄도량이 있었는데 그 중 혜인사가 대표
적인 곳이다. 혜인사의 첫 이름은 혜인선사慧因禪寺로, 927년에 오월왕이
창건하였다. 중흥교주는 고려 승통 의천으로, 의천은 귀국 후인 1087년
에 금서金書 한역漢譯 『화엄경』 3백부와 금전을 보내어 장경각을 세웠다.
원대에도 화엄사찰의 명성이 이어져, 충선왕이 향과 번을 기진하였다.

『혜인사지慧因寺志』, 「장생천기력리長生天氣力里」[66]비기碑記에 의하면 칭기

---

66 '長生天氣力里'는 '長生天氣力裏 大福蔭護助裏'의 앞 구절로, 한문 '奉天承運 皇帝詔曰'
   에 해당되는 몽골어이다. '長生天'은 몽골인들에게 지고무상의 천신으로, '長生天氣力里'는
   '長生天의 힘에 의지한다'는 뜻이다. '大福蔭護助裏'는 '大福蔭의 비호가 있다'는 뜻이다. 일
   반적 격식은 '長生天氣力裏 大福蔭護助裏皇帝聖旨裏'이고, 그밖에 태후・황후・태자・제
   왕 등의 令旨도 있어 '長生天氣力裏 皇帝福蔭裏××令旨'로 쓰였다. 두 구절 사이에 聖旨
   의 구체적 내용이 들어간다. 성지 말미에 시기가 들어가는데 幹支紀年法이나 虎兒年・兔
   兒年・猴兒年 같은 동물기년법이 들어간다.

즈 칸이 일찍이 성지를 반포하여 이 사찰을 보호했으며, 인종대에는 충선왕의 청으로 조서를 발포하여 혜인사가 화엄종의 대표적 사찰임을 밝혔다. 또한 이 사찰에서 매년 『화엄경』 강좌를 열고 승려들이 안심하고 수행할 수 있도록 하였다. 또 각종 부담을 면제해 주었을 뿐 아니라 혜인사 부속 사원으로 보문사普門寺, 법흥사法興寺, 숭선사崇先寺를 두고 혜인사를 보조하게 하였다. 또 관료나 개인의 간섭을 엄격히 금하게 하였다.[67]

이 비문은 원대에 혜인사가 얼마나 중요한 사찰로 보호를 받았는지 잘 보여준다. 또 여원불교계의 특수한 인연을 알려준다. 항주에는 혜인사 외에 숭선사·보림사·대각사 등의 화엄도량이 있었다. 그 중 보림사는 청량징관의 출가사찰로 원대에는 그리 융성하지는 않았지만 후에 혜인사 주지를 맡았던 별봉대동別峰大同(1289~1370년)이 한 때 주지를 맡기도 하였다.

(1) 반곡선사

혜인사를 매개로 충선왕과 인연 있는 승려로는 우선 화엄승 반곡선사를 들 수 있다. 『대명고승전』에 의하면 원의 혜인사 사문 석반곡釋盤穀(1266?~1336년)[68]의 호는 여수麗水이며 해염주海鹽州(현 절강성 海鹽縣) 출신

---

67 李翥, 『慧因寺志』, 杭州出版社, 2002.
68 皇明天台山慈雲禪寺沙門釋　如惺　撰, 『大明高僧傳』卷第一, 「杭州慧因寺釋盤穀傳九」, '釋盤穀號麗水. 海鹽人. 師貌不揚而志氣超邁. 博覽經史性耽山水之樂. 至元中遊五台峨眉伏牛少室名山勝地. 嘗雲. 足跡半天下. 詩名滿世間. 時附馬高麗沈王聞師德望. 具書聘講華嚴大意於杭之慧因寺. 師展四無礙辯七衆傾伏. 王大悅師聲價益重. 後至松郡構精舍. 勤修淨業日課彌陀佛號. 年七十餘無疾預告以時. 端坐而寂. 有遊山詩集三卷行世.'; 衡陽喩謙昧庵氏編輯, 『新續高僧傳』四集卷第四, 「義解篇」第二之二(本傳卅三人　附見十五人)의 「元杭州慧因寺沙門釋盤谷傳」에도 같은 내용이 전한다.

이다. 선사는 용모는 아주 못생겼으나 지기가 매우 뛰어났다고 한다.

그는 경사자적經史子籍을 박람하고 명산대처를 찾아 산수지간에서 행각을 하는 것을 좋아하였다. 원 지원연간(1264~1294년)에 오대산五台山·아미산峨嵋山·복우산伏牛山·소실산少室山 등의 명산을 유력하고 족적을 남겼으며 시로 명성이 높아 "족적은 천하의 반을 다녔고, 시명은 세간에 가득 찼구나.(足跡半天下 詩名滿世間)"라 평해졌다.[69]

당시 부마인 고려 심왕 왕장이 그의 덕망을 듣고, 한편으로 공문을 보내어 그를 청하여 항주 혜인사에서 『화엄경』의 대의를 강의하게 하였다. 법사의 무애변재無礙辯才는 7중衆 불제자를 크게 경앙하게 하였으며, 법사의 성망은 더욱 융숭하여졌다. 그 후 송군松郡의 구정사構精舍로 이석하여 매일 아미타불을 염하며 부지런히 정업을 닦았다. 법사는 70세에 자신이 갈 때를 예고하고, 앉은 채 입적하였다. 저술로는 『승반곡유산시집僧盤穀遊山詩集』(3권)이 있다.

『승반곡유산시집』[70]에 있는 「고려세자묵매시高麗世子墨梅詩 색화차운索和次韻」은 반곡선사가 충선왕의 세자 시절의 매화그림을 보고 쓴 시로 보인다.

毫端造化力窮源 漏泄東君著意邊 疏影暗香傳不得 鬢霜空度買臣年

溪橋雪霽古根源 淸淺橫斜月半邊 寫作玉堂標格去 無香還勝有香年

一樹梅花枕潤源 春光占斷管城邊 調羹事業雖無日 止渴聲名卻有年

屈曲孤根浸古源 影消聲斷見聞邊 有花占得陽春在 何恨無香空歲年

69 皇明天台山慈雲禪寺沙門釋 如惺 撰, 『大明高僧傳』卷第一, 『대정장』50(拓本).
70 『永樂大典』(殘卷) 권2813.

(2) 별봉대동別峰大同

별봉대동別峰大同(1289~1370년)[71]은 화엄종문 16대 종사로, 절강浙江 상우上虞사람이다. 속성은 왕王, 휘諱는 대동, 자는 일운一雲, 호가 별봉이다. 회계會稽 숭승사崇勝寺에서 출가하여 경전을 열심히 공부하고 계행에 철저하였다.

중봉명본은 그가 화엄을 널리 펼 수 있다고 칭찬[72]하며 청량징관의 출가사찰인 소흥紹興 보림사寶林寺로 가게 했다. 별봉은 신도들의 격청으로 보림사의 주지를 하였는데 따르는 무리가 매우 많았다. 충선왕이 1313년에 홍약편에 대장경을 기진하면서 그를 대도로 초빙하였다. 인종 대인 1314년에는 소산蕭山 정토사에서 강설하였다. 명 태조 홍무 2년에는 봉명하여 종산鍾山으로 가서 무차대회無遮大會를 하였다.

> 「佛心慈濟妙辯大師別峰同公塔銘」
>
> 華嚴建宗始於帝心大士帝心作法界觀門及妄盡還源觀以傳雲華雲
> 華傳賢首賢首旣終而其徒慧苑等悉叛師說後百有餘年僧統淸涼國師
> 遙遵遲軌丕弘敎緖國師傳圭峰圭峰傳奧奧之後又複廢逸朗現父子相
> 繼而作補茸粗完現傳璿璿傳源二師陰搜陽闢其宗於是乎中興源傳仲
> 仲傳觀觀傳會會傳心心傳悟悟號竹坡自吳來越開法景德敎寺越之有
> 賢首敎自悟始悟傳介介傳瓊瓊傳東山萃冥承國師之旨大能發越受學
> 者至千餘人萃傳春轂遇遇傳今佛心慈濟妙辯大師同公上溯圭峰凡一
> 十六代矣公諱大同字一雲其號別峰越之上虞王氏子世推簪纓之族父

---

71 明 如惺撰, 「紹興寶林寺沙門釋大同傳」, 『大明高僧傳』卷3, 『大正藏』第2062卷.
72 '賢首之宗日遠而日微矣. 子之器量足以張大之 毋久淹乎此也'

友樵母陳氏妊師已十月父見龐眉僧振錫而行問僧來自何所曰昆崙山
也竟排闥而入父急追之寂然無有也曁出聞房中兒啼聲笑曰兒豈向來
浮屠耶幼極俊爽覽諸載籍輒會其玄奧父援以辭章之訣握筆翩翩輒有
可觀遂以纘承家學屬之母獨歎曰是子般若種也可俾其纏繞塵勞乎命
舍家入會稽崇勝寺從僧貴遊已而剃落受菩薩戒會春穀講經景德公復
往依之獲授五教儀玄談二書又謁懷古肇師受四種法界觀懷古春穀皆
東山大弟子深於華嚴之學者也公天分既高又加精進之功凡清涼一家
疏章悉攝其會通而領其樞要義趣消融智光發現識者心服之春穀升主
寶林華嚴教院召公謂曰子學精且博矣恐滯於心匈以成粗執曷從事思
惟修以剗滌之乎公卽出錢唐見佛智熙禪師於慧日峰下舊所記憶者一
切棄絕唯存孤明耿耿自照如是者閱六暑寒佛智嘉其有成欲麾以上職
不聽而去俄上天目山禮普應本禪師普應見已期之如佛智公將久留普
應曰賢首之宗曰遠而曰微矣子之器量足以張大之毋久淹乎此也爲贊
清涼像而遣之公喜曰吾今始知萬法皆本一心不識孰爲禪那而孰爲教
乘內外自此空矣亟還寶林見春穀且告之故春穀曰可矣乃命之司賓尋
升上座當時相從者皆宏偉之龍象公爲分講雜華玄門會元統宗必極其
所言宋故官徐天祐王易簡聞之相與崇奬弗置聲光煥著五尺童子皆能
知其名郡守範侯某憐春穀僧臘已高風之使讓其席公毅然不荅侯設伊
蒲供延公親與之語公曰有是哉所貴乎道者在明師弟子之分垂訓後人
苟乘其耄而攘其位豈人之所爲乎明公縱愛我厚名義不可犯也侯不覺
離席把公臂曰別峰誠非常人也元延祐初始用薦者出世蕭山淨土寺公
自念圭峰以來累葉相承其間或絕或續系執法者之賢否遂發弘誓力持
大法晨講夕演雖至於勞勤弗敢少懈天曆初朝廷新設廣教都總管府遴

選名山主僧一歸至公升公住景德重紀至元中行宣政院遷主嘉禾之東
塔公不赴時宰臣領院事乃改寶林寶林淸涼肄業之地人鹹爲公榮公固
守謙退遲回不上州牧邑尹山林友社交疏延請亦不允至第二疏始投袂
而起仿終南山草堂故事建高齋辟幽舍招徠俊乂浙水東西莫不擔簦躡
屩爭集輪下公竭忱開授比景德爲由勤法筵之盛不減東山時公複念許
玄度皮道興蕭察三公程師孟汪仲擧二郡守有修建塔廟之勳立五賢祠
以世祀焉至正初順帝

　禦宣文閣近臣有以公之道行聞者帝嘉之特賜金襴伽黎衣帝師大寶
法王亦俾以六字師號隱然作鎭江南宗門恒倚之以爲重狀元忠介公泰
不華守越病旱無以禳斂謂非公不可公爲爇香臂上以請雨卽澍公涖事
一紀餘以疾固辭堅臥崇福庵中未幾部使者持節行郡迫起之元季寺焚
於兵公奮然有爲創演法堂及方丈室皆六楹間堂以實三藏梵典室以修
首楞嚴期殿閣門廡將次第經營而時事日棘公因退處膽博迦室年垂及
於八十矣　皇明禦極四海更化設無遮大會於鍾山名浮屠鹹應詔集　闕
下入見於武樓獨免公拜跪之禮命善世院護視之次日複　召賜食禁中及
還複有白金之賜洪武二年冬十二月得疾久不瘳口占辭衆語端坐而蛻
實三年春三月十日也世壽八十一僧年六十五越七日遵治命就城南竹
山淮法闍維收餘燼瘞焉所度弟子泰來元善如坻性澄慧朗智仙眞詣總
該其嗣法分布列刹者則妙心大衍皐亭善現高麗若蘭景德仁靜薑山明
善延壽師顗南塔國琛福城大慧景福性澄妙相道稱法雲道悅小寶林日
益淨土梵翶也公神宇超邁伏犀揷腦長身而玉立美談吐遇王公貴人輕
重教門者發論袞袞弗休其挺已衛道理或不直雖斧鑕在前不少挫其氣
中之詳而爲銘文辭雖繁而不敢殺者稱人之善法當如爾也銘曰　　中天

調御說大華嚴最勝種智萬有俱含煌煌帝心冥承遐受昏蒙之中鏧開戶
牖燼極而衰微欻欲灰不有淸凉曷振其頹黃龍入夢鱗鬣照日首枕尾蟠
台之南北曾未再傳離而去之諸師繼興是考是毗載之則升委之則墜丕
弘在人道何行廢奕葉之餘靈承者公寔華茹滋號爲法雄謂彼雜華如來
智海於覺定中而得自在帝珠出現寶鏡臨空交光互照眞俗俱融不善效
之或膠於相若不剗除孰非吾障旋光內燭耿耿孤明一法不立廓落無營
安住毗盧靈慧自發內外皆空觀心無物出世度人從者如林據摩尼坐揚
淸淨音旃檀熏心醍醐灌頂香味所加動靜雙領詔下九門召入　禁廷　恩
光赫衪佛日增熒賢首之宗非公誰寄慧力之施玆焉爲至報緣已終輕如
蛻蟬定光常寂白虹在天龍鬼護塔陰飆颯爽塵沙有生望門稽顙

저술로 『보림류편寶林類編』・『천주고天柱稿』가 있으며 제자 중에는 고려
의 약난若蘭, 경덕景德 등이 있다.[73]

(3) 혜복

혜복慧福은 원의 대표적 화엄승으로 '경암복景岩福'이라고도 한다. 「고려
종주상희고탑명高麗宗主尙希古塔銘」에 의하면 그는 숭덕崇德 상락사常樂寺에
머물렀다.[74] 그러던 중 1313년에 충선왕의 청에 의해 혜인사 주지가 되

---

73 宋濂, 「佛心慈濟妙辯大師別峰同公塔銘」, 『宋學士文集』58. ; 宋濂, 『護法彔』1, 嘉興藏 21
冊, 拓本.
74 見琼, 『見琼集』, 吉林文化出版社, 2010, p.68.

어 5년간 주석하였다. 충선왕은 혜복을 존경하여 그의 불학을 칭송('景岩福公, 講主妙運玄樞, 洞融法界') 하였다.[75]

　　다음은 혜복의 혜인사 사적기로, 충선왕이 조인한 대장경을 보낸 사찰과 혜인사 수리에 관한 내용을 전한다.

　　　推忠揆義協謀佐運功臣·開府儀同三司·太尉·上柱國·駙馬都尉瀋王
　使臣諮議參軍洪瀹等 祇奉本國王命 屆古杭印造大藏尊經五十藏 施
　諸名刹. 　杭之上竺·下竺·集慶·仙林·明慶·演福·慧因·崇先·妙行·靑蓮·惠
　力皆有焉. 督臨之暇 挾二三友 散策湖濱 因本寺. 唯見凝塵滿座 風
　景蕭然 興感形懷. 大覺國師受經之地 隳弛若此. 卽寺僧福提點 訪以
　能任起廢之責者 以余應之. 於焉疏詞下賁 今主玆席. 時壬子十有二
　月也. 粤明年夏 公齎至 大功德主瀋王疏命 光被泉石 不敢祕私其美
　勒諸堅珉. 然寺之逋積日滋 公規所以救藥之道. 甲寅初 元被命入都
　卽以上事啓達 王聽. 鈞旨：剃僧十員 發帑 濟庶 慧燈永耀 墜緖復
　緝. 恐湮 扶顚之始末 書以告於來者云.
　　　延祐元年六月 日住持慧福記[76]

　　한편 혜복의 제자 중 포상浦尚(1290~1362년)도 1350년에 혜인사의 주지가 되었다. 포상의 자는 희고希古로, 만년에는 자칭 '잡화도인雜華道人'이라 하였다. 포상은 7세에 『효경孝經』을 배우고 10세에 각종 불전을 접하였

75 李裏, 『慧因寺志』, 杭州出版社, 2002.
76 李裏, 『慧因寺志』, 杭州出版社, 2002.

다. 12세에 자미산紫微山 혜력해惠力海에게 불학을 배우고 사미가 되었다. 후에 상락사로 가서 경암복에게 화엄교관을 배우고 극찬('異日樹敎東南者 必尙也.')을 받았다.

경암복이 고려혜인사에 주지하던 5년간, 포상은 줄곧 그를 시봉하며 스승을 대신해 화엄교리를 강의하였다. 1350년에는 강절행성 승상의 격청으로 혜인사 주지가 되었고 어제御製 금란가사를 받았다. 1362년 9월에 입적하였다.

(4) 석명교

석명교釋明敎는 항주 인근에서 유명한 화엄승이었다. 『혜인사지慧因寺志』에 의하면 명교는 1315년에 충선왕의 청으로 혜인사 주지가 되었다. 그의 법호는 '무언교공無言敎公', '불지영원적조대사佛智靈源寂照大師'인데, 특히 후자는 조정에서 받은 것이다.

「고려중단월보시증치상주전토비高麗衆檀越布施增置常住田土碑」[77]에서는 그가 화엄교학에 뛰어났다('佛智靈源無言敎宗主 悟自『華嚴』空諸法界 四登寶座')고 칭송하고 있다.[78] 다음은 명교의 글로, 대각국사 의천에 관한 내용을 전한다.

---

77 沈翼機, 『浙江通志』25, 「碑碣」1, '慧因院藩王請疏碑 萬曆杭州府志 藩王璋撰 趙孟頫書
78 李蠶, 『慧因寺志』, 杭州出版社, 2002.

長生天氣力裏 大福廕護助裏 皇帝聖旨. 管軍人官人每根底·軍人每根底·城子裏達魯花赤每根底·來往使臣每根底·衆百姓每根底 宣諭的 聖旨. 成吉思皇帝·月忽仄皇帝·薛禪皇帝·完哲都皇帝·曲律皇帝的聖旨裏 和尚·也里可溫·先生每 他的差發科斂休要者 告天祝 者應道來. 如今也依著先的 聖旨體例裏 不揀甚麼差發科斂休要者 告天祝壽者應道. 杭州有的益知禮普花的祖上高麗大覺國師蓋來的高麗慧因寺 有的佛智靈源寂照大師 教無言宗主做住持. 那寺裏賢首宗爲顯藏經的勾當 在意整治 開≪華嚴經≫講 每年修懺做好事應道 佛智靈源寂照大師教無言宗主 他每根底執把行的 聖旨與了也. 這寺裏使臣每休安下者 鋪馬祗應休與者 倉糧商稅休要者. 慧因寺管的下院普門·法興寺. 本宗崇先寺裏的和尚每 依著他的言語裏行者. 玉岑山地土·園林·物業 不揀是誰 休倚氣力侵占者. 但屬他的田地 水土·園林·碾磨·店鋪·人口·頭疋 解典庫 不揀甚麼事産 沒體例的人每 休奪要搔擾者. 佛志靈源寂照大師 教無言宗主根底 有了聖旨應道. 沒體例的勾當休做者 做呵 他每不怕那甚麼. 聖旨俺的. 馬兒年四月初十日 大都有時分寫來.

聖書垂護出彤庭 岑玉輝騰拱萬靈 老衲承恩知有報 一罏檀篆講圓經 法界惟心任卷舒 摩尼朗映大毘盧 願將華藏重重境 回向皇元混一圖 古澗深湍演法輪 高峰擁翠儼眞身 雲林物 咸欣忭 天子延年億萬春

住持僧明教謹頌[79]

원은 칭기즈 칸 이래, 종교나 문화에 대해서 개방적이었는데 특히 불교를 보호하고 장려하였다. 원 건국 후에는 전대의 전통을 계승하고 유교를 정통으로 하는 문화정책을 기본으로 하였다. 사회가 안정되며 항주를 중심으로 무역이 번성하고 인구가 증가하였다. 항주는 물자도 풍부하고 불교를 적극 장려하였기에 자연히 많은 고승들이 운집하였다. 그 과정에서 화엄종도 중앙 및 지방정부의 적극적 지지를 받았다. 충선왕은 화엄종은 물론 임제종승과도 교류하였고, 항주의 사찰에 비문의 전액을 남기기도 하였다.

(5) 북계지연北溪智延

충선왕은 이상의 화엄종 승려뿐 아니라, 임제종 계통의 북계지연北溪智延(1257~1335년)과도 교류했다.[80] 충선왕은 무종 대(1307~1313년)에 북계에게서 자주 가르침을 받고자 그에게 호노산呼奴山[81] 홍복사弘福寺에서 주석할 것을 청하였다 한다. 북계가 무종의 귀의를 받은 얼마 후의 일이었다.

한편 인종도 잠저에 있을 때(1307~1311년) 충선왕을 보내어 북계를 천녕사天寧寺(彰德路 北京西城區)에 머물게 하였고, 대경수사 창건 후에는 설

---

79 李巖, 『慧因寺志』, 杭州出版社, 2002.
80 黃溍, 「榮祿大夫大司空大都大慶壽禪寺住持長老佛心普慧大禪師北溪延公塔銘」, 「塔銘」, 『金華黃先生文集』41.
81 이 산은 북경 順義縣 木林과 北小營 사이의 작은 산이다. 顧炎武, 『昌平山水記』 卷下, 昌平 '東北二十五裏爲狐奴山, 水經注, 水不流曰奴, 蓋以山前瀦澤名也.'

법도 청하였다. 또 인종은 순종황제의 어용御容을 모시기 위해 1316년에 대영복사大永福寺(즉 靑塔寺)를 창건하기 시작하였는데 그 공사는 1321년 영종 대에 완공되었다.

영종대에는 대장경에 대한 대대적 교감校勘이 있었는데 대도의 대영복사大永福寺・대경수사大慶壽寺・대성수만안사大聖壽萬安寺에서 동시에 교감작업이 시작되었다. 그 중 대영복사에서의 교감에 참가한 세 명의 명승이 있었는데, 성징담당性澄湛堂, 혜인慧印, 그리고 북계지연이었다.

(6) 명료

충선왕은 강절행성江浙行省 평강로平江路 가정주嘉定州 대보국원통사大報國圓通寺의 주지 명료明了와도 교류가 있었다. 명료는 1319년 10월에 이 사찰의 사기寺記를 기록한 비문을 세웠는데, 충선왕이 비문의 전액篆額을 썼다. 충선왕이 그 해 6월 이후 강남지역을 유력할 때 이 사원을 방문한 것으로 추측된다. 비문 내용은 같은 해에 조맹부가 찬하였다.[82]

---

82 王均 編, 「大報國圓國通記」, 『十二硯齋金石過眼錄』18(石刻史料新編 1-10), 江蘇通志局 編, 江蘇金石志) 21, 『石物史料新編』1-13. ; 趙孟頫, 「趙松雪墨寶大報國圓通寺記」, 廣益書局, 1958-06.

7

▎ 충선왕의 불교신앙

1. 오대산 문수신앙

1) 문수신앙 성지

문수신앙은 대표적인 보살신앙의 하나로 당대에는 산서성 오대산이 문수보살의 상주처로 간주되며 황실을 비롯한 신도들의 발걸음이 이어 졌다.

오대산은 지장보살 성지인 구화산九華山, 보현보살 성지인 아미산峨眉山, 관세음보살 성지인 보타산과 더불어 중국 대불교명산으로 꼽힌다.

그런데 오대산은 산서성뿐 아니라 티베트, 몽골, 서하, 위구르 등은 물론 한반도나 일본에도 있다. 전쟁이나 먼 거리 등 여러 가지 이유로 산서성까지 가기 어려운 사람들이 자신들의 거주처 근처에 있는 산을 오대산이라 하고 문수보살의 상주처로 상정하였기 때문이다.[1]

경전적 근거는 60권본『화엄경』의「보살주처품菩薩住處品」으로, 문수보살은 동북방의 청량산淸凉山에 거주하신다. 청량산은 오대산이라고도 하는데 산서성 동북부 오대현에 있으며 높이가 3,058m이다. 동서남북으로 망해봉望海峰, 괘월봉掛月峰, 금수봉錦繡峰, 엽두봉葉鬥峰이 있으며 중앙의 취암봉翠岩峰까지 5개의 봉우리가 있어서 얻은 이름이다. 망해봉에는 관해사觀海寺를 지어 '총명문수聰明文殊'를 공봉하였다. 괘월봉에는 법뢰사法雷寺를 지어 '사자후문수獅子吼文殊'를, 금수봉에는 보제사普濟寺에 '지혜문수'를, 엽두봉 영응사靈應寺에는 '무구문수無垢文殊'를, 중대 취암봉 연교사演敎寺에는 '유동儒童문수'를 공봉하였다. 769년에 대흥선사大興善寺 삼장三藏 불공不空 등의 주청으로 칙령을 내려 천하의 식당에 빈두로존자賓頭盧尊者 상 외에 문수사리 형상도 안치하게 하였다.

오대산은 중국 내외에서 수많은 사람들이 찾는 성지가 되었고 순례자를 위한 무료 숙박소인 보통원普通院이 곳곳에 있었다. 제반 경비는 신자들의 희사로 충당되었다.

원대부터는 오대산에 티베트불교 사찰도 생겼다. 살가파 4조인 살가반지달薩迦班智達과 5조 파스파(八思巴)는 모두 문수보살의 화신으로 간주되었고, 명대에는 겔룩파(格魯派) 개종조인 쫑카파(宗喀巴)도 문수보살의 화신으로 간주되었다. 명 成祖의 청으로 까귀파(噶擧派) 교주敎主 까마파(噶瑪

1 桂美香,「중국서부의 문수신앙과 西夏 오대산의 개창」,『淨土學硏究』제28집, 2017년 참조.

巴) 4세가 수도로 가 현통사顯通寺에 주석하였다. 그 후 '如來大寶法王'의 봉호를 받았다. 오대산에는 한전, 장전 불교가 병존하는데, 파스파와 그 제자가 오대산에서 주석하며 살가파가 전입되었다.

오대산 문수신앙은 당대에 시작되어 신라, 일본, 네팔, 태국 등지로 퍼져나갔다. 자장율사도 당 유학에서 돌아와 명주溟州에 오대산을 상정하였다. 후에 효소왕이 문수원文殊院을 창건하였다.

2) 오대산 참배

충선왕은 1308년의 2차 즉위 후 11월에 다시 대도로 돌아갔다. 1309년 4월, 정승 최유엄崔有渰 등이 충선왕의 환국을 요청하였으나 왕은 귀국하기를 원치 않았다. 원 황실에서도 그 청을 거절하였다.[2]

대신 왕장은 1309년 3월에 달기태후를 호종하여 오대산으로 순례를 갔다. 원대의 황제, 황태후 등의 황실 구성원 가운데 오대산을 참배한 경우가 더러 있었다. 황태후로는 원 성종 테무르(鐵木耳)의 모친인 활활진闊闊真(裕宗徽仁裕聖皇后)이 있었고,[34] 무종 카이산(海山)의 모친인 달기(答己,

---

2 『고려사』 권33, 「世家」 제33, 「忠宣王世家一」, '政丞崔有渰等, 仍上箋於王, 請還國, 曰, "命重微朝, 嘗赴雲龍之會, 職拘居守, 阻成魚水之歡, 未獲追陪, 徒增延竚. 竊以君臣之重, 今古所同, 觀其勢則, 雖堂陛之高卑, 比諸身則, 猶股肱之左右. 必相資於休戚, 固難曠於斯須, 恭惟國王殿下, 仁德克寬, 神謀果斷, 侍天十載, 始終一節之勤王, 撲地群黎, 且暮同心之徯我. 適逢盛際, 確立元功, 承往諸之綸言, 慰來蘇之輿意, 邪佞化爲忠正, 舊染鹹新, 呻吟變作謳歌, 爾生有望. 坐未暇於暖席, 詔忽催於還轅, 而臣等托付匪輕, 論思無狀. 事非一二, 詎諳蔡仲之彌縫, 路隔四千, 靡扞晉臣之牧圉. 略無毗於彼此, 祗自愧於尋常. 矧今支應之悉繁, 而又稟承之無所, 謹率蒼生而瞻企, 有如皎日之照臨. 伏望國王殿下, 知君位以不可虛, 諒民情急於何戴, 遄回行色, 俾償晷月之戀懷. 盍荷睿恩, 永保先朝之賜履." 時帝及皇後·皇太子待王甚寵, 故王不納.'

順宗昭獻元聖皇后)[5]가 있었다.

성종은 1297년(大德元年) 봄에 오대산 불사가 완성되면 황태후가 갈 것[6]이라 하였으며, 1307년 8월에도 오대산을 언급하였다.

무종도 오대산에 사찰을 짓고자 하였기에 충선왕은 무종의 모친 달기 황태후를 모시고 오대산을 순례하였다.

즉위원년인 1309년 3월에 왕이 원나라 태후의 오대산 행차를 수행했다.

4월에 고려에서 귀국을 요청했으나 당시 황제와 황후·황태자가 왕을 크게 총애해 우대하고 있었으므로 왕은 귀국을 거부했다.[7]

왕장이 달기 태후를 호종해 오대산에 갔을[8] 당시 태후는 오대산에 대

---

3 『四部叢刊初編』景印, 『武英殿聚珍』本, p.1下·2上.
4 陳高華·孟繁淸 標點本 (北京: 中華書局, 1997), 頁380·381. 蘇天爵『滋溪稿』卷23, 「王忱行狀」, '時成宗初卽位 奉事太后惟謹. 於是 太后親幸五臺 大建佛宇 爲民祈福. 上勅中書 遣官護作 工部司程陸信者 驅民數千人入山伐木 山深險多虎豹 民被傷死者百余人. 公曰: 民未獲福 已先受害 殆非國家建寺之始意也. 入言太后 太后命稍損其役 仍賜死者家 鈔人若干貫'
5 『元文類』卷10, '早在海山卽位前 她就曾到過五臺山.' ; 姚燧「皇太后尊號玉冊文」, 『四部叢刊初編』景印至正刊本, 頁9上·下, '臣在先朝受詔漠北 往撫諸軍 可謂遠役 以義割恩 縱叟其行. 迨軫河陽 永懷彌切 親至五臺 禱於佛乘 尙憑陰騭 早逶振旅. 殿閣是崇 靈貺用 昭.' '往歲蠻輅 再軫五臺. 淨供大修 以畢夙願. 極心爲臣. 天燾地持 日居月諸. 其大其明 非言所喩.'
6 『元史』19, 「成宗紀」, '大德元年三月 五臺山佛寺成 皇太后將親往祈祝 監察御史李元禮 上封事止之.'
7 『고려사』 권33, 「世家」 제33, 「忠宣王世家一」.
8 『欽定四庫全書』, 明翰林學士亞中大夫知制誥兼修國史宋濂等修, 『元史』卷116, 「后妃傳」·卷99, 「兵志宿衛」, 頁2901·2536, '至大二年正月 [昭獻元聖] 太后幸五臺山 作佛事 詔高麗王 [王] 璋從之' 및 '武宗至大二年 太后將幸五臺 徽政院官請調軍扈從. 省臣議: 昔大太后嘗幸五臺 于住夏探馬赤及漢軍內各起扈從軍三百人 今遵故事. 從之'

보녕사大普寧寺라는 사찰을 창건하였고 홍교대사弘敎大師가 주지를 하였다. 충선왕은 홍교대사와도 인연이 있었다.[9]

그런데 이 오대산 순례에는 태후 뿐 아니라, 1311년에 즉위한 황태자 아유르시리바다도 동행하였다. 오대산과 관련된 기록이 있는 황태자로는 두 명이 있다. 한 명은 등극하지 못하고 후에 유종裕宗으로 추증된 진킴 (眞金)[10]이고, 다른 한 명은 1311년에 즉위한 인종 아유르시리바다(愛育黎 拔力八達)이다.[11][12]

---

9 元 念常集,『佛祖歷代通載』(22卷), (廿八) 五台山大普寧寺弘敎大師性講主卒。公諱了 性。號大林。武氏。惟古因生賜姓。胙土命氏。公之先黃詳世系。然考之命氏之原。武 子姓。其後邑於宋。宋武公之後。以諡爲氏。公少好學。聰睿之性。殆天啓之。依耆德 安公爲浮圖。旣登具。歷諸講庠。探賾經論硏精秘奧。始遇眞覺國師。啓悟初心。旣而 周遊關陝河洛。歷汴汝唐鄧。放予襄漢。尋幽覽勝以博其趣。所至必訪其人。詢至道之 要。其所師而學者。如柏林潭公。關輔懷公。南陽慈公。皆以義學著稱。及歸複見眞覺 於壟坻。逾見牆仞之高。堂室之奧。乃曰。佛法司南其在茲乎。後從眞覺至台山。眞覺 歿北遊燕薊。晦跡魏闕之下。悠悠如處江海之上。與世若相忘焉。然以懷璧之美被褐而 莫掩。名旣喧於衆口。聲遂聞於九重。會萬寧旣建。詔公居之。至大中太後創寺台山。 寺曰普寧。以茲擅天下之勝。住持之寄。非海內之望。莫能勝之。故以命公。公居此山 十有餘年而歿。公爲人剛毅。頗負氣節。不能俯仰隨世嬪悅於人。雖居官寺。未嘗至城 府造權貴之門。或謂公少和氣。公曰。予以一芥芝芻。天子不以人之微處之大寺。惟竭 誠夙夜匪懈。圖以報國而已。夫何求哉。必有藏倉毀鬲之言。蓋亦營營靑蠅止於棘樊 耳。顧予命之不遭。道之不行。納履而去之。何往而不得於道乎。時國家尊寵西僧其徒 甚盛。出入騎從擬跡王公。其人赤髦峨岐岸然自居。諸名德輩莫不爲之致禮。或磬折而 前。摳衣接足丐其按頂。謂之攝受。公獨長揖而已。或謂公傲。公曰。吾敢慢於人耶。 吾聞君子愛人以禮。何可苟屈其節而巽於床自取卑辱乎。且吾於道。於彼何求哉。彼以 其勢自大而倨。吾苟爲之屈焉。非詔則佞也。焉有君子而爲佞詔之行哉。識者壯其氣。 以謂如佛印元公之遇高麗王子。可謂識大體而得乎禮矣。至治元年九月三日。歿於普寧 寺。旣火化以舍利。塔於竹林之墟。

10 『元史』卷7,「世祖紀」,‘至元九年正月 敕燕王(眞金)遣使持香幡 祀嶽瀆·后土·五臺興 國寺’

11 『淸容集』卷26,「玉呂伯里伯行神道碑」,‘至大元年 今上皇帝(仁宗)時爲皇太子 [伯行] 以 本部官見 問：今何階官？再拜謝不敢 遂加正議大夫 俾稱其職。值營繕推佛寺恩賞 悉謝 不受. [二年] 從皇太子如五臺山 頓遞如法 而不病於民 賜白金·名馬以寵之’

12 『四部叢刊初編』景印元刊本 p.8下. 黃溍,『金華集』卷43,「柏鐵木兒家傳」,‘至大二年 王(柏 鐵木兒)侍仁宗至五臺山 還京師. 十月 拜中奉大夫·陝西等處行尙書省參知政事 以陝西 重鎭 且東宮湯沐邑也.’

『원사元史』[13]·『송설재집松雪齋集』권8,「울주양씨선영비蔚州楊氏先塋碑」[14]·『원사』권22·23,「무종기武宗紀」·30,[15]「태정제기泰定帝紀」[16]·「오정전吳鼎傳」[17]·『국담집菊潭集』권2,「왕침신도비王忱神道碑」[18]·『원명사류초元明事類鈔』권19,「오대산사五臺山寺」[19] 등의 관련 기록을 통해 진킴은 직접 참배하지는 않았으나 아유르시리바다는 모친 달기 태후, 충선왕과 함께 오대산을 방문하였음을 알 수 있다.

충선왕은 황태자의 정치 방면 스승이었을 뿐 아니라, 불교에 대한 스승이기도 하였다.

---

13 『元史』권131,「拜降傳」, 권178, '至大二年 仁宗奉皇太后避暑五臺 拜降供給道路 無有闕失 恩賚尤渥. 比至都 改資國院使.' ;「王約傳」권174, '至大二年 仁宗在東宮 雅知 [王] 約名 思用以自輔 擢太子詹事丞 從幸五臺山 約諫不可久留 卽日 還上京.' ;「郭貫傳」, '至大二年 仁宗至五臺山 貫進見 仁宗因問 : 廉訪使滅里吉歹何以有善政？ 左右對曰 : 皆副使郭貫之教也. 因賜貫瑪瑙數珠·金織文幣.'

14 『松雪齋集』권8,「蔚州楊氏先塋碑」, '皇太后幸五臺山 以侯(楊贇)爲中順大夫·知宣德府 仍領採木之役 特賜鈔二千五百貫 貂裘一.' 清淸德堂刊本.

15 『元史』卷22·23,「武宗紀」·30, '大德 11年 8月, 建佛刹於五臺寺. 11月, 建佛寺於五臺山. 至大元年 2月, 發軍千五百人修五臺山佛寺. 五月 御史臺臣言 : 比奉旨罷不急之役 今復爲各官營私宅. 臣等以爲侯旺兀察都行宮及大都·五臺寺畢工 然後從事爲宜. 有旨 : 除(亻瓜)頭·三寶奴所居 餘悉罷之. 11月 皇太后造寺五臺山 摘軍六千五百人供役.' '至大二年九月 三寶奴言 : 冀寧·大同·保定·眞定以五臺建寺所須 皆直取於民 宜免今年租稅 從之. 三年正月 營五臺寺 役工匠千四百人·軍三千五百人.'

16 『元史』,「泰定帝紀」, '泰定三年二月 建殊祥寺於五臺山 賜田三百頃.'

17 『元史』, '至大元年 改正奉大夫·保定路總管. 時皇太后欲幸五臺 言者請開保定西五回嶺 以取捷徑. 遣使卽 [吳] 鼎 使視地形·計工費 鼎言 : 荒山斗入 人迹久絶 非乘輿所宜往. 還報 太后喜 爲寢其役 工程繁浩 難免役夫死·傷.'

18 孛朮魯翀, 『菊潭集』卷二,「王忱神道碑」, 臺北, 元人文集珍本叢刊 影印『藕香零拾』本, p.2上, '元貞二年 五臺大建佛廬 勅中書擇銳事史董役. 工部司程陸信驅民夫數千 冒險伐木 死虎豹蛇虺者百有餘人. 其時皇太后幸其所 公入言 : 以寺福民 福未及而害已甚 非初意也. 徽聽開悟 減其役 仍賜邺死者家.'

19 『四庫全書』, 『元明事類鈔』卷19, 文淵閣, p.25下,「五臺山寺」,「筆塵」: '五臺山寺 元太后宏吉剌氏所造. 創寺之役 民夫伐木 運石死者萬人.'

2. 보타산普陀山 관음신앙

관음신앙은『법화경』,「보문품」과 40권 본『화엄경』즉「입법계품」등을 소의경으로 하는 대승불교 보살신앙의 하나이다. 여말의 관음신앙과 관련해서는 정토계의『관무량수경』과, 밀교계통의『천수경』이 그 바탕을 이루었다.

충선왕은 어려서부터 유가경전을 즐겨 읽어 중원의 문화에 익숙하였다. 특히 그는 송대의 문화를 좋아하여, 당대의 명유들과 경經과 도道를 논[20]하였다. 그는 또한 불교를 신봉하여 모후의 명복을 빌기 위해 본국의 수녕전을 사찰로 만드는 등, 각종 불사에 적극 참여하였다. 1309년에는 달기 황태후와 함께 관음성지 오대산에 참배하러 갔으며, 1316년에 심왕의 자리를 조카 왕호에게 물려준 뒤[21]에는 티베트 승려를 불러 계율을 받고, 멀리 보타산普陀山에 불공을 드리러 가기도 하였다. 보타산은 관음신앙의 성지인데 충선왕은 1316년과 1319년, 1320년의 세 차례에 걸쳐 보타산에 간 것으로 보인다.

이와 관련하여 보타산의 불교역사를 살펴본다.

---

20 劉中玉,「高麗忠宣王王璋與元士大夫在萬卷堂中的交往」,『中韓歷史文化交流論文集』, 延邊人民出版社, 2007年.
21 충선왕의 요청에 따라 원은 왕호를 開府儀同三司 · 藩王으로 책봉하였다.『원사』권25, 인종본기, 延祐 3년 3월 기해.

1) 당대의 불긍거관음원不肯去觀音院

보타산은 중국 절강성 주산舟山군도의 한 섬에 있는 불교성지로, 그 섬은 산세가 웅장하고 파도가 거친 곳으로 유명하다. 보타산은 당 대중연간(847~860년)에 한 범승이 예불하러 왔다가 조음동潮音洞에서 관음을 시현한 후부터 관세음보살 도량으로 상정되었다고 한다. 전성기에는 큰 사찰이 네 곳, 암자가 106곳, 모옥茅屋(茅舍・茅蓬・茅庵・茅廬) 139곳이 있었으며, 4600여 명의 승려가 있어 '진단제일불국震旦第一佛國'으로 불렸다.

863년 4월, 일본승 혜악慧鍔이 오대산에서 관음상 하나를 구해서 귀국하던 중 배가 보타산 조음동을 지날 때 태풍으로 표착하였다. 이에 그는 보타사寶陀寺를 세우고 그 상을 동굴에 안치하였다고 한다. 그것이 이른바 '불긍거관음不肯去觀音'으로 칭해지는 관음상이다.[22]

후량後梁 정명 2년에 인근에 살던 장씨張氏의 택지에 보타산 최초의 사찰인 '불긍거관음원不肯去觀音院'이 창건되었다.

관세음보살 거주처인 보타산은 '보타낙가산'의 준말로, 지장보살 주처지인 구화산九華山, 보현보살 주처지인 아미산峨眉山, 문수보살 주처인 오대산五臺山과 더불어 중국 4대 명산 중의 하나이다.

경전에서는 보타산을 백화산, 광명산이라고도 하며, 남해보타산이라고 부른다. 중국에서는 이곳을 티베트의 라싸와 더불어 관음시현觀音示顯의

---

22 보타산 普濟寺 海上佛國을 소재로 한 영화로 '不肯去觀音'이 있다. ; (元) 盛熙明蓋, 「感應祥瑞品」제3, 『補陀洛迦山傳』(1卷), '據'舊志'記載, 唐宣宗大中元年(847) 有梵僧來潮音洞 錢燔十指 指盡 親見大士說法 授予七色寶石 靈感始起'

땅으로 여겨 관음신앙의 성지가 되었다.

한편 이곳에서는 예로부터 항해의 안전을 비는 의식도 많이 행해졌다. 보타산에는 보제사普濟寺·법우사法雨寺를 비롯하여 많은 사찰이 있고, 범음동梵音洞·조음당潮音堂·반타석盤陀石 등 관음의 영적靈跡으로 알려진 유지가 많이 있다.

2) 송대의 보타관음사寶陀觀音寺

송대에는 불교 관할 기관으로 승록사僧錄司를 두어 사원을 관리하고 도첩을 주었으며 사도私度를 금하였다. 송 대에는 보타산普陀山을 '寶陀山'이라 하였다.[23] 송 태조 조광윤趙匡胤은 967년에 내시 왕귀王貴를 보타산에 보내어 진향進香하고 금번錦幡을 하사하였는데, 이것이 이후 조정에서 보타산에 강향降香하는 시초가 되었다.

1080년에는 내전승지內殿承旨 왕순봉王舜封을 삼한三韓(고려)에 파견하였는데, 당시 큰 비바람이 몰아치자 왕순봉은 '불긍거관음원不肯去觀音院'을 보수해 줄 것을 건의하였고, '보타관음사寶陀觀音寺'라 사액하게 되었다. 이 사찰에는 해마다 한 명의 도승度僧을 허락하였고, 토지를 기진하여 수행자들이 안심하고 수행에 전념할 수 있게 하였다. 그래서인지 훌륭한 승려가 많이 배출되었다고 한다.

보타산이 점차 유명해지며, 당시 고려와 일본의 상인이나, 조공을 위

---

23 宋 寶慶, 『昌國縣志』, '梅岑山觀音寶陀寺在縣東海中, 梁貞明二年建, 因山爲名' ; 宋 張邦基, 『墨莊漫錄』, '寶陀山, 去昌國兩潮, 山不甚高峻.'

해 파견된 관리들이 예불을 위해 이 산에 올랐다.

1131년에는 보타관음사의 주지 진헐眞歇 선사가 조정에 주청하여 윤허를 받고, 산위에 있던 7백여 어부들의 집을 전부 산 아래로 전출하게 하여 보타산은 드디어 불국 정토가 되었다.

1148년에는 사호史浩 등이 보타산 조음동에서 관음(大士)의 영현靈現을 목도하고, 「제유보타사비갈題留寶陀寺碑碣」을 찬하였다.

1210년 8월에 큰 태풍으로 원통전이 훼손되자 전錢 1만 민緡을 내려 중건하게 하였다. 1214년에 전각이 완성되자 황제가 '원통보전圓通寶殿'이라 사액하고 용장각龍章閣을 지어 관음상을 보관하였다. 다시 영종의 많은 보시(金縷衣·銀鉢·瑪瑙珠·松鹿錦幡·토지 등)를 받아 향화가 날로 성하였다.

송 이종은 보경연간(1225~1227년)에 보타사를 강남교원江南教院 '五山十刹'에 열입列入하라는 조서를 내렸다. 이로써 보타산은 오대산·아미산·구화산과 더불어 중국 불교 4대 명산이 되었다.

1248년에 제사制師 안이중顏頤仲이 기우제를 지내 비가 오자, 황실에서는 전 2만민, 쌀 50석을 하사하고, 장생고를 설치하였다. 이상과 같이 보타산은 송대에 선종 사찰이 되며 더욱 번성하였다.

이곳에서 『화엄무진등기華嚴無盡燈記』(曹洞宗 法裔 眞歇 著), 『오등회원五燈會元』(大川普濟 著) 등이 간행되었다. 또 함순연간(1265~1274년)에 보타산 승려가 봉조奉詔하여 『백장청규百丈清規』를 정리, 『함순청규鹹淳清規』를 편찬하기도 하였다.

3) 원대의 보제선사普濟禪寺

원은 불교 정책 기관으로 중앙에 총제원總制院(후의 宣政院)을 두고 각 로 路에 행선정원行宣政院을 두어 교무를 담당하게 하고 승려를 우대하였다. 원의 황제들은 모두 불교를 깊이 신앙하였기에 즉위 전에 반드시 티베트 불교 승려인 제사에게서 수계하였다.

1298년에는 내시 이영李英을 보타산 보제선사에 보내어 강향 하고 불 상을 수리하였다. 1301년에는 정월, 5월, 9월에 강향 하는 규정을 만들었 다.

1313년에 달기 황태후는 법화노法華奴를 보내어 설재設齋하고 승려들에 게 가사를 하사하였다. 또 성省에 조서를 내려 초鈔 668정錠을 하사하게 하여 장명불등전長明佛燈田 3경을 마련하였다. 1319년에는 인종이 왕장에 게 어향을 내렸고, 일행은 보타산으로 가서 강향 하였다.[24] 충선왕은 이 제현 등의 수행신하에게 보고 들은 광경 등을 엮어 『행록行錄』(1권)을 쓰 게 했다.[25]

당송 이래로 보타산은 동아시아 해상실크로드의 주요거점으로, 남송의 『건도사명도경乾道四明圖經』에 의하면 신라·발해·고려·일본 등이 이 길 을 이용했다 한다.[26] 그런데 당대부터 이 지역에서는 보타산의 주요 항구

---

24 『고려사절요』 24, 충숙왕 6년 3월, '上王 請于帝 降御香 南遊江浙 至寶陀山而還.'
25 『普陀洛迦山志』, 上海古籍出版社, 1999年11月 第1版.
26 張津, 『乾道四明圖經』, '高麗·日本·新羅·渤海諸國 皆由此取道' ; 『乾道四明圖經』(12 권)은 南宋의 地方志로『大觀明州圖經』을 기본으로 하여 1169년에 완성되었다. 四明은 즉 明州로 治所는 浙江 寧波市에 있었다.

를 '신라초新羅礁' 혹은 '고려도두高麗道頭'[27]라 하였는데, 이 항구는 보타산 관음고동觀音古洞 산기슭 아래에 있었다고 한다.

신라인과 고려 상인들은 이 항구에 정박하고 보제선사로 가서 향을 올렸다고 한다. 따라서 그 위치는 보제선사에서 제일 가까운 항구였으며, 바로 '만국제항萬國梯航'의 중요 항구의 하나인데 지금은 육지로 변했다.

『보타산지普陀山志』에 '신라초는 신우神牛 항구 앞바다에 있으며 보타산의 가장 서쪽 끝에 있다.'[28] 하였는데, 신우 항구는 일본승 혜악이 도망가다가 암초에 부딪친 곳이다. 보타산의 서쪽 해역을 연화양蓮花洋이라고 하는데 삿갓 모양의 큰 암초가 솟아있다. 지역민들은 그것을 홍비초缸飛礁라고 부른다.

신라의 상선은 신라초를 거쳐 영파寧波 항으로 들어갔는데 많은 배가 암초 때문에 침몰하였기에 신라초라는 이름을 얻었다고 한다. 고려시대에는 송에 공물을 바치러 갈 때 고려도두(冠名)를 통과해야 되었기에 항구도 고려도두라 불렀다.

충선왕 왕장의 보타산 진향進香을 기록한 사료 중, 청대에 찬술된 『속자치통감續資治通鑒』[29]에 의하면 왕장은 인종대인 1319년과 1320년 두 차례 강남에 진향한 것이 기록되어 있다. 왕장은 1320년에 영종이 즉위하자 정치적 변동을 피하기 위해 '강향降香'을 제시하였다. 그러나 그는 곧 대도로 잡혀 왔고 황제는 중서성에 명하여 그를 토번으로 유배 보내었으

---

27 '道頭'는 '부두'·'선창가'를 말한다.
28 『普陀山志』, '新羅礁在神牛港口的大洋 普陀山最西.'
29 『續資治通鑒』, '(元泰定帝泰定元年, 1324年) 甲寅 敕高麗王王璋歸國. 璋嘗請於仁宗 降御香 南遊江·浙 至寶陀山而還. 及英宗卽位 複請降香於江南 許之. 行至江南 遣使急召令騎士擁逼以行 璋侍從皆奔竄. 還至京師 命中書省護送本國安置. 璋遲留不卽發 英宗下璋於刑部. 旣而祝發 置之石佛寺. 尋又流璋於吐蕃. 帝卽位 以大赦得還.'

며, 1323년에 태정제 에센티무르(也孫鐵木兒)가 즉위하고 천하에 대사면령을 내리고서야 다음 해에 왕장도 대도로 돌아올 수 있었다.

4) 보타산 강어향降御香

왕장은 1319년 3월에는 고려혜인사를 거쳐 보타사普陀寺에 가서 강향하였다. 그리고 항주 부근의 천목산에 가서 중봉명본을 만나 가르침을 받고[30] 대도로 돌아갔다.[31]

「사명건부사관주용공탑명四明乾符寺觀主容公塔銘」에 의하면 충선왕은 1319년 3월, 보타산에 가는 도중에 절강성 사명산四明山 건부사乾符寺에서 태허보용太虛普容(1251~1320년) 선사에게 가르침을 받고 21일간 여의륜관음如意輪觀音에게 기도를 올렸다고 한다.[32]

그런데 태허는 송말부터 원대 사이에 활동한 학승으로, 당시 천태교학에서 문제가 된 부분을 정리하여 『臺宗精英集』(5권)을 완성하였다. 충선왕은 천태승 태허를 만나 제자의 예를 다하고 가르침을 청한 것이다. 여의륜관음[33]은 관음보살의 보신報身으로, 즉 보살의 진신眞身을 나타낸다.

---

30 烏雲高娃, 「高麗與元朝政治聯姻及文化交流」, 『暨南學報』(哲學社會科學版) 總213期, 2016年 第10 期, pp.112~120.
31 『고려사』卷34, 世家 第34, 「忠宣王世家二」, '六年 三月 請於帝, 降禦香, 南遊江浙, 至寶陁山而還. 權漢功·李齊賢等從之, 命從臣, 記所曆山川勝景, 爲行錄一卷.'
32 黃溍, 「四明乾符寺觀主容公塔銘」, 「塔銘」, 『金華黃先生文集』42.
33 『佛說觀無量壽經』, '觀世音菩薩身長八十億那由他恒河沙由旬 身紫金色 頂有肉髻 項有圓光 面各百千由旬 其圓光中有五百化佛.'

충선왕의 보타산 진향에 대해 이제현은 「충헌왕세가忠憲王世家」[34]에서 밝히고 있다. 이제현은 1314년부터 장기간 원에서 생활하다가 54세에 귀국하였는데, 1316년에는 충선왕 대신 봉명奉命하여 아미산을 다녀왔다. 그는 아미산 여행에서 몇 편의 시를 남기기도 하였다.

> 延祐 병진년(1316)에 내가 봉명사신이 되어 아미산으로 제사지내러 갔었는데, 조·위·주·진의 옛 지역을 거처 岐山 남쪽에 이르렀으며, 다시 大散關을 넘고 褒城驛을 지나서 棧道를 건너 劍門으로 들어가 成都에 이르렀다. 여기서 또 뱃길로 7일을 가서야 비로소 이른바 아미산에 도착하였다.[35]

이제현은 1319년에는 왕장을 모시고 보타산에 진향하러 갔다.

그는 이 강남행에서 10여 수의 시와 2수의 사詞를 써 화려하고 수려한 강남의 풍모를 묘사하였다. 그런데 안타깝게도 보타산 관련 시가는 모두 전하지는 않는다. 그렇지만 몇몇 시를 통해, 원대에 대도에서 강남으로 이어진 '보타진향普陀進香'의 길은 대운하선로를 이용했음을 알 수 있다.

왕장 일행의 '강항降香'[36] 루트는 수로를 이용하였는데, 대도에서 통주通州 → 해진진海津鎭 → 임청臨淸 → 수장壽張 → 서주徐州 → 회안로淮安路 → 양주로揚州路 → 진강로鎭江路 → 평강로平江路 → 오강주吳江州 → 고정산皐亭山(杭

---

34 '延祐己未(1319) 請降香南遊江浙 至寶陀山 蓋知時事將變 冀以避患.' ;『고려사』·「世家」, '(延祐)六年三月 請於帝 降禦香 南遊江浙 至寶陀山而還. 權漢功·李齊賢等從之 命從臣 記所歷山川勝景 爲行錄一卷.'
35 이제현,『櫟翁稗說後集』一.
36 '降香'은 '성지를 받들어 향을 사루어 신령을 배제拜祭한다는 뜻이다.('燒香, 拜祭神靈.')

州半山) → 항주로杭州路 → 소흥로紹興路 → 여요주餘姚州 → 경원로慶元路 → 정해定海(현 鎭海) → 보타산의 순으로 이어진다.

이 수로는 남북을 관통하여 영파로 바로 연결되는 대운하로 보타산 진향에 편리한 교통조건이었다. 이것 역시 원대에 보타산이 번영한 하나의 조건이 되었다.

1299년 6월, 강남 석교총통釋敎總統·보타관음사寶陀觀音寺의 주지 일산一山을 묘자홍제대사妙慈弘濟大師라 칙봉하고 국서를 주어 일본에 보내어 불교를 홍양하게 하였다.

'보타산普陀山'의 음역은 '보달락가補怛洛迦'이고 의역은 '백화산白華山'이다. 보타락가산普陀洛迦山·보달라가補怛羅迦·포달락가布怛落伽 등으로도 부르며, 중국에서는 '소백화산小白華山'이라 한다.

보타산에는 이른바 '보타산 3대 선사'라 하여, 보제선사普濟禪寺(前寺)·법우선사法雨禪寺(後寺)·혜제선사慧濟禪寺(佛頂山寺)라는 주요 사찰이 있다. 보제선사는 '전사前寺'라고도 하는데 송 신종 대인 1080년에 세운 것으로 조정에서 '보타관음사寶陀觀音寺'란 사명을 내렸다. 보제선사는 보타산 최대 사원으로, 관음대사觀音大士를 공봉하는 주찰이다. 이 사찰에는 석패방石牌坊·어비정禦碑亭·해인지海印池·호심정湖心亭 등이 있다. 송 영종이 1214년에 '원통보전圓通寶殿'이란 편액을 하사하면서 보타산은 관음보살 도량이 되었다.

왕장은 아미산에 직접 가는 대신 이제현을 보내었으며, 구화산에 갔다는 기록은 없다. 아무튼 원 세조의 외손이자 무종과 인종 두 황제와 처사촌간이며, 고려왕과 심왕, 태위왕을 지낸 최고위층 인사인 충선왕이 오대산과 보타산 같은 불교 명산에 직접 간 것만 보아도, 그가 불교에 얼마나 심취하였는지 알 수 있다.

3. 보암 신앙

1) 보암선사와 보암주普庵咒

충선왕 왕장이 전파한 불교 신앙 중에는 송·원 대에 크게 유행하던 보암普庵 신앙도 있었다. 보암 신앙은 임제종 13대 법사法嗣인 보암선사 (1115~1169년)가 보급한 것으로, 티베트 불교의 영향을 많이 받았으며 도교와는 관련이 없다고 한다.

보암선사의 휘諱는 인숙印肅, 호는 보암으로, 송대의 임제종 고승이다. 보암조사라고도 하며 민간에서는 '보암普唵'이라고도 한다. 속성은 여餘씨 이고 강서江西 원주袁州 의춘자화宜春慈化 사람이다.

20세인 1134년에 예수융현禮壽隆賢 화상에게 출가하여, 28세에 원주 개원사開元寺에서 감로대계甘露大戒를 받았다. 9년 후에 위산溈山 목암충牧庵忠 선사를 만나 개오하고 임제종의 법서法緖를 계승하였다. 그는 병을 치료하거나 기우祈雨, 귀신을 쫓는 등의 방면에서 신통력이 있었는데, 이런 특이한 능력을 스승인 목암 선사에게서 익혔을 것으로 추정한다. 그는 주로 고행을 하고 은거하였으며 원주 남전산(南泉山)에 자화사慈化寺(南泉寺)를 창건하였다.

보암선사는 어느 날 당나라 이통현李通玄 장자의 『화엄경합론華嚴經合論』 을 읽다가 '달본정망達本情忘 지심체합知心體合'이라는 구절을 보고 순간 활연대오 하였다 한다. 보암선사는 탁월한 신통력과 사람들을 깨우치는 도력으로 역대 황제로부터 존중을 받았다. 그래서 원·명·청을 거치며 보암선사의 상像이 많이 조성되고, 봉호가 추가되며 더욱 융성한 공양을 받았다.

1169년에 55세로 가부좌한 채로 입적하였다. 생전에 재액을 물리치는 신기神祇가 있어 영험이 끊이지 않았으며 입적 후 많은 사람들이 귀의하였다. 보암의 저술로는 『보암인숙선사어록普庵印肅禪師語錄』(3권)이 있다.

보암신앙은 강서성, 복건성 일대에 많이 퍼졌으며 당시 임제종 계통 사찰의 불전 뒷면에는 보암선사의 위패를 모셨다. 보암신앙은 일본에도 전해졌는데 그 영향으로 일본 임제종도 불전 뒤에 보암의 위패를 모시고 있다. 대마도에서는 불교도가 아니더라도 신묘神廟 사당에서 보암선사를 받들어 모셨다 한다. 승려들은 매달 6일과 20일에 보암선사 신위에 예배 송경하며 사찰의 평안을 기도한다.

보암이 신통력을 행할 때 주로 사용한 방법은 보암주를 외우는 것이었고, 병을 치료할 때에는 약초도 사용하였다. '보암주'는 보암선사가 보급한 주문이다. 주문이 길고 짧은 간단한 소리로 조합 되어 있는데, 벌레나 동물 소리와 비슷하여 동물과 소통하는 언어라고도 한다. 매우 신비한 효능이 있는 것으로 여겨져 지금까지도 중국, 홍콩, 대만의 불자들 사이에 유행하고 있다.

보암선사 재세시에 보암주는 평안을 기원하는 등의 의미 외에, 심지어 모기, 해충 등을 구제하는 데에도 사용되었다. 보암주[37]는 가장 자비로운

---

37 '보암주'는 단지 유명한 불교 주문의 하나일 뿐 아니라, 동시에 古琴의 유명한 曲目으로, 근대의 유명한 古琴 연주가인 溥雪齋는 보암주 연주의 대표적 인물이다.

방법으로 벌레나 모기, 쥐 등을 쫓아낼 수 있으며, 가장 간단하고 가벼운 방식으로 흉사를 피할 수 있다고 한다.[38] 이는 보암선사가 중생을 향한 절절한 자비심을 바탕으로 팔지보살八地菩薩의 과위에 올랐기에 그러한 주술이 가능했을 것[39]이라 한다.

그는 『능엄주楞嚴咒』 독송을 제창하였으며 『선문일송禪門日誦』을 필독 주어咒語의 하나로 하였다. 보암선사의 신이성으로 말미암아 절강성 · 강서성 등지의 도사들은 보암선사를 '보암교주普庵教主', '보암파普庵派(普唵派)'라 부른다. 그런 이유로 보암선사는 비구상은 물론 도사상 · 장군상 · 제왕상 등의 여러 모습으로 구현된다.

어업이나 해양운송업에 종사하는 사람들은 보암이 해신海神의 공능을 가지고 있다고 여기고 늘 선박에 보암선사 신위를 모시고 다니며 무사고를 기원한다. 해신으로서의 상은 보통 짧은 옷을 입고 모자를 쓴 어부의 모습으로 조성된다.

민간에서는 홍색, 황색의 종이에 '보암도차백무금기普庵到此百無禁忌'라는 여덟 글자를 적어 보암선사의 사당에서 태우면 재액을 물리칠 수 있다고 한다. 또한 그것을 집안에 붙이거나 몸에 휴대하면 좋은 일이 생기고 나쁜 것은 쫓을 수 있다고 한다. 보다 간편한 방법은 금기를 깼을 때 마음 속으로 보암선사의 법상法相을 관상하면서 세 번을 연속하여 '보암도차백무금기'를 외우면 일이 해결된다고도 한다.

---

38 보통 이 주의 효능으로 普安十方 · 驅除蟲蟻 · 蚊蚋不生 · 消災解厄 · 鎭煞安胎 · 驅邪除穢 · 逢凶化吉 · 風調雨順 · 五穀豐登 · 六畜繁殖 · 萬事如意의 10 가지가 있다고 한다.
39 '八地菩薩以上乃可自說咒語', 『楞嚴經』卷6, 『大正藏』第19冊, p.129下

2) 정광지탑대덕혜경선사定光之塔大德惠慶禪師

보암의 도제 중 사대부 출신의 화광和光 선사의 활동으로 인해 보암주
는 조정의 관심을 받게 되었다. 원의 사료에 의하면 보암은 백성을 위해
여러 차례 재난과 병을 물리치고('禳災去病'), 가뭄을 구제하고 홍수를 막
는('救旱抗洪') 등의 이적을 보인 공로로 송대부터 원대에 이르기까지 여
러 차례 추가적으로 봉호를 받았다. 남송대인 1237년에는 기우제의 공으
로 '적감선사寂感禪師'에 봉해졌으며, 1250년에는 가뭄을 해결한 공으로
'묘제선사妙濟禪師'로, 이어 전염병을 없앤 공('禳疫')으로 '진각선사真覺禪師'
에 봉해졌다. 1268년에는 '소사선사昭賜禪師'가 가봉되었다.

충선왕이 활동하던 시기에도 보암은 여러 차례 가봉되었다. 『보조영험
기普祖靈驗記』에 의하면 성종은 1300년에 그를 '대덕大德'(혹은 '禪師')으로
봉[40]하였다. 1302년에 희릉希陵(1247~1322년)이 찬한 「원중건대자화선사
기元重建大慈化禪寺記」에 그 내용이 전한다.

> 慈化禪寺(중략) … 宋理宗・度宗兩朝慕悼 恩諡四褒 沛慈澤於閩湘
> 播德風於漢蜀者遠矣. (至元)壬辰(29, 1292년)之春 寺罹烈燧 根椽片
> 瓦 蕩而不留. 雖齔齒齠童 過必興嘆 豈非數乎. 由是府郡僚庶諸山禪
> 德 僉以南源正叟禪師紹忠 神機密旋 智理幽照 宗惟嫡裔 請任寺權

---

40 『普祖靈驗記』冊1, 「普庵禪師靈異事蹟」, p.52, 「感恩寵異」, '大德四年, 明照昱禪師
(1254~1340년)請於有司縣路僧司帖, 呈於行宣政院僧妙先 智汪入京, 次第以聞, 上嘉師靈
著加封大德'

重振頹綱 載興寺宇. 爰有上足明照大師慈昱 慧照縱明(중략)…圖復

梵規 庚子之春(1300년) 又罹煨燼 躬勤奮鍾 匪懈經營(중략)…僧堂

內外 畢新後先俱備(중략)…述稱祖德 聞奏天廷 追諡「大德」禪師 餘

封如故 至寺之日 道俗萬數(후략).[41]

희릉은 위앙종 승려로 강서성 앙산 서은사栖隱寺에서 주석하였다. 희릉
에 의하면 자화사는 송대에 창건되었으나 원 세조 대에 이미 불타 없어
졌다고 한다. 후에 희릉의 동문인 소충紹忠[42]이 중건하였고, 8년 후 다시
화재를 만나 명조자욱明照慈昱이 재건하였다.

이어 희릉은 보암의 가봉을 청하고자 상주하였고, 성종과 무종은 모두
보암선사를 위한 치제문[43]을 남겼다. 즉 성종은 1305년에 「총관부봉조치
제문總管府奉詔致祭文」을, 1309년과 1311년에 「봉조치제문奉詔致祭文」을 써서
보암에 대한 존숭을 표현하였다.

1311년 봄에 무종이 사망하고 인종이 즉위하였다. 충선왕은 1312년에
인종에게 상주하여 보암의 치제에서 '정광지탑대덕혜경선사定光之塔大德惠
慶禪師'[44]라는 봉호를 받게 하였다.

원에서는 대장경 사경이 매우 유행하였기에 고려의 초경승抄經僧들은
빈번히 원에 들어가서 활동하였다. 충선왕도 대도에 있는 동안, 원의 여

---

41 希陵 撰, 「元重建大慈化禪寺記」, 『敕賜南泉宗譜』冊1, pp.1~2.
42 희릉은 「元重建大慈化禪寺記」에서 처음 중건한 소충을 '南源山廣利萬安禪寺主持·慈化
    二十一代宣授賜紫衣加封南源宗主神悟圓通大師正叟紹忠'이라 기록하였다. 希陵 撰, 「元
    重建大慈化禪寺記」, 『敕賜南泉宗譜』冊1, p.3.
43 '致祭'란 임금이 제물과 제문을 보내어 죽은 신하를 제사 지내던 일을 말한다.
44 「感雨靈異」, 『普祖靈驗記』冊1, p.52.

러 사원에 대장경을 영인하여 보내었다. 1305년에는 대도의 대경수사大慶壽寺에 1부部를 보냈다.[45]

1312년에는 항주 혜인사惠因寺 등에 보낼 50부를 조인하고, 금전을 내어 사원을 수리하고 토지를 보시하였다. 인종은 1318년에 충선왕의 청으로 혜인사를 위한 호지조서護持詔書를 발포하였다.[46]

『영험기靈驗記』에 수록된 「심왕사경균지瀋王賜經鈞旨」에 의하면 1313년에 인종은 충선왕에게 균지鈞旨를 내려 대장경을 인쇄하여 명찰에 배포하게 하였다. 왕장은 '황명을 받들어 특별히 대승전장경문大乘全藏經文을 조인해서 명산 범찰에 보시하여, 널리 인천人天을 이롭게 하였다'고 한다.[47] 이해는 바로 왕장이 인종에게 보암의 가봉을 추천한 1년 후이다.

1312년에 충선왕(大尉 瀋王)이 인종에게 상주하여 보암에게 「가봉정광지탑대덕혜경선사칙加封定光之塔大德惠慶禪師敕」[48]을 내리고 '혜경선사'로 가봉할 것을 주청한 「칭작의춘현이문稱作宜春縣移文」에는 '준차황경원년准此皇慶元年'이라는 낙관이 있으며 보암의 전기를 전하는 내용이 있다.

皇帝聖旨裏袁州路宜春縣　承奉總管府指揮該承江西等處　行中書省箚付該准宣政院　咨據袁州路南泉山大慈化禪寺僧屬妙琇狀呈：本寺開山普庵祖師菩薩　生於宋政和乙未年(1115)　自幼出家　穎悟絶倫

45 (元) 程文海, 『雪樓集』卷18, 「大慶壽寺大藏經碑」, 四部叢刊初編本. ; 경수사는 무종 즉위 후 충선왕이 부친 충렬왕을 모신 곳이기도 하다.
46 陳高華, 「杭州惠因寺的元代白話碑」, 『浙江社會科學』, 2007年 第1期, p.172.
47 「瀋王賜經文全藏鈞旨」, 『普祖靈驗記』冊1, 「封諡」, p.14, '瀋王鈞旨特印造大乘全藏經文, 散施名山梵刹, 廣利人天, 今將經文一全藏捨入袁州路南泉山大慈化禪寺, 永鎭山門'
48 『普祖靈驗記』卷一, 江西省宜春市袁州區檔案館藏, 袁州慈化寺重刊, 2015年, pp.11~14.

爲僧受具足受戒 講究經論 悟華嚴妙旨 牧庵禪機 宏道演法 濟物度
人 如佛在世. 脇下不至席十有二年. 戒行淸高 名德昭著遠近. 歲時每
遇水旱災難疾病 凡有祈禱 隨心感應 官民敬仰 道德廣彰. 紹興癸酉
(1153)創始住持慈化 至今一百六十餘年. 靈應功行 事蹟載諸書誌 碑
墨現存 自宋四次襃封 光寶塔寂感妙濟眞覺昭覬禪師. 大德四年
(1300)欽奉聖旨封諡大德禪師. 皇慶元年(1312)三月初二大尉藩王奏
聞欽奉聖旨加封定光寶塔寂感妙濟眞覺昭覬大德惠慶禪師. 欽受外未
蒙行移照會 今將所受聖旨錄連在前 告乞詳狀 事得此今將聖旨全文
錄連在前 當院咨請照驗欽依施行准此省府今云云合下仰照驗欽依施
行奉此總府今合下仰云云承此本縣欽錄聖旨全文在前合下仰照驗欽
依施行須至指揮右下大慈化禪寺准此 皇慶元年九月初六日.[49]

그런데 이 보암의 전기에는 송 대의 것에는 없는 내용이 추가되어 있
다. 보암이 12년간 장좌불와의 고행을 한 것('脇下不至席十有二年')과, 그의
신도에는 관과 민이 모두 포함되어 있었다는 것('官民敬仰')이다.

앞에서 인용한 희릉의 「원중건대자화선사기」[50]에 의하면 보암신앙이
이미 이종과 도종(1264~1274년 재위) 대에 복건성, 호남성에 이어 사천성
에까지 전도되었음을 알 수 있다. 인종(1311~1320년 재위) 대에는 이미 대
도에 전해져 있었으며, 충선왕은 인종에게 열심히 보암의 가봉을 청하였
다. 또한 자화사慈化寺에 대장경을 보내어 보암에 대한 신앙을 표시하였
다.

---

49 『普祖靈驗記』卷一, 江西省宜春市袁州區檔案館藏, 袁州慈化寺重刊, 2015年, p.14.
50 '宋理宗·度宗兩朝慕悼 恩諡四襃 沛慈澤於閩湘 播德風於漢蜀者遠矣.'

그 후 보암선사는 인종 대인 1316년에 마지막[51]으로 가봉되었다.[52] 그러나 원 조정에서는 이후에도 여러 차례 자화사에 비석과 향[53]은 물론 등燈[54]·은[55]·번旛·대장경[56] 등을 내렸다.

보암의 전기는 보암이 입적한 지 143년이 지나서 작성되었다. 보암은 여러 가지의 뛰어난 신통력('水旱災難疾病 凡有祈禱 隨心感應')을 가졌으며, 그의 신앙권은 복건·호남·사천으로 확대되었다.('沛慈澤於閩湘 播德風於漢蜀') 그런데 그 무엇보다도 원대의 사료를 통해 알 수 있는 가장 중요한 사실은 원 황실에서 보암 신앙을 받아들인 것은 충선왕 왕장을 통해서였다는 것이다.

---

51 「加封定光靈瑞之塔制詞」, 『靈驗記』卷一, 江西省宜春市袁州區檔案館藏, 袁州慈化寺重刊, 2015年.
52 1300년의 '大德禪師', 1312년의 '慧慶禪師' 가봉에 이어, 보암은 명 영락연간에는 마침내 보살의 지위에 올랐다. 成祖는 보암을 "萬行圓融 六通具足 端嚴自在 變化無方 哲學悟於群迷 普利益於庶類 如溥甘霖於六合 膏澤均沾 猶現滿月於千江 光輝旁燭"이라 극찬하였고, 1420년에 「普庵至善弘仁圓通智慧寂感妙應慈濟眞覺昭眽慧慶護國宣敎大德菩薩」로 가봉하였다.
53 1316년, 總管府發 「御賜碑文帖」, 「御香帖(牒)」. ; 1332년, 「賜香」. ; 1341년, 「賜藏經御香」, 『靈驗記』卷一, 江西省宜春市袁州區檔案館藏, 袁州慈化寺重刊, 2015年.
54 1332년, 旨「賜長明燈」牒, 『靈驗記』卷一, 江西省宜春市袁州區檔案館藏, 袁州慈化寺重刊, 2015年.
55 1333년, 「賜貨銀(五十兩)寶旛等物」總管府牒, 『靈驗記』卷一, 江西省宜春市袁州區檔案館藏, 袁州慈化寺重刊, 2015年.
56 1325년, 皇太后, 「賜藏經敕」, 『靈驗記』卷一, 江西省宜春市袁州區檔案館藏, 袁州慈化寺重刊, 2015年.

4. 백련종 미타신앙

1) 백련종의 기원

충선왕의 불교행적 가운데 백련종白蓮宗과 관련한 부분도 주목할 만하다. 인종이 태자로 있을 때는 백련종 신앙이 무종에 의해 금지되었음에도 불구하고, 충선왕은 백련종의 주요 인물을 태자에게 소개 하였다. 나아가 인종의 즉위 후에는 황제에게 청하여 백련종 신앙을 해금하였기 때문이다.

백련종은 동진東晉의 승려 혜원慧遠의 정토종 염불결사 전통에서 비롯되었다. 혜원은 402년에 여산廬山 동림사東林寺에서 백련사白蓮社를 창립하여, 123명의 승속이 함께 염불삼매念佛三昧를 정수精修하고 미타정토에 왕생할 것을 염원하였다.

그 후 당대에 이르러 선도善導·법조法照·소강少康 등이 혜원을 이어 정토도량을 창건하고 염불하며 정업을 닦았다. 송대에는 더욱 성[57]하여 정토종뿐 아니라 선종·천태종·화엄종·율종 등의 대덕들도 분분이 염불결사 행렬에 동참하였다.

백련종은 송대에 시작되어 원대에 성행하였는데, 사회 하층민인 농공상인에게 전교하는 것을 주요사명으로 하였다. 또한 남녀가 함께 수행('男女同修')하였고, 승려뿐 아니라 '백의白衣'로 표현되는 재가자들도 주지

---

57 이런 현상에 대해 율종과 정토종 석덕인 靈芝元照 대사는 "近世宗師 公心無黨者 率用此法(즉 염불결사의 法) 誨誘其徒 由是在處立殿造像 結社建會 無豪財無少長 莫不歸誠淨土. 若觀想若持名 若禮誦若齋戒 至有見光華睹相好 生身流於舍利 垂終感於善相者 不可勝數. 淨業之盛 往古無以加焉."이라 서술하였다.

를 맡을 수 있었다.

한편 백련종의 활동은 사대부 내지 조정의 적극적인 지지를 받았다. 예를 들면 재상 왕단王旦은 직접 사수社首가 되어 활동 하였고, 당시의 많은 영재 거유들도 염불결사에 참여하여, 스스로를 '정행사제자淨行社弟子'라 불렀다.

천태종 사명지례四明知禮의 법사法嗣인 동액산東掖山 승천사承天寺 신조본여神照本如 법사도 '여산의 풍을 사모하여 승상 등과 백련사를 결성'('慕廬山之風 乃與丞相章郇公諸賢結白蓮社')하여 염불결사를 근수勤修하였다. 6~7년 후 승천사는 거찰이 되었고, 송 인종이 그 도를 흠모하여 특별히 '白蓮'이라 쓴 편액을 하사하였다. 그러자 당시의 고위 관리나 명사들이 결사에 많이 참여하였다.

남송 대에는 염불결사가 더욱 성행하였는데, 결사가 사원뿐 아니라 민간의 집에서도 진행되었다. 또한 염불사念佛社의 발기자와 주지자主持者 가운데 재가신자가 적지 않았다. 이 두 가지는 백련사의 특징으로, 백련종은 이런 사회상에서 생산되었다.

2) 자조자원慈照子元의 창시

백련종은 남송의 승려 자조자원慈照子元이 창시하였다. 『여산연종보감廬山蓮宗寶鑒』·『불조통기佛祖統紀』 등에 의하면 자원의 속성은 모茅이고, 남송 오군吳郡(현 江蘇省) 곤산昆山 사람이다. 첫 이름은 '불래佛來', 호는 '만사휴萬事休'이다.

어려서 부모를 잃고 소년시절에 연상사延祥寺로 가서 『법화경』을 공부하였다. 19세에 낙발하고 지관선법止觀禪法을 학습하였다. 후에 고소姑蘇(吳縣)의 북선정범北禪淨梵에게 천태교관을 배웠다.

자원은 39세 무렵에 참선 중 까마귀 소리를 듣고 개오하여 오도송을 지었다.[58] 이때 생긴 이타심으로 말미암아 인연 있는 중생에게 '본성의 미타彌陀를 보고 유심唯心의 정토에 이르러 널리 보리(菩提)의 오묘한 진리를 깨닫게' 하고자 하였다. 또 그것을 위해 '보각묘도普覺妙道'를 정명定名의 종宗으로 삼았다.

자조는 동진의 혜원을 앙모하여 초조로 존숭하고 백련사 유풍으로 삼았다. 그는 사람들에게 삼보에 귀의하고 오계를 수지할 것을 권하였다. 1133년에 전산호澱山湖에 백련참당白蓮懺堂을 창립하고 『백련신조참의白蓮晨朝懺儀』를 편성하였다. 백련참당은 정토종의 일파로 '백련종'이라 하며 모자원은 자신을 '백련도사白蓮導師', '백련사전인白蓮社傳人'이라 하였다. 사람들은 그를 '모상사茅上師'라 불렀으며 그 무리들을 '백련채인白蓮菜人', 혹은 '여모려채茹茅藜菜'라 하였다.

그들의 생활은 결혼하고 자식을 낳는 등 일반인과 다름없었고, 남녀가 함께 수행하였으며 하층민의 광범위한 지지를 받았다. 정토교의를 재해석해서 ① 삼보에 귀의하고 ② 5계를 지키며, ③ 채식염불(茹素念佛)하고 ④ 아미타불을 염하며 '정오근淨五根'·'득오력得五力'·'출오탁出五濁' 하여, 모두 서방정토에 왕생하게 될 것을 기원하였다.[59]

---

58 "二十餘年紙上尋 尋來尋去轉沉 吟 ; 忽然聽得慈鴉叫 始信從前錯用心"
59 普渡, 『蓮宗寶鑑』, "大地의 중생으로 하여금 본성의 彌陀를 보고 唯心의 淨土에 이르러 널리 菩提의 오묘한 진리를 깨닫게 하려고 했으며, 그래서 普覺妙道의 네 글자를 定名의 宗으로 삼았다." "대지의 중생은 正信(불교 교리)을 일으켜 正行(왕생극락을 위한 염불공덕)을 닦고 正願(서방정토에 가서 아미타불을 만날 것을 기원)을 지니고 있지 않으면 안 된다." "정토에 왕생하는 진정한 길을 깨닫지 못하고, 염불을 해서 병을 물리치려 하고, 어려움이

그런데 백련종은 얼마 후에 관에 의해 '식채사마食菜事魔'라는 죄명을 받고 신앙하는 것이 금지되었다. 모자원은 1131년에 강주江州(江西 九江)로 유배되었으며 백련종은 이때부터 비밀리에 전교하였다. 그러나 자원은 『서행집西行集』을 찬하고 '역순경중미상동념逆順境中未嘗動念'이라 하며 여러 곳으로 권화勸化하였다.

모자원은 1133년에 사면되었으며, 1166년에 황제가 그를 황궁으로 불러 정토법문을 듣고 '권수정업연종도사자조종주勸修淨業蓮宗導師慈照宗主'라는 호를 내렸다. 그 해 3월 23일에 입적하였다. 자원의 저술로는 『연종신조참의蓮宗晨朝懺儀』・『원융사토삼관선불도圓融四土三觀選佛圖』・『정토십문고계淨土十門告誡』・『불념오성佛念五聲』・『미타절요彌陀節要』・『법화백심法華百心』・『증도가證道歌』・『풍월집風月集』・『권인발원게勸人發願偈』 등이 있다. 후에 소모사려小茅闍黎가 신도를 규합하여 부흥시키려 하였으나 그의 견해가 자원에만 미치지 못하였다 한다.[60]

그런데 당시 백련종에 대한 사회적 인식이 부정적이었던 데에는 명교明教의 영향도 있었다. 즉 6~7세기에 페르시아(波斯) 사람인 마니摩尼가 고대 페르시아의 조로아스터교(襖敎)와 기독교, 불교사상을 융합하여 마니교를 만들었다.

그것이 신장(新疆)과 위구르(回紇) 등으로 전파되었고, 768년에 위구르의 요청에 응하여 강소성, 안휘성 등지에 마니사摩尼寺가 건립되었다. 당

닥치면 神과 祖上을 부르고 紙錢을 태우고 살생을 해서 祭祀를 지내는 어리석은 자들은 결국 부처의 보호를 받지 못하고 지옥에 떨어질 것이다."
60 『釋門正統』,「斥僞志」.

무종의 훼불 시에 마니교도 박해를 받아 지하로 들어갔는데, 그 후 마니교는 도교 및 민간신앙을 흡수하여 명교라 개칭하였다.

그런데 북송 말부터 절강·강서·안휘 지역의 명교도들이 자주 말썽을 일으켰다. 이런 상황 하에서 어떤 사람들은 남녀가 같은 공간에서 함께 수행을 하고, 재가자(白衣)가 사찰의 주지를 맡는 백련종을 이상한 종교로 생각하였다. 관에서는 그들이 '채식하며 마를 섬긴다'('吃菜事魔')고, '사마事魔' 혹은 '마교魔教'라며 관에 고발하고 활동을 금지시켰던 것이다.

백련종은 자원의 사후에 대처승들이 각지로 퍼지면서, 마니교의 전통을 받아들인 남녀가 함께 밤에 모여 새벽까지 수행하는 사교적인 모습('夜聚曉散'), 불교 교리의 곡해, 승려의 독신 부정, 예언과 길흉화복을 점치는 행위 등으로 인해 부정적 인식을 받게 되었다. 이후 백련종은 순수한 신앙결사에서 점차 미륵하생, 명왕출세明王出世 같은 적극적인 현실 참여적 요소들이 결합하면서 전혀 새로운 형태의 민간종교로 변질되었다.

천태학승인 양저종감良渚宗鑑은 자원이 천태종을 모방('依仿天台')하여 『연종신조참의蓮宗晨朝懺儀』를 지었다고 비난하였다. 대석지반大石志磐도 백련종을 배척[61]하였고 그들을 '백련이라 부르며 망령되게 조사에 기탁한다.'[62]며 꾸짖었다. 두 사람 모두 자원이 자운의 가르침을 모방했다며 백련교도들을 비판하였던 것이다.

참법은 업장을 소멸하는 중요 의식의 하나인데, 특히 송대는 참법의 전성시대로, 천태종 거장 자운준식慈雲遵式(964~1032년)이 그 집대성자이

---

61 '撮略慈雲七懺 別爲一本 不識依何行法'(자운의 참법의 요약본)
62 '愚夫愚婦轉相証誘 聚落田裏 皆樂其妄'

다. 자운은 '백본참주百本懺主', '자운참주慈雲懺主'라고도 불렸으며, 정토 염불 참의를 정리하여 『대미타참의大彌陀懺儀』・『소미타참의小彌陀懺儀』・『청관음소복독해참의請觀音消伏毒害懺儀』・『왕생정토참원의往生淨土懺願儀』・『금광명삼매의金光明三昧儀』・『왕생정토결의행원이문往生淨土決疑行願二門』 등을 찬집하였다.

자운은 천태산・동액산東掖山・소경사昭慶寺(杭州)・개원사開元寺(蘇州)・천축사天竺寺・수창사壽昌寺 등에서 큰 법석을 열고 강경수참講經修懺하였는데 따르는 사람이 천명을 넘었다.

자원은 천태종 출신이었기에 자연히 그런 자운의 가르침을 잘 알고 있었을 것이다. 자원은 재가자를 위해 자운의 『왕생정토결의행원이문』을 참조하여 참법을 요약, 『연종신조참의』를 저술하였다. 자원은 이 책에서 발원문을 외우기 쉬운 시의 형태로 써서 대중화하였다.

또한 자원은 『원융사토삼관선불도』에서 천태종의 공空・가假・중中・관觀의 사상에 의거하여 불토를 과果・위位・덕德・지智로 나누어 차례차례 '범성동거토凡聖同居土'・'방편유여토方便有餘土'・'실보장엄토實報莊嚴土'・'상적광정토常寂光淨土'의 4토로 구획하고, 불상과 도형을 이용하여 4토를 형상화하였다. 또 도상 옆에 누구나 쉽게 이해할 수 있게 각종 비유와 게송을 써서 간략 명료하게 해석하였다.

원 무종은 토번 불교에는 매우 심취하였으며 충선왕을 통해 다른 종파에 대해서도 관심을 기울였는데 백련종에는 적대적이었다. 충선왕은 1308년에 도행이 높은 봉산의법사鳳山儀法師를 무종에게 알현시켰다.[63]

3) 백련종의 유행

남송의 멸망 후 원은 백련종을 적극 지지하였다. 1295년 정월에 파의破衣 화상이 성지를 받들어 여산 백련사 선법당善法堂에서 호지교법護持敎法하였다. 얼마 후 동림사 주지인 열당조음悅堂祖闇(1234~1308년) 화상이 황궁으로 가서 성종에게서 '통혜대사백련종주通慧大師白蓮宗主'라는 존호와 새서璽書, 금법의金法衣를 받았다.

성종은 또 1301년 10월, 곤산 전산호의 백련당에 어향을 내렸다.("頒降禦香金到寺") 백련당은 원초에 보광왕사普光王寺로 발전하였는데, 그곳에는 자원이 수행하던 선실이 있었다. 당시 사람들은 보광왕사와 여산 동림사 선법당을 밀접하게 연결하였다.[64]

원 황실의 적극적 장려와 자체의 확장성으로, 백련종은 성종 대에 이르자 전국에 고루 분포되어 큰 성황을 누렸다.[65] 그런데 백련종 참당의 주요 주체는 승려만이 아니었다. 흰옷을 입고 처자를 둔 이른바 '백련도인白蓮道人'도 주지가 될 수 있었다.

수많은 백련도인들은 왕왕 절에 집처럼 머무르기도 하고, 토지·원림·목축·가게 등의 자산을 축적하였다. 주지직은 자식에게로 이어져 어느 정도 세월이 흐르자 상당한 세력을 가진 이른바 '백련세가白蓮世家'가 형성되었다. 그들 중 일부는 귀족이나 세력가들과 결탁하여 보호를 받았

---

63 志磐, 『佛祖統紀』 48, 『法運通塞志』 17-15 武宗 至大 1年 참조.

64 果滿, 『廬山白蓮正宗曇華集』의 「澱山白蓮」, '澱山湖裏白蓮根 元是廬山正派分 ; 東晉一花呈瑞後 千枝萬葉遍乾坤.'

65 劉壎, 「蓮社萬緣堂記」, 『水雲村稿』, '曆都過邑無不有所謂白蓮堂者 聚徒多至千百 少不下百人 更少猶數十. 棟宇宏麗 像設嚴整 乃至與梵宮道殿匹敵 蓋誠盛矣.'

으며, 일부는 심지어 조정의 총애를 받기도 했다.

최초의 백련종 교규教規에 의하면 백련도인은 비록 결혼을 할 수는 있었으나, 진속을 초탈하고 스스로 청정을 지키며, 명리를 간파하고 집착을 내려놓을 것을 필수로 하였다.[66]

그러나 세월이 흐르며 그런 규정들은 점차 퇴색하여 수많은 백련도인들은 그 본래의 취지를 잊고 변질되었다. 한편 백련종의 융성을 틈타 일부 비양심적 무리가 등장하여 그 이름을 도용하며 재물을 편취하기도 하였다.

4) 충선왕과 백련종

충선왕이 고려왕으로 재위하던 시기에 고려 불교계는 천태종 세력의 활동이 많았다. 그런데 왕장은 천태종은 물론이고, 화엄종·선종·티베트불교와도 밀접한 관련을 가졌다. 그뿐 아니라 백련종과의 관계도 예사롭지 않았음을 알 수 있다.

왕장의 도움으로 황제로 즉위한 원 무종은 1308년에 백련종을 금지하는 명령[67]을 내렸다. 그런데 원나라의 법률서인 『대원성정국조전장大元聖政國朝典章』 권33, 「예부禮部」 6, 「백련교白蓮敎」에 의하면, 그럼에도 충선왕

---

66 『廬山白蓮正宗曇華集』의 시 『道人忍耐』 '乘勢裂開恩愛網 等閑推倒是非林. 若能於此全身現 方始蓮宗做道人.'에서 그런 분위기를 알 수 있다.
67 『元史』卷22, 「武宗紀」1, '(至大元年五月丙子), 禁白蓮社 毁其祠宇 以其人還隸民籍' ; 『元史』卷28, 「英宗紀」2, '(至治二年閏五月), 癸卯 禁白蓮佛事.'

은 그 시기에 황태자(仁宗)에게 백련종 신도인 소각귀蕭覺貴를 소개했다.[68] 그 후 인종이 즉위하며 백련종은 합법적 지위를 회복하였다. 인종은 1313년 9월에 강절행성 보은만수당報恩萬壽堂에 토지 등을 기진하였는데 이 일 역시 충선왕의 조언에 의한 것이었을 것이다.[69]

  왕장은 백련종을 깊이 신앙하였으며 신도를 소집하여 대도 사저에 아미타불상을 조성하고 그 앞에서 발원하였다. 그 사저의 법당이 '제미기덕'당이다.

  또한 『여산복교집廬山複教集』의 「고려왕개종염불발원문高麗王開宗念佛發願文」·「고려국왕권국인염불소高麗國王勸國人念佛疏」에 의하면, 왕장은 고려에도 명하여 수광사壽光寺에 백련당을 창건하게 하고, 사람들에게 염불 수행을 통해 정업을 닦도록 권하였다고 한다.[70] 그런데 수광사가 고려의 어디에 있던 사찰인지는 알 수 없다. 사찰명은 '무량수無量壽', '무량광無量光'에서 나온 것으로 보인다.

  목은 이색이 홍영통洪永通, 이무방李茂方 등과 신효사神孝寺에서 백련회白蓮會를 개최한 것으로 보아 당시 고려에서도 백련종이 유행하였음을 알

---

68 「白蓮教」, 『大元聖政國朝典章』 권33, 「禮部」6, 「長生天氣力裏 大福蔭護助裏 皇帝聖旨」, '軍官每根底 軍人每根底 城子裏 達魯花赤官人每根底 (중략) 白蓮掌教都報恩堂 在先完澤篤皇帝與了 聖旨來 潘王益知禮普化將引 簫覺貴皇帝潛邸時 分獻來 (후략).'

69 「白蓮教」, 『大元聖政國朝典章』33, 「禮部」6.

70 果滿 編, 「高麗王開宗念佛發願文」·「高麗國王勸國人念佛疏」, 『廬山複教集』卷下 참고. 『廬山複教集』은 원 백련종 승려 果滿이 상하 두 권으로 편성하였다. 원 무종이 1308년에 백련종을 금하자 廬山 東林寺 白蓮宗 善法堂의 主僧 普度가 1310년 정월에 대도로 가서, 백련종의 합법적 지위를 회복해 줄 것을 요청하였다. 다음 해에 인종이 그것을 해금하는 방을 宣政院에 붙여 고시하였다. 이 책의 상권에는 보도의 奏書 전문과 인종의 조서 및 宣政院榜文이 수록되어 있고, 하권에는 원의 관원과 불교계 고위층 승려들이 백련종의 부흥을 경하하며 쓴 찬송이 수록되어 있다. 皇慶元年(1312)의 刻本이 영인본으로 현존한다.

수 있다.[71]

충선왕과 보도우담普度優曇

남송의 승려 자조慈照가 개창한 백련종은 원대에 이르러 교단이 더욱 흥성하였고, 그 영향은 고려와 일본에도 미쳤다. 그런데 원대에 명칭이 비슷한 백련교가 있었는데 그것은 정치조직적인 성격이 있었다. 이에 무종은 그것이 백련종과 같다고 생각하여 1308년에 연종蓮宗(백련종)을 폐하라는 조서를 내렸다. 그러자 보도普度 대사가 상경하여 백련종의 부흥을 청하였다.

보도 대사는 우담화상優曇和尚이라고도 하는데 속성은 장蔣이고, 단양인丹陽人이다. 소년기에 여산 동림사에 출가하여 처음에는 용화보산龍華寶山 혜선사慧禪師에게 참학하고 제방의 대덕을 찾아 참학한 후 정토에 전심하였다. 보도는 1305년부터 동림사 백련종 선법당에 머물며 염불삼매를 닦았다.

그런데 무종이 연종을 금지하는 명을 내리자 보도는 불전에 연종의 회복을 비는 대 서원을 세우고, 연종 대덕들의 염불 의행懿行을 모아 『여산연종보감廬山蓮宗寶鑑』(10권)을 편성하였다.[72] 이어 보도는 천동산天童山 동암東巖 원응일圓應日 선사 같은 대덕들의 천거를 받아 상경하였다.

우담은 1310년에 대도로 가서 「상백련종서上白蓮宗書」라는 문장과 『여산연종보감』을 올렸다. 당시의 관정국사灌頂國師가 그것을 무종에게 바치

---

71 『고려사』 15, 『열전』 「이색」.
72 보도는 『廬山蓮宗寶鑑』을 통해 자원의 교의를 현창하였고, 당시 彰德의 주신보朱愼寶, 廣西의 고선도高仙道 등이 附托한 백련종의 異說을 파척하였다.

자 황제는 보도를 매우 칭찬하며 책을 간행하게 하였다.

그리고 무종의 성지를 받아 백련종의 부흥운동이 진행되었고 마침내 선정원의 인가를 받았다. 이후 일반적으로 조정의 인가를 받은 백련종을 정통이라 하고 다른 것을 사종邪宗이라 부르게 되었다.[73]

보도는 1312년에 서판書板을 조성雕成하고 다시 연종의 복권을 청하는 상서를 올려 허락을 받았고 나아가 황제는 그에게 '호계존자虎溪尊者'라는 호를 하사하였다. 보도는 『여산연종보감』을 통해 염불정론설念佛正論說을 세우고, 연종의 수행 법문을 명확히 구분하였다. 근대에 이르러 일본에서 정토 법문을 '정토종淨土宗'이라 부르자 중국에서도 점차 연종을 정토종으로 부르게 되었다.

당시 고려국왕 왕장은 대도의 예화상禮和尚에게 가서 「優曇現瑞『寶鑑』開明」을 보고 염불 개종에 앞장섰다. 또 일본승 징원澄圓은 1317년에 여산 동림사로 가서 보도 대사에게서 정토교를 배우고, 귀국 후 욱련사旭蓮社를 창건하여 여산 염불의 풍을 일본 정토종에 도입하였다.[74]

---

73 明·果滿編, 『廬山復教集』.
74 澄円(1290~1372년)은 淨円·智演이라고도 한다. 9세에 東大寺 円雅에게 출가하여 화엄·三論·唯識·俱舍 등을 배웠다. 叡山으로 가서 承遍·觀豪에게 천태를 익혔다. 1317년에 원으로 가서 여산 東林寺에서 普度에게 禪淨双修하고, 1321년에 廬山 慧遠의 蓮華爐 등을 가지고 귀국하였다. 1324년에 天皇에게 주청하여 堺에 廬山白蓮社를 모방하여 旭蓮社 大阿弥陀寺를 창건하고 般舟三昧를 닦았다. 1342년에 전염병이 만연하자 光明天皇의 명으로 禳災하여 그 공으로 菩薩号 및 扶桑廬山의 宸額을 받았다. 저술로 『夢中松風論』(10권), 『淨土十勝箋節論』(14권), 『淨土十勝論輔助義』(4권), 『獅子伏象論』(6권) 등의 저술이 있다. 三田全信, 『改訂增補 淨土宗史の諸研究』(山喜房仏書林、一九八〇) 『新纂淨土宗大辭典』 참고

5. 제미기덕당

1) 제미기덕당의 성격

『원사』와 『고려사』 및 여원 문인들의 문집을 통해 알 수 있듯이, 제미기덕당은 충선왕의 학문연구와 교류 장소인 만권당과 달리 충선왕의 수행과 예불의 공간이었다.[75]

이제현은 근 12년간 충선왕을 측근에서 모신 인연으로 『고려사』, 「유원증돈신명의보절정량제미익순공신有元贈敦信明義保節貞亮濟美翊順功臣·태사太師·개부의동삼사開府儀同三司·상서우승상尚書右丞相·상주국충헌왕세가上柱國忠憲王世家」(이하 「충헌왕세가」로 칭함)를 썼다. 그 중에는 황제로부터 '제미기덕濟美基德'이라는 당명을 하사 받았다는 내용이 있다.[76] 또 '제미濟美'라는 용어는 충선왕의 증조부인 고종에게 내린 시호에도 보인다.

'왕이 두 왕위를 사양하고 서울의 저택에 머물면서 병을 칭탁하고

---

75 김도영, 「萬卷堂과 濟美基德堂에 대한 재검토」, 『역사학보』, 2011. ; 이개석, 「『고려사』 원종·충렬왕·충선왕세가 중원조관계기사의 주석연구」, 『동양사학연구』 88, 2004. ; 劉中玉, 「萬卷堂、濟美基德堂考辨」, 『전북사학』, 전북사학회, 2008, vol., no.32, pp.139~153.

76 『益齋集』 卷9上, '大德十一年(1307), 王 (王璋) 與丞相達罕等定策 奉仁宗掃內難 以迎武宗 功爲第一 封沈陽王·推忠揆義協謀佐運功臣·駙馬都尉 勳上柱國 階開府儀同三司 寵眷無出右者. 仁宗爲皇太子 王爲太子太師. 一時名士姚燧·蕭𤫩𩰚·閻複·洪革·趙孟頫·元明善·張養浩輩 多所推轂 以備宮官. ……皇慶癸醜(1313), 遜王位於世子江陵君 諱燾 一名阿剌試實裏 尙英王女 又尙魏王二女. 王有兄曰江陽君滋 以非公主子 不得立. 有子三人 王愛撫如所生 取第二子養之宮中 名暠 一名完澤禿. 令襲爵爲沈王 尙梁王女. 王旣謝兩王位 留京師邸 稱病不朝 請所居堂名濟美基德 痛掃漑 閉戶焚香 競日危坐 飮酒至多 平居不進一杯 廐中唯飼一馬. 聲色之娛·鷹狗之玩 不萌於心 惟酷嗜浮屠法. 舍本國舊宮(指壽寧宮 爲追思其母後齊國大長公主)爲旻天寺 極土木之功. 範銅作佛三千餘軀 泥金銀 寫經二藏 黑本五十餘藏. 邀番僧譯經受戒 歲五虛月. 人或以爲言 好之彌篤.'

朝請을 받지 않았다. 거처하는 집을 濟美基德堂이라 이름하고서 깨끗하게 소제하고 문을 닫고 향을 불사르며 (중략) 오직 부도법을 몹시 즐겨 (후략).[77]

'(전략) 이에 上爵을 추숭하고 가명嘉名을 주노니 영혼이 아는 바 있으면 특별한 대우를 흠향할지어다. 敦信明義保節貞亮濟美翊順功臣開府儀同三司尙書右丞相上柱國高麗國王諡忠憲을 추증하노라.'[78]

또 『左傳』, 「文公18년」조, 당 사공도의 비문에서도 '濟美'라는 용어[79]를 찾을 수 있다.

그런데 1316년 이전에 이미 수행 공간이 있었다는 것은 관련자의 글을 통해 알 수 있다. 「충헌왕세가」에서는 충선왕이 고려와 심양의 두 왕위를 사양한 후 칭병하며 조정에 나가지 않고 황제에게 당명을 청하였다고 한다. 왕장이 고려왕을 양위한 것은 1313년 3월로, 세자 왕도王燾를 인종에게 데려가 그에게 양위하게 해 줄 것을 청하였다.[80] 동시에 왕호王暠를 심왕 세자로 삼게 해 줄 것을 청하여 4월 병자일에 비준을 받았다.[81]

---

77 『益齋亂稿』 권9상, 세가.
78 『益齋亂稿』 권9상, 세가.
79 『左傳』, 「文公18년」, '世濟其美 不隕其名 指繼承先人志業 發揚光大.' ; 唐, 司空圖, 「故鹽州防禦使王縱追逃碑」, '代爲著姓 人不乏賢 或濟美于參墟 或炳靈于沂水'
80 1310년에도 양위하려 하였으나 신하들의 반대로 무산되었다. 『고려사』 권33, 「세가」33, 忠宣王 2년(1310) 경술년 봄 정월 참조.
81 『元史』 권24, '(皇慶二年四月) 丙子 高麗王辭位 以其世子王燾爲征東行中書省左丞相·上柱國 封高麗國王', 中華書局, 1976, p.556. ; 『고려사』 권34, p.527上, '忠宣王五年(1313) 三月 以長子江陵大君(王燾)見於帝 請傳位 帝乃策燾爲王. 是時 朝廷欲王歸國 王無以

1316년(延祐 3) 3월에는 심왕위도 왕호에게 넘기고 스스로 태위왕太尉王이라 칭하였다.[82] 당명은 바로 그 무렵에 받았던 것이다.

이제현은 왕장이 두 왕위를 사임하고 인종에게서 당명을 받은 후, 종일 향을 피우고 앉아 있었다고 한다. 이제현은 다시 개경의 수녕궁을 사찰로 바꾼 것('舍本國舊宮 (壽寧宮) 爲旻天寺')을 언급하였다. 『고려사』에 의하면 왕장이 수녕궁을 민천사로 만든 것은 1309년 7월 갑진일이고,[83] 그 후 다시 1312년 8월과 1313년 정월에, 이 사찰을 위하여 사경을 하고 동으로 불상을 제조하였다.[84]

한편 정거부程鉅夫의 「대경수사대장경비기大慶壽寺大藏經碑記」에 의하면[85] 정거부가 1312년에 왕장의 사저에 갔을 때 장엄한 불사를 하는 것을 보았는데, 그가 말한 '소도지실所到之室'은 바로 왕장의 '참불지당參佛之堂'임을 알 수 있다. 즉 제미기덕당이라는 당명을 받기 이전에 이미 그 역할을 하는 공간이 있었던 것이다.

爲辭 乃遜其位. 又以侄延安君暠爲世子. 王嘗封沈王 故時稱沈王. 忠肅王元年(1314), 帝命王留京師. 王構萬卷堂於燕邸 招致大儒閻復・姚燧・趙孟頫・虞集等與之從遊 以考究自娛.'

82 『고려사』 권34. ; 『元史』 권25, 「仁宗」二, 中華書局, 1976, p.572.

83 『고려사』 권33.

84 『고려사』 권34.

85 程文海, 「大慶壽寺大藏經碑」, 『楚國文獻公雪樓程先生文集』, 『景刊洪武本程雪樓集』 卷18, 陶氏涉園本, '高句麗古稱詩書禮儀之邦 奉佛尤謹. 皇元之有天下 聞風來附 世祖皇帝結之恩 待之禮 亦最優異. 父子繼王 並列貳館. 今王(즉 王璋)以聰明忠孝爲皇帝・皇太后所親幸 大德乙巳(1305년) 乃施一藏入大慶壽寺 歸美以報於上. 寺爲裕皇(眞金太子)祝釐之所 於京城諸刹爲最古 皇慶元年 夏六月 (王)謂某爲文以勒於石. 『傳』曰 : 知之者不如好之者 好之者不如樂之者. 王之於佛法 知之者與好而樂之者與 ! 是日 天新雨. 王延至其邸 始入 諸僧列坐 梵唄之聲洋洋滿庭. 複至一室 門闥(宮門)靜深 窗戶無塵 花木芳潤. 王親肅客戶外 入就席 言論恂雅 禮儀歡決. 一僧隅坐轉法華 每擧一佛名・一菩薩號 王必以手加額而致敬焉. 王遂與客語 意未嘗不在經也.'

정거부의 비문에는 사저에서의 봉불행사가 묘사되어 있다. 깨끗하게 청소가 되고 각종 꽃나무가 그득한 충선왕의 사저에는 많은 승려들이 줄지어 앉아 범패를 울리고 『법화경』을 독송하였다 한다.[86]

조맹부가 1311년에 충선왕에게 보낸 「유별심왕留別沈王」이라는 시[87]에서도 이미 왕의 사저에 예불을 위한 공간이 있었음을 알려준다. 한편 이 시를 통해 왕장과 원의 문인들과의 교류 형세나 그들 간의 돈독한 정을 느낄 수 있다.

珍重王門晚受知 一年長恨曳裾遲 分甌共酌人參飲 臨砌同看芍藥枝

華屋焚香凝燕寢　畫屛摘句寫烏絲　吳船此日江南去　采盡蘋花有所

思.[88]

대도에 오기 전 조맹부는 화를 피하기 위해 계속 먼 곳에 가서 은둔[89]하다가 1310년, 57세에 대도로 왔다.[90] 위 시에서 '예거曳裾'는 '왕이나 귀

86 程文海,「大慶壽寺大藏經碑」,『楚國文獻公雪樓程先生文集』,『景刊洪武本程雪樓集』卷18, 陶氏涉園本, '王延至其邸 始入 諸僧列坐 梵唄之聲洋洋滿庭. 複至一室 門闌(宮門)靜深 窗戶無塵 花木芳潤. 王親肅客戶外 入就席 言論恂雅 禮儀歡洽. 一僧隅坐轉法華 每擧一佛名・一菩薩號 王必以手加額而致敬焉. 王遂與客語 意未嘗不在經也.' ; 張東翼,『元代高麗史資料集錄』, 서울대출판부, 1997, pp.131~132 참조.
87 조맹부,「留別沈王」,『松雪齋文集』卷5.
88 『松雪齋文集』卷5,『四部叢刊初編縮本』, 祁慶富에 의하면 이 시는 왕장과 조맹부 두 사람이 만권당에서 서로 화답하며 지은 것이라고 한다.「趙孟頫書法東傳及朝鮮松雪體書藝」, 『煙台大學學報』, 哲學社會科學版, 2003(3), pp.346~349 참고.
89 劉敏中,『中庵集』卷18, 北京圖書館藏淸抄本, '次韻答子昂見示三首', '一官何異湖中隱.'
90 『元史』卷172, '至大三年 召至京師 以翰林侍讀學士 與他學士撰定祀南郊祝文 及擬進殿名 議不合 謁告去.'

족의 집에 기식함'이라는 뜻이며, '화옥분향응연침華屋焚香凝燕寢'은 충선왕 사저의 불당을 서술하는 것이다. 이상의 예로 보아 충선왕이 집에 불당을 시설한 것은 적어도 1311년 이전의 일이고, 사명을 받은 것은 1316년이었다.

2) 당명의 의미

백련종은 아미타불을 신앙하는데, 비슷한 이름을 가진 백련교에서 원 세조 이래로 몇 차례 난을 일으켜 사회 문제화 되었다. 그러다 무종이 즉 위한 후 강서·복건 등지에서 다시 백련교도의 난이 발생하자 무종은 즉 위년인 1308년에 그것을 금지하는 명령을 내렸다.

그 후 백련종 동림사 선법당 주지 보도普度가 복교를 위해 상경하여 만 언서萬言書를 올려 해금을 청하였고, 당시의 황태자(즉 仁宗)와 국사 계빈 국공罽賓國公 비나야실리毗奈耶室利(必蘭納識裏라고도 함) 등이 나서서 중재했 다. 그러나 끝내 해금하지는 못했고, 계속 백련종과 왕래하며 친밀하였던 왕장 역시 속수무책이었다.[91]

백련종은 지대 4년 정월에 무종이 사망하고, 백련종에 동정적이던 인 종이 즉위하자, 그 해 7월에 마침내 해금되었다.[92] 이 일은 3년이나 신앙

---

91 楊訥, 「元代的白蓮教」, 『元史論叢』第二輯, pp.188～216, 中華書局, 1983年. 이 글은 원대 의 백련교에 대해 상세한 서술을 하고 있는데, 그 중 王璋과 백련교의 관계에 대해서도 논하 고 있다.
92 果滿編, 『廬山複教集』卷上, 「宣政院榜」, 民國 13年(1924年), 周氏影元刊本.

이 금지되었던 백련종도에게는 말할 것도 없이 큰 기쁨이었다. 이를 위해 보도 등은 대도에서 성대한 경축 행사를 하였고, 또한 연지회蓮池會를 설립하였다.[93]

왕장은 10월부터 대대적으로 앞장서서 염불발원문을 홍포하고 동시에 국내의 수광사壽光寺에 백련당白蓮堂을 창건하여 고려인들에게 함께 정업을 닦을 것을 권하였다.[94] 그가 백련교의 금지 해제를 경축하기 위하여 대도에 아미타불을 공봉 하는 법당을 세운 시기는 1311년 10월이다. 정거부가 목격한 것은 바로 다음 해인 1312년 6월에 열린 법회 장면이다.

불당의 당명인 '제미기덕'에 대해 ① 제미기덕濟美基德 통소개痛掃溉, ② 제미濟美 기덕통소개基德痛掃溉, ③ 제미기덕통소개濟美基德痛掃溉의 세 가지로 나누어 볼 수 있다. 우선 ③에 대해서 이개석은『중원음운中原音韻』을 바탕으로 하여, 이제현의 '폐호분향閉戶焚香, 경일궤좌競日危坐'와 정거부의「대경수사대장경비大慶壽寺大藏經碑」를 참조한 결과, '제미기덕통소개'를 '묵언 좌선한다'는 뜻의 몽골어라 하였다.[95] 그러나 현대 몽골어로 비교해 보면 그런 뜻이 나오지 않으며, 또한 서술 내용이 백련종의 특징과도 맞지 않다. 백련종은 계속 아미타불을 염하므로 일반적인 명상·참선과 다르다.

둘째, 당시 창건된 백련종 사찰에서 당호를 정할 때는 보통 불교 경전이나 혹은 유교 경전을 참고하여 관음당觀音堂·만연당萬緣堂·회선당會善堂·백련당白蓮堂·보은만수당報恩萬壽堂 등, 뜻을 감안하여 지었다. 따라서

---

93 「大都建蓮池會疏」, 果滿編, 『廬山複教集』 卷上, 『宣政院榜』, 民國 13年(1924年), 周氏 影元刊本. ; 張雲霞, 「白族村落裏的蓮池會」, 2015.
94 果滿編, 「高麗國王勸國人念佛疏」, 『廬山複教集』 卷上, 『宣政院榜』, 民國 13年(1924年), 周氏影元刊本, '爰命六和眞信之士 會於大都寓宇 恭對阿彌陀佛像前 嚴持香花敬薦而誓.'
95 이개석, 「『고려사』元宗·忠烈王·忠宣王世家 중 元朝關係記事의 註釋研究」, 『동양사학 연구』88, 2004년 9월, 동양사학회, pp.125~126.

인종이 충선왕의 청으로 이 당명을 지을 때도 '(입 다물고 앉아) 묵언 좌선한다'는 식의 당명은 어색하다. 또한 인종의 입장에서 본다면 당명을 하사하는 것은 시은汞恩의 표현이었을 가능성이 크기에 좀 더 깊은 의미를 담고 싶었을 것이다.

당호를 정하는 글자 수는 관습상 두 자가 많았으나, '보은만수報恩萬壽'당堂의 예처럼 4자도 있었다. 따라서 '제미기덕통소개濟美基德痛掃漑'이 일곱 글자는 ①의 '제미기덕濟美基德 통소개痛掃漑'로 읽는 것이 합리적이다. 즉 '제미기덕'은 당명이며, '통소개'는 하나의 어구이다. '통痛'은 '열심히 / 잘 / 매우', '소소掃'는 '제거하다 / 청소하다', '개漑'는 '(물로)씻다'는 뜻이다. 그 전거는 당나라 한유韓愈의 「藍田縣丞廳壁記」의 '水㶁㶁循除鳴 斯立痛掃漑'나, 송의 시인 정순程洵의 「靜春堂·氛埃痛掃漑」의 '氛埃痛掃漑 鄰裏謝將迎. 默坐無餘念 欣欣物自榮' 등의 예가 있다.

이상의 풀이를 감안하면 '통소개'는 '물을 뿌려 깨끗이 청소하다'라는 뜻이다. 이 말은 백련종 개산조인 동진의 혜원과 18현사賢士가 수행한 '古德遺風'과도 연관 지을 수 있다.[96] 한편 '白蓮'이라는 용어는 원공元公법사가 수행처 부근에 백련을 많이 심었는데, 그것이 청정무구한 불성을 나타낸다고 하여 생긴 이름이라고 한다.[97]

충선왕은 자신의 불당을 창건하였을 뿐 아니라 또한 국내에도 포고문을 지어 백성들에게 함께 정업을 닦을 것을 널리 권하였다. 이상으로 보

---

96 「高麗國王勸國人念佛疏」, 『廬山複敎集』卷下.
97 「上白蓮宗書」, 『廬山複敎集』卷上.

아 '통소개'는 바로 '齋心念佛'을 위한 것이었음을 알 수 있다.

정거부는 자신이 충선왕을 방문하였을 때, 왕이 한편으로는 그와 대화하면서 또 한편으로는 승려와 호응하여 송불誦佛하였다고 한다.[98] 왕은 직접 정거부에게 '의미는 경에 있지 않다(意未嘗不在經也)'[99] 하였는데 여기에서도 충선왕에게 있어 송불은 확실히 일념 전심하는 것임을 알 수 있다. 이로 인해 깨끗이 불당을 청소한다는 뜻의 '통소개痛掃漑'는 다음 구절('閉戶焚香 竟日危坐'ㆍ'聲色之娛ㆍ鷹狗之玩 不萌於心 惟酷嗜浮屠法')과도 자연스럽게 연결된다.

'제미기덕'의 '제미'는『좌전左傳』의 '세제기미世濟其美 불운기명不隕其名'에서 전거를 찾을 수 있다. 두예杜預는 '제濟'를 '성成'이라 해석하였으며, 공영달孔穎達은 소疏에서 '세제기미世濟其美 후세승전세지미後世承前世之美'라 하였다. 후세에 '세제기미'를 줄여 '제미'라 하였고, 당 사공도司空圖는 「고염주방어사왕종추술비故鹽州防禦使王縱追述碑」에서 '대위저성代爲著姓 인불핍현人不乏賢 혹제미어참허或濟美於參墟 혹병령어기수或炳靈於沂水'라 하였다.

송대의 범중엄은 「남경부학생주종도명술南京府學生朱從道名述」에서 '예이문지제미여繄爾門之濟美歟 억아공지선교여抑我公之善敎歟'[100]라 하였다. 이 전례로 보아 이 말은 '추술공행追述功行ㆍ표창미덕表彰美德ㆍ기이후세승전세지미期以後世承前世之美'의 뜻으로 쓰였음을 알 수 있다. 다른 말로 하면 '이전보다 한층 빛난다'는 의미이다.

98 '一僧隅坐轉法華 每擧一佛名ㆍ一菩薩號 王必以手加額而致敬焉.'
99 「大慶壽寺大藏經碑記」.
100『漢語大詞典』, 上海漢語大詞典出版社, 1990年, p.192.

원대에도 그 의미가 이어졌는데 그 예를 충선왕과 관련한 기술에서 찾아볼 수 있다. 무종은 충선왕의 도움으로 정권을 잡은 후 심왕에 봉하고 큰 상도 내렸다. 또한 1310년 7월 을미일에 충선왕의 3대 선조를 추은推恩하였는데 그 중 증조부인 고종(王璞)에게 '제미'라는 용어가 들어간 시호를 내렸던 것이다.[101]

같은 사례가 순제대의 어사중승 동수간董守簡에게 내린 시호에도 보인다.[102]

인종이 하사한 '제미기덕'에서 '제미'는 '후세에 전승되는 아름다움', '병병상업炳炳相業'·'극념기초克念其初 사선어계斯善於繼'라는 뜻이 된다.

'기덕基德'은 '덕기德基'라고도 하며 '덕행의 근본'이라는 뜻이다. 중국에서 도덕은 고대부터 계속 국가의 근본으로 간주되어 왔다. 동시에 신하의 행위규범을 약속하는 것으로도 사용되었다.[103] 이상으로 보아 '제미기덕'은 '명군신明君臣의 미덕을 널리 알려 드러낸다'는 뜻을 가지고 있는 것임을 알 수 있다.[104]

---

101 姚燧撰, 明劉昌輯, 『姚文公牧庵集』, 「高麗國王封曾祖父母·父母制」, 北京圖書館古籍珍本叢刊 92. 이 책은 淸代의 抄本을 影印한 것이다. 封號의 전체 명칭은 '敦信明義保節貞亮濟美翊順功臣·太師·開府儀同三司·尙書右丞相·上柱國高麗國王謐忠憲'이다. ; 『고려사』권33, 「세가」33, 忠宣王 2년(1310) 경술년 가을 7월 참조.

102 蘇天爵, 『滋溪文稿』卷12, 『董忠肅公墓志銘並序』, 陳高華·孟繁淸點校本, 中華書局, 1997年, p.192.

103 『詩經』(大雅·抑)에 처음 보이는 '溫溫恭人 維德之基'를 줄여서 '덕기'라 하였다.

104 한편 원과 티베트 불교와의 관계를 고려하면 '濟美'는 몽골어 'sain ni badaraɣulxu'의 번역어로, 'sain'은 '好', 'ni'는 3인칭 소유격, 'badaraɣulxu'는 '發揚'·'發揮'의 뜻으로도 볼 수 있다. 티베트어로는 'jigs pa med pa'로 볼 수 있다. 'jigs pa'는 '畏'·'怖'를, 'med pa'는 '無'를 뜻하는데 즉 '無畏'·'無怖'라고 한역할 수 있는 것이다. 불교에는 이른바 8怖畏·5怖畏·4怖畏 등이 있다. 한편 티베트불교를 신봉한 仁宗이 티베트어로 '濟美'를 차용하였을 수 있다. 원 황실 구성원이 거의 티베트불교를 신앙하였고, 백련종의 普度가 상경하여 해금을 청할 때 국사

충선왕의 불교신앙 **305**

한편 인종이 이러한 의미의 당명을 충선왕에게 하사한 것은 무종과 인종 두 황제의 대 고려 정책과도 연관이 있다. 무종은 요수에게 명하여 왕장의 조부(고종)에게 '제미'를 봉증封贈하게 하였고, 인종은 왕장의 청에 응해 한림원에 명하여 '제미기덕'이라는 용어를 올리게 했다. 둘 다 '제미'가 들어갔는데 사실 이 용어는 왕장의 충성에 대해 두 황제가 시은施恩하는 깊은 뜻을 포함하고 있다. 주지하듯 무종과 인종, 왕장의 관계는 특수하다. 당시 고려에는 원 성종에 의해 정동행성이 설치되었는데 무종은 이것에 반대하는 입장이었다.

> (至大元年) 夏四月 丙辰 高麗國王王 (章) 〔璋〕言 : '陛下令臣還國 複設官行征東行省事. 高麗歲數不登 百姓乏食 又數百人仰食其土 則民不勝其困 且非世祖舊制.' 帝曰 : '先請立者以卿言 今請罷亦以卿言 其准世祖舊制 速遣使往罷之.'[105]

또 입성책을 주장하던 요양행성 우승 홍중희洪重喜가 1310년 3월 기축일에 왕장이 국법을 따르지 않고 방자하다며 고소하였으나, 무종은 그를 두둔[106]하며 문제 삼지 않았다. 그러므로 한림원이 두 번이나 '제미'라는 용어를 고려왕실에 준 것은 우연이 아니며, 인종이 아미타불당의 당명으로 '제미기덕'을 하사한 것은 무종, 인종 두 황제의 왕장의 충성에 대한 시은施恩이었던 것이다.

비나야실리가 도왔던 것 등으로 보아 그 말이 티베트어일 가능성도 있다.
105 『元史』卷22, 「武宗」一, p.498.
106 『元史』卷23, 「武宗」二, p.510, '敕中書毋令辯對 令高麗王從太后之五台山.'

8

▍티베트불교와 왕장

1. 조비무고사건과 토번승

우리나라에 티베트 불교가 언제 전래되었는지 정확히는 알 수 없다. 『고려사』에 의하면 원의 토번승이 처음 고려에 온 것은 1271년, 즉 원종 12년의 일이었다.[1] 당시 왕이 직접 선의문 밖으로 나가 네 명의 토번승을 맞이한 것으로 보아 이미 그들의 방문이 예정되어 있었음을 짐작할 수 있다.

이어 충렬왕 대인 1294년 7월에 황제는 그제스파 바가스(吃折思八八哈思)를 보내어 승려를 잘 보호하라는 명을 전하였다. 바가스(八哈思)는 바

---

1 『고려사』 세가27, 元宗 12년 8월 丁巳, '蒙古 吐藩僧 四人來 王迎于宣義門外.'

가시(八哈失, BAQSI)로도 표기되며 '상사上師·국사國師·제사帝師'라는 뜻으로 티베트 승려에 대한 경칭이다. 현대어의 '老師(스승)', '노부老傅' 등에 해당된다.

그제스파는 티베트불교 승려였지만 원래 고려인이었다. 진도군 사람인데 1271년에 삼별초 토벌시 원에 포로로 갔다가 파스파 제사에게 출가하였던 것이다. 그제스파의 귀국을 맞아 충렬왕은 당시 머슴살이하던 그의 부모를 찾아 강화 교동현에 살게 하고 부역도 면해 주었다.[2]

그 다음에는 충선왕이 처음 즉위한 1298년에 왕의 초청으로 19명의 토번 승려들이 왔다. 충선왕과 공주는 그들에게 그 해에 두 차례나 계를 받았다. 당시 왕은 24세로, 이미 불교를 깊이 신앙하였던 것으로 보인다.

충선왕은 10대 중반부터 원 대도에 있으며 티베트불교를 일찍 접하였을 것이다. 충선왕의 외조부인 원 세조 쿠빌라이에 의해 티베트불교 승려 파스파가 황제의 스승이 되었고, 많은 황실 구성원이 파스파에게 수계하고 가르침을 받았기 때문이다.

티베트불교는 고려불교계에도 큰 영향을 끼쳤는데, 여기에서는 '조비무고사건'과 관련하여 그 해결과정에서 고려에 파견된 토번 승려들의 행적을 살펴본다. 아래 인용문은 모두 그 일을 기록한 『고려사』 권33, 세가 33의 충선왕조의 내용을 요약한 것이다.

> 1298년 5월 경인일. 왕의 초대를 받아 西蕃의 바가스[八哈思] 등 19명이 찾아왔다.[3]

---

2 『고려사』 권31 세가31 충렬왕4, 7월.
3 『고려사』 권33, 세가33, 충선왕1, '五月 丙戌 公主妬趙妃, 公主之乳媼, 與無賴之徒潛謀, 以

1298년 5월 병술일. 공주가 조비를 투기하자 공주의 유모가 무뢰배들과 함께 몰래 음모를 꾸미며, 공주가 왕에게서 소박을 맞았다고 (중략) 태후[4]에게 고자질 하게 했다.[5] (중략)

1298년 5월 을묘일. 왕과 공주가 서번의 승려로부터 계를 받았다.

6월 초하루 병진일. 태상왕 및 국왕과 공주가 서번의 승려에게 계를 받았다. (중략) 조인규를 국문[6]한 후 원경을 데리고 감찰사로 가서 새로 제정한 관제를 철회시켰다. (중략)

6월 임신일. 왕이 수녕궁에 행차하여 토번의 승려에게 음식을 대접하고 액운을 없애달라고 축원했다.

그들 19명 가운데 승려가 몇 명인지는 알 수 없으나, 계국대장공주가 조비를 시기하여 이른바 '조비무고사건'을 벌이기 전에 티베트 승려들이 고려에 왔던 것이다.

이 사건은 충선왕의 조비 총애에 대한 계국대장공주의 질투에서 시작되었지만, 그 해결과정을 보면 충선왕의 관제개혁을 원래 상태로 되

公主失愛, 遣闊闊不花·闊闊歹, 與大將軍金精·吳挺圭等如元, 告大后. 庚寅 西蕃八哈思等十九人來, 王所招也.'

4 원 무종과 인종의 모후인 興聖太后 다기(答己)로, 그녀는 쿵크라트(弘吉剌) 출신이며 곤두테무르(渾都帖木兒)의 딸이다. 또한 진킴(眞金)의 차남이며 성종의 형인 順宗의 후비로, 성종 사후 불루간황후와 아난다파를 제압, 자신의 아들 무종, 인종을 즉위시켰다. 무종대에서부터 영종대까지 권력을 가졌으며 충선왕과도 매우 가까웠다. 김광철, 「14세기초 원(元)의 정국동향과 충선왕의 토번(吐蕃) 유배」『한국중세사연구』3, 1996 참조.

5 충선왕은 부다시린[寶搭實憐]공주와 혼인하기 전에 여러 번 세자비를 맞아들였는데, 특히 공주는 총애를 받고 있던 조비를 질투하여 원 태후에게 무고하였다.

6 조인규의 딸인 趙妃와 그 모친이 원 공주출신 왕비인 薊國大長公主를 저주했다고 하는 사건에 대한 문초를 말한다. 이 사건에 대해서는『고려사』권89, 열전2, 후비, 「忠宣王妃傳」참조. ;『고려사절요』권22, 충렬왕 24년.

돌리려는 원 조정의 의도하에 조비의 부친 조인규를 축출하기 위한 것이었다.

충선왕은 1298년 정월에 1차 즉위하였다가 위 인용문과 같이 조비무고사건을 둘러싼 일련의 과정을 겪고는 즉위 7개월 만에 왕위를 빼앗기고 그 해 8월에 원에 강제 압송되었다. 위 기사가 충선왕과 티베트불교와의 첫 기록이다. 그 후 충선왕이 원에서 무종과 인종의 즉위를 돕고, 심왕의 직에 있을 때, 경수사에 머물던 토번승과의 기록이 있어 살펴본다.

2. 대도 경수사

1) 석사라바釋沙囉巴

석사라바釋沙囉巴(1259~1314년, bla-ma chos-rje)[7]는 대도 경수사慶壽寺의 승

---

7 皇明天台山慈雲禪寺沙門釋　如惺　撰，「譯經篇」第一(正傳一人附見二人)，「元燕都慶壽寺沙門釋沙囉巴傳一(剌溫葛迦囉思巴)」，『大明高僧傳』卷第一，「釋沙囉巴西國積寧人。總卽卽依癹思巴帝師剃染。習諸部灌頂法。又從著栗赤上師學大小乘。時有剌溫葛。善通焰曼德迦。密敎爲世所稱。投之盡得其道。所以善吐番音說諸妙法兼解諸國文字。後因迦囉思巴帝師薦於世祖。命譯中國未備顯密諸經。各若幹部。其辭旨明辯。特賜大辯廣智之號。其時僧司雖盛而風紀寢弊。官吏不能幹城遺法抗禦外侮。返爲僧害。世祖每論至此切憂之。乃選能者整維其失。故特授師爲江浙等處釋敎都總統。帝親勞送之。旣至江南盡削去煩苛務從寬大。故邇邇僧寺賴以安之。隨改統福廣。因師之氣正德莊嚴峻不倚。是以多忤同列。嘗自歎曰。天下何事耶。吾人自擾之耳。朝廷設官愈多。則天下之事愈煩。況釋敎乎。今僧之苦無他。蓋官多事煩耳。所謂十羊九牧可勝言哉。遂建言以聞。得旨盡罷諸路總統。天下快焉。師卽遁跡壟坻。築室種樹將欲終老。至大中複召至燕京。拜光祿大夫大司徒。皇太子諸王嘗問法要。詔給廩館於慶壽寺。所譯之經朝廷皆爲刊行。延祐元年十月五日示疾。賜鈔萬緡。敕太尉沈王視醫藥謝卻之。竟面佛端坐而

려로, '실라복곤초극實喇卜衰楚克', '석라복錫喇蔔'이라고도 한다. 법명 사라바를 의역하면 불지佛智이다. 서국西國의 적녕積寧 혹은 하서인河西人이라고 한다. 어려서 파스파(Hphags-pa) 제사에게 출가하여 제 부의 관정법을 익혔다. 또 저률적著栗赤 상사上師에게 대소승을 배웠다.

불지를 '진주秦州 법사'라고도 하는데 진주는 감숙성 천수天水이다. 유불에 모두 능통하였으며, 티베트어와 한문, 몽골어 등 여러 언어에 능통하였다. 그는 칙명을 받들어 중국에 전해지지 않은 티베트어 장경을 한문으로 역출하였다. 그 공으로 쿠빌라이는 특별히 그에게 '대변광지법사大辯廣智法師'라는 호를 내렸으며, 그로 인해 쿠마라지바의 후신으로도 불렸다.

석사라바는 제사의 명을 받들어 자온복剌溫蔔에게서 야만타카(焰曼德迦, Yamāntaka)의 법을 받았다. 불지는 제 묘법을 잘 설했기에 후에 원 세조에 의해 파스파의 뒤를 이어 제5대 제사가 되었다. 파스파와도 교류가 있었던 선종의 염상念尙(1282~1341년) 화상은 홍교불지삼장법사弘教佛智三藏法師인 불지에 대해 기록하였다.[8]

化。帝悼之哀賜給葬。遣使馳驛送歸故裏。建塔系曰。譯經之盛莫過於六朝盛唐鳩摩什實叉難陀輩。及入五代北宋則漸漸寢矣。況自康王渡江胡馬南飮。鸞輦馳遙淳熙之後。雖有一隙之暇。烏能於是哉。至元世祖而華夷一統。始復有譯經之命。入我國朝。洪武建元以來以三藏頗足摩睺不至故止是例。今於元史僅得此人。庶不虛此首科亦幾希矣。'

8 元 念常集,『佛祖曆代通載』(22卷), (十八 甲寅) 正月廿二日。改延祐。大赦○(十一月遣使經理江西江浙湖廣田糧)弘教佛智三藏法師入寂。公積寧氏。諱沙囉巴觀照。事上師著栗赤學佛氏法。善吐番文字。頗得秘密之要。世祖皇帝嘗受敎於帝師發思巴。詔師譯語。辭致明辨允愜聖衷。詔賜大辯廣智法師。河西之人。尊其道而不敢名。止稱其氏。至呼其子弟皆以此積寧法師家。其爲見重如此。公昆弟四人。公其季也。總丱之歲。依帝師發思巴剃染爲僧。學諸部灌頂之法。時有上士名剌溫蔔。以焰曼德迦密乘之要。見稱於世。帝師命公往學此法。溫蔔以公器偉識高非流輩比。悉以秘要授之。於是王公大人凡有志茲道者皆於公師而受焉。帝師迦囉思巴幹卽哩。以公之能薦之世祖。詔譯諸秘要。俾傳於世。時僧司雖盛風紀寖蔽。所在官吏旣不能幹城遺法抗禦外侮。返爲諸僧之

무종 황제는 지대연간(1308~1311년)에 불지를 대도로 청하여 광록대부
대사도光祿大夫大司徒 직을 하사하였고, 황태자(즉 인종)와 제왕諸王들이 법요
法要를 물었다. 또 그를 경수사에 머물게 하고 그가 번역한 것은 모두 조
정에서 간행하게 하였다. 경수사는 한 때 충렬왕도 머물던 곳이며 충선
왕이 대장경을 희사한 곳이었다.

석사라바가 1314년(延祐元年) 10월 5일에 미질을 보이자 인종은 초鈔 1
만 민緡을 하사하고 태위 심왕, 즉 충선왕 편에 약을 보내었다. 그러나 사
라바는 얼마 후 불상을 바라보고 앉은 채 입적하였다. 황제가 애도하며
장례비용을 보내었다.

석사라바와 충선왕이 그 전에도 직접 교류하였는지 여부는 알 수 없지
만 인종이 황실을 대표하여 충선왕에게 약을 하사하게 한 것으로 보아,

害。桂蠹乘癰雖欲去之。莫能盡也。頹波所激江南尤甚朝廷久選能者欲使正之。以白帝
師。僉謂諸色之人豈無能者。必以爲識時務孰與公賢。以詔授江浙等處釋教總統。旣至
削去煩苛務從寬大。其人安之。旣而改授福建等處釋教總統。以其氣之正。數與同列乖
迕而不合。公謂天下何事。況敎門乎。蓋吾人之庸自擾之耳。夫設官愈多則事愈煩。今
諸僧之苦。蓋事煩而官多也。十羊九牧。其爲苛擾可勝言哉。建言罷之。以聞。詔罷諸
路總所。議者稱其高。公旣得請乃遁跡壟圻。築室種樹蓋將終焉。至大中以皇太子令召
至京師。詔授光祿大夫司徒。仁宗皇帝龍德淵潛之日。嘗問法於公。知公之賢。旣踐天
位眷遇益隆詔給廩旣館於慶壽寺。詔公所譯皆板行之。公幼而穎悟。諸國語言皆不學而
能。自爲兒人皆以爲必成大器。旣長果能樹立。致位三公。雖以德藝。抑亦遭遇於時
也。其始爲佛誦其言觀其義。旣涉其涯邃廣於深。爲人好賢愛能。尤能取諸人。以爲
善。談論之際發其端已。得過半之思。故其所有皆以好問而致。是以名勝之流皆從之。
遊以師友相處。延祐元年十月五日歿。年五十有六。其始疾也。詔賜中統鈔萬緡俾求醫
藥。太尉沈王往視疾焉。旣歿。又賜幣萬緡以給葬事。遣使驛送其喪歸葬故裏。門弟子
相與建塔以表其藏。壽安山雲麓洪公。作銘有謂。佛法之傳必資翻譯。故譯梵爲華。或
敵對名物。或唯以義。必博通經論。善兩方之言。始能爲之。是以道安嘗謂。翻譯微言
有五失本三不易。故非能者不足以有爲也。所以傳刊十科。翻譯居首者。豈非以其爲之
難功之大乎。予嘗以詔與京邑諸公校讎藏典。曆觀自古翻譯之家。以義譯經如秦之羅
什。譯論唐之奘公。十數人之作。所謂禹吾無間然矣。其餘或指義曖昧。或文辭疏拙。
夫義之曖昧。蓋譯者之未盡文。或疏拙潤色之失也。因思安公之言。以謂以彌天之高。
尚稱不易。今之譯者何其易哉。自季葉以來。譯場久廢。能者蓋寡。豈意人物凋殘之際
乃見公乎。觀其所譯可謂能者哉。

이미 황실에서는 충선왕의 유학은 물론 불교에 대한 조예를 깊이 인정하고 있었음을 알 수 있다.

2) 석달익바釋達益巴

충선왕과 연관지어 생각해 볼 수 있는 또 한 명의 토번승은 석달익바釋達益巴(1246~1318년)이다. 물론 『불조역대통재佛祖曆代通載』의 석달익바 기사에 충선왕이 직접 드러나지는 않지만, 그가 무종과 인종뿐 아니라 황실 구성원의 귀의를 받았으며, 경수사에 있었던 점 등을 들어 충선왕과도 교류했을 가능성은 충분히 있다.

석달익바는 서역인으로, 어려서 출가하여 13년간 파스파 제사를 섬겼다. 파스파의 훈도로 대소승 율론 및 밀교의 핵심을 꿰뚫었다. 파스파가 토번으로 돌아갈 때 그를 임조臨洮까지 모셨으며, 스승의 명으로 작사길 대사綽思吉大師에게 의지하여 19년간 수행하였다. 후에 석진인釋秦人이 고불사古佛寺의 주지로 청하였다.

그는 현수종의 교의에도 두루 통하였고 덕행이 조야에 널리 퍼졌다. 무종 즉위시에는 특별히 그를 모셔 법의法義를 보일 것을 청하였다. 무종은 많은 상을 내렸으나 그는 받지 않았다고 한다.

말년에는 경수사에 머물며 불법을 선양하였다. 무종이 친히 가서 그의 강의를 듣고 특별히 '홍법보제삼장대사弘法普濟三藏大師'라는 봉호와 금인金印·자포가사紫袍袈裟 일습을 상으로 내렸다. 이렇게 그를 표창하고 왕공대신들에게도 불법의 심요心要를 강의하게 하였다.

달익바는 1318년(延祐5) 8월 16일에 73세로 앉은 채로 입적하였다. 인

종은 황제, 황후 양궁에 명하여 장례비용을 대게 하였고 황태자·재상
등의 왕공대신 및 황성 호위 등은 함께 그의 전신 법체를 탑에 안치하고
공봉하였다. '우성국사祐聖國師'라는 시호를 내렸다.[9][10]

　무종과 인종은 충선왕과 가까운 인척간이면서, 특히 매우 가깝게 지냈
다. 따라서 유교와 불교에 모두 해박했던 충선왕은 무종과 인종에게 큰
도움을 주었다. 특히 여러 차례의 행향과 불교 성지 순례, 승려에게 가르
침을 청하는 등등, 불교와 관련하여 원 황실과 승려들과의 교류에 충선
왕이 중간 역할을 했음을 알 수 있다.

9　『大明高僧傳』卷第2, 京都慶壽寺沙門釋達益巴傳八(綽思吉), '釋達益巴未知何國人。少
　爲苾芻事帝師。十有三年侍聽言論。陶熏滋久鬱成美器。凡大小乘律論及秘密部皆得乎
　理之所歸。帝師西還。送至臨洮命依綽思吉大士。十有九年聞所未聞。道益精萃。秦人
　請居古佛寺。其六波羅蜜靡所不修。兼通賢首之教。於是名譽四表道重三朝。元武宗踐
　祚召問法要稱旨所賜雖厚辭不受。未久乞歸許之。將謀以終自律。俄而復召還京。大宣
　法化。帝親臨聽特賜弘法普濟三藏之號。命鑄金印及紫方袍以旌異之。救王公大臣皆咨
　決心要。延祐五年八月十有六日無疾端坐而化。壽七十有三。帝命兩宮賜幣助葬。皇太
　子宰輔致奠救有司衛送全身建塔。謚曰祐聖國師。'
10　元　念常集, 『佛祖歷代通載』(22卷), (二十四　戊午)　特賜三藏佑聖國師達益巴入寂。佛法
　流於中國久矣。三乘之教風靡九州。其道至焉。唐宋間始聞有秘密之法。典籍雖存猶未
　顯行於世。國初其道始盛西鄙。統元中天子以大薩思迦法師有聖人之道。尊爲帝師。於
　是秘密之法日麗乎中天。波漸於四海。精其法者皆致重於天朝。敬慕於殊俗。故佛氏之
　舊一變於齊魯。國師名達益巴。少爲苾芻。凡事帝師十有三年。出而從入而侍。聽言論
　於左右。觀道德於前後。陶熏滋久鬱成美器。凡大小乘律論及秘密經籍。部以十數。皆
　耳於口授。目於手示。得乎理之所歸行之所趣。帝師西還。送至臨洮。以久勞侍從弗堪
　跋涉之勤。見留於洮。師留是十有九年。依大士綽思吉玩蜀。覆所旣聞。受所未傳。切
　磋琢磨。於是義逾精道益明矣。是以譽延兩京道重三朝。事二聖於潛。竭勤逾紀。從屬
　車往返二都。雖雨夕風朝。恒在宮壺。逮武宗踐祚。上處春闈。眷藩邸之舊。錫賚以千
　萬計。初師在臨洮。秦人請居古佛寺。至是乞歸以所賜大厥宇。謀老汐上。未幾以太後
　詔征還兩宮之賜。視前有加。錫金印駝紐。封號弘法普濟三藏大師。延祐五年八月十六
　日。化於京師。年七十有三。以聞。上惻焉興歎久之。兩宮賜幣以葬。皇太子遣使至
　奠。救有司備儀衛送之都門之外。謚佑聖國師。給乘騎歸葬成紀焉。是年六月再立行宣
　政院。參用常選職官。

3. 충선왕의 출가出家

1) 왕장의 토번 유배

(1) 유배 원인

1320년(延祐7)은 충선왕의 일생에서 최악의 해라고 할 수 있겠다. 정치적 문제에 휩쓸려, 대도에서 만 오천 리나 떨어진 티베트의 한 사찰로 유배를 떠났기 때문이다. 왕은 충렬왕과 제국대장공주의 적장자로, 태어난 순간부터 원과 고려에 큰 영향력을 가질 수밖에 없는 존재였다. 그는 10대 중후반까지는 주로 고려에서 생활하였으며, 그 이후로는 원의 수도 대도에서 격동적인 삶을 보내었다. 원 공주와의 혼인으로 태위왕이라는 직위에 올랐으며, 원의 무종과 인종 두 황제의 즉위에 직접 관여하여 심왕직을 받았다. 또한 고려왕과 심왕을 겸하며, 그는 한국역사상 최대 영토를 통치하기도 하였다.

충선왕의 생애는 대단히 역동적이고 국제적이었다. 그는 출신이 특별하였을 뿐 아니라, 개인적으로도 매우 총명하고 또 학문을 좋아하였다. 어려서부터 유학을 열심히 공부하였고 성인이 되어서는 불학에 깊이 심취하였다. 충선왕의 유불적 사고나 행동은 양국의 실세들에게 큰 영향을 미쳤다. 그런 왕에게 토번으로의 유배는 거의 사형선고나 다름없었을 것이다.

그런데 사실 황제는 그에게 유배형을 내리기 이전에 먼저 고려로의 환국을 명하였다. 그러나 충선왕이 이를 받아들이지 않았고, 마침내 유배가 결정되었던 것이다. 그의 유배 이유에 대해 그간 한중 양국의 학자 사이에 여러 주장이 있었고, 이제 황위를 둘러싼 정치적 문제로 어느 정도 정리가 된 것으로 보인다.

먼저 유배형을 받은 이후의 상황을 살펴본다. 『고려사』 충숙왕 7년(1320) 12월 무신일 조에 의하면, 원 황제가 상왕을 불경佛經을 공부하라는 구실로 토번의 살사결撤思結로 유배[11]보낼 것을 결정했다고 한다. 살사결은 지금의 서장西藏 시가체(日喀則)로 대도로부터 무려 1만5천리나 떨어진 곳이다. 서장자치구의 주도인 라싸에서도 차로 10시간 정도 서쪽으로가야 한다.

그러자 상왕을 수행하던 재상 최성지 등은 도망쳐 종적을 감추었으며, 직보문각直寶文閣 박인간朴仁幹과 전 대호군大護軍 장원지張元祉, 방연方連과 환관 방원方元 등 18명이 상왕을 호종하여 유배지까지 갔다.

왕장이 토번으로 유배된 표면적인 죄명은 '불교에 대한 잘못된 집착때문으로, 출가하여 불학을 공부하라는 것이었다. 그런데 실제 왕장의 토번 유배 원인에 대해서는 두 가지 주장이 있다.

고려 측에서는 고려출신 환관 임바얀투그스(任伯顏禿古思, ?~1323년)[12]와의 갈등 때문으로 기록하였다. 그가 충선왕에게 벌을 받았고 그에 대한 앙갚음으로 새 황제인 영종에게 무고를 하였다는 것이다.[13]

---

11 충선왕의 토번 유배에 대해서는 『고려사』 권122, 열전35, 「환관전」, 「任伯顏禿古思」 참조.
12 임바얀투그스에 대해서는 『고려사』 권122, 열전35, 「환관전」, 「任伯顏禿古思」 참조.
13 『고려사』 권122, 열전35, 「환관전」, 「任伯顏禿古思」, '任伯顏禿古思, 尙書朱冕家奴也, 自宮爲閹. 忠宣時, 封庇仁君. 夤緣, 事元仁宗於藩邸, 佞險多不法, 忠宣深嫉之. 伯顏禿古思

또 다른 견해는 황실 구성원 사이에 영종의 즉위를 둘러싼 갈등이 있었고, 충선왕이 영종의 즉위에 반대했기에 이에 대한 보복 때문이었다는 것이다. 그런데 사실상 두 주장은 서로 연관되어 있기에 복합적으로 보아야 할 것이다. 어려서부터 원칙을 중시하고 불의를 싫어하는 왕장의 성품으로 보아, 영종의 즉위를 둘러싼 찬반세력간의 갈등은 충분히 이런 결과를 초래할 수 있었을 것으로 보인다. 이제 두 견해를 각각 살펴본다.

(2) 임바얀투그스와의 갈등

『고려사』에서는 왕장의 유배 원인에 대해, 왕장의 처사에 앙심을 품은 환관 임바얀투그스의 모함[14] 때문으로 본다. 임바얀투그스는 충남 서천 비인군 출신이다. 노비였던 그는 스스로 거세하여 환관이 되었고, 원으로 건너가 무종의 동생인 인종을 섬겼다.

충선왕은 그가 음흉하고 계략에 능하다 하여 몹시 싫어했고, 임바얀투그스 또한 왕을 몹시 싫어하여 두 사람은 거의 견원지간이 되었다. 충선왕은 인종의 모친인 황태후에게 임바얀투그스의 전횡을 고하였고, 황태후는 크게 노하여 그를 질책하고 빼앗은 노비와 토지를 반환케 하고 장형에 처하였다.[15] 이 일로 임바얀투그스는 충선왕에게 더욱 앙심을 품었

知之, 思有以中傷, 以仁宗及皇太後待之厚, 不得發. 嘗無禮於忠宣, 忠宣請皇太後杖之. 又以皇太後命, 刷其所奪人土田・臧獲, 歸其主, 怨恨益深. 及仁宗崩, 皇太後亦退居別宮, 伯顔禿古思益無所畏, 厚啗八思吉, 百計誣譖之. 英宗遣使, 複給田民, 竄王於吐蕃. 伯顔禿古思讒訴不已, 禍幾不測, 賴丞相拜住營救, 得免.'

14 蔣非非, 『中韓關係史』(古代卷), 北京: 社會科學出版社, 1998, p.247.
15 『고려사』券35 「世家」35, 충숙왕 7년(1320) 3월 갑신일. 상왕이 황태후의 지시를 받아, 환관

다.

몇 년 후 인종이 사망하자 그의 아들 영종이 즉위하였으며, 황태후는 정치 일선에서 물러났다. 이에 임바얀투그스의 복수가 시작되었다. 그는 원나라 대신인 팔사길八思吉에게 많은 뇌물을 주어 충선왕을 고려로 귀국시키는 모의를 하였다. 이 모의에는 아들인 충숙왕도 가담하였다.

충선왕 부자의 사이가 벌어진 것은 고려 왕위 계승권 때문이었다. 충선왕은 고려 왕위는 충숙왕에게 주었지만 심왕의 세자 자리는 왕호에게 주었고, 얼마 후에는 심왕위도 조카에게 주었던 것이다. 충선왕이 조카인 왕호를 특별히 우대한 것은 충선왕 자신이 장자가 아님에도 원의 공주에게서 태어났기에 형의 자리를 대신 차지했다는 생각을 하였던 것으로도 볼 수 있다.

그런데 다른 한편으로는 고려왕에 비해 심왕의 실권은 그다지 크지 않아, 조카에게 명목뿐인 심왕위를 주는 대신 고려왕위는 넘보지 못하도록, 즉 아들을 위하는 마음에서 그런 조치를 취하였을 것으로 볼 수도 있다.

그런데 충숙왕은 불안한 자신의 입지를 다지기 위해 왕호의 형인 왕유를 단양부원군으로, 동생 왕훈을 연덕부원군으로 봉하여 왕호에게 화해의 손길을 내밀었다. 충선왕도 충숙왕과 원 황실의 복장공주와의 혼인을 주선하였다. 이 혼사로 충선왕의 원에서의 입지가 강화되었다.

그러나 충숙왕은 복장공주를 좋아하지 않았다. 심지어 구타도 했는데 복장공주는 3년 만인 1319년 의문의 죽음을 맞았다. 이로 인해 충숙왕은

바얀투그스[伯顔禿古思] 등 여섯 명이 다른 사람으로부터 함부로 빼앗은 토지와 노비를 몰수해 원래 주인에게 되돌려주게 했다.

원 황실은 물론 충선왕으로 부터도 신뢰를 잃었던 것이다.

임바얀투그스는 한편으로는 충숙왕에게 손을 내밀고, 또 한편으로는 원 조정에 충선왕의 왕위 복귀를 역설하였다. 이에 원 황실은 충선왕을 고려에 복귀토록 명하였으나, 충선왕은 받아들이지 않았다.

임바얀투그스는 원 대신들을 매수하여 황명을 어긴 충선왕을 유배시킬 것을 주장하였고, 결국 충선왕은 유배지 중 최악의 장소라고 할 수 있는 토번(티베트)에 유배되었다. 이 또한 충선왕이 자주 승려가 되고 싶다고 한 말을 이용한 것이다.

한편 임바얀투그스는 자객을 동원하여 유배지에서 충선왕을 죽이려는 계획도 세웠다. 그러나 충선왕의 양자인 왕후의 저지로 좌절되었다. 왕후는 당시 황제였던 영종과 황태자 시절부터 친밀한 관계였다. 왕후는 충선왕의 유배 소식을 듣고는 영종을 만나 자신을 대신 유배지로 보내달라고 청하였다. 또 충선왕을 해치려는 자가 있으니 자신이 군대를 이끌고 호위케 해달라고도 요청하였다. 영종은 그의 효심에 감동하여 군대를 내주고 토번에서 충선왕을 호위토록 하여, 충선왕은 임바얀투그스의 칼날을 피할 수 있었다.

그러나 1323년 영종이 재위 3년 만에 죽고, 충선왕에 호의적인 태정제가 즉위하자 상황은 역전되었다. 충선왕은 유배지에서 풀려나 대도로 복귀하였고, 임바얀투그스를 처단하였다. 또 고려에도 측근을 파견하여 관련자들을 주살하였다.

이 일은 어느 정도 가능성이 있어 보인다. 그러나 일개 환관의 힘으로 과연 그런 일을 주도할 수 있었을까 하며 의문을 표하는 견해도 있다.

한편 익재 이제현은 충선왕의 양자인 왕후가 1349년에 사망하자 그의 죽음을 슬퍼하며 다음과 같은 시로 애도하였다.

「정승 왕후를 슬퍼하다」

낭묘에 두 번 올라 백성에게 혜택주니 충선왕의 사람 보는 법 더욱 알겠네

부귀에 현혹되지 않고 위엄에 굴하지 않으니 후세엔 이런 사람 없을까 걱정일세

천자에게 조회갔다 죽어서 오다니 흰구름 같은 용모 물 같은 안색 의의하여라

근래에 재상이 많이들 죽었으나 우리 백성 눈물 뿌림 일찍이 보았던가.[16]

(3) 영종의 견제

최근 일부 중국학자들은 이 사건에 대해 보다 심층적으로 분석하였다. 우선 고려를 원의 직할 행성行省으로 고치는 정책에 있어 충선왕이 장애가 되었기에, 그의 영향력을 고려해 토번으로 유배를 보내게 되었다는 주장이 있다.[17]

다른 한편으로는 영종과 태황태후 달기(答己)와의 갈등 때문이라는 견

---

16 이제현, 『익재집』, '再登廊廟惠斯民 益見忠宣鑑裁神 當貴不淫威不屈 後來唯恐更無人 上馬朝天裏革歸 雲容水色摠依依 近來宰相多淪喪 曾見吾民涕一揮'
17 王頲, 「高麗忠宣王西謫吐蕃事件再」, 歐亞學研究.

해도 있다.[18] 충선왕은 달기의 세력에 속하였는데, 임바얀투그스는 영종이 즉위 한 후에 태후당을 없애는 일에 앞장섰고, 그 과정에서 충선왕이 제거를 당하였을 것으로 보는 것이다.

달기[19]는 카이산(海山)과 아유르시리바다(愛育黎拔力八達)의 모친으로, 성종이 후사 없이 사망하자 재빨리 정적을 제거하고 두 아들을 황제와 황태자로 즉위시켰다. 달기는 애초에는 장남 카이산보다 차남 아유르시리바다를 황위에 올리고자 하였다.

당시 두 아들의 황위 계승을 앞두고 한 점술사가 아유르시리바다쪽에 힘을 실어주는 예언('重光大荒落有災 旃蒙作噩能久長')을 하였기 때문이다. 즉 '중광重光'은 카이산이 태어난 해이고 '전몽旃蒙'은 아유르시리바다가 태어난 해로, 차남이 즉위하면 황위가 오래갈 것이라는 예언이었다. 이에 태후는 차남을 즉위시키려 하였으나 당시 카이산이 병권을 쥐고 있었기에 장남이 황제로 즉위하고 차남은 태자가 되었다. 대신 아유르시리바다는 무종(카이산)의 아들에게 황위를 물려주기로 약속 하였다.

이후 달기는 황태후 신분으로 조정에 관여하였다. 그녀는 홍성궁興聖宮

---

18 충선왕에 대한 영종과 그 측근세력의 조치는 고려로 귀국시켜 홍성태후세력에서 분리하는 선에서 그치려 했던 것으로 보인다. 무종 옹립과정에서의 공훈을 참작하거나, 바이주 등 영종 측근세력과 적대적이지는 않았을 것이기 때문이다. 그러나 충선왕은 귀국할 것을 원치 않았다. 김광철, 「14세기초 원의 정국동향과 충선왕의 토번유배」『한국중세사연구』3, 1996, 340쪽 재인용.

19 『元史』, 「后妃傳」에 의하면 弘吉剌部人 答己는 중국사에서 드물게 보이는 '母儀天下'의 예 중 한 명이며 명문가 출신이다. 그녀는 개국공신인 按陳의 손자인 渾都帖穆兒의 딸이며, 쿠빌라이의 손자인 順宗의 황후(追封)이다. 答剌麻八剌 3형제 중 형은 晉王 甘麻剌이고 아우는 鐵穆耳 즉 元 成宗이며, 그들의 부친은 쿠빌라이의 아들 眞金太子로 일찍 죽었다. 두 아들과 손자까지, 세 명의 황제를 거치며 많은 권력을 누렸던 그녀에 대해 사서에서는 "逞其淫威 黷亂朝政 無所不至"라 부정적으로 평하였다.

을 지어 거주하였기에 '홍성태후'라고도 한다. 점술가의 말대로 얼마 후 무종이 죽고, 차남 아유르시리바다(인종)가 즉위하였다. 그런데 인종은 약속과 달리, 승상 테무데르(鐵木迭兒)의 건의를 받아들여 1316년에 무종의 아들이 아닌 자신의 아들 시디발라(碩德八剌)를 황태자로 삼았다.

태후도 이미 테무데르 등의 총신과 의논하여 시디발라를 태자로 하기로 하였다. 이에 시디발라는 정치적 제스처인지, 조모를 찾아가 자신은 어리고 무능하니 형을 즉위시키면 잘 보좌하겠다("臣幼無能 有兄在 宜立兄以臣輔之.")며 처음 약속대로 할 것을 청하였다고 한다.

그러나 태후는 시디발라의 등극을 지지하였다. 그런데 1320년 정월에 인종이 사망한 후 시디발라가 즉위하자, 예상과 달리 조모인 태황태후 달기측은 두 달 만에 정치적 타격을 받았다.[20] 영종은 홍성태후와 승상 테무데르 세력의 지원 하에 즉위할 수 있었기 때문에 즉위 초기에는 그들의 권력 장악을 용인하였다.

그러나 영종은 즉위한지 한 달 만인 1320년 4월에 바이주(拜住)를 중서 평장정사에 임명하여 권력을 부여하고 태후세력에 타격을 가하기 시작하였다. 1개월 뒤에는 테무데르와 긴밀한 관계였던 좌승상 아산을 좌천시키고, 대신에 바이주를 좌승상에, 나라쿠(乃剌忽)와 타시카야(塔失海牙)를 평장정사에 임명하며 태후세력에 대한 대대적인 숙청을 시작하였다.

태후는 무종과 인종이 그녀의 조정 관여에 반대하지 않았기에 영종도 쉽게 통제될 인물로 보았고, 그를 황태자로 즉위시키는데 동의했다. 그러나 영종의 즉위 후 그녀는 권력의 중심부에서 밀려났다. 태후는 새 황제

---

20 『元史』, 「英宗本紀」.

의 즉위를 축하하며 자신의 총신들을 요직에 등용할 것을 청하였다. 그런데 영종은 나이는 어렸으나 그녀의 청을 거절하였다. 태후는 매우 분개하였으며 시레문(失烈門)·카산(合散) 등의 총신과 함께 영종의 폐립("陰謀廢立 事雖未成")을 논의하였다. 영종은 자신의 폐위[21]를 모의했다는 참소를 빌미로 아산과 시레문, 카라엘지겐(黑驢) 등을 모두 주살하였다. 6월에는 휘정원사 미설미米薛迷를 금강산에 유배 보내고, 홍성태후의 권력기반이었던 휘정원도 혁파해버렸다. 그 후 태후는 2년도 안되어 사망하였다.

이렇게 홍성태후는 지지 세력과 권력기반을 잃게 되었고, 그 과정에서 태후 세력이었던 충선왕은 위험을 감지하고 행향을 핑계로 강남으로 갔다. 그런데 홍복원 등이 왕장을 달기 황태후의 일파로 모함하였고, 마침내 12월에 왕장은 영종에 의해 오사장烏思藏(토번) 살사결(현 薩迦縣)로 '불교를 공부하라(學佛)'는 명목으로 유배를 당하였던 것이다.

이런 관점에서 보면 왕장도 태황태후 측 인물이었기에 그의 유배를 태황태후의 견제와 같은 관점에서 볼 수 있다. 왕장은 첫 퇴위 후인 1298년에 원으로 가서 10년간 숙위하며 달기와 두 아들(무종·인종) 등과 함께 생활하며 매우 가깝게 지냈고 그들 모두 왕장을 좋아하였다.[22] 이런 점에서 보면 영종이 왕장을 유배 보낸 배경에는 태황태후의 힘을 꺾으려는 의도가 있었을 것으로 보는 것이 합리적일 수 있다.[23]

---

21 영종은 태후세력에 의한 폐립은 피했으나 이른바 '南坡之變'을 피하지는 못했다. 즉 1323년 8월에 영종은 上都에서 大都로 돌아가던 중 남파에서 휴식을 취하였는데, 태후의 잔존 세력인 테시(鐵失)·쑤오난(鎖南) 등이 급습하여 영종과 승상 바이주(拜住) 등이 사망하였다.
22 『고려사』, 「충선왕 세가」 원년 4월.

충선왕은 황위승계에서도 달기, 인종과 같은 입장에 섰을 것으로 보인다. 따라서 영종의 황태자 즉위나 1320년의 황제 즉위에도 반대하지 않았겠으나, 태황태후의 정치적 세력을 꺾기 위해서는 충선왕도 같은 입장으로 간주되었을 것이다. 따라서 환관 한 명의 모함으로 유배를 갔다기보다는 영종측의 세력에 당한 것으로 보는 것이 합리적이다. 그의 유배가 영종의 사망 이후 바로 풀려난 점에서도 그렇게 보는 것이 사실에 더 부합할 것이다.

이상과 같이 흥성태후세력에 포함되었던 충선왕은 정치상황이 자신에게 불리하게 돌아감으로써 이를 모면하기 위해 강남행을 선택[24]하였는데, 그 무렵의 상황을 이제현의 글을 통해 살펴본다.

> 연우 기미년에 폐하에게 강향하기를 청하여 남쪽으로 江浙에서 놀다가 보타산에 이르렀으니, 대개 시사가 장차 변해가는 것을 알고 화망을 피하려는 것이었다. 백안독고사라는 자는 본국의 少尹 朱冕의 가노였는데 스스로 불알을 까서 환관이 된 인연으로 인종을 藩邸에서 섬기게 되었다. 성격이 간사하고 음험하여 불법한 일이 많았으므로 왕이 깊이 미워하였다. 백안독고아도 그러한 줄을 알고 왕을 중상하려고 생각하였으나, 황제와 태후가 왕을 깊이 사랑하였으므로 그런 흉계를 발휘하지 못하다가, 황제가 붕하자 팔길사에게 뇌물을 주고

---

23 薛磊, 「元朝与高麗政治關系中的重要人物――高麗忠宣王王璋」, 《內蒙古社會科學(漢文版)》 2004年03期, pp.26~27.
24 김광철, 「14세기초 원의 정국동향과 충선왕의 토번유배」, 『한국중세사연구』 3, 1996.

백 가지 꾀로 왕을 무함 참소하였다. 영종은 그것을 알지 못하고 왕
이 불경을 배운다는 명목으로 죄를 삼아 토번으로 귀양을 보냈다. 뒤
에 태정제가 서울로 왕을 소환하고, 왕을 본국으로 돌려보내 왕으로
삼으려고 하였으나 왕이 굳이 사양하였다. 태정 2년 5월 23일(신유)에
홍하니 수는 51세요, 무릇 재위 기간이 7년이었다.[25]

2) 금산사金山寺 강향

충선왕은 인종이 어렸을 때도 약 10년간 함께 지냈고, 황태자로 즉위
하였을 때는 황태자의 여러 스승 중 정치적 식견을 담당하는 태사太師로
임명되었다. 충선왕은 풍부한 유교적 소양을 바탕으로 인종의 즉위 후에
는 황제에게 과거제를 부활하도록 도왔고, 만권당을 통해 교류했던 적합
한 인재를 추천하기도 하였다.

따라서 그렇게 가깝던 아유르시리바다의 죽음과 영종의 즉위, 그 과정
에서 권력을 놓지 않으려는 태황태후파와 실권을 장악하려는 새 황제파
와의 갈등은 왕장 개인에게 있어서도 큰 이변이 될 수밖에 없었다.

새 황제파의 적극적 공세를 경험하고, 왕장은 자신의 신변에 변동이
있을 것을 예상, 화를 피하기 위한 방법을 생각했다. 그래서 그는 1320년
4월에 황제에게 금산사金山寺에 가서 황제를 위한 불공을 드리겠다며 강

---

25 『益齋亂稿』 권9상, 세가.

향降香을 청하였고, 강소성江蘇省 금산사로 갔다.

약 1600년의 역사를 자랑하는 금산사는 강소성 진강鎭江의 금산에 있는 강남 불교의 성지이다. 금산은 강남 명승지 중 최고로 꼽힌다. 『金山寺志』에 의하면 금산사는 동진 대에 창건되었으며, 양무제가 크게 확장하였다.[26] 또한 금산사는 중국불교에서 망령亡靈을 추천追薦하는 수륙법회의 발원지이다.

전성기에는 3천 여 명의 화상과 수 만 명의 승려가 있었다고 하며, 청대에는 보타사普陀寺·문수사文殊寺·대명사大明寺와 함께 중국 4대 사찰로 꼽힐 정도였다. 왕장이 좋아했던 송대의 범중엄, 소식, 소철 등이 금산사를 돌아보고 남긴 시도 여러 편 남아 있다. 충선왕과 동행한 이제현도 「金山寺」라는 시를 남겼다.

도솔암 장엄하다는 말 옛날에 들었더니 봉래산 조용한 모습 지금 비로소 보았네

천 걸음 되는 회랑이 바다를 내려다보고 백 길도 넘는 누각 뭇 봉우리 휩싸고 있다

세상을 잊은 듯한 해오라기 종소리에 잠들었는데 탑 위에 서린 용 경 외는 소리 듣는가봐

난간에 걸터앉아 고기잡이 노래 높이 부르니 질펀한 물결 잔잔한데 반달 떠오르는구나.[27]

---

26 주요 건축물로는 천왕전·대웅보전·관음각·장경루·방장실 등이 있으며, 慈壽塔·法海洞·妙高台·楞伽台(蘇經樓)·留雲亭(江天一覽亭) 등도 유명하다. 『金山寺志』에 의하면 금산사는 선종사찰로, 청의 강희제가 '江天禪寺'라는 친필 사액을 내렸다. 처음에는 澤心寺, 龍遊寺라 하였으나 일반적으로는 唐代부터의 사찰명인 금산사로 불린다.

이 금산사는 왕장이 여러 번 가서 불경을 공부하고, 또 원 황실을 대표해 어향을 내리기도 한 인연 깊은 사찰이었다.

그런데 영종은 즉위한 지 얼마 지나지 않은 1320년 6월, 금산사로 사람을 보내 강향하는 충선왕을 전격 체포하였다. 당시의 상황이 얼마나 절박했던지, 왕장을 수종하던 박경량[28]과 이연송은 목숨의 위협을 느끼고 음독자살하였다. 충선왕을 향한 영종의 칼끝을 피할 수 없으리라고 생각한 때문이었다. 대부분의 호종인원들은 도망쳤으며, 왕장을 비롯한 나머지 일행은 체포되어 9월에 대도로 압송되었다.

한편 만권당 출입 유자 중 한 명인 주덕윤에 의하면 당시 황태후는 충선왕을 금산사가 아닌 천동사天童寺에 가게 했다고 한다.[29] 천동사는 절강성 영파寧波 태백산太白山에 있는 사찰로 '동남불국東南佛國'이라고도 불린다. 1301년에 원 성종이 크게 중창시켰으며, 중국 5대 선종 사찰의 하나로 꼽힌다. 충선왕은 일찍이 이곳에도 대장경을 봉안하였다.

3) 석불사石佛寺 출가

왕장은 금산사에 미리 와서 대기하고 있던 병사들에 붙잡혀 대도로 압

---

27 「金山寺」, 『익재집』, '舊聞兜率莊嚴勝 今見蓬萊氣像閑 千步回廊延漲海 百層飛閣擁浮山 忘機鷺宿鍾聲裏 聽法龍蟠塔影間 雄跨軒前漁唱晚 練波如掃月如彎'
28 『高麗史』권124, 列傳37, 嬖幸2, 朴景亮傳.
29 朱德潤, 『存復齋文集』 附錄 周伯琦 撰 「有元儒學提擧朱府君墓誌銘」, '延祐七年三月, 英宗嗣位, 會沈王(王璋)以忤中貴人斥外, 太皇太后(答己)命馳鄉于鄞之天童寺, 君(朱德潤) 遂與偕, 表授鎭(征)東行中書省儒學(후략).'

송되었다. 충선왕은 인종의 스승이자 최측근이었지만, 영종의 입장에서는 태황태후편의 정적이었다. 그래도 영종은 그를 유배행이 아니고 고려로 귀국시키려고 했으나 왕장이 원치 않았다. 왕장은 금산사에서 체포되어 10월에 대도의 형부刑部로 넘겨졌고, 지금의 벽재辟才(Picai) 후퉁(胡同)에 있던 석불사石佛寺[30]로 끌려가서 삭발하고 안치되었다.

석불사는 베이징 북대가와 태평교대가가 닿아 있는 벽재[31] 후퉁 북쪽에 있던 사원이다. 이곳에서 큰 미륵불 석상 한 구가 발굴되어 대석불사大石佛寺[32]라 불렸다.

대석불사는 원대의 중요 황실 사원 중 하나였다. 1333년에는 태조(칭기즈 칸, 鐵木眞)・태종(窩闊台)・예종(쿠빌라이의 부친, 追封) 세 황제의 어용禦容을 공봉 하고 그들의 영당影堂을 시설하였다.[33] 원래 그 어용들은 한림원에서 공봉 하던 것이었다.

왕장이 금산사에서 압송되어 이곳에 안치된 것은 석불사가 황궁에서

---

30 『고려사』, 「世家」, '高麗忠宣王五年九月 王至大都. 十月, 帝下王於刑部, 旣而祝髮置之石佛寺.'

31 大石佛寺가 있기에 이 지역을 '大石佛寺胡同'으로 불렸다고 한다. 명초에는 땔감(劈柴)시장이 생겨 벽시후퉁(劈柴胡同)으로 불렸다. 1905년에 후퉁 내에 學堂이 생기며 '劈柴'와 비슷한 음의 글자를 찾아 '辟才胡同'으로 바꾸었다.('辟才'는 '開辟人才'의 약자) 청 함풍제 대에 慈禧 태후가 秀女로 뽑혀 입궁할 때의 등기상 집 주소가 辟才胡同이었다. 또한 청의 마지막 황제 溥儀의 文繡皇妃가 만년에 이 후퉁에 거주하였다. 그녀는 36세에 ≪華北日報≫에 근무했으며 1947년에 사장의 사촌인 劉振東과 결혼하였다. 中華人民共和國 성립 후 1951년에 劉振東은 청소부가 되었고, 두 사람은 辟才胡同 西口의 한 小院으로 이사하였다. 文繡는 1953년에 사망하였다.

32 『日下舊聞考』 卷50, "先寺僧掘地得石佛一", "寺蓋由此得名"。

33 『원사』, 「祭祀志」, '至元十五年 命承旨和爾果斯寫太祖禦容. 十六年 複命寫太上皇禦容 與太宗舊禦容俱置翰林院 院官春秋致祭. 泰定四年 造影堂於石佛寺 未及遷. 後至元之六年 翰林院言三朝禦容祭所甚隘 兼歲久屋漏 於石佛寺新影堂奉安爲宜. 中書省臣奏此世祖定制 當仍其舊 報可.' ; 『원사』, 「順帝記」, '元統元年正月 立司禋監奉太祖・太宗・睿宗三朝禦容於石佛寺.'

가까웠고, 무엇보다도 이 사찰이 황실사원이었기 때문으로 보인다. 왕장은 쿠빌라이의 외손자이고, 무종, 인종과는 처사촌간일 뿐 아니라, 심왕과 고려왕을 겸했던 상당히 높은 서열이었기 때문이다.

한편 충선왕을 강제로 출가시킨 것은 그가 평소에도 출가에 뜻이 있었을 만큼 불교를 좋아하였기 때문으로 보인다. 『고려사』에서 충렬왕 편에 있던 왕유소 등이 충선왕의 복위를 막기 위해 서흥후를 계국대장공주와 재혼시켜 왕위 계승인으로 세우고자 할 때도 충선왕의 출가에 대해 언급하고 있다.[34]

황실사원 大石佛寺

대석불사는 원의 대도 함의방鹹宜坊에 있던 황실사찰이었다. 명대에는 이 절로 인해 '대석불사호동大石佛寺胡同'이라는 지명이 생겼다.[35]

호동은 원대에 처음 등장하는 용어로, 몽골어·돌궐어·만주어에서 '우물'을 뜻하는 'gudum'(水井)을 한자로 음차한 것으로 본다. 북경은 물이 부족하여 식수를 우물에 의존했기에 우물을 기준으로 주민들의 생활권이 정해졌다. 그러면서 원래 동네이름이었던 '호동胡同'이 도로명으로 되

---

34 『고려사』卷125, 「列傳」第38, 「奸臣傳·王惟紹」, '一日王欲更衣出, 仆地折齒, 數日不能食. 惟紹等, 因勸王移寓公主所, 自謂得計, 托乳媼及宦者李福壽, 譖前王於皇后. 又譖於左丞相阿忽台, 平章八都馬辛曰. "前王素失子道, 又不與公主諧, 故我王疾之, 欲以禿魯花瑞興侯琠, 爲後者非一日. 前王誠宜悔過, 自新以供子職, 昨我王舍於其邸 不謹奉侍, 至使折齒, 我王欲勿怒得乎? 曩前王願爲僧, 省官不許, 今聽其祝髮, 令琠繼尙公主, 可副我王之志." 阿忽台·八馬辛許之.

35 『欽定日下舊聞考』卷50 「城市內城西城一」, '石佛寺在劈柴胡同. 碑剝落不可讀. 先寺僧掘地得石佛一 乃彌勒像也. 寺蓋由此得名. 然今並無兩寺. 能仁寺在兵馬司胡同, 顯靈宮在四眼井, 其舊門亦在兵馬司胡同, 相去半裏許, 石額猶舊跡也. 明嘉靖三年祭告碑二, 今並存. 本朝乾隆二十一年, 重修殿宇宏整, 周以石欄, 有老松六, 虯枝屈曲, 蓋數百年物也.

었다고도 한다.

원대에는 29개의 후퉁이 있었다고 하는데, 현재까지 그 지명이 전하는 곳은 오직 '석불사후퉁' 단 하나뿐이다. 그 명칭은 원의 희곡가 이호고李 好古의 작품을 통해 알 수 있다. 이호고는 하북성 보정保定 사람으로, 『조 태조진흥택趙太祖鎭凶宅』・『거령신벽화악巨靈神劈華嶽』・『사문도장생자해沙門 島張生煮海』 등 3종의 신선 관련 잡극을 썼는데, 그 중 장생과 용왕의 딸인 소용녀小龍女의 사랑 이야기인 『사문도장생자해』만 남아 있다. 『사문도장 생자해』에서, 석불사인근에 살던 독서인 장생이 공주에게 어디에 사느냐 고 묻자 소용녀의 몸종이 '전탑아호동磚塔兒胡同'에 산다고 대답한다.[36]

대석불사는 규모가 매우 큰 사찰이었다. 그런데 명초에 후퉁 남쪽에 황궁 조성용 목재를 가공하는 대목창大木廠이 세워지며, 많은 빈민들이 그 과정에서 배출되는 나무를 주워서 땔감으로 파는 땔감 시장이 조성되었 다. 그러면서 후퉁의 명칭이 유래된 '대석불사'는 상대적으로 위축되며 동네 이름이 '벽재호동劈材胡同'으로 바뀌었다.

청대에도 사찰 주변의 땔감(劈柴)시장으로 '벽시호동劈柴胡同'이라 불리 었다.[37] 대석불사는 청대에는 규모가 축소[38]되었지만 청말에도 존재하였 는데, 그 후 큰 도로를 조성하며 도로로 편입되었다.[39]

---

36 '而張生則寓居在一個寺院裏. 在借宿時 張生問 : 此寺有名麼 ? 僧人回答 : 焉得無名 ? 山 無名 迷煞人 寺無名 俗煞人 寺乃石佛寺也. 可見當時已有了石佛寺 而且這裏離磚塔胡同 也不太遠.'
37 『北京地名典』, 中國文聯出版社, 2008年, p.217.
38 『天咫偶聞』 중 석불사에 관한 다음과 같은 내용이 있다. "門榜曰大石佛寺 元刹也. 石佛尙 在 高逾尺 傳爲彌勒像 殊不類. 乃一人坐而欹首作假寐狀. 疑本非佛像 緇流附會爲之耳. 元代供列朝禦容於此 其巨可知. 今則小殿兩層 地殊逼仄 不知何時所改."
39 田書和 編著, 『北京市區主要街道景觀導覽』, 旅遊教育出版社, 2009.

4. 토번 살가사薩迦寺 유학

충선왕이 머물던 토번 시가체의 살가사와, 이배지인 타스마 향곤사는 한국불교사에서는 낯선 곳이다. 그러나 충선왕의 생애에서 매우 중요한 사찰이고, 티베트불교에서도 매우 중요하고 유명한 곳이었기에 두 곳 모두 살펴본다.

왕장이 석불사에서 한 달여를 보낸 후 영종은 1320년 12월에 왕장을 1만 5천리 가량 떨어진 토번 살사길撒思吉(현 西藏自治區 薩迦縣)의 살가사로 보내어 불경을 공부하게 하였다. 살가사는 쿠빌라이의 제사 파스파의 창건사찰로, 그가 임종한 곳이기도 하다.

1) 살가파薩迦派와 파스파

티베트불교[40] 여러 파 중 하나인 살가파薩迦派의 '살가薩迦'는 티베트말이다. '살薩'은 '땅·흙'을, '가迦'는 '회색'[41]을 의미한다. 그 지역 산(苯波日

---

[40] 티베트불교는 格魯派(黃敎)·寧瑪派(紅敎)·薩迦派(花敎)·噶擧派(白敎)·噶當派·覺囊派로 나뉜다. 살가사는 시가체에 있는데, 현재 시가체 최대의 사원은 겔룩파의 타쉬룬뽀사(紮什倫布寺, '吉祥須彌寺')이다. 이 사찰은 라싸의 간덴(甘丹)寺·세라(色拉)寺·哲蚌寺·靑海의 塔爾寺·甘肅의 拉撲楞寺와 함께, 겔룩파의 6대 黃敎寺廟라고 한다. 세라사는 '色拉大乘寺'로, 哲蚌寺·甘丹寺와 라싸 3대 사원으로 꼽힌다. 충선왕이 유배 갔던 14세기는 겔룩파가 등장하기 전이라 살가사가 가장 크고 유명하였다.

[41] 티베트 시가체 서부에 위치한 사캬사는 1073년에 사캬파의 창건자 쾬 쾬촉 걜포에 의해 세워졌다. '사캬'는 이곳의 '회색빛 흙'을 가리킨다. 사캬파는 13세기의 원 제국(1279~1368년) 시대에 티베트를 지배하던 불교부파이다. 남사와 북사 두 곳이 있었는데 북사가 본찰로, 하루에 무려 일만여 명의 불자들이 찾았다고 한다. 남부사찰이 불교와 정치, 문화의 중심지였음에 비해, 북부 사찰은 티베트의 가장 많은 불경을 보전하는 최대의 藏經閣과 5,400구의 불

山)의 풍화된 회색의 토지에서 지명이 유래되었다. 그런데 '회색의 토지' (薩迦)는 '吉祥의 땅'을 뜻한다. 살가현은 양주 회담 이후 몽골의 행정구역으로 편입 되었는데 저온건조하며 최저해발고도가 3906m이다.

살가파는 살가사를 중심 사찰로 한다. 1073년에 탁미卓彌 석가익서釋迦益西[42]가 '도과교법'을 종지宗旨로 하여 살가사를 중심으로 살가파(花敎)를 창시했다. 살가파의 사원 담장을 홍색·백색·남색의 가로줄 무늬(花條)

상을 보전하였다.

　티베트의 대학승 사캬 판디타(Sakya Pandita, 1182~1251년)의 조카 초젤 팍파는 몽골 쿠빌라이 칸에게 무상요가 탄트라 헤바즈라 탄트라의 관정을 내린 뒤, 몽골제국의 國師가 되었고, 티베트 통치권을 부여받아 그 뒤부터 사캬파가 티베트를 통치하였다. 사캬 판디타는 문수사리의 화신으로 알려져 있다. 문수(홍색), 관음(백색), 금강(흑색)을 의미하는 문양으로 쓰기에 花敎라고도 한다.

42 卓彌·釋迦益西(1034~1102년)는 티베트불교 後弘期 중 新密續 계통 대 번역가의 하나이다. 그는 중요한 신밀속 경전을 많이 번역하였으며 티베트불교의 신밀속 건립을 위해 큰 공헌을 세웠으므로 그를 '卓彌譯師'라고 부른다. 더욱이 탁미역사는 살가파의 역사상 매우 존중받는 인물이다. 살가파의 가장 중요한 핵심 교법인 道果法이 그로부터 비롯되었기 때문이다. 어떤 의미에서 본다면 살가파 역사상 그 主線은 도과법의 전승사라 할 수 있다. 그러므로 살가파의 역사와 敎法 전승사는 탁미에서 시작해야 한다. 또한 그는 고승을 가르치는 유명한 上師이다. 살가파를 창시한 貢卻傑布·겔룩파의 祖師 瑪爾巴大師·父續『密集』의 주요 전파인인 桂譯師·寧瑪派 형성의 주역인 고승 索布切 등이 卓彌譯師를 스승으로 모시고자 찾아왔다. 그 중 昆貢卻傑布는 卓彌譯師가 창도한『勝樂』위주의 敎法을 전면적으로 계승했다. 특히 貢卻傑布는 卓彌譯師에게 傳授한 道果法을 크게 발전시켰다. 貢卻傑布는 형의 권고에 따라 卓彌譯師에게 가서 법을 배우기로 했다. 가는 도중에 欽譯師라는 大德을 만나 우선 그에게서 新密法을 배우기로 하였다. 貢卻傑布는 欽譯師에게 請求授予喜金剛灌頂을 청구하고 密續을 배웠다. 그런데 학업이 다 끝나기 전에 불행히 欽譯師가 사망하였다. 貢卻傑布는 할수 없이 직접 後藏拉堆地方의 聶穀隆寺로 가서 卓彌譯師에게 배움을 청하였다. 貢卻傑布가 卓彌譯師에게 배우기 전에 欽譯師에게 미처 배우지 못한 喜金剛密續을 계속 가르쳐 줄 것을 청하였다. 그 후 貢卻傑布는 큰 사례를 하고 완전한 大寶經論을 청하였다. 그밖에 특별히 道果法을 전수 하였다. 그로 인해 貢卻傑布는 卓彌譯師의 제자 중 가장 우수한 敎法 계승자가 되었다. 貢卻傑布가 40세이던 1073년, 지금의 後藏 仲曲河 穀邊의 波布日山脚의 회백색 토지에 薩迦寺를 지었다. '薩迦'는 '灰白色 土地'라는 뜻이다. 한편 이 말은 '吉祥之土'라는 비유어이다. 貢卻傑布는 살가사에서 昆氏 가족 위주의 신도들에게 新密法을 전수하기 시작했다. 또한 道果法으로 密法傳承의 새로운 敎法 계통을 건립하여 마침내 살가파가 형성되었다. 수많은 학자들이 살가사 담장 등에 紅·白·藍 세 가지 색을 칠하여, 속칭 '花敎'라는 이름도 생겼다.

로 칠하였기에 '화교花敎'라고도 부른다. 이 세 줄은 '삼호주三怙主'라 하여 각각 문수·관음·금강수金剛手보살로 상정된다.

관세음보살은 '자비'와 '지혜'의 상징으로, 대승불교뿐 아니라 민간신앙에서도 중요한 지위를 차지한다. 문수보살은 '문수사리동진文殊師利童眞'·'유동문수보살孺童文殊菩薩'이라고도 하는데, 반야경전류와 관계가 깊어 '대지문수사리보살大智文殊師利菩薩'이라고도 한다. 지혜를 상징하며 몸은 자금색이고 동자의 모습이다. 머리에 오계관五髻冠을 쓰고 오른손에 금강보검(智能之利를 표시)을 들고서 마군을 참하고 일체 번뇌를 끊을 수 있다. 왼손에는 청련화를 들고 있는데 꽃 위에 금강반야경권보金剛般若經卷寶가 있어 무상지혜를 갖추고 있음을 상징한다. 사자를 타고 있는 것은 위맹을 상징한다. 일반적으로 문수사리보살이라 부르며 '법왕자法王子'라고도 한다. 보현보살과 함께 석가불의 협시(怙侍)로 간주되며, '불지佛智·불혜佛慧'를 갖추고 있다.

금강수金剛手는 티베트어로 '흡나다걸恰那多傑'로, 금강부에 속하며 손에 금강저를 들고 있다. 대세지보살의 '분노화현忿怒化現'으로, 큰 힘을 가지고 있어 '대력존大力尊'이라고도 한다.

살가파는 가장 이른 신역 밀주파密咒派로, 아티샤(阿底峽, 982~1054년)가 티베트에서 활동하고, 갈당파嘎當派가 흥성하던 시기에 창립되었다. 살가의 곤교결포袞喬傑布는 아티샤의 대표적 제자(桂枯巴拉孜)에게서 현교를 학습하였다. 그의 아들 곤갈영포袞嘎寧布[43]는 승려들(丈底·達瑪寧布 등)에게

---

43 살가파의 사적에 근거하면, 昆·貢卻傑布는 토번의 귀족 중 하나인 昆氏家 가족의 후예이다. 특히 살가파에서 자랑하는 것은, 토번의 왕('贊普') 티송데첸(赤松德贊) 때의 대신(內相)

용수의 중관中觀과 미륵의 제 논을 학습하였는데, 이로 보아 살가파에 대한 갈당파의 영향이 매우 컸음을 알 수 있다.

그러므로 살가 교법은 곧 갈당파의 종현입밀從顯入密의 교수법을 포함하고 있으며 살가파의 유명한 요문要門인 도과는 현교를 기초로 하고 밀법을 구경究竟의 법문으로 한다.

살가파는 현교 경론의 번역과, 야외 교리문답인 변경辯經(辯論)을 중시한다. 현교에는 두 개의 전승이 있는데, 하나는 유식견唯識見을 창도하여 법상학을 전수하고 또 하나는 제법공성諸法性空을 주장하여 중관학을 전교하는 것이다.

밀교에서는 '살가 13금법'(13種 不越外圍의 金法)의 '도과법道果法'('深法寶訓 道連同果法'을 줄인 말)이 아주 독특한 교법이다. 살가파의 교의 중 가장 중요한 도과법은 '보훈寶訓'이라고도 한다. '도과법'에 의하면 불법 수습에 3단계가 있다. 첫째는 '비복非福'(악업을 짓는 것)을 버리는 것이다. 또 전심으로 선을 행하면 다음 생에는 삼선취三善趣에 태어날 수 있다고 한다. 둘째는 '我執'을 단멸시키는 것이다. '셋째는 '일체견一切見', 즉 '단견斷見'과 '상견常見'(일반인의 견해)을 제거하여 중도를 통해 지자智者의 경계에 도달할 수 있다는 것이다.

살가파 승려는 결혼을 금하지는 않지만, 단 아이를 낳은 후에는 다시 여인과 접하지 않는다. 그들은 홍색의 연화상蓮花狀 승관僧冠을 쓰고 홍색

昆班塊切의 아들·吐蕃 왕국시기의 7覺士의 한 명인 昆魯意旺布松으로, 그는 昆氏 가족 중 처음 출가한 승려이다. 또한 티베트불교사에서 최초의 출가자 중 하나이다. 이 설명에 의하면 昆氏 가족은 오래전부터 닝마파(寧瑪派)를 신봉하였으며, 티베트불교의 형성과 발전에 중요한 공헌을 하였다. 昆氏는 款氏라고도 표기 하는데 두 가지가 티베트어의 음차이므로 이 책에서는 昆氏로 통일한다.

가사를 입는다.

살가파는 혈통과 법통 두 가지로 전승되는데 화교의 교파를 체계화하는 과정에서 이른바 '살가조祖'가 출현하였다. 살가파는 곤씨昆氏(款氏) 가족으로 세대상전하는 전승방법을 채용하였다. 대표적 인물이 파스파이다.

4조인 살가 반지달(1182~1251년, 사캬 판디타, Sakya Pandita)이 1247년에 원 활단闊端의 초대로 양주涼州(甘肅省 武威市)에 가서, 이른바 양주회담을 통해 토번의 귀속을 협의하였다. 그 후 살가 반지달은 티베트 각 지역에 연락하여 몽골에 귀순하게 하였다.

한편 그는 대학자('반지달')이기도 한데, 저서로는 『삼율의론三律儀論』・『정리장론正理藏論』・『현철입문賢哲入門』・『악기적론전樂器的論典』・『수사학修辭學』・『성명학聲明學』・『살가격언薩迦格言』 등이 있다. 그 중 『삼율의론三律儀論』이 가장 대표작으로 살가파 승려들의 필독서가 되었다.

살가 반지달은 1251년 11월 14일, 70세로 양주 환화사幻化寺에서 사망하여 백탑사白塔寺에 안치되었다. 살반의 입적 후 17세의 조카 파스파(1235~1280년, 八思巴, Phagpa Gyaltsen)가 5조가 되어 티베트의 정교를 담당하였다.

파스파

파스파는 살가파 제5대 조사로 속성은 곤씨昆氏이다. '쵸겔 팍파', '사파思巴', '파극사파帕克斯巴'라고 부르는데 본명은 '라탁견찬'로 '혜당慧幢'이란 뜻이다. 토번 앙인현昻仁縣 노공魯孔에서 태어났다. 어려서 부친을 잃고 백부인 살가를 따라 불학을 공부하였는데 매우 총명하였다 한다.

7세에 이미 경교經教 10만언을 통독하고 그 대의에 통하였다. 9세에 승려들의 모임에서 『희금강속제이품喜金剛續第二品』을 강설하여 대중의 탄복을 받고, '팔사파八思巴'(神童)라 불렸다.[44] 자라면서 많은 책을 읽어 '반미달班彌怛(즉 班智達·대학자)'로 불렸다. 10세 무렵 백부를 따라 몽골왕과의 담판을 위해 양주로 가서, 이후 토번의 역사적 변환에 주역이 되었다.

17세인 1251년 말에 백부 살가 반지달에게서 법라法螺와 의발을 전수받고, 교법教法과 제자들을 물려받으며 5대 조사가 되었다.

19세이던 1253년, 쿠빌라이에 의해 상사上師로 봉해지고, 임조에서 쿠빌라이 부부 및 그의 25명 가족을 위해 밀교의 희금강관정喜金剛灌頂 의식을 거행하였다. 쿠빌라이는 그에게 관정의 공양으로 많은 재물을 봉헌하였다. 1255년에 토번으로 갔으며 얼마 후 상도上都로 갔는데, 당시 불교와 도교간의 교리상의 동이와 우열을 겨루는 논쟁에 참여하였다

1251년에 헌종은 선승 해운海雲과 이지상李志常을 불도의 대표로 임명하였다. 이지상은 『화호경化胡經』의 도해서圖解書인 『노자팔십일서도老子八十一書圖』를 저술하여 노자가 서역에 가서 붓다를 교화했다고 주장하며 불교측과 오랜 논쟁을 하였다. 헌종은 1255년에 공개토론회를 개최하였고 불교측이 승리하였다. 1256년에는 불교를 손바닥에 유교·도교·기독교·이슬람교 등을 손가락에 비유하였다.[45]

헌종의 아우 쿠빌라이는 1258년, 상도(카라코룸)의 궁전에 불교와 도교의 대표 각 17명씩 초대하여 불도변론회佛道辯論會를 개최하였다. 23세의 파스파를 대표로 한 변론에서 불교쪽이 크게 승리하면서, 파스파는 더더

---

44 『元史』 卷4, 「世祖本紀」 中統元年 乙巳.
45 『대정장』 52, 「辯僞錄」 권3, 770下.

욱 쿠빌라이의 존숭을 받았다. 당시 도교측에서는 자신들의 변론실패를 인정하여, 17명 모두 삭발 출가하고 『도덕경』 외의 책은 모두 없애고 도관을 사찰로 바꾸기도 하였다.

1260년 3월, 쿠빌라이가 상도에서 칭제하고 즉위하면서 파스파를 국사國師로 책봉하고 옥인玉印을 하사하여 모든 승려들을 통령하게 하였다. 1264년에 대도(현 北京)로 천도하고 총제원總制院[46](후의 宣政院)을 설치하여 파스파에게 전국 불교 사무 및 토번 지역의 행정을 관리하게 하였다. 파스파는 국사의 신분과 총제원 원사院使를 겸임하며 원 정부의 일품—品 대원大員으로 대도에 머물게 되었다. 이후 대도에서 한족·몽골족·서하·고려·대리大理·위구르 출신 4천 여 명이 파스파에게 삭발 수계하는 등 불교가 널리 흥하였다.

이어 파스파는 1265년에 토번으로 돌아가 살가사를 중창하기 시작하였다. 그는 불상과 영탑靈塔을 새로 조성하고, 금즙으로 대량의 대장경 중 강주르부(甘珠爾部)[47]를 서사하였다. 1268년에는 토번의 13만 호를 살가파가 통치하는 정교합일의 지방 정권을 건립하였다.

또한 파스파는 1270년에는 황제의 명으로 산스크리트와 티베트 글자를 사용하여 몽골 글자(蒙古新字, 즉 八思巴字)를 창제하였다. 쿠빌라이는 그것을 전국에 반포하여 관방官方 문자로 삼아 '몽고신자학蒙古新字學'을 성립시켰다. 이것은 원의 국위를 높였을 뿐 아니라, 원대에 시작된 티베트

---

46 총제원은 元朝가 전국의 불교와 토번의 政教를 관리하기 위해 설립한 기구로, 1288년에 宣政院으로 개칭하였다.

47 강주르[gān zhū ěr]는 티베트어 bka'-'gyu의 음역으로 '佛語部'를 의미한다. 티베트 대장경은 강주르와 탄주르 2부로 나뉘는데, 강주르부는 경·율·탄트라를 모은 것으로 '正藏'이라고도 한다. 1천여 부로 구성된다. 또 논소류를 모아 '丹珠爾'라 하는데 한역하면 '副藏'이다.

본과 한문본 대장경의 대조, 경전의 몽골어 번역을 가능하게 하였다.

쿠빌라이는 1271년, 국호를 '大元'으로 정하기 전에 다시 파스파에게 관정을 받았고, 파스파에게 '황천지하대지지상서천불자화신불타창제문자보치국정오명반지달팔사파제사皇天之下大地之上西天佛子化身佛陀創制文字輔治國政五明班智達八思巴帝師'[48]라는 봉호를 내렸다.

이상과 같이 파스파를 시작으로, 원의 황제가 매년 살가파에서 고승한 명을 인선하여 제사帝師로 삼는 제도가 성립되었다. 제사는 종교, 문화 등의 방면에서 활동하며 황제의 존숭을 받았다. 파스파는 뛰어난 자질과 백부의 적극적 교육으로 정치적으로는 물론 종교적으로도 각 종파의 지식에 정통한 고승이 될 수 있었다.[49] 파스파는 1277년에 시가체 나탕사(納塘寺) 인근의 곡미인마曲彌仁摩에서 7만 명의 승려를 모아 '곡미曲彌법회'라 불리는 성대한 법회를 거행하였다. 1280년에 파스파는 살가사 라캉라장(拉康拉章)에서 46세에 입적하였다.

1320년에 인종은 충선왕의 반대에도 불구하고 전국의 로路에 팔사파제사전八思巴帝師殿을 세워 그를 공신으로 기념하게 하였다. 파스파의 입적 후에도 제사의 직위는 살가파 고승에게 연속, 임명되었다. 파스파의 동생(仁欽堅贊), 조카(達瑪帕拉熱噶斯塔)를 이어 익서인흠益西仁欽 등 10 제사가 있었으며 원의 멸망과 함께 이 제도도 사라졌다.

---

48 大都 瓊花島 廣寒宮 傳出(皇天之下大地之上西天佛子化身佛陀創制文字輔治國政王明班智達八思巴帝師). 경화도는 북경 北海 太液池 남부에 있는 섬으로, 金代에는 瓊華島, 元代에는 萬壽山(혹은 萬歲山)으로 불렸다. 1651년에 꼭대기에 白塔을 세워 白塔山이라고도 한다. 瓊華島·瓊島라고도 하는데, '瓊華'는 '화려한 美玉'이라는 뜻이다.
49 『西藏王臣記』, '幼而穎悟 長博聞思 學富五明 淹貫三藏.'

2) 파스파와 살가사

파스파는 쿠빌라이에 의해 '국사國師'·'제사帝師'·'대보법왕大寶法王'에 임명되며 원조 중앙의 고급관리가 되었다. 1267년에는 티베트에 살가파 정교합일 정권을 건립하여, 원의 지지하에 살가파 세력이 크게 증가하였다. 살가파 사원 및 세력이 강구康區와 안다安多 각지로 파급되어 원 황실에도 큰 영향을 미쳤다.

이로써 살가파는 티베트의 대표적 통치 조직이 되었고, 1279년 이후 원의 티베트 관리의 행정적 기초가 되었다. 파스파는 원의 불교계에서 가장 대표적인 인물이며, 그가 창건하거나 머물렀던 사찰은 당대 최고의 황실 후원 사찰이었다.

살가사는 서장西藏 시가체(日喀則, Xigaze)의 살가현薩迦縣에 있으며 회백색의 본파일산奔波日山에 지어 '薩迦寺'란 명칭을 얻었다. 살가사는 시가체에서 서남쪽 약 130Km 지점의 살가현 충곡하沖曲河의 북쪽 산비탈의, 40여개 건축으로 구성된 대규모 사찰이었다. 살가사에는 대량의 원대 벽화와 경전, 조각 등이 있어 제2의 돈황으로 불린다.

살가사 불전 뒤의 장경고藏經庫는 이른바 '지혜의 저존고儲存庫'라 하여, 4만여 권의 경장이 보관되어 있다. '불교의 진보珍寶'라 불리는 대량의 패엽경과, 파스파가 활동하던 시기에 토번 세 지역(衛·藏·康)의 승려들이 금즙·은즙·주사朱砂·보석과 먹물 등을 사용하여 초사抄寫한 것들이다. 특히 금즙으로 사경하여 '보중지보寶中之寶'로 불리는 1부部의 방경方經이 유명하며, 각종 희귀본과 진본 경서를 많이 수장하고 있다.

살가사는 처음에는 남사南寺, 북사北寺로 나뉘었으며 계속 증축, 보수되었다.

(1) 북사

　북사는 충곡하 북쪽 기슭의 본파일산에 있는 대규모 사원으로, 1079년에 창건을 시작하였다. 주요 건축물로는 오자烏孜 라캉拉康·웅아雄雅 라캉·강가剛嘎 라캉 등이 있었으나 문화대혁명 시기에 대부분 파괴되었다. 남은 유적지로 전성기 때의 건축양식과 규모를 짐작할 수 있다.

　살가파(花敎)를 창시한 곤·공각걸포(1034~1102년)가 40세인 1073년에 신밀新密을 전수하기 위해 창건한 살가활포薩迦闊布가 북사의 전신이다. 당시 북사의 규모는 아주 작고 간단했다.

　공각걸포는 처음에는 닝마(寧瑪)교법을 공부하다가 나중에 탁미역사에게 '도과법'을 배운 후 이 절을 창건하고는 무리를 모아 도과를 널리 펼쳤다.

　이렇게 공각걸포가 북사의 중심이 되어 신밀법을 전수하기 시작하여, 차츰 도과법으로 밀법을 전승하는 새로운 교법 계통이 건립되었다. 처음에는 곤씨 가족 위주로 신도가 구성되며 살가파가 형성되었다. 그는 수행처(拉章夏)를 창건하고 '오자영마烏孜寧瑪' 대전, 호법신전, 장서실 등을 창건하였다.

　원대에는 오자영마 대전 서쪽에 기둥이 여덟 개인 배전配殿을 세우고 속칭 '오자살마전烏孜薩瑪殿'이라 했다. 후에 역대 살가법왕들이 차례로 건물을 세워 거대한 건축군이 형성되었다. 그러다 13세기 중엽부터 북사는 살가 왕조의 수도로, 토번의 정치, 경제, 문화, 군사의 중심이 되었다.

(2) 남사

남사는 파스파가 대도로 가기 전에 본흠本欽[50] 석가상포釋迦桑布에게 명하여 창건하게 하였다. 본흠은 티베트인을 대거 동원하여 1268년에 남사를 창건하기 시작하였다. 전체 모습은 정방형에, 큰 '회回'자 안에 작은 '회回'자의 구조물이며 성문은 '공工'자형이다. 성벽은 자홍색 바탕에 흑·백 두 색의 줄이 있다. 이것은 살가파의 주요 표시로, 자홍색은 문수보살을, 검은색은 금강호법신을, 흰색은 관음보살을 상징한다. 3색이 꽃을 이루어 속칭 '花敎'라고도 한다.

남사의 중심 건물은 대경당大經堂으로 높이가 10m 정도이다. 당내에는 40개의 기둥이 있으며, 중간의 네 기둥이 특히 굵다. 각각 '원조황제주元朝皇帝柱'(쿠빌라이가 세웠다는 기둥)·'맹호주猛虎柱'(맹호 한 마리가 지고 왔다고 전함)·'야우주野牛柱'(야크가 뿔에 싣고 왔다고 함)·'흑혈주黑血柱'(바다의 신이 가져왔다는 피를 흘리는 기둥)라 한다. 그것을 4대 명주名柱라 하여 '가납색흠알와加納色欽嘎瓦'라 부르는데 '원 황실에서 보낸 기둥'이라는 뜻이다.

대경당의 북쪽면을 '감동랍강嵌東拉康'이라 하는데 그 안에는 역대 법왕의 은피영탑銀皮靈塔 11좌가 잘 보존되어 있다. 대경당 남측을 '포강蒲康'이라 하고, 그밖에 살가 법왕의 사무 처리장소인 '칙금랍강則金拉康'과 승방 등이 있다.

---

50 '本欽'은 元代 티베트 살가 지방정권의 수석 관원으로, 파스파가 1265년에 티베트로 돌아가 행정체제를 설립하며 만든 관직이다. '本欽'의 뜻은 '大官'으로 몽골제국의 '大斷事官'제도에 해당된다. 본흠은 제사의 천거로 황제가 임명하고, 印章·詔書를 내렸다. 본흠은 제사 혹은 薩迦座主의 명을 듣고 오사장烏思藏 지역 13만 호의 각종 사무를 관장하였다. 또 살가파의 사찰 창건, 탑상 조성 등을 담당했다.

대경당의 벽에는 금즙·주사 등으로 쓴 경서『감주이甘珠爾』·『단주이丹珠爾』등이 있으며, 2층 장서실 '패죽강貝竹康'에는 티베트 의학서적, 다량의 역사·천문·지리·역산·문학 및 위인전기 등의 서적이 있다. 천년이상 된 범문 패엽경 3천여 개가 있으며 매우 정밀한 벽화가 많다. 살가사에 그려진 원대의 벽화만도 3천여 폭 1만㎡ 이상이 남아 있다고 한다. 또한 삼세불·살가반지달·파스파 소상이 유명하며, 만다라 벽화도 130여 폭이 남아 있다.

1만 명의 승려를 수용할 수 있는 살가사에는 원 정부로부터 받은 봉고封誥·인새印璽·관대冠戴·복식, 송원이래의 각종 불상 2만여 점·법기·자수·공품·자기 및 법왕의 유물 등이 많이 있다. '대명영락년시大明永樂年施'라는 관지款識가 있는 동불銅佛도 수십 구에 이른다. 특히 '공포고여貢布古如'(인도에서 온 불상)·'낭결곡단朗結曲丹'(神水가 계속 나오는 탑)·'문수보살상'·'옥카모도모상玉卡姆度母像'(파스파가 공봉한 본존불)을 네 가지 중요한 보물이라고 한다.

쿠빌라이가 파스파에게 보낸 흑목 상자와 그 안의 큰 백피해라白皮海螺도 유명한데 종교적 길일에만 꺼내어 고승에게 불게 한다. 살가사에 수장된 탕카도 약 3천여 점이 있는데, 송·원·명대의 진귀한 것만도 360여 점에 이른다. 벽화의 예술적 가치도 뛰어난 것이 많은데 파스파가 원을 왕래한 내용, 대도에서의 수봉受封 장면 등을 그려 역사적 자료가 되기도 한다. 살가사에는 살가 반지달의 가사 한 벌과 신발들이, 또 파스파의 유물로 양모涼帽 하나와 신 세 켤레가 있다. 이밖에 원의 중요한 무기류도 전한다.

원은 13세기부터 살가지방에 살가파 중심의 정권을 세워 약 백년간 티베트를 통치했다. 원의 제사 달마파라達瑪巴拉[51]는 대도에 토번·한족·인도·서역의 명승을 소집하여 범본과 장한문藏漢文 불교대장경전佛教大藏經典을 대조하여 3년 만에 『지원법보감동총록至元法寶勘同總錄』을 편찬하였다. 이것이 『장문대장경藏文大藏經』 편정編定과 인각의 기초가 되었다. 살가사는 지금도 티베트불교 사원 중 장서가 가장 풍부한 사원의 하나이다.

살가사는 1324년에 4개(細脫·仁欽崗·拉康·都卻) 라장拉章으로 나뉘었고 백성과 토지도 그에 따라 분할되었다. 세력은 나날이 쇠약해졌으며 이와 동시에 살가파 내부에서 갈등도 생겨났다. 원대 이후 살가파 안에서 3개 지파(俄爾·貢噶·察爾)가 출현했다. 살가파의 주요 사원으로는 사천성 덕격德格의 공흠사貢欽寺, 칭하이 옥수玉樹의 결고사結古寺, 칭다현稱多縣의 시장사示藏寺, 토번 임주林周의 나란타사那爛陀寺, 석금錫金의 결채사結蔡寺 등이 있다.

명 성조 대에 살가 수령이 대승법왕大乘法王으로 책봉되고 살가파는 겨우 살가 부근의 작은 영지만 갖게 되었다. 살가파는 14세기 이후에는 그 권력을 상실했으나, 살가 법왕이 일부 영지에서 1959년까지 세습되었다.

충선왕이 유배를 간 살가사는 당시 티베트 불교의 중심지였다. 왕장의 경우, 형식으로 보면 일반적인 유배와 달리, 승려의 신분으로 당시 원에서 가장 중요한 사찰 중 하나인 살가사에 유학을 보낸 것이었다. 살가사

---

51 『元史』에서는 達瑪巴拉(1268-1287년)을 答兒麻八剌乞列, 答耳麻八剌合吉塔이라고도 한다. 부친은 恰那多傑·丹坎卓本이다. 1280년(至元17)에 살가사 주지가 되었고 1282년에 대도에서 쿠빌라이를 만나서 梅朵熱哇에 주석하였다. 후에 대도에 큰 사찰과 水晶塔을 세웠다. 그 해 12월에 帝師에 임명되어 玉印을 받고 諸國의 釋教를 담당하였다. 1287년에 토번으로 돌아가는 도중에 朵甘思哲明達지방에서 사망하였다.

는 몽골제국에서 가장 존경받는 승려인 파스파의 출가 사찰이자 입적 사찰이기도 하다. 당시 토번은 정교일치가 행해졌기에 그곳은 정치와 종교의 중심지였다. 또한 수많은 경전이 보관된 최고 수준의 사찰이었다. 살가사의 명성은 이후 많이 쇠퇴하였으나, 다량의 경전이 지금까지도 전한다.

인종이 사망하자 영종과 그 측근세력들이 충선왕을 체포하여 토번으로 유배시켰다. 충선왕의 토번 행을 취재한 다큐멘터리[52]에서, 살가사의 한 승려가 소중히 보관하고 있는 탱화를 꺼내 보이며, 14세기에 고려의 충선왕이 아들과 함께 살가사에 왔다고 한다. 그 탱화에는 당시 주지의 이름이 적혀 있으며, 충선왕으로 지목된 인물은 원 귀족의 모습으로 묘사되어 있다.

만일 그가 정말 왕장이라면, 이때의 아들은 친 아들이 아니라, 아마 양아들 왕후王煦일 것이다. 그런데 왕장의 유배행이 정해지자 양자인 왕후가 영종에게 자신을 대신 보내줄 것을 눈물로 호소하였지만, 받아들여지지는 않은 것으로 보아 탱화속의 인물은 왕장이 아닐 수도 있다. 충선왕의 아들이 유배행에 동행했다는 기록도 없고, 또한 충선왕의 유배 상황을 고려해 볼 때 귀족보다는 승려의 모습으로 지냈을 것이다. 왕장과 비슷한 시기에 살가사에 주지하던 남송의 공제도 역시 출가자의 모습이었을 것이다. 그에 대해서는 후술한다.

---

52 KBS HD역사스페셜 - 고려 충선왕, 티베트로 유배된 까닭은 / KBS 2006.2.17 방송 참조.

3) 살가사 유배

『고려사』에 의하면 왕장은 최종 유배지인 살가사를 향하여 46세인 1320년 12월에 대도를 떠났다. 다음 해 7월에 서번西蕃의 독지리獨知里에 도착했으며 이어 10월 6일에 유배지인 살가(撒思吉)에 도착하였다. 대도를 떠난 지 10개월 만이었다. 라싸에서 자동차로 약 9시간 걸리는 살가는 13, 14세기 토번의 정치, 종교의 중심지로, 살가파는 당시 4대 티베트 불교 중 하나이었다.

『고려사』에 의하면 당시 충선왕을 수종하던 신하들은 대부분 유배길이 위험하다고 보고, 심지어 사저에 머물던 재상 최성지崔誠之[53] 등은 도망가 버렸다. 다음은 그의 묘지명의 일부로, 이 사건과 관련 있는 부분만 살펴본다.

> 「추성양절공신 중대광 광양군 최공 묘지명 병서」
>
> 완산 최씨는 (중략) 춘궁 관원으로 뽑혀 德陵을 따라 원 나라에 조회하러 갔었는데, 執政들이 덕릉을 기피하고 미워하여 온갖 계책으로 가도록 유도하니, 공이 웃으면서 말하기를 '곤궁과 영달이 하늘에 달린 것이니, 이해에 동요됨은 선비가 아니다.' 하였다.
>
> 대덕 말년에 皇大弟를 협조하여 내란을 평정하고, 무종황제를 옹립하여, 공이 항상 좌우에 있으면서 일을 도왔으나 아무도 몰랐다. (중략) 덕릉이 토번으로 갈 때, 공의 아들 문도文度가 난을 듣고 달려

---

[53] 최성지의 묘지명에 의하면 최성지는 왕장이 유배를 떠나자 아들과 함께 關西(函谷關 서쪽)까지 쫓아갔으나 만나지 못하고, 임조에서 반년 간 머물다 돌아왔다고 한다.

가다가 도중에서 공을 만나 함께 關西까지 뒤따라가는데, 중 圓明의 배반으로 말미암아 中南에서 군사에게 막혀 전진하지 못하였다. 사태가 안정되어 隴西를 넘어 臨洮에 닿았는데, (중략) 임조에서 반년을 머무르다 돌아오게 되었다.

이때 본국 사람들이 파당을 지어 서로 호소하므로, 원 나라 조정에서 內地처럼 省을 세우기로 의논했었는데, 공이 전 宰相 金廷美·李齊賢 등과 글을 올려 利害를 진술하여, 마침내 그 의논을 중지하게 하였다. (후략)[54]

덕릉이 西蕃으로 귀양가 있을 때에, 춘헌이 광양군을 받들고 洮隴으로 달려가 위문하였는데 왕복이 만리였지만 온화한 몸가짐과 기쁜 얼굴로 더욱 공경하였으므로, 광양군이 편안하기가 집안에 있는 것과 같았다.[55]

최성지는 본관이 전주이고 약관 전에 과거에 급제할 만큼 문재가 뛰어났다. 충선왕이 1차 즉위 후 왕위를 뺏기고 원에 가던 1298년에 동행(33세)하였으며 충선왕의 저택에 함께 살았다.

이어 『고려사』 충숙왕 5년(1318) 정월 기사일 기사에 의하면, 그는 대제학으로, 천추절을 축하하기 위해 원에 파견되었다.

그런데 최성지는 충숙왕 7년(1320) 12월에 상왕이 토번으로 유배 갈 때

---

54 『익재집』, 『익재난고』7, 「유원 고려국 匡靖大夫都僉議參理上護軍春軒先生崔良敬公의 묘지명」(崔文度墓誌銘幷序).
55 『익재집』, 『익재난고』7, 「유원 고려국 匡靖大夫都僉議參理上護軍春軒先生崔良敬公의 묘지명」(崔文度墓誌銘幷序).

재상의 신분으로 호종하여 가던 중 종적을 감추었다. 그는 충선왕 때에는 원나라에서 수시역법을 배워왔으며, 충목왕 2년(1346)에는 강보姜保가 수시력의 계산법을 정리하여 「授時曆捷法立成」을 간행하였다.

박경량은 이미 금산사에서 자살하였으며 권한공은 당시 고려에 있었다. 따라서 보문각 박인간·전前 대호군 장원지張元祉·김심金深·김이金怡(1265~1327년)·방연方連·방원方元 등 겨우 18명이 왕을 설역고원雪域高原까지 호종하였다.

김심은 1313년에 권한공, 최성지, 박경량 등을 축출하려다가 오히려 감숙성 임조로 유배를 갔던 인물이다. 그는 5년 만에 유배에서 풀려났지만 다시 왕장의 유배길에 동행한 것이다.

설역고원은 청장고원青藏高原(Qinghai-Tibet Plateau)을 말하는데, 세계에서 해발고도가 가장 높은 고원이다. 이 고원은 히말라야산맥의 남쪽에서 시작하여 북으로는 곤륜산昆侖山·아이금산阿爾金山·기련산祁連山 북부에 이르고, 서부로는 파미르고원과 카라코룸산맥, 동으로는 진령산맥秦嶺山脈 서쪽과 황토고원에 접한다.

일행은 온갖 고통을 다 겪으며 그 길을 갔으며,[56] 고려에서 왕장 일행의 여비를 마련하기 위해 설치한 반전도감盤纏都監에서 보낸 돈과 이능간李凌幹의 도움으로 생활을 유지할 수 있었다.[57] [58]

---

56 『고려사』卷34, 世家34, 「忠肅王世家一」, '十二月 戊申 帝以學佛經爲名, 流上王於吐蕃撒思結之地. 去京師萬五千裏, 隨從宰相崔誠之等皆逃匿不見, 唯直寶文閣樸仁幹·前大護軍張元祉等, 從至流所.'

57 『고려사』卷34, 世家34, 「忠肅王世家一」, '庚戌 遣張沆·尹莘系獻盤纏於上王.……五月 己醜 遣前僉議評理金怡如元, 獻盤纏於上王……丁酉 遣僉議評理趙雲卿, 獻盤纏於上王.'

58 『고려사』卷110, 列傳23, 「諸臣傳·李凌幹」, '及王竄吐蕃, 凌幹懷金, 潛附驛吏獻王, 王及

고려와 원 양국의 정치는 긴장관계에 있었으며 1321년에는 아들인 충숙왕 왕도도 원으로 잡혀가서 충선왕의 유배길에 도움을 줄 수 없었다. 충선왕은 살사길에 도착한 후 최유엄崔有淹·권부權溥 등의 고려 대신에게 편지를 보내어, 영종에게 자신을 빨리 석방시켜 줄 것을 부탁하게 했다.[59] 또한 그는 자신의 심복 권한공權漢功에게 자신의 고통을 토로한 시를 보내었다.

> "독기가 어린 오랑캐 땅 예부터 이름 들었으나, 서울 떠나 몇 만 리인지 알지 못하겠네.
> 꿈결인양 온갖 고초 두루 겪어 보고나니, 그대 생각 그리운 정 잊지를 못하겠네."[60]

그러나 권한공은 충선왕을 배신하고, 왕호와 결탁하여 충숙왕의 폐위를 도모하였다.

　　從臣, 賴以不乏.'

59 『고려사』卷34, 世家34, 「忠肅王世家一」, '上王寄書崔有渰·權溥·裵挺·李瑱·許有全·金賆·趙簡等曰, "予以十月六日到吐蕃撒思結. 似聞帝許予還國, 其言若實, 公等無以爲念. 不然, 與柳淸臣·吳潛議, 以高王之於聖武, 元王之於世皇, 率先歸附, 佐運樹功, 先考忠烈王得尙公主, 予於帝室亦有微勞之意, 表請於帝, 奏記丞相, 俾予無久於此'

60 『고려사』卷125, 「列傳」第38, 「奸臣傳·權漢功」, '瘴煙蕃地舊聞名 未識離都幾萬程 夢裏備嘗艱險了 思君況乃不勝情.' ; 『고려사』35, 충숙왕 8년 7월.

4) 송 공제와 충선왕

충선왕이 살가사에 있을 때 송의 황제였던 공제恭帝 조현趙顯(1274~1276
년 재위)이 살가사에 주지하였던 것으로 보인다. 일설에 의하면 조현은 원
순제의 생부로도 알려져 있다. 충선왕과 공제는 각각 왕위와 황위에 있
었지만, 비슷한 시기에 비슷한 이유로 출가 하여 토번의 살가사에 머물
렀던 것이다.

쿠빌라이에 의해 임안臨安(杭州)이 점령당하고, 남송 황제 공제 등의 모
든 종실은 대도로 압송되었다. 조현의 부친은 도종度宗, 모친은 전全 황후,
형은 단종端宗이며 아우는 송의 마지막 황제 조병趙昺이다.

쿠빌라이는 조현을 영국공瀛國公으로 봉하고, 원의 공주를 배필로 삼게
했다. 1283년에는 조현을 상도[61]에 거주하게 하였다. 1288년 10월, 18세
의 조현은 문득 불교에 흥미가 생겼고 쿠빌라이는 그를 살가사薩迦寺로
보내어 출가시켰다.[62] 조현은 12월에 길을 떠나 타스마(脫思麻)를 거쳐 토
번(烏思藏)으로 들어갔다. 그의 모친 전황후도 비구니가 되었다.

조현은 고승이 되어 살가사의 총지總持를 담당하였고 토번의 불학대사
佛學大師가 되었다. 또한 그는 『인명입정리론因明入正理論』・『백법명문론百法
明門論』을 번역하여 티베트불교사에서 저명한 번역가의 일인으로 인정받

---

61 한편 인종 대에 충선왕을 따라 원으로 간 권한공은 상도에 영국공의 고택이 여전히 있는 것
   을 보고 「瀛國公第盆梅」를 썼다. 『東文選』卷21, '玉瘦瓊憔意未平, 出塵仙骨更輕盈. 細看
   不足春風面, 萬里明妃雪裏行.'
62 釋念常, 『佛祖歷代通載』, '宋主以王位來歸 學佛修行. 帝大悅 命削髮爲僧寶焉.' ; '至治三
   年四月, 賜瀛國公合尊死於河西, 詔僧儒金書藏經.'

는다. 그는 속표지(扉頁)의 제자題字에서 자신을 '대한왕출가승인합존법보 大漢王出家僧人合尊法寶'라 하였다. 살가사에서는 그를 '합존合尊'이라 불렀다. 왕실 출신으로 출가한 승려에 대한 존칭으로, 티베트말로 '天神가족의 출가인'이라는 뜻이다. 조현이 살가사에서 받은 티베트식 법명은 '각계인흠 却季仁欽'이다. 티베트인들은 그를 '만자랍존蠻子拉尊'이라 존칭하였다. '蠻子'는 송인宋人을 말하는 것이고 '拉尊'은 출가한 왕족에 대한 존칭으로, '合尊'이라고도 한다.[63] 후에 살가사의 주지가 되었으며 한장漢藏 경전을 비교, 번역, 교정하였다. 53세이던 1323년에 정치적 이유로 피살되었다.[64]

그런데 기황후의 남편인 순제順帝[65]가 조현의 아들이라는 설이 전한다. 전설에 의하면 조현은 원 공주와의 사이에 아들 하나를 두었는데, 그 아이를 명종이 주왕周王의 신분일 때 키웠고, 그가 바로 순제라는 것이다.[66] 즉 조현이 출가하러 서북으로 가다가 우연히 주왕을 만났다. 그는 원 무종의 아들로, 당시 황제 인종의 조카이다. 주왕은 임신 중인 공제의 아내를 취하였고, 그 아이가 순제라는 것이다.

또 다른 전설도 있다. 조현이 서북으로 갔을 때 군왕郡王 아아시란阿兒廝蘭 가족을 우연히 만났고, 그에게 어린 매래적邁來迪을 주었다. 그 후 조현은 주왕을 만났고, 주왕이 임신 중인 그녀를 데려갔다. 매래적은 아들을 낳다가 죽었고, 이 아이가 순제라는 것이다. 그녀는 바로 정유휘성황후貞

---

63 索南堅贊 著, 劉立千 譯注, 『西藏王統記』, 民族出版社, 2000年 2月, p.13, p.164.

64 達倉宗巴‧班覺桑布, 陳慶英 漢譯, 『漢藏史集』, 西藏人民出版社, 1986.

65 순제의 본명 토곤테무르(孛兒只斤·安懽帖睦爾)는 몽골어로 '쇠솥(鐵鍋)'인데 유목인인 몽골인에게 매우 중요한 물건이다. '鐵鍋' 황제는 '至正帝'(연호) 혹은 태어난 기년紀年(1320년)으로 인해 '庚申帝'라고도 한다.

66 魏靑鈺, 「元順帝爲宋裔考」; 程亦軍, 「南宋少帝趙顯遺事」; 王堯, 「南宋少帝趙顯遺事考辨」; 任崇嶽, 「元順帝非宋恭帝之子考辨」; 李勤璞, 「'瀛國公史事再考'兼與王堯'南宋少帝趙顯遺事考辨'一文商榷」; (明)權衡, 『庚申外史』.

裕徽聖皇后 한록로씨(罕祿魯氏)(?~1320년)로, 명종 쿠살라(和世瑓)의 비이며, 혜종 토곤테무르(妥懽帖睦爾)의 생모이다.

무종의 아들 명종은 황위 승계에서 조모 달기 황태후와 삼촌인 인종에 의해 인종의 아들(영종)에게 황위를 빼앗기고, 주왕으로 차가타이 한국으로 망명, 중앙아시아에 머물고 있었다. 당시 주왕은 카를루크(葛邏祿)족의 추장의 딸을 비로 삼았고 그녀는 1320년에 토곤테무르를 낳다가 사망했다. 일설에는 그녀가 공제의 첩, 또는 공제의 아들의 첩이라고도 한다. 토곤테무르는 1333년에 즉위했고 1336년에 모친의 시호를 정유휘성황후 貞裕徽聖皇后라 하였다.

시기로 보아 왕장이 유배 갔을 무렵에 공제가 주지로 있었을 가능성이 크다. 두 사람은 여러 가지 면에서 공통점이 많다. 둘 다 황제, 왕 출신으로, 원에 의해 망하거나 속국이 되었다. 또한 그들은 원의 부마이며, 한학에 밝았고 불교에 정통하였다. 그래서인지 두 사람 모두 황실 사찰인 살가사로 '學佛'의 명목으로 보내어졌다.

5) 유배길의 동행자들

충선왕이 유배를 떠나자 아들 충숙왕은 상왕의 억울함을 풀기 위해 여러 가지로 노력하였다. 백관에게 연명하여 원에 상서를 올릴 것을 여러 차례 호소하였고, 동시에 승려들을 모아 민천사에서 기도도 하게 하였다.

그런데 충선왕의 토번 유배는 한편으로 심왕파의 등장을 초래하였다. 충선왕의 조카인 심왕 왕호는 그 기회를 이용해 고려왕위를 쟁취하고자, 원 조정에 있던 고려인과 결탁하여 충숙왕의 여러 가지 노력을 방해하였다. 왕호는 먼저 권한공과 손잡고, 연명 상서를 도모하던 충숙왕의 폐출을 시도하였다. 심지어 유청신柳淸臣[67]과 오잠吳潛은 상서를 올려 고려를 내지화 하는 행성을 설치할 것을 청구하기까지 하였다. 그런데 영종이 그것을 거절하여 입성론은 무산되었다. 충선왕을 배신한 신하들도 있었지만, 충선왕이 토번으로 유배 갈 때 박인간, 장원지, 오위伍尉 방연과 환관 방원 등은 끝까지 왕을 호종하였다.

(1) 박인간

박인간朴仁幹(?~1343년)은 본관이 밀양이며, 증조부는 위위주부동정衛尉注簿同正을 역임한 박홍승朴洪升이고, 조부는 검교군기감檢校軍器監을 지낸 박함朴諴이다. 부친은 밀직부사를 지낸 박화朴華이고 모친은 김제군 부인 조씨이다.

그는 직보문각直寶文閣의 직으로 충선왕을 따라 원나라로 갔다. 또한 충

---

67 柳淸臣(?~1329년)은 고려 후기의 문신이자 역관이다. 그는 한때는 충선왕의 총애를 받았으나 이후 심왕 왕호의 편을 들었다. 원 이름은 유비로, 본관은 고흥이다. 몽골어를 잘 하여 여러 차례 원에 파견되었다. 1294년에 우승지가 되었고, 1296년에는 부지밀직사사가 되어 재추의 반열에 올랐다. 1297년에는 세자 왕원의 청으로 동지밀직사사, 감찰대부에 임명되었다. 한희 무고사건에 연루되어 원에 압송되었고 1299년에 파직되었다. 이후 복직되어 도첨의찬성사가 되었다. 그는 원에 억류되어 있던 충선왕의 환국을 위해 노력하였다. 충선왕이 1307년 원 무종 옹립의 공으로 실권을 장악하자 유청신은 판군부사사로 중용되었다. 이 무렵 무종으로부터 '청신'이란 이름을 받았다. 1310년에 정승에 임명되고 고흥부원군이 되었다. 일시 강등되었다가 1313년에 다시 정승이 되어 1321년까지 재임하였다. 1320년에 충선왕이 토번으로 유배되고 다음 해에 충숙왕도 참소로 원에 소환되자 왕을 따라 원으로 갔다. 이때 왕위를 노리는 심왕 暠에게 가담하여 조적 등과 내통하여 왕을 모함하려 했다. 한편 吳潛 등과 立省策을 주장했다. 심왕옹립과 입성책이 모두 실패하고 1325년 5월에 충숙왕이 귀국하자 그는 귀국하지 못하고 원에서 죽었다. 『고려사』, 「간신전」에 수록되었다.

숙왕 2년(1315) 정월에 치러진 과거에서 장원급제하였다. 조정에서는 그 해의 합격자 세 명을 원에 보내어, 원의 첫 과거에서 외국인 대상의 제과 制科에 응시하게 했다. 그러나 모두 떨어졌고, 이후 박인간은 만권당에 머물며 학문을 하다가 충선왕의 유배길에도 동행하였던 것이다. 원 인종대의 과거는 충선왕의 도움으로 치러진 연우복과를 말한다.

충숙왕 11년(1324)에 충선왕이 유배에서 풀려나 돌아왔을 때 박인간은 지밀직사사知密直司事가 되었으며, 진성병의익찬공신盡誠秉義翊贊功臣으로 봉해졌다.

그 후『고려사』충혜왕 후2년(1341) 5월 계유일조에 의하면, 원나라에서 사신을 보내 왕의 동생인 강릉대군江陵大君 왕기王祺(공민왕)를 입조시키라는 지시를 전하였다. 그러자 박인간은 정승 채하중蔡河中, 전 첨의평리僉議評理 손기孫琦 등 30여 명의 호종 인원으로 다시 원나라로 파견되었다.

충혜왕 후4년(1343) 11월 임진일 기사에 의하면 박인간이 원나라에서 죽었는데 당시 그는 왕의 장남(元子, 충목왕)의 스승[68]으로 있었으며 관직은 판밀직사사判密直司事였다.

이제현이 그를 기리며 지은「오두백으로 박인간을 전송하다」(烏頭白送朴仁幹)라는 시가 전한다.

> 까마귀 생김새 칠처럼 검다고 사람이 볼 때마다 모두 미워하지만
> 가련한 연단의 서러움 풀어주려고 하룻밤을 애쓰고 나니 머리가
> 희어졌다네

---

68 김용선 편,「박화(朴華) 묘지명」『고려묘지명집성』, 한림대출판부, 2001.

나는 일찍이 네가 태양 속에 있다는 것도 괴이하게 생각하고

또 금모가 너를 부렸다는 말도 허망하게 여겼더니

지금에야 비로소 재잘거리는 새들 중에 일편단심 너 같은 새 없다

는 것 깨달았네

지저귀면서 날아왔다 또 날아가는데 반포하느라 우거진 숲 속에서

온갖 고생하네

들어오면 효자요 나가면 충신이니 아아 너는 새 모양을 한 사람이

네

세상사람 누가 너의 행동 따르겠느냐 차라리 사람의 옷을 네가 입

어라.[69]

(2) 방연과 방원

충선왕을 측근에서 모시던 오위伍尉 방연方連과 환관 방원方元 형제는 어려운 유배 상황에서 오랫동안 시중드는 것을 고통스럽게 여겼던 것 같다. 그들은 충선왕이 타스마(임조)로 이배를 가게 되자 왕을 시해하고 도망치려고 계획하였다. 방연·방원 형제는 밤중에 상왕의 처소에 불을 질러 왕장을 살해하려 했으나, 다행히 왕장이 불을 발견하고 급히 피하였다.

---

69 이제현, 『익재난고』 2, 『익재집』, '烏之生兮黑如漆 人之見兮心共媢 可憐解爲燕丹羞 一昔
含冤成白頭 我嘗怪汝日中處 又怪金母常使汝 今乃知啾蹌萬類中 一點丹心無汝同 啞啞
飛來復飛去 反哺林間受辛苦 入爲孝子出忠臣 嗟哉汝是禽頭人 世人與汝誰能伍 願把襟
裾換毛羽'

충숙왕 11년(1324) 3월 을묘일의 『고려사』 기사에 의하면 왕장이 유배에서 풀려난 후, 상왕이 방연·방원 형제를 형구에 채워 본국으로 압송해 순군옥巡軍獄에 수감하게 하였다.

(3) 장원지張元祉

전 대호군 장원지張元祉(?~?)는 충선왕의 토번 유배시에 박인간 등과 끝까지 왕을 호종하였다. 그 공으로 충선왕이 유배에서 풀려난 후 추충경절공신推忠勁節功臣에 책봉되었으며 또한 밀직부사密直副使에 임명되었다.

살가사에서 유배중이던 충선왕 일행은 1324년 4월 2일 태정제의 명으로 타스마(朶思麻, 脫司麻, mdo-smad)의 유배지로 옮겼으며, 1324년 10월 28일에 사면령이 내리자 일행은 1324년 12월 8일에 북경으로 돌아왔다.

5. 타스마 향근선사香根禪寺

1) 파스파와 타스마

타스마(朶思麻, 현 甘肅 臨夏)[70]는 토번인의 거주지로, '탈사마脫思麻'·'탈

---

70 臨夏回族自治州는 黃河 상류, 감숙성 중부에 위치하며 臨夏는 馬家窯文化·牛山文化·齊家文化 등, 신석기문화 유적지가 많이 발굴되었다. 이곳 박물관의 彩陶王으로 인해 臨夏는 '中國彩陶之鄕'으로 불린다. 임하는 실크로드 남도의 요충지이고 唐蕃古道의 重鎭이며 茶馬互市의 중심지이며, 文成公主가 토번으로 가던 길이기도 하다. 당대에는 河州라 하였

사마脫思馬'·'독사마禿思馬'·'타가마사朵哥麻思'라고도 표기하며 한자로는
'임조臨洮'[71]라 하였다. 지금의 암도지방에 해당되는 청해·감숙의 장족
거주지와 사천성 아패阿壩 장족자치주의 일부분으로 구성된다. 칭하이 일
대 장족자치구를 티베트어로 '타朵'라고 하며, '타사마朵思麻'는 '하타下朵'
라는 뜻이다.

칭기즈 칸은 1227년에 서하를 멸망시키고, 바로 타스마 지역의 서영주
西寧州·적석주積石州(현 靑海 循化) 등을 공격하였다. 이어 오고타이가 금을
멸망시켰고, 활단 황자는 서하·토번의 영토를 진압하였다. 활단은 임조
토번 귀족인 조아가창趙阿哥昌을 첩주疊州(현 甘肅 迭部) 안무사安撫使로 임용
하고 인근의 토번인을 항복시켰다. 또 1236년에는 촉蜀으로 들어가 계주
階州(현 武都)와 문주文州(현 文縣)를 공격하여 일대의 토번인 10족을 항복시
켰다. 그 후 타스마 지역의 각 부가 연이어 몽골에 항복하였다.

타스마는 원의 내지와 오사장烏思藏(烏斯藏, 즉 티베트)을 오가는 역로驛路
였다. 서량왕西涼王 활단은 이곳에서 1247년에 토번의 종교지도자인 살가
반지달과 양주회담을 하였고, 이후 오사장과 아리阿裏 지역은 원의 행정
구역으로 편입되었다.

그 길을 사신, 승려, 상인들이 빈번히 이용하게 되자 원 정부는 귀덕주
貴德州(현 靑海 貴德)·적석주積石州·영하현寧河縣(현 甘肅 和政)에 각각 탈탈
화손참脫脫禾孫站을 설치하였다. '탈탈화손脫脫禾孫'은 몽골어로, 탈탈화손脫

고, 쿠빌라이 통치기인 1269년에 河州路로 고쳤다.
71 臨洮縣의 옛 명칭은 '狄道'로, 감숙성 定西市 서부이며, 경계 내에 황하의 최대 지류인 洮河
가 흘러 만들어진 이름이다. 옛날부터 여러 민족 간의 잦은 전쟁이 있었다. 원의 國師 八思
巴가 이곳에 있으며 사찰을 창건하고 傳法과 저술, 역경 등의 활동을 하였다.

脱火孫·탈탈화손脫脫和孫이라고도 하며 '사험자査驗者'라는 뜻이다. 즉 원의 주요 역참에 시설하여 왕래하는 사신을 조사하는 관원으로, 정직은 종5품, 부직은 정7품이었다.

파스파는 일생 동안 세 차례에 걸쳐 임조(타스마)에 갔다. 처음은 1244년으로, 백부 살가 반지달[72]을 따라 양주 회담에 가며 이곳을 지나간 것이었다. 몽골 황자 활단[73]은 토번의 대표자인 살가를 양주(현 武威)로 청하여 회담을 통해 토번을 귀속시켰다. 당시 살가 반지달은 자신의 조카인 9세의 파스파(八思巴)와 6세의 홉나타아지恰那朶兒只[74] 형제를 데리고 살가를 출발한지 2년 만에 양주로 가서 회담을 성사시켰다.

두 번째는 1250년으로, 파스파는 쿠빌라이가 대리大理를 정벌하러 가는 길에 동행하였는데, 그때에도 일행은 임조를 거쳐 갔던 것이다. 세 번째

---

72 '班智達'은 범어 paṇḍita의 음역으로, '박학다식하고 지혜로운 사람'을 뜻하며, 힌두교의 바라문에 해당된다. 불교사에서 유명한 반지달로는 馬鳴·龍樹·提婆·無著·世親·陳那·法稱 등이 있다.

73 孛兒只斤 闊端(?~1251년)은 대칸 태종의 차남으로, 전략가이며 황금 가족 성원의 하나이다. 태종의 즉위 후에 西路軍首位統帥를 맡았으며 涼王에 책봉되어 西夏 故地 및 靑藏지역을 하사받았다. 양주에 府를 설치하여 甘肅·토번·靑海·寧夏·현 내몽골 서부·新疆동남부·陝西·四川 등을 통치하였다. 그는 1239년에 部將 道爾達答刺罕을 파견하여 토번 지역을 장악하였다. 1244년에 토번 승속의 수령인 살가 반지달에게 서신을 보내어 투항을 권하고, 몽골국의 토번 지배의 총괄 업무를 확립하였다. 살가 반지달은 60세의 고령으로, 먼 길을 걸어 1246년에 양주에 도착하였다. 1247년에 살가와 두 조카는 활단을 만나 토번의 몽골 제국 귀순에 대한 구체적 조건을 논의 하였다.

74 恰那朶爾只는 후의 白蘭王으로 차나두치(恰那多吉)라고도 한다. 烏思藏 사람으로, 薩迦 昆氏 가족의 일원이며 파스파 帝師의 아우이다. 1244년에 몽골황자 활단의 초청에 응하여 파스파와 숙부 薩班을 따라 涼州로 가서 18년을 머물렀다. 어려서부터 몽골어를 공부하였고 몽골복장을 입었다. 환속 후에 활단의 딸 墨卡頓공주와 결혼하였다. 원 세조 즉위 후에 白蘭王에 책봉되고 金印을 받았다. 1265년, 烏思藏 3區의 최고위직인 執法官이 되었으며 오사장으로 돌아가 토번 지방 정권 수립 계획에 참가했다. 3년간 그곳에 머물렀으며 1267년에 薩迦에서 사망하였다. 高文德主編, 『中國少數民族史大辭典』, 吉林敎育出版社, 1995年 12月, p.1725.

는 1271년 여름부터, 1274년 3월에 황태자 진킴(眞金)이 그를 호송하여 살가로 돌아갈 때까지, 국사 신분으로 약 3년간 임조에 머물렀다.

이때 그는 제자 온파溫波에게 보탑사(즉 大寺)를 창건하게 하였다. '임조臨洮'는 티베트어로 '香根'(혹은 香窠)이라는 뜻이므로, 이로 인해 그 절을 '향곤대사香窠大寺'[75]라고도 하였다. 그곳은 규모가 매우 커서 수천 명의 승려가 머물렀다고 한다.[76]

파스파는 이 사찰에서 저술과 경전 번역 등을 통해 티베트불교를 널리 전법하였고, 불교 문화 발전에도 지대한 공헌을 하였다.

대사 창건 후, 임조 및 주변 지역의 불사 활동이 극히 융성하였으며, 이후 청대에 이르기까지 임조에는 여덟 곳의 살가파 사원이 생겼다. 『삼세달뢰라마전三世達賴喇嘛傳』에 의하면, 달라이라마 3세가 임조의 대사를 방문하였을 파스파의 소상塑像을 보수하였다고 한다.

음력 4월 12일에 승려들은 국사의 소상과 미륵불상(佛强巴爺)을 모시고 거리로 가서 염불·송경하며, 3일간 경전을 햇볕에 쬔다고 한다. 그런 이유로 임조는 '소서천小西天'으로도 불렸다.

강희연간에 대사 옛터에 다시 5개의 사원을 세웠는데, 그것을 속칭 북오사北五寺라 한다. 그 중 보탑사寶塔寺가 대표격으로 꼽힌다.

---

75 현 甘肅省 定西 臨洮縣 龍門鎭 鋪村에 해당된다.
76 呼延華國 편찬, 『狄道州志』(1763)에서 '臨洮大寺規模宏大, 占地1000多畝, 位於臨洮城東北角, 緊挨著東城牆和北城門, 東至東城牆, 南至廣福巷, 西至經文巷, 北至北城牆, 呈鐮刀形.'이라 하였고, 또한 대사의 지도가 그려져 있어 그 규모와 모습을 알 수 있다.

2) 향근선사

실크로드의 대표적 도시인 타스마(朶思麻), 즉 임조현에는 살가파 제5
대 조사인 파스파(1235~1280년)가 창건한 향근선사香根禪寺(香爰禪寺)가 있
다. 이 사찰은 1271년에 창건을 시작하여 1274년에 완공되었다.

여기에서 이 사찰을 거론하는 이유는 바로 그곳이 충선왕이 임조에서
머물렀을 가능성이 가장 높은 곳이기 때문이다. 충선왕의 유배는 표면적
으로는 출가자의 신분으로 티베트불교 중심지로 유학을 간 것이었다.

파스파가 첫 유학지로 갔던 파스파의 고향 살사길의 살가사는 그가 출
가하고 입적하고, 또 마지막 유해를 모신 곳이었다. 또한 당시 원나라 황
실의 중심적 사찰이었으며 불교학의 성지였다. 따라서 충선왕의 유배지
가 타스마로 옮겨졌다 해도, 그 형식은 어디까지나 불교학을 공부하기
위한 것이었기에, 역시 파스파와 관련된 황실사찰이었을 것으로 보는 것
이 합리적이다.

『원제사팔사파연보元帝師八思巴年譜』 1271년조[77]에 의하면 파스파는 그
해 3월 말 혹은 4월 초에 대도를 떠났고 5월 말에 임조에 도착했다. 이
내용으로 보아 대도에서 임조까지 가는 데에 약 두 달 정도 걸린 것을
알 수 있다. 충선왕이 살가까지 갈 때 10개월이 걸렸던 것에 비하면, 대
도에서 두 달 거리의 임조는 훨씬 감형되었음을 의미하는 것이기도 하
다.

---

[77] 『元帝師八思巴年譜』, ʻ元旦, 八思巴獻詩向忽必烈祝賀新年. 三月二十日, 因丹巴喜饒勸
請, 八思巴在大都忽必烈的皇宮中寫成『勝樂法輪壇城衆神贊頌』. …… 六月一日, 八思巴
在臨洮寫『皈依・發願・灌頂之教誡』, 十日, 寫『具光明天女修行法』……ʼ

상왕의 토번 유배가 햇수로 4년째에 접어든 1323년 1월에, 고령의 민지閔漬와 허유전許有全은 원으로 가서 황제에게 왕장의 방환을 청하는 표문을 올렸다. 또한 탄원서를 작성하여 관원들에게도 돌렸으나 별무소득이었다.

이제현도 두 번이나 탄원서를 올렸다. 특히 두 번 째는 수상 바이주(伯住)에게 「上伯住丞相書」라는 글을 올려, 왕장이 무고 당했다는 것과 유배지에서의 고통에 대해 호소하고, 그가 원 세조의 외손이라는 점, 원 황실과의 결연관계結緣關係, 또한 선제(무종·인종) 옹립의 공을 들어 왕장의 방면을 탄원하였다.

「승상 伯住에게 올리는 서」

모월 모일에 목욕재계하고 백배하며 승상 집사께 글을 올리나이다. (중략) 지난해에 우리 老瀋王이 천자의 진노를 사 몸 둘 곳이 없었는데, (중략) 가벼운 법을 적용하여 먼 지방으로 유배하도록 하셨으니, 다시 살린 은혜가 부모보다도 더합니다. 그러나 지역이 너무 멀고 궁벽한데다 언어마저 같지 않고 풍습이 아주 다르며, 도적을 헤아릴 수 없고 기갈이 서로 침해하므로, 신체가 여위고 머리가 다 세었으니, (중략) 친속으로 말하면 세조황제의 친 생질이요, 공로로 말하면 先帝의 공신이며, (중략) 그 공을 잊을 수 없습니다. 비록 집미하고 깨닫지 못해 더할 수 없는 죄를 지었지만, 그 본심을 따져 보면 진실로 딴 마음이 없었는데, 귀양간 이래 이미 4년이 되었으니, 마음을 고치고 허물을 뉘우친 것이 또한 이미 많습니다.

삼가 바라건대, 집사께서 일찍이 당초에 극력 구출해 주셨으니, 끝까지 은혜를 베풀 것을 잊지 마시고, 천자께 진달하여 천택을 베푸시도록 인도하여 고국에 돌아와 여생을 마치게 해주신다면, 그 감격됨이 어찌 구렁에 뒹굴던 자가 좋은 음식을 배불리 먹고, 파도에 휘말리던 자가 탄탄한 길을 걷게 될 뿐이겠습니까?

만일, 시기가 합당치 못하니 아직 천천히 하겠다고 하여 날마다 연기하고 달마다 끌다가, 현명하고 유력한 사람이 먼저 구원하게 된다면, 천하의 선비들이 장차 집사께서 일을 봄이 특히 더디다 할 것이고, 우리 소국 사람들은 장차 집사께서 덕을 행하다 마치지 못했다 할 것이니, 그윽이 집사를 위해 애석해 합니다.[78]

이에 바이주는 드디어 황제에게 왕장의 사면을 청하였고, 왕장은 마침내 1323년 2월에 대도에서 보다 가까운 타스마(임조)로 옮겨졌다. 충선왕은 바로 파스파가 창건한 대사(大寺香根禪寺, 香袞禪寺, 현 寶塔寺)에 머물렀을 것으로 추측하는 것이 합리적이다.

그런데 충선왕 일행이 타스마로 가는 도중에 수종인원 가운데 방연·방원 형제가 여정상의 노고를 감당하지 못해 불을 질러 왕장을 시살하려는 살해미수사건이 발생하였다.[79] 다행히 왕장이 불을 발견하고 급히 피하였고, 무사히 대도로 돌아왔다. 그들은 왕장이 유배에서 풀려난 후 고려로 압송되었다.

한편 왕장보다 앞서 1313년에 두 명의 고려관원 이사온李思溫과 김심金深이 임조로 유배갔다. 그들은 1313년 정월, 충선왕이 귀국할 마음이 전

---

78 이제현, 『익재집』, 『익재난고』6.
79 『고려사』卷34, 世家第34, 「忠肅王世家一」, '乙卯 上王械送伍尉方連, 宦者方元, 囚於巡軍, 上王之在吐蕃也, 連·元兄弟苦其久從艱險, 欲弑之而逃還, 中夜火行幄, 事覺.'

혀 없음을 알고 왕을 귀국시키기 위해, 한편으로는 달기쏠己 태후의 환관 매살買撒과 휘정원사 시레문(失列門)을 움직여 권한공·최성지·박경량 세 명을 원의 감옥에 집어넣고 왕을 압박하였다. 그러자 왕은 태후에게 두 사람의 잘못을 고하였고, 이에 태후가 그 해 2월에 임조로 유배 보낸 것이다.[80] 그 후 원 인종이 그들을 다시 소환하며 대도로 돌아갈 수 있었 다.

1323년 2월에 타스마(靑海省)로 옮겨진 충선왕은 약 7, 8개월간 머물렀 으며 유배 5년째인 1324년에 다시 대도로 돌아갈 수 있었다.

3) 이배지의 해후

(1) 충선왕과 왕후王煦

고려의 군신들과 원의 승상 바이주는 부단히 왕장의 방환을 청구하였 다. 이제현은 영종에게 절절히 호소하여, 마침내 1323년 2월, 왕장을 타 스마로 이배하라는 명을 내렸다.[81]

---

80 『고려사』卷104, 「列傳」第17, 「諸臣傳·金深」, '王在元, 深與密直使李思溫議曰, "帝及太 後, 屢詔王之國, 王無意於行. 令本國歲輸布十萬匹, 米四百斛, 他物不可勝紀, 國人漕轉 之弊益甚. 諸從臣皆羈旅思歸. 而權漢功·崔誠之同掌選法, 利其賂遺, 樸景亮, 爲王腹心, 累蒙賞賜, 營置産業. 王之不歸, 實由三人. 盍除之, 奉王以還?" 乃因太後幸宦買撒, 言於 徽政院使失列門, 失列門許之. 於是, 深等具三人罪狀, 令大護軍李揆·護軍金彦·金賞· 崔之甫·申彦卿等數百人署名, 呈徽政院. 失列門矯太後旨, 下漢功等三人獄. 王怒甚, 因 太後侍婢也裏思班, 白太後曰, "從臣愛我者, 莫如三人, 深等不告我, 輒訴徽政院, 其意不 止三人. 惟陛下憐察." 漢功等, 亦以賄求免, 太後卽命釋三人, 杖流深·思溫於臨洮. 國人 聞之, 莫不憤歎. 揆·彦·賞·之甫·彦卿, 皆亡匿, 王命囚彦卿父良, 揆外祖金貞於巡軍, 皆籍其家. 帝尋召還深.'

그런데 그해 8월 5일에 영종이 이른바 '남파지변南坡之變'으로 살해되었다. 그리고 그 해 9월에 왕장의 처남이며 계국대장공주의 남동생인 진왕晉王 에센티무르(也孫鐵木兒)가 황위를 이었다. 그가 바로 태정제泰定帝이다. 한편 그는 왕호王譹의 비인 눌륜訥倫공주의 숙부이기도 하다. 태정제는 즉위 후 천하에 대 사면령을 내렸는데, 왕장도 이 때 용서받고 마침내 유배에서 풀려났다. 충숙왕도 3년 만에 고려로 귀국하였다.

그러자 이제현 등은 임조로 가서 왕을 맞이하였다. 『익재집』에 의하면 살가까지의 길은 각지의 역참을 따라 탁군(탁주) — 석가장 — 정주 — 서안 — 도스마(타스마) — 라싸 — 살가로 이어진다.

한편 진심으로 충선왕을 위해 자신을 내놓은 신하도 있었다. 바로 충선왕의 양자인 왕후王煦(1296~1349년)인데, 그는 본래 안동 권權씨로, 초명初名은 재載이다. 몽골명은 토곤(퉤환, 脫歡) 부친은 정승 권부權溥이다. 형 권준權準도 과거에 급제하여 충선왕의 신임을 받았다. 왕후는 이런 가문을 배경으로 하여 과거를 거치지 않고 바로 낭장에 제수되었으며, 곧 삼사판관이 되었다.

그는 충선왕이 원나라에 있을 때 부름을 받고 가서 아들로 입적되면서 왕후라는 성명을 하사받았고, 이후 종실의 일원으로 대접받았다. 왕후는 1308년에 충렬왕이 사망하고 충선왕이 복위하자 사복부정司僕副正을 거쳐 사헌집의가 되었다.

---

81 『고려사』卷34, 「世家」第34, 「忠肅王世家一」, '壬子 驪興君閔漬, 駕洛君許有全, 興寧君金賑如元, 請召還上王, 崔誠之 · 李齊賢在元, 獻書元郎中, 及丞相拜住, 請召還上王 二月 戊子 帝命量移上王於朵思麻之地.'

그는 충숙왕 3년(1316) 4월에 20세의 나이로 계림부원대군으로 임명되었고 왕의 동생으로 불렸다. 상왕의 요청으로 다시 원나라로 가서 황태자(후의 영종)의 시그루치(速古赤, 시자)가 되었다. 계림군공鷄林君公의 작위와 함께 전택田宅을 하사받았다.

1320년에 충선왕이 토번으로 유배형을 받자 영종에게 자신이 대신 가겠다고 하였으나 승낙을 받지 못하였다. 또한 충숙왕이 원에 억류되고 심왕의 세력이 커지며 많은 사람들이 왕을 배반했으나 왕후는 홀로 의리를 지켰다.

왕후는 1323년에 유배에서 풀려난 상왕을 맞이하러 문객 두세 명을 데리고 토번으로 갔다. 상왕을 만난 일행은, 마침 조서를 받들고 왕을 맞으러 온 사신을 만나 함께 대도로 돌아왔다. 1325년에 상왕이 사망하자 왕후는 최마복衰麻服을 입은 채 영구를 모시고 고려로 돌아왔다.

『고려사』 충숙왕 12년(1325) 7월 계유일 기사에 의하면, 계림부원군 왕후와 밀직부사密直副使 이능간李凌幹 등이 상왕의 영구를 받들고 원나라로부터 도착하자 백관들이 검은 관冠에 소복 차림으로 도성 바깥에서 맞이한 다음 숙비궁淑妃宮에 빈소를 차렸다. 초하루와 보름마다 능에 가서 사제私祭를 올렸다.

충혜왕 후3년(1342) 2월 경술일, 충선왕이 사망한 지 20년이 되도록 시호가 없으므로 계림군공 왕후를 원나라에 보내 시호를 청하고, 아울러 대행왕大行王(충숙왕)의 시호를 내려달라고 요청하게 했다.

1344년에 충목왕이 즉위하여, 매부인 이제현과 함께 개혁을 추진하고자 했다. 같은 해 3월에 왕후와 전 전법판서典法判書 최문도崔文度를 성절사聖節使로 원나라로 보내 황제의 생일을 축하하게 했다. 10월에는 수상인

우정승右政丞이 되어 정방政房을 혁파하고 인사권을 전리사典理司와 군부사軍簿司에 귀속시키고 녹과전祿科田을 복구·정비하는 등 개혁을 적극적으로 추진해나갔다. 그러나 정방은 혁파된 지 1개월 만에 다시 설치되고 녹과전의 복구도 제대로 이루어지지 않는 등 개혁에 어려움을 겪었다. 왕후는 그 과정에서 1345년(충목왕 1) 12월에 우정승에서 파직되었다.

그러나 이듬해 12월에 원 순제의 명에 따라 원나라에 들어가 황제로부터 직접 폐정을 바로잡으라는 당부를 받고, 1347년에 김영돈金永旽과 같이 돌아와 다시 개혁을 추진했다. 그해 2월에 정치도감整治都監을 설치하여 김영돈·안축安軸·김광철金光轍 등과 함께 판사가 되어 책임을 맡았다. 그 밑에 속관 33명을 두고 각 도에 파견하여 양전量田하게 하였다. 또한 정치관들에게 안렴사와 존무사 등을 겸임하게 하여 적극적인 정치사업整治事業을 추진하게 했다.

그런데 그해 3월에 기황후奇皇后의 일족인 기삼만奇三萬이 불법적으로 토지를 탈점한 일을 징벌하여 옥에 가두었다가 사망하는 사건이 일어났다. 이 일로 정치관들이 국문을 받았으며, 이후 정치도감의 기능은 사실상 중지되고 개혁은 좌절되고 말았다.

왕후는 그해 11월 영도첨의사사가 되고 1348년에 다시 정승이 되었다. 그 해에 충목왕이 갑자기 사망하자 왕후는 덕녕공주의 명으로 기철奇轍과 함께 섭행정동성사攝行征東省事로 임명되어 정치를 맡아보았다.

그는 이제현을 원나라에 보내어 새 국왕을 간택해줄 것을 요청하는 표문을 올렸다. 당시 왕위 계승의 후보자로는 충혜왕의 동모제인 공민왕과, 충혜왕의 서자인 충정왕이 있었다. 대체로 왕기를 지지하는 여론이 강했으나, 노책盧頙·최유崔濡 등의 영향으로 왕저가 추대되었다.

『고려사』 1349년(충정왕 1) 3월 임인일 기사에 의하면, 정승 왕후가 성절사로서 원나라에 파견되어 황제의 생일을 축하하며, 왕기의 추대운동을 전개하였다. 그러나 그 일은 결국 실패하였고, 왕후는 귀국 도중에 병으로 죽었다. 왕후의 시호는 정헌正獻이며 공민왕의 묘정에 배향되었다.

(2) 이제현의 『역옹패설』

이제현李齊賢(1287~1367년)은 본관이 경주慶州이고 초명은 이지공李之公이다. 자는 중사仲思이고 호는 익재益齋·역옹櫟翁이다. 고려 건국 삼한공신三韓功臣 이금서李金書의 후예로 부친은 검교시중檢校侍中 이진李瑱이다.

익재 이제현은 어려서부터 학문이 뛰어나 15세인 1301년의 성균시成均試에서 수석 합격하고 이어 과거에서 급제하였다. 당시 그는 밀직사사 권부權溥의 문하였는데 그 인연으로 권부의 사위가 되었다.

1303년에 권무봉선고판관權務奉先庫判官과 연경궁녹사延慶宮錄事를 거쳐, 1308년에 예문춘추관, 1309년에 사헌규정司憲糾正에 발탁되었다. 1311년에는 전교시승典校寺丞과 삼사판관三司判官에, 1312년에는 서해도안렴사西海道按廉使에 선발되었다.

1314년에 백이정白頤正이 당시 원에서 크게 유행하던 정주程朱의 학설을 배우고 돌아오자 익재가 맨처음으로 그를 스승으로 삼았다. 익재는 백이정의 문하에서 정주학을 공부하던 중, 상왕(忠宣王)의 부름을 받고 원으로 갔다. 당시 상왕 왕장은 태위太尉의 신분으로 사저의 만권당에서 요수·조맹부·원명선 등과 함께 고전을 연구했는데,[82] 고려를 대표하는 학자로 그를 부른 것이다.

익재의 학문은 그들 사이에서도 뛰어나 두루 찬탄을 받았다.

왕장은 익재에게,

> "우리나라가 옛날에는 문물이 중화에 비견한다고 하였는데, 지금은
> 배우는 자들이 다 승려를 쫓아다니며 章句나 익혀서 글귀나 아로새
> 겨 꾸미는 무리가 매우 많아지고, 經書에 밝고 덕행을 닦는 선비는
> 아주 적게 되었으니 그 까닭은 무엇인가?"

라고 물었다. 이에 익재는,

> "전하께서 진실로 학교를 넓히고 庠序를 소중히 여기며 六藝를 존
> 중하고, 五敎를 밝혀서 선왕의 도를 闡揚하신다면 누가 참 선비를 저
> 버리고 승려를 좇아갈 것이며, 실학을 버리고 장구를 익히는 자가 있
> 겠습니까! 장차 장구나 아로새겨 꾸미는 무리들이 다 경서에 밝고 덕
> 행을 닦는 선비가 되는 것을 볼 수 있을 것입니다."

라고 하자 왕이 이 말을 가납하였다. 그 해에 익재는 만권당에서 상왕이
지은 시구의

> 닭소리는 마치 문전의 버들가지 같도다 / 鷄聲恰似門前柳

---

82 『역옹패설』전집 1, '德陵은 원의 조정에 입시하였을 때 명사들을 불러들여 그들과 함께 종
   일토록 피곤함도 잊고 고금의 일을 강론했는데, 3代에서 5季에 이르기까지 임금과 신하의
   잘잘못과 국가의 치란을 어제 있었던 일처럼 자세하게 말하였다.'

라는 구절에 대해 학사들이 그 출처를 묻자 다음과 같이 대답하여 학자들의 감탄을 자아내었다.

> "우리 東人詩에, '해가 뜨자 지붕위의 닭 울음소리 늘어진 수양버들처럼 길구나(屋頭初日金鷄唱 恰似垂楊梟梟長)라는 시구가 있는데, 이는 닭 울음소리의 가늘고 긴 것을 버들가지에 비유한 것이니 전하께서도 이 뜻을 취하신 것이요, 또한 韓退之의 시에도 이와 같은 시구가 있소"

이제현은 상왕과의 인연으로 중국 내륙을 세 차례에 걸쳐 여행할 수 있었다. 1316년에는 상왕을 대신해 인종의 봉명사신奉命使臣에 동반하여 3개월간 서촉의 불교명산인 사천성 아미산에 파견되어 치제致祭하였다. 이 여행 중 원의 유자 원명선에게 보낸 답시가 있다.

> 옛날에도 초면에 친구할 수 있었으니 술을 싣고 함께 낙양성 두루 놀았노라
> 채찍도 잡겠다던 공자를 본받고자 하니 버선 끈에 메어 달라던 왕생만을 따르랴
> 촛불 아래 자정 넘게 얘기하던 그 감격이 만리 너머 변경 가는 나의 고생 위로한다
> 더구나 새 글 지어 종이 봉지에 넣었으니 검각 남쪽에서도 여남 인물평을 알리라[83]

그런데 이색은『익재집』의 「익재선생난고서益齋先生亂藁序」에서 익재가 충선왕과 함께 '천촉川蜀에 봉사奉使할 때에, 왕을 따라 오회吳會까지 갔었다'고 한다. 오회는 지금의 소흥紹興이다. 그런데 그가 사천성 성도로 가며 지은 다음의 시로 보아 충선왕은 사천성까지는 동행하지 않았음을 알 수 있다.

「정홍 노상에서 이때 장차 성도로 가려고 하였다」

비 갠 후에 진흙길 꾸불꾸불한데 오똑한 안장 사지를 흔드는구나

편케만 앉아서야 남자의 뜻 이루어낼 수 있으랴만 멀리 떠도니 부모의 걱정 끼칠까 하노라

들뽕나무 우거져서 바람도 적게 불고 마을에 수목이 아득하니 해가 더디게 진다

조만간 돌아가 임금님께 복명한 다음 닭 잡고 기장밥 지어 옛 친구도 만나야겠다.[84]

33세이던 1319년에는 상왕과 절강성 보타사寶陀寺로 강향降香하러 갔다. 당시 상왕은 고항古杭 출신의 오수산吳壽山을 불러 익재의 초상화[85]를 그

83 이승한,『혼혈왕 충선왕』, 푸른역사, 2012, pp.496~497, '昔從傾盖眼能靑, 戰酒同遊遍洛城。直欲執鞭如魯曼, 惟結搆比王生 感公燈火三更話, 慰我關山萬里行。更得新詩入囊裙, 劍南人識汝南評' 이제현은 조맹부, 장양호에게도 답시를 보내었는데, 후에 이 여행 중 남긴 시를 모아『西征錄』을 지었다.
84 이제현,『익재집』,『익재난고』권1, '雨餘泥滑路逶迤 兀兀征鞍撼四支 安坐豈償男子志 遠遊還愧老親思 野桑翳翳風來少 村樹茫茫日下遲 早晚歸來報明主 却尋鷄黍故人期
85 국보 110호, '李齊賢 肖像' 그런데 익재는『익재집』에서 화공에 대해 '다른 책에는 陳鑑如로 되었으나 잘못된 것이다.'라고 밝히고 있다.

리게 하였다. 찬문은 문장가인 북촌 탕병룡湯炳龍이 지었다. 고려로 돌아
온 후 누군가 빌려가서 잃어버렸다가 1340년에 다시 연경에 갔을 때 찾
았는데 32년 전의 자신의 젊은 시절의 모습을 보고 시를 지었다.

> 옛날에 남겨둔 나의 초상은 양쪽 귀밑머리 푸르렀다오
>
> 얼마나 많은 세월 흘러갔던가 우연히 또 만나니 정신이 새로워라
>
> 이 물건 다른 물건 아니라 전신이 곧바로 후신이라네
>
> 아희들은 도무지 알아보지 못하고 서로가 누구냐고 질문을 하네.[86]

익재는 1320년 겨울에 상왕이 참소를 당하여 유배된다는 말을 듣고 다
시 원으로 가며 몇 편의 시로 울분을 토로하였다. 원과의 국경에 가까운
황토점을 지나며 쓴 세 편의 「황토점黃土店」 시와 「명이행明夷行」 한 편이
그것이다.

> 세상 일 갈수록 차마 들을 수 없어 다리 위에 말 멈추고 말없이 서
>
> 있네
>
> 어느 때 백일이 심정을 비쳐 줄는지 이곳 청산이 눈물에 가렸네
>
> 소잔한 자방이 어찌 신의를 저버렸으랴 예상의 영첩도 은총을 벌
>
> 써 알았다오
>
> 아아 이 몸이 새처럼 날개가 생겼다면 구름 위로 날아가 한 번 하
>
> 소연할 텐데

---

86 이제현, 『익재집』, 『익재난고』권4, 「我昔留形影」, '我昔留形影 靑靑兩鬢春 流傳幾歲月 邂
    逅尙精神 此物非他物 前身定後身 兒孫渾不識 相問是何人'

허공에 돌돌이라 쓰며 앉아서 탄식만 하네 식미한 오늘날 어디가 도구인지

십 년 동안 험악한 길에 물고기처럼 천 리를 다녔고 만고 흥망은 담비떼가 한 언덕에 몰리는 듯

해가 저물 때마다 혼이 바로 끊어져 버리고 흐르는 강물 따라 눈물이 먼저 쏟아진다

문하에 가득한 손님 계구와 같은 이 하나 없으니 은덕 받은 나 같은 자 죽어야 하리

마음속에 온갖 걱정 뒤섞여 오르자 연산을 한번 바라볼 때 탄식은 아홉 번 하네

고래가 개미에게 욕볼 줄 누가 알았으랴 하찮은 이가 하마에게 대항하는 것 가련하구나

미리 막는 재주 없으니 얼굴만 붉어지고 붙드는 책임 중한데 머리칼만 희어지네

만고에 금등유책 남아 있으니 관숙 채숙이 주 나라를 그르치지 못하리라.[87]

양주는 일찍이 길이 갈래가 많다고 울었고 공자도 기린이 때를 모

---

87 이제현, 「黃土店 聞上王見譜 不能自明」, 『益齋亂稿』 卷第二 '世事悠悠不忍聞 荒橋立馬 忽忘言 幾時白日明心曲 是處青山隔淚痕 燒棧子房寧負信 翳桑靈輒早知恩 傷心無術身生翼 飛到雲霄一叫閽'; '咄咄書空但坐愁 式微何處是菟裘 十年艱險魚千里 萬古升沈貉一丘 白日西飛魂正斷 碧江東注淚先流 滿門簪履無雞狗 飽德如吾死合羞'; '寸腸氷炭亂交加 一望燕山九起嗟 誰謂鱣鯨困螻蟻 可憐蟻螚訴蝦蟆 才微杜漸顔宜赭 責重扶顚髮已華 萬古金縢遺冊在 未容群叔誤周家'

르고 나왔다 탄식했네

　황계가 아직 울지 않았으니 밤은 어느 땐가 상구처럼 혼자 섰으니
갈 곳이 아득하구나

　옛날 우리 임금님 원 나라로 들어갈 때는 두 번이나 붉은 해를 도
와 함지로 오르게 했지

　성공하면 물러나야 한다는 것은 옛사람의 경계이기에 앉아서 서백
을 본받아 명이를 완상하네

　왕실이 미약한데도 왜 모구에만 우거해 있고 늙었는데도 왜 도구
를 경영하지 않겠는가

　참승이 망배로 되었다는 옛말을 들었더니 곡돌이 초두보다 낫다는
것 오늘날 깨달았네

　당우의 읍양은 천고에 으뜸인데 성 이름을 무슨 일로 요수성이라
고 했었을까

　창랑 물 맑은데도 귀를 씻지 못했으니 책 속에 허유 대하기가 부
끄럽구나.[88]

　상왕의 유배행이 결정되자 재상 최성지는 도주해 버리고, 박인간 등
18명만이 유배길에 동행하였다. 상왕이 유배되며 이제현도 고려로 돌아
왔다. 1321년에는 상왕의 귀양에 대해 익재는 풀 길 없는 울분을 본국의
승상 유청신과 찬성 오잠에게 글로 토로하기도 하였다.

---

88 이제현, 「明夷行」, ʻ楊朱曾哭路多岐 魯叟亦嘆麟非時 荒鷄未鳴夜何其 喪狗獨立迷所之
　憶昔吾君初入相 兩扶紅日上咸池 功成不退古所誡 坐令西伯玩明夷 式微胡爲寓旄丘 已
　老曷不營菟裘 古聞驂乘致芒背 今悟曲突賢焦頭 唐虞揖讓冠千古 有城底事名堯囚 滄浪
　水淸耳不洗 羞向塵編對許由ʼ

작년에 괴상한 일 차마 들을 수 없었고 직봉이 독을 부리고 청승 (靑蠅)이 번에 앉았었네

꾸짖는 칙서 한 장 천자에게서 내려오자 날씨가 깜깜해지고 우레와 번개도 번쩍였네

한 번 떠나 만리길 서번으로 귀양갔네 하늘에 닿은 설령 곤륜산까지 이어졌고

온갖 도깨비 황하수 가에서 휘파람부네 머리 돌려 요새의 지대를 바라보니

눈물이 흐르다 지쳐 두 눈이 깜깜해지네 모든 선비 움츠리며 배척 받을까 두려워하니

유곤의 말처럼 억센 강철이 요지로 변할까 걱정이라오 외로운 이 신하 누구와 서로 손 잡을지

우두커니 서서 돌아오는 수레만 기다리네 소식이 끊어지고 넋조차 빠졌는데

임금은 언제나 이 억울한 누명 벗겨줄는지 제형이 바친 편지 임금의 마음 돌린 것처럼

우로 같은 넓은 혜택 가없이 적시어 줄텐데 더구나 사왕께서 친히 원 나라에 들어와 조현하면

한 마디 말씀에 억울한 죄 면할 수 있을까 했더니 수레에 내려서 자리도 정하기 전에

떠들썩한 비방이 왜 한 형제간에서 일어났는가 갈류처럼 누가 잘 감싸줄는지

사유가 마치 바람에 뒤치는 깃발과 같구나 옛날 신성이 철원에서

일어날 때

　갖은 고생 무릅쓰고 배고픔도 잊었었네 창업하여 후손을 잘 살게
했기에

　사백 년이 넘도록 유풍이 남아있네 요즈음은 사대하는 의리가 더
욱더 돈독하여

　대마다 받는 혜택 모든 번방에 첫째라오 무심하게 지은 허물이면
논할 게 없고

　신의만 있으면 빈번도 제사에 쓸 수 있네 상곡이 뜰에 나도 복을
많이 받았고

　법성이 물러감도 한 마디 말에 되었다오 임금과 신하란 아비와 자
식 같아

　잠깐 동안도 서로 잊을 수 없는 것 지극한 정성이 천지를 감동시
킨다면

　앙화를 상서로 변개하기 쉬우리 두 공의 향기로운 덕 난초보다 더
하다오

　한 나라 돕던 양원 같은 이도 따를 수 있으리

　이 괴로운 말 적어서 규혼을 대신하니 근횐을 가볍게 여기지 마
오.[89]

---

89 이제현, 「上都에서 柳政丞 淸臣과 吳贊成 潛에게 바치다」, 『익재집』, '去年怪事不忍聞 稷
蜂肆毒蠅止樊 一封譴勅下天門 白日洶洶雲雷屯 三韓主父皇外孫 一去萬里投西番 界天
雪嶺連崑崙 魍魎晝嘯黃河源 廻頭却望楡塞垣 痛哭淚盡雙眸昏 衣冠縮縮疑排根 百鍊繞
指愁劉琨 孤臣孑立無攀援 守柱舊轍瞻歸軒 信音漸稀空斷魂 天光那肯照覆盆 緹縈獻書
悟至尊 好生仁化靄無垠 況今嗣王躬朝元 一言庶得蠲煩冤 豈料下車席未溫 闤墻謗讟蛙
蠅喧 葛藟誰令庇本根 四維蕩若風中幡 緬懷神聖起鐵原 櫛沐風雨饑忘飱 創垂蘿圖裕後
昆 四百餘載流風存 邇來事大義彌敦 世承禁臠榮諸藩 過如日眚何足論 有信尙可羞蘋蘩

상왕의 유배로 고려의 정세도 변화가 생겼다. 원에서는 고려에 정동성征東省을 두어 원의 행정구역으로 편입하여 독립성을 없애고 내지와 같은 성으로 만들자는 '입성책동立省策動'이 강하게 일어났다. 이 틈을 타서 심왕 왕호는 충숙왕을 내몰고 왕위를 차지하려 하였다.

이제현은 1323년에 원으로 가서 입성반대상소를 올리고, 또 원의 낭중과 승상에게 글을 올려 토번으로 유배된 상왕의 방환운동도 벌였다. 이제현은 낭중에게 보낸 다음의 서신에서 충선왕에 대한 안타까움을 묘사하고 있다.

> 「崔松坡와 함께 元 郎中에게 보낸 서」
>
> 최모·이모는 재배하고 낭중 元公 足下께 글을 올립니다. (중략) 충경왕이 습작되어 동으로 돌아오자, 충렬왕이 다시 세자로서 천자를 입시하러 갔었는데, (중략) 공주를 시집보내어 특별한 은혜를 보였으며, (중략) 老潘王은 곧 공주의 아들이요, 세조의 친생질인데다 (중략) 다만 공을 이루고서 물러나지 않다가, 소홀히 여긴 곳에서 변이 생기게 되어 머리를 깎고 복장을 달리한 채, 멀리 토번으로 귀양가니, 고국과 만여 리의 거리에서, 革船으로 河를 건너고 소달구지에서 노숙하며 어렵게 반년이 되어서야 그 지역에 도달하여 보릿가루를 먹으며 토굴에서 살고 있어 갖은 고생을 이루 다 말할 수 없으니, 지나가는 사람들도 혹시 듣게 되면 오히려 슬퍼하는데, 하물며 그의 신하가 된 자이겠습니까?

桑穀生朝錫祉繁 法星退舍由片言 君臣之今父子息 造次顚沛不可諼 至誠若能感乾坤 悔
禍産祥猶拿翻 二公德馨逾蘭蓀 輔漢盛業推楊袁 故投苦語代叫閽 勿倚絲竹輕芹暄

(중략) 낭묘에는 심왕을 위하여 말해주는 신하가 없으니, (중략) 천자에게 입주하여 금계의 은택을 내려 사환해서 동으로 돌아와 다시 태양을 보게 해주시어, 성천자의 세상에 다시는 구석을 향하여 우는 사람이 없도록 해주신다면, (중략) 거듭거듭 황송하여 다 말하지 못합니다. 모등은 재배합니다.[90]

익재는 또 충선왕을 위해 원의 승상 바이주(拜住)에게 글을 올려 그의 석방을 청하였다. 바이주는 그의 글에 감동하여 황제에게 충선왕의 석방을 청하였고, 마침내 왕은 타스마로 이양되었다. 그러자 이제현은 1323년 4월 20일에 험로를 무릅쓰고 상왕이 이배된 타스마로 향하였다. 그는 농산隴山을 넘고 조수洮水를 건너며 몇 편의 시를 지어 자신의 감정을 표현하였다.

태산 같은 임금님 은혜 보답하지 못했으니 만 리를 달려가는 것이 어이 어렵다 하오리까

검을 퉁겨본다, 어찌 아녀와 이별을 하랴 잔을 들어서 친구의 정을 실컷 받으려네

돌아보면 오색 구름 금궐을 덮어 있고 다정한 조각달은 옥관을 비치리라

오직 맘에 걸리기는 백발이 눈과 같은 어머님 두어 줄 맑은 눈물이 말안장 위에 떨어지는구나.[91]

---

90 이제현, 『익재집』, 『익재난고』6.
91 李齊賢, 「至治癸亥四月二十日發京師 上王時在西蕃將往拜」, 『동문선』, '主恩曾未答丘山

그의 시를 통해 여정을 살펴보면 대도―탁군涿郡―석가장石家莊―상주相州―맹진孟津―(황하 건넘)―낙양―함곡관―장안으로 이어졌음을 알 수 있다. 이제현은 장안에서 다음의 시를 남겼다.

지친 나그네 다시 오니 진의 나무도 늙었구나 고운 임 가신 뒤에 농서의 구름만 멀고 머네

두옹의 3년 피리를 시름 속에 들으면서 장후의 만 리 떼를 구슬피 바라보네

꿈속의 내 고향은 혜초 장막 비었으리 술 끝나자 낙숫물 등불을 떨어뜨리네

벼슬의 정은 엷어 가을구름 같다마는 한 치쯤 붉은 노을이 가슴에 아직 남아 있네

해동의 기자나라 예의의 고장 진작 직공을 바쳐 황제님 은혜를 입었네

황하 태산 두고 만세토록 동맹의 나라 우로 받은 삼조의 성 다른 왕

참소배를 누가 잡아 늑대에게 줄까 싸움은 할 수 없이 참상에까지 이르렀구나

종묘의 신령이 도와 부지하리니 송도의 왕업이 다시 흥하고야 말 리

萬里驅馳敢道難 彈劍不爲兒女別 引杯聊盡故人歡 五雲廻首籠金闕 片月多情照玉關 唯念慈親鬢如雪 數行淸淚洒征鞍

충성이면 하늘도 움직일 줄 믿어 왔더니 성군이 간사함을 용납할
줄 뉘 알았으리

닭의 홰의 새벽은 양곡에 환히 펼쳐지고 봉궐의 봄빛은 설산에까
지 이르네

날 궂으려고 못 개구린 떠들며 싸우려는데 하늘 높이 우는 학은
지쳐서 돌아가려네

조그만 오와 설은 무엇이기에 아가리 턱을 놀려 황제의 귀에까지
들렸는고.[92]

또한 청해성을 지나며 다음과 같은 시를 썼다.

경사에서 떠돈 지 십 년이 넘었는데 서쪽으로 와서 또 갈 길을 묻
는구나

공명 때문에 반생을 이미 그르쳤네 객지에 오래 머무르니 명절이
놀라누나

부평 같은 나그네 종적은 청해의 달 밑이요 고향에 돌아갈 꿈은
태봉 먼 고장

술집 찾아들어 창포주를 마시노니 술 안 먹고 읊조리는 굴원 안
배우네.[93]

---

92 李齊賢, 「題長安逆旅」, 『동문선』 제15권, '倦客重遊秦樹老 佳人一去隴雲賒 愁聽杜曳三
年笛 悵望張侯萬里槎 夢裏家山空蕙帳 酒闌簷雨落燈花 宦情已似秋雲薄 胸次猶餘一寸
霞 海上箕封禮義鄕 曾修職貢荷龍光 河山萬世同盟國 雨露三朝異姓王 貝錦誰將委豺虎
干戈無奈到參商 扶持自有宗祧力 會見松都業更昌 早信忠誠可動天 孰云仁聖竟容奸 鷄
竿曙色開暘谷 鳳闕春光到雪山 讖雨池蛙喧欲鬪 唳雲皐鶴倦思還 區區吳薛何爲者 自鼓
哤胡徹帝關'

이배지인 타스마는 토번인 거주지역으로 지금의 청해성, 감숙성, 사천성의 일부이다. 티베트어로 청해성 일대의 장족 거주지를 '朶'라고 하는데 '朶思麻'는 '下朶'라는 뜻이다. 왕장이 살사결에서 이곳으로 옮겨 7, 8개월을 머물렀는데, 이제현이 그런 그를 맞이하러 간 것은 이 지역이 당시의 중요한 도시였기 때문일 것으로 보인다. 이 세 번의 여행에서 익재는 여러 편의 시를 남겼고, 견문을 넓히는 계기가 되었다.

이제현은 귀국 후 1325년에는 추성양절공신이 되고 1336년에 삼중대광영예문관사에 올랐다. 다섯 왕을 거치며 네 번의 재상직을 역임하고 계림부원군이 되었다. 1357년에는 관직에서 물러났으며 1367년에 81세로 사망하였다. 시호는 문충공文忠公이고 경주의 구강서원龜岡書院, 금천金川의 도산서원道山書院에 제향 되었다. 1376년에는 공민왕 묘정에 배향되었다. 저서로는 『익재집益齋集』(익재난고 10권), 『역옹패설櫟翁稗說』(2권) 등이 있다.

이제현은 명문장가로서 정주학의 기초를 확립하였고 고려에 조맹부의 송설체를 유행시켰다. 또한 그는 시서화에 모두 뛰어났는데 특히 조맹부에게서 배워 말을 잘 그렸다고 한다. 또한 초서에 능했으며 「서회암심선사도호당명후書檜巖心禪師道號堂名後」에서는 서예의 본질을 '글씨는 마음의 그림'이라고 정의하였다.

---

93 이제현, 「端午」, 『익재난고』2권, '旅食京華十過春 西來又作問津人 半生已被功名誤 久客偏驚節物新 萍梗羈蹤青海月 松楸歸夢泰封塵 旗亭且飲菖蒲酒 未用醒吟學楚臣'

9

▎맺음말

1. 입성론 반대

1324년 11월 10일에 충선왕은 유배지에서 대도로 돌아왔다. 1320년 12월에 떠난 후 약 4년만의 귀환이었다. 그는 먼저 태정제를 배알하고, 1321년부터 대도에 압류되어 있던 아들 충숙왕을 만났다.

당시 원조 내부에서는 고려를 원의 일부로 편입하여 입성 해야 한다는 이른바 '국호폐지입성책동國號廢止立省策動' 논의가 한창 대두되었다. 그것은 심양왕, 도첨의 정승 유청신, 첨의 찬성사 오잠 등이 원 황제에게 청한 것이었다.

왕장은 이 말을 들은 후 입성책을 무산시키고자 여러 곳에 눈물로 호소하였고, 대신 김이金怡도 원 조정에 이 논의를 철회해 줄 것을 힘써 청하였다. 행촌杏村 이암李嵒(1297~1364년)도 27세(1323)에, '혼을 잃어버리고서 가히 (나라를) 보존을 할 수 있겠느냐'[1]며, '국호폐지입성책동'을 반대하는 소를 올렸다.

마침내 이 논의는 철회되었고, 왕장은 부모인 충렬왕과 제국대장공주의 능묘에 사람을 보내어 제사를 올리고 그 사실을 고하게 하였다.[2][3]

2. 왕장의 사망

1325년에 충숙왕은 귀국하고 충선왕은 대도에 남아있었다. 그 해 5월 13일에 충선왕이 대도에서 51세로 사망하였다. 공교롭게도 같은 날에 충숙왕은 고려에 도착하였다.

> ○ 충숙왕 12년 5월 신유일. 왕이 燕邸에서 죽으니 재위 기간은 5
> 년이며 향년 51세였다. 충선왕은 성품이 현인을 좋아하고 악인을 미

---

1 "國猶形 史猶魂 形可失魂而保乎"

2 『고려사』卷108, 「列傳」第21, 「諸臣傳・金怡」, '時柳淸臣・吳潛等, 謀立瀋王暠, 會英宗崩, 泰定帝登極, 淸臣等未遂其謀. 又請立行省罷國號, 帝然之, 遣平章政事闊兒察, 中書性烈等於本國. 忠宣還自吐蕃聞之, 對怡歎曰, "我祖統三爲一, 立高麗號, 於今四百有餘年. 我忠憲王首先歸順, 忠敬王親朝釣魚山, 又謁世祖皇帝於汴梁, 蒙賜玉帶. 父忠烈王爲駙馬, 世承帝眷, 爲天下諸國榮觀. 何不幸及我, 以二三奸臣之謀, 遂墜我祖業乎? 祖宗何辜, 不複血食?" 因泣下謂怡曰, "複高麗號, 卿有之. 昔皇慶初, 叛臣之裔洪重喜等訴於帝, 立行省削國號, 卿曆奏祖宗臣服之功, 奉帝旨, 遂罷行省. 今又宜盡力圖之." 怡乃與崔誠之・李齊賢等, 上書都堂, 爲陳利害, 都堂從之.'

3 『고려사』卷35, 「世家」第35, 「忠肅王世家二」, '庚申 上王以朝廷寢立省之議, 遣人祭告高・慶二陵.'

위했으며 총명하고 기억력이 좋아 한 번 보고 들은 일은 끝까지 잊어

버리는 일이 없었다. 늘 선비들을 데려다가 역사상 국가들의 흥망과

군신의 잘잘못에 대해 지칠 줄 모르고 열심히 토론했다. (하략)

- 11월. 왕을 덕릉에 장사지냈다. 충혜왕 5년에 원나라에서 충선
이라는 시호를 내렸으며 공민왕 6년에는 선효를 덧붙였다.[4]

왕장의 재궁梓宮은 7월에 고려를 향하였으며, 덕릉德陵에 묻혔다. 어떤
원인인지, 고려는 충선왕의 시호를 청하는 일에 소극적이었고 원에서도
시호를 내리지 않았다. 그의 양자인 왕후의 노력으로 1344년에 '忠宣'이
라는 시호를 받았다.[5] 공민왕이 '宣孝'라는 호를 더하였다.

충선왕이 사망하자 익재는 다음과 같은 시를 써 애도하였다.

백두로 다시 임금 수레 모셨는데 미우엔 여전히 봄 기운이 감도네

오늘날 감회가 나 같은 이 누구일까 그 당시 모시던 사람 한 사람

도 없구나[6]

또한 익재는 충선왕에 대해 다음과 같이 평했다.

---

4 『고려사』권34 세가34.
5 『고려사』卷110,「列傳」第23,「諸臣傳·王煦」, '自忠宣薨, 垂二十年未有謚, 煦如元請謚,
并請忠肅謚. 柄國者莫助, 煦自以爲己責, 所費無算, 卒得請.'
6 이제현, 『익재집』,「충선왕의 영정을 해안사에 이안하다」, '白頭重望屬車塵 眉宇依然照上
春 此日感懷誰似我 當時法從更無人'

제현은 말한다.

내가 충선왕을 섬길 때, 왕이 일찍이 이르기를,

"우리 태조의 규모와 덕량으로 중국에 나셨더라면 송 태조보다 못하지 않았을 것이다. (중략) 이것으로 보면 비록 형세의 대소 차이는 있지만 송 태조와 우리 태조의 규모와 덕량은 이른바 '처지를 바꾸면 다 그렇게 할 것이다.'라는 것이다." 하였다. 충선왕은 총명하고 古道를 좋아하여, 중국의 博雅한 선비인 왕구·염복·요수·소구·조맹부·우집 같은 이들이 모두 그 문정에서 놀았으니, 아마 일찍이 그들과 함께 옛사람의 행적을 논하였을 것이다.[7]

왕장의 활동 영역이 원과 심양, 고려에 걸쳐 있었기에 그에 대한 평가도 다양하다. 고려 출신의 원 환관인 방신우方臣祐는 충선왕은 성격이 강직하여 치욕스런 일을 참지 못한다.('王性剛 必不能堪其辱.')[8] 하였다. 원의 문인 주덕윤朱德潤은 충선왕의 제문에서 그의 뛰어난 자질을 언급하고 있다.[9]

---

7 이제현, 『익재난고』 제9권 하, 「史贊」.
8 李齊賢, 『益齋亂稿』 卷7, 「光祿大夫平章政事上洛府院君方公祠堂碑」.
9 朱德潤, 『存複齋集』 卷7, 附件三, 「祭太尉沈王文」, '惟王之生, 蓋亦勤苦. 跋涉世途, 東西北南, 靡所定處. 後播西裔, 或顚其趾. 及來再期, 竟至於仆. 嗚呼哀哉! 初以榮名, 如月必虧. 旣讓爵位, 將順將適. 胡爲纖痾? 竟至於踣. (중략) 英姿傑特 出於人表 忠烈義勇 本乎天性.(후략)'

3. 결어

고려 제26대 충선왕은 고려 최초의 여원 혼혈 왕자로 태어나 출생과 동시에 이미 적장자로 고려 왕위계승권을 갖게 되었다. 한편 그는 원 황실 황금가족구성원의 일원으로, 치욕스런 피지배국의 왕이면서, 동시에 그 자신이 지배국 원 황실의 일원이었다.

충선왕은 1298년과 1308년에 고려 왕으로 두 번 즉위하였다. 특히 2차 즉위시에는 고려왕과 심(瀋)왕을 겸하였기에 국제적 지위가 역대 고려왕들 중 가장 높았으며, 영토도 한국사 전체에서 최대 규모를 차지하였다.

그는 1313년에 고려왕위를 2차로 퇴위한 후에는 '상왕'으로 불렸으며, 1316년에 심왕위를 조카 왕호에게 물려 준 후에는 스스로 '태위왕'이라 칭하였다. 그가 살았던 시대는 고려가 대원제국의 지배하에 있었기에 정치를 비롯한 모든 면에서 고려인들의 일상은 자연히 국제적 변화 과정에 휩쓸렸다. 그 결과 고려 사회는 기존과 다른 변화를 겪어야 했다.

또한 왕장은 고려의 왕과 원 황실의 공주 사이에서 태어나, 고려왕과 심왕을 지낸 인물이기에 그의 삶은 매우 독특할 수밖에 없었다. 실제 그는 청소년기 이후부터는 주로 원 대도 황실 근처에 살았고, 고려왕으로서 고려에 머문 기간은 1, 2차 즉위를 합하여 1년도 채 되지 않지만, 그는 고려에 대한 입성책을 막기 위해 일생동안 부단히 노력하였다.

원의 유명 사찰에 수많은 대장경을 기진하는 등, 왕의 적극적이고 현실적인 대처로 원의 내정간섭은 감소하였고, 그 틈을 타서 충선왕은 각 염법, 토지조사, 인재 등용 등, 각종 개혁을 하였다. 충선왕에게 있어 여러 개혁의 멘토는 송 인종대의 범중엄, 구양수 등의 '신정'이었다. 그러나 여러 가지 이유로 개혁은 실패하였다. 익재 이제현은 안타까운 마음을 다음과 같이 표현하였다.

> 덕릉 초년에 정방을 없애고 문무백관의 전선을 선총부에 위임하여, 수상과 아상이 그 일을 주관하게 하니, 거의 옛 제도를 회복할 전망이 있었다. 그런데 전선에 익숙한 한두 심복에게 다른 벼슬을 겸직시켜 오래도록 바꾸지 아니하므로, 염치없는 우둔한 자나 승진에만 급급한 경박한 무리들이 기회를 타고 그 잘못을 답습하여 왕을 속이고 자기를 봉하게 하였다. 이리하여 옛 제도를 회복하려는 아름다운 뜻이 한갓 형식에 그칠 뿐이었으니, 이 또한 통탄할 일이다.[10]

이렇듯 전지 정치의 한계와 그것에서 비롯된 측근들의 부패로 충선왕의 개혁은 실패하였고, 1313년에 아들 충숙왕에게 양위하였던 것이다.

본고에서는 충선왕 왕장의 일생을 따라가며, 특히 그의 불교관련 활동을 중심으로 살펴보았다. 어려서부터 학문을 좋아하고 총명했던 왕장은 유학의 가르침을 좇았고, 대표적 유학자가 포진되어 있던 송 인종대의 인물들을 존경하였다.

그의 유학에 대한 열정은 단지 이론으로만 그치지 않았고, 고려와 원의 정책에 실제적으로 반영되기도 하였다. 2차 즉위 무렵부터는 충선왕의 다양한 불교 활동이 나타나는데, 그의 불교는 교학과 수행을 겸한 것

---

10 이제현, 『익재집』, 「櫟翁稗說前集」1.

이었다. 지금까지 살펴 본 바, 충선왕의 특징을 정리하면 다음과 같다.

첫째, 충선왕은 학문적 배경이 뛰어난 인물이었다. 어려서부터 학문을 좋아하여 고려에서나 원에서나, 그의 주변에는 늘 유학자들이 끊이지 않았다. 그들 중 많은 수는 고려와 원의 과거에 합격하여 관리로 활동한 사람들이었다. 또한 왕장은 원의 과거제 부활에도 직접적 영향을 주었다. 조맹부체의 전래와 함께 성리학을 도입하게 한 점도 크게 강조할만하다.

둘째, 충선왕은 여몽간의 혼혈인으로, 탄생과 더불어 그의 왕위 계승은 내정되었다. 그는 10대 중반까지는 고려에서 살았고, 여러 비빈과 그들의 가정적 배경, 사망 시까지 고려인 환관과 신하들과 관계를 맺은 점, 입성책에 대한 반대 등을 통해 볼 때, 고려인으로의 정체성이 강한 인물이었다.

셋째, 위 사항과 상대적으로, 왕장은 한편으로는 원 황실의 일원으로서의 정체성이 매우 강한 인물이기도 하였다. 왕장은 원 황제의 즉위에도 직접 관여하여, 자신과 가까운 인척인 두 명의 황제, 즉 무종과 인종을 즉위시켰다. 또한 태황태후와의 정권다툼을 하던 연장선에서 영종의 즉위에도 간여하였다. 그 영향으로 유배형을 받고 머나먼 티베트까지 유배가기도 하였던 것이다. 유배에서 풀어준 인물 역시 당조카이자 처남인 태정제이었다.

넷째, 왕장은 매우 불교적 인간이었다. 그는 유학에도 뛰어났지만, 불교학에도 매우 해박하였고, 신앙심 또한 깊은 인물이었다. 그는 선종, 천태종, 화엄종, 밀종(티베트 불교)은 물론 백련종, 보암사상도 적극 신앙하였다. 무종과 인종 대에는 백련종을 보호하고 직접 제미기덕당에서 염불을 하며 백련종을 보급하였다. 그런 것을 바탕으로 충선왕은 고려와 중국의 다양한 불교계 인물들과 교류하고, 많은 문화적 영향을 남겼다.

다섯째, 그는 원과 고려에 여러 사찰을 창건하였으며, 다양한 불교행사를 주관하였다. 또한 대장경을 조인하여 원과 고려의 여러 사찰에 보보내었다. 특히 그의 대장경 조인 불사로 고려에 대한 입성책이 많이 완화되었다. 그는 중국의 대표적 불교 성지인 오대산, 천목산, 금산사, 보타사 등도 직접 순례하였으며, 고승을 방문하여 가르침을 받았다.

여섯째, 충선왕은 티베트 불교의 주요 사찰에서 공부하였다. 그가 토번으로 유배를 갈 때에 출가자로서 불학을 하고 오라는 명을 받았기 때문이다. 그가 머물던 토번의 살가사와 타스마의 대항근사는 파스파의 출가 사찰이자 창건사찰로, 당시 원에서 가장 중요한 사찰들이었다. 그의 신분이 쿠빌라이의 외손자였기에 당연한 일이었다.

참고자료

1. 원전

『고려사』.

『고려사절요』.

『元史』, 서울: 경인문화사, 1979.

『新元史』, 臺北: 藝文印書館, 民國47(1958).

『元典章』, 上海古籍出版社, 續修四庫全書 787.

이제현, 『익재난고』, 경인문화사, 고려명현집2, 성균관대, 1973.

이제현, 『櫟翁稗說』, 경인문화사, 고려명현집2, 성균관대, 1973.

이곡, 『稼亭集』, 경인문화사, 고려명현집2, 성균관대, 1973.

姚燧, 『牧庵集』, 臺北: 臺灣商務印書館, 文淵閣四庫全書, 民國72(1983).

明本, 『天目中峰和尙廣錄』, 臺北: 佛書書局, 佛敎大藏經73, 1978.

元 念常集, 『佛祖曆代通載』.

『大明高僧傳』.

釋廣賓 撰, 『西天目祖山志』.

李承休, 『帝王韻紀』.

『文獻通考』.

『朝鮮王朝實錄』.

成俔, 『慵齋叢話』.

『杭州府志』.

『宋史』.

『全元文』.

『松雪齋文集』.

『牧隱稿』.

『慧因寺志』.

『海東歷史』.

王惲, 『秋澗先生大全文集』.

朱德潤, 『存複齋集』.

『普祖靈驗記』.

『日下舊聞考』.

『동문선』.

2. 단행본

고혜령, 『고려후기 사대부와 성리학 수용』, 일조각, 2001.

김당택, 『원 간섭하의 고려정치사』, 일조각, 1998.

라시드앗딘 지음, 김호동 옮김, 『칸의 후예들』, 사계절, 2005.

박용운, 『고려시대사』 下, 일지사, 1987.

이승한, 『혼혈왕 충선왕』, 푸른역사, 2012.

장동익, 『元代高麗史資料集錄』, 서울대출판부, 1997.

한국역사연구회, 『고려의 황도개경』, 창작과비평사, 2002.

허흥식, 『고려불교사 연구』, 일조각, 1986.

高文德主編, 『中國少數民族史大辭典』, 吉林教育出版社, 1995年.

任宜敏, 『中國佛教史元代』, 人民出版社, 2005年.

瑞典多桑, 『多桑蒙古史』, 上海書店出版社, 1852年.

杭州地方志辦公室, 『玉岑山慧因高麗華嚴教寺志』 7, 西泠印社, 2012年.

曹剛華, 『明代佛教方志研究』, 中國人民大學出版社出版, 2011年.

李羲, 『玉岑山慧因高麗華嚴教寺志』 10, 杭州出版社, 2002.

『普陀洛迦山志』, 上海古籍出版社, 1999年 11月 第1版.

3. 논문

强 桑, 「원제국 시기 티베트불교의 확산」, 숭실대 석사학위논문, 2003.

강순길, 「충선왕(忠宣王)의 염법개혁(鹽法改革)과 염호(鹽戶)」, 『韓國史研究』 48, 1985.

桂美香, 「중국서부의 문수신앙과 西夏 오대산의 개창」, 『淨土學研究』 제28집, 2017년.

고병익, 「高麗 忠宣王의 元武宗擁立」, 『역사학보』 17・18, 1962.

권영국, 「14세기(世紀) 각염제(榷鹽制)의 성립(成立)과 운용(運用)」, 『한국사론(韓國史論)』 13, 1985.

김광철, 「14세기초 원의 政局동향과 忠宣王의 吐藩 유배」, 『한국중세사연구』 3, 1996.

김광철, 「개혁정치의 추진과 신진사대부의 성장」, 『한국사』 19, 국사편찬위원회, 1996.

김도연, 「원간섭기 화폐유통과 보초」, 『한국사학보』 18, 2004.

김도영, 「萬卷堂과 濟美基德堂에 대한 재검토」, 『역사학보』, 2011.

김상기, 「李益齋의 在元生涯에 對하여-忠宣王의 侍從의 臣으로서-」, 『대동문화연구』 1, 성균관대, 1964.

김석환, 「몽골제국의 對高麗政策의 一面-高麗國王의 駙馬化 및 行省官 兼職을 중심으

　　　　로 -」,『서울대 동양사학과논집』, 제35집, 2011.

김용선 편, 「박화(朴華) 묘지명」,『고려묘지명집성』, 한림대출판부, 2001.

김혜원, 「충숙왕 8년의 심왕 책립 운동 및 그 성질」,『이대사원』, 이대사학회, 1998.

南權熙,「日本 南禪寺 所藏의 高麗 初雕大藏經」,『書誌學硏究』36, 書誌學會, 2007.

박용진, 「고려후기 元版大藏經 印成과 流通」,『중앙사론』제35집, 243~277쪽, 2012.

박재우, 「高麗忠宣王代 政治運營과 政治勢力動向」,『韓國史論』29, 서울대, 1993.

박종진, 「충선왕대(忠宣王代)의 재정개혁책(財政改革策)과 그 성격(性格)」,『한국사론(韓國
　　　　史論)』9, 1983.

박현규, 「이제현과 원 문사들과의 교유고」,『교남한문학』3(교남한문학회, 1990).

사이나, 「고려 충선왕의 在元 불교활동과 그 영향」, 동국대학교 석사논문, 2012.

서선덕, 「고려 충선왕의 유불정책에 대한 연구」, 동국대학교 석사논문, 2000.

손홍렬, 「고려시대(高麗時代)의 염업제도(鹽業制度)」,『청대사림(淸大史林)』3, 1979.

송재웅, 「元 大都의 高麗寺院」,『중앙사론』23, 2006.

劉中玉, 「萬卷堂, 濟美基德堂考辨」,『전북사학』, 전북사학회, 2008.

이강한, 「고려후기 원보초의 유입 및 유통실태」『한국사론』46, 서울대 국사학과, 2001.

이개석, 「『고려사』元宗·忠烈王·忠宣王世家 중 元朝關係記事의 註釋硏究」,『동양사학
　　　　연구』88, 동양사학회, 2004년.

이기남, 「충선왕의 개혁과 사림원의 설치」,『역사학보』53, 1971.

이승한, 「고려 충선왕의 심양왕 피봉과 재원 정치활동」,『전남사학』2, 1988.

이승한, 「高麗 忠宣王의 瀋陽王 被封과 在元 政治活動」, 전남대 석사, 1986.

이익주, 「충선왕 즉위년(1298) 관제개편의 성격」,『14세기고려의 정치와 사회』, 민음사,
　　　　1994.

이형우, 「만권당에 대한 일고찰」『원대 성리학』(포은사상연구원, 1993).

장동익, 「신자료를 통해 본 충선왕의 재원활동」,『역사교육논집』23·24(1999).

정옥자, 「여말 주자성리학의 도입에 대한 시고」,『진단학보』51, 1981.

주채혁, 「元 萬卷堂의 設置와 高麗儒者」,『손보기박사정년기념사학논총』(지식산업사,
　　　　1988).

주채혁, 「이지르부카 瀋王」,『황원구교수정년기념논총 동아시아의 인간상』, 혜안, 1995.

채상식, 「高麗後期 佛敎史의 展開樣相과 그 傾向」,『고려중·후기 불교사론』, 불교학회편,
　　　　『불교학논집』6, 1986.

천혜봉, 「瀋王王璋 發願의 金字大藏 三種」,『書誌學報』1, 1990.

喜蕾, 「安西王阿難達對高麗政治勢力的利用」,『西北民族硏究』, 2001.

劉伯午, 「北宋範祥鹽法改革淺探」,『內蒙古財經學院學報』, 1990年 第4期.

鄭瑾, 「論北宋範祥的鹽政改革」,『江西社會科學』2008年 第2期.

蕭啓慶, 「元麗關系中的王室婚姻與强權政治」, 『元代史新探』, 台北:新文豐出版公司,
　　　1983年.

陳高華, 「元代大都的皇家佛寺」, 『世界宗教研究』, 1992年.

陳高華, 「杭州惠因寺的元代白話碑」, 『浙江社會科學』, 2007年.

楊訥, 「元代的白蓮敎」, 『元史論叢』 第二輯, 中華書局, 1983年.

王頲, 「高麗忠宣王西謫吐蕃事件再」, 歐亞學研究.

薛磊, 「元朝与高麗政治關系中的重要人物－－高麗忠宣王王璋」, 『內蒙古社會科學(漢文
　　　版)』, 2004年.

中村　淳, 「モンゴル時代におけるパクパの諸相-大朝國師から大元帝師へ」, 『駒澤大學文
　　　學部研究紀要』 68号, 2010.

北村　高, 「高麗王王璋の崇仏」, 『東洋史苑』 24・25, 1985.

찾아보기

다

달기(笞己)　31, 46, 86, 104, 105, 106,
　　111, 115, 117, 118, 175, 197, 198,
　　207, 209, 211, 265, 266, 268, 269,
　　273, 309, 320, 321, 322, 323, 324,
　　327, 351, 362
달마실리達麻實里　30, 34, 115, 116,
　　117
담선법회　180
당올唐兀　127, 176, 178
당올지지唐兀之地　176, 178
대각국사 의천大覺國師 義天　158, 201,
　　238, 239, 240, 243, 244, 247, 248,
　　251, 258, 259, 260
「대경수사대장경비기大慶壽寺大藏經碑記」
　　299, 304
「대경수사대장경비大慶壽寺大藏經碑」
　　199, 283, 299, 300, 302
대도大都　14, 15, 16, 17, 18, 24, 25,
　　27, 29, 30, 46, 50, 61, 62, 67, 68,
　　74, 75, 89, 90, 93, 97, 99, 103,
　　104, 105, 107, 108, 109, 110, 112,
　　113, 114, 116, 117, 120, 123, 125,
　　126, 127, 129, 131, 133, 136, 138,
　　141, 144, 150, 153, 160, 164, 165,
　　166, 167, 168, 169, 170, 171, 174,
　　175, 178, 181, 182, 189, 190, 191,
　　198, 199, 201, 210, 237, 254, 262,
　　265, 274, 275, 276, 282, 283, 294,
　　295, 296, 300, 302, 308, 310, 312,
　　315, 316, 319, 327, 328, 329, 337,
　　341, 342, 343, 345, 349, 359, 361,
　　362, 364, 377, 381, 382, 385
『대명일통지大明一統志』　165

대보법왕大寶法王　128, 339
대보은광교사大報恩光教寺　191, 192,
　　194
대성수만안사大聖壽萬安寺　166, 167,
　　168, 169, 262
대숭은복원사大崇恩福元寺　167, 169,
　　179, 181, 182, 183, 184
대승화보경사大承華普慶寺　166, 167,
　　169, 170
『대원대일통지大元大一統志』　164
대장경大藏經　17, 132, 168, 171, 172,
　　173, 181, 189, 199, 200, 201, 202,
　　204, 206, 207, 210, 211, 212, 244,
　　245, 248, 254, 258, 262, 282, 283,
　　284, 285, 312, 327, 337, 338, 343,
　　385, 388
대천원연성사大天源延聖寺　167, 168, 169
대호국인왕사大護國仁王寺　166, 167,
　　169, 170
도과법道果法　332, 334, 340
도교　167, 178, 182, 290, 336, 337

마

만권당萬卷堂　15, 16, 107, 113, 116, 117,
　　123, 124, 125, 126, 136, 137, 138,
　　139, 140, 141, 142, 143, 144, 145,
　　151, 153, 154, 156, 183, 189, 269,
　　297, 299, 300, 325, 327, 332, 353,
　　366, 367
명교明教　289, 290
명료明了　262
몽골(蒙古)　21, 22, 24, 26, 27, 28, 29,
　　30, 31, 32, 36, 37, 38, 39, 46, 47,

48, 49, 53, 54, 63, 65, 79, 85, 108,
111, 114, 116, 118, 119, 120, 122,
127, 128, 129, 143, 177, 178, 179,
185, 226, 251, 263, 302, 305, 307,
311, 324, 329, 332, 335, 336, 337,
338, 341, 344, 350, 352, 356, 357,
363

『무림범지武林梵志』　239

무종武宗　13, 14, 15, 17, 37, 45, 55,
66, 69, 86, 93, 99, 100, 101, 103,
104, 105, 106, 108, 109, 115, 116,
117, 118, 119, 120, 124, 136, 137,
138, 139, 140, 145, 147, 148, 151,
152, 166, 170, 173, 175, 179, 181,
182, 183, 184, 185, 199, 200, 211,
261, 265, 266, 268, 277, 282, 283,
286, 290, 291, 292, 293, 294, 295,
296, 297, 301, 305, 306, 309, 310,
312, 313, 314, 315, 317, 321, 322,
323, 329, 345, 351, 352, 360, 387,
388

문수신앙　263, 264, 265

민천사旻天寺　65, 126, 189, 190, 191,
198, 207, 209, 212, 297, 299, 351

바

바가스(八哈思)　126, 307, 308, 309

바이주(拜住)　317, 321, 322, 323, 360,
361, 362, 363, 376

박인간朴仁幹　155, 316, 347, 352, 353,
355, 372

반승재飯僧齋　17, 65, 189, 191, 208,
209, 210

방신우方臣祐　36, 86, 211, 212, 384

방연方連　316, 347, 352, 354, 355, 361

방원方元　316, 347, 352, 354, 355, 361

방지方志　14, 164, 165, 201, 240, 273

백련교白蓮敎　293, 294, 295, 301, 302

백련당白蓮堂　135, 292, 294, 302

백련도사白蓮導師　174, 288

백련종白蓮宗　17, 133, 172, 173, 174,
286, 287, 288, 289, 290, 291, 292,
293, 294, 295, 296, 301, 302, 303,
305, 388

백련채인白蓮菜人　174, 288

백문보白文寶　16, 125, 159, 160

백안홀독伯顔忽篤　30, 34, 38, 116

백운종白雲宗　166, 172, 173, 174

백이정白頤正　16, 125, 138, 159, 160,
366

법원사法源寺　186

법지法旨　180

『법화경』　131, 211, 219, 225, 269, 287,
300

변경辯經　334

별봉대동別峰大同　252, 254

보도普度　173, 174, 225, 294, 295, 296,
301, 302, 305

보령사본　172

보암도차백무금기普庵到此百無禁忌　280

보암선사普庵禪師　202, 278, 279, 280,
281, 282, 285

보암주普庵咒　278, 279, 281

보제선사普濟禪寺　273, 274, 277

보타관음사寶陀觀音寺　271, 272, 277

보타락가산補陀洛迦山　197, 270, 277

보타산寶陀山　46, 159, 263, 269, 270,
271, 272, 273, 274, 275, 276, 277,

계미향

연세대학교 사학과 졸업
동국대학교 불교학과 석사·박사(한국불교사 전공)
전 동국대학교 불교학술원 일반연구원
전 동국대학교 겸임교수
현 한국불교선리연구원 상임연구원

주요 논문
「한국 고대의 천축구법승연구」,「고구려 元表의 화엄경 拿來고찰」,「중국서부의 문수신앙과 西夏 오대산의 개창」,「신라 悟眞의 오백나한 입전 현황 고찰」,「천축구법승의 행적과 사상 연구」

문현인문학총서 4

고려 충선왕의 생애와 불교

2021년 9월 05일 초판인쇄
2021년 9월 10일 초판발행

지은이 계 미 향
펴낸이 한 신 규
편 집 김 영 이
표 지 이 미 옥
펴낸곳 **문현**출판

주소 05827 서울특별시 송파구 동남로11길 19(가락동)
전화 02-443-0211 **팩스** 02-443-0212 **E-mail** mun2009@naver.com
홈페이지 http://www.mun2009.com
출판등록 2009년 2월 24일(제2009-14호)
출력·인쇄 ㈜대우인쇄 **제본** 보경문화사 **용지** 종이나무

ⓒ 계미향 2021
ⓒ 문현출판, 2021, printed in Korea

ISBN   979-11-87505-45-7 93910 정가 32,000원